# La fin de l'acte administratif unilatéral

## Logiques Juridiques

*Collection dirigée par Gérard Marcou*

Le droit n'est pas seulement un savoir, il est d'abord un ensemble de rapports et pratiques que l'on rencontre dans presque toutes les formes de sociétés. C'est pourquoi il a toujours donné lieu à la fois à une littérature de juristes professionnels, produisant le savoir juridique, et à une littérature sur le droit, produite par des philosophes, des sociologues ou des économistes notamment.

Parce que le domaine du droit s'étend sans cesse et rend de plus en plus souvent nécessaire le recours au savoir juridique spécialisé, même dans des matières où il n'avait jadis qu'une importance secondaire, les ouvrages juridiques à caractère professionnel ou pédagogique dominent l'édition, et ils tendent à réduire la recherche en droit à sa seule dimension positive. A l'inverse de cette tendance, la collection *Logiques juridiques* des Éditions L'Harmattan est ouverte à toutes les approches du droit. Tout en publiant aussi des ouvrages à vocation professionnelle ou pédagogique, elle se fixe avant tout pour but de contribuer à la publication et à la diffusion des recherches en droit, ainsi qu'au dialogue scientifique sur le droit. Comme son nom l'indique, elle se veut plurielle.

### Déjà parus

Cathy POMART, *La magistrature familiale*, 2003.
Jean-Marc POISSON, *Les droits de l'homme et les libertés fondamentales à l'épreuve de la dualité de juridictions*, 2003.
Alexandra LANGLAIS, *Le droit et les déchets agricoles*, 2003.
Eléonore MAULEON, *Essai sur le fait juridique de la pollution des sols*, 2003.
Geneviève KOUBI et Gilles GUGLIEMI, *La gratuité, une question de droit ?*, 2003.
Marie-Pauline DESWARE, *Essai sur la nature juridique de la République*, 2003.
Anas BENSALAH ZEMRANI, *Les finances de l'Etat au Maroc. Tome 1 : politique financière et droit budgétaire, édition revue et augmentée*, 2003.
Deisy VENTURA, *Les asymétries entre le Mercosur et l'UNION Européenne. Les enjeux d'une association interrégionale*, 2003.
Michel FARGE, *Le statut familial des étrangers en France : de la loi national à la loi de la résidence habituelle*, 2003.
Placide MOUDOUDOU, *Droit administratif congolais*, 2003.

Florence CROUZATIER-DURAND

# La fin de l'acte administratif unilatéral

*Préface de Jean-Pierre THERON*

**L'Harmattan**
5-7, rue de l'École-
Polytechnique
75005 Paris
FRANCE

**L'Harmattan Hongrie**
Hargita u. 3
1026 Budapest
HONGRIE

**L'Harmattan Italia**
Via Bava, 37
10214 Torino
ITALIE

ISBN : 2-7475-5453-8

*A Anne, Marie et Benoît,*

*A la mémoire de notre mère, Michèle, qui nous a tout donné, notamment son amour et sa joie ... Sans elle, ce travail n'aurait jamais existé,*

*A Arnaud, Jeanne et Jules*

*Avec mon éternel amour.*

*« Ce qu'il faut d'abord penser c'est ceci : le sens n'est jamais donné ni disponible, il s'agit de se rendre disponible pour lui et cette disponibilité s'appelle liberté ».*

*J-L., Nancy, Hegel,*
*Hachette, 1997.*

*Je tiens à exprimer toute ma gratitude et ma reconnaissance au Professeur Jean-Pierre Théron. Sa disponibilité, son écoute, sa présence dans les moments difficiles m'ont été d'une aide précieuse.*

*Je voudrais également remercier les Professeurs Maryvonne Hecquard-Théron, Isabelle Poirot-Mazères et Henry Roussillon. Leur confiance m'a permis de rompre la solitude propre au travail de recherche pour satisfaire à un autre plaisir, l'enseignement.*

*Je tiens aussi à remercier mon père, Jean-Marie Crouzatier, pour l'intérêt qu'il a porté à ce travail, pour les conseils qu'il m'a prodigués, et pour ses attentions renouvelées.*

*Pour m'avoir transmis le goût de la recherche, que le Professeur Jean-Arnaud Mazères trouve en ces lignes l'expression d'une sincère reconnaissance.*

*Merci enfin à Clarisse, Sophie, Valérie, Jérôme et Wilfried, ainsi qu'à Delphine Espagno et Gilles Auzero, pour avoir bien voulu relire ce travail et me faire part de leurs conseils et encouragements.*

# Préface

S'il est une idée reçue, c'est bien qu'il n'est plus d'important sujet de thèse en droit administratif. Toutes les grandes questions ont fait l'objet d'études approfondies. Sauf à mettre à jour des recherches antérieures, il ne resterait plus de champ d'investigation digne de ce nom. Les candidats au doctorat seraient donc conduits à reprendre, avec moins de bonheur les travaux de leurs prédécesseurs. L'ouvrage ici présenté est un flagrant démenti de ce présupposé.
Certains sujets sont en effet réputés épuisés alors même qu'ils n'ont fait l'objet que d'études parcellaires. Tel est le cas de *La fin de l'acte administratif unilatéral*.
Traiter de cette question est un exercice périlleux. On peut en effet avoir le sentiment que tout, ou presque tout a été dit sur le sujet tant les études déjà menées sont riches et nombreuses. En réalité, ce sont différentes manifestations de la fin de l'acte qui ont retenu l'attention de la doctrine mais jamais, semble-t-il n'avait-on tenté de saisir la fin dans sa complexité en menant une analyse globale. Sans doute existe-t-il quelques bonnes raisons à cela.

Le régime de la fin est le fruit d'une jurisprudence empirique, tâtonnante, rebelle en apparence à la systématisation, qui se prête mal à la synthèse. Les textes sont partiels, et ne paraissent pas répondre à une logique préétablie. Bref, le droit positif n'incite guère à la réflexion, tout au plus à un inventaire.
Une telle recherche renvoie donc à toutes les difficultés d'ordre épistémologique que rencontre l'administrativiste. Il faut en effet, tenter de dégager des lignes-force permettant d'appréhender le réel tout en admettant que la construction doctrinale relève de l'ordre de la théorie, donc de l'interprétation d'une logique juridictionnelle mouvante. La compréhension du réel suppose d'abord sa construction ou sa reconstruction. Force est de constater qu'il est très difficile d'échapper, dans un domaine essentiellement encadré par la jurisprudence, à une fascination contentieuse qui condamne le juriste à dresser un bilan des décisions en gommant toute dimension critique susceptible de fausser le compte rendu scrupuleux, supposé objectif, du droit positif. Qu'il soit permis de souligner combien est erronée une telle perspective, car consciemment ou pas, la doctrine interprète avec une inévitable part de subjectivité des arrêts et jugements eux-mêmes issus de l'interprétation du réel par le juge. Qu'on le veuille ou non la validité d'une analyse ne se résout pas dans sa vérification contentieuse.
A l'opposé, la tentation peut-être grande aussi de construire un système théorique dont la logique interne, aussi clairement soit-elle établie, ne permettrait pas d'ordonner le droit positif et donc d'en comprendre la logique et les manifestations. Il existe sans doute un régime juridique de la fin ordonné, idéal, qui renverrait en négatif à celui de l'édiction et qui correspondrait à une structure cohérente. Mais le droit positif, et l'auteur le souligne parfaitement, ne le consacre absolument pas.

Madame Florence Crouzatier-Durand a parfaitement su éviter ces écueils. L'ouvrage qu'elle livre ici, nourri d'une parfaite maîtrise de la technique juridique, propose une véritable théorie de la fin de l'acte, précieuse contribution à sa théorie générale.

L'auteur, au départ, a été animée par une interrogation, plus exactement par une intuition. Au-delà d'un apparent éclatement, d'une jurisprudence foisonnante, d'un désordre empiriquement perceptible, n'y a-t-il pas une réalité cohérente qu'il fallait donc tenter de découvrir ?
Madame Florence Crouzatier-Durand, suivant les préceptes de Bachelard a donc été conduite à construire ou reconstruire le réel pour pouvoir le démontrer, pour procéder à une remise en ordre explicative. L'objet n'était donc point de superposer, d'ajouter, aux analyses étroitement positivistes une perspective théorique greffée de manière plus ou moins artificielle, mais de trouver dans celle-ci la logique interne dont s'inspirent le législateur et le juge dans l'adoption des règles relatives à la fin de l'acte administratif unilatéral.

La démarche inductive adoptée dans l'ouvrage est intéressante. L'auteur, commence, selon l'expression utilisée dans l'introduction, par « étudier ce que nous savons », c'est à dire les manifestations, telles qu'elles sont reconnues, de la fin de l'acte. Cela conduit à une étude minutieuse du droit positif, à un approfondissement des analyses jusque là menées afin d'explorer les postulats admis sur les cinq formes de fin : retrait, abrogation, modification, annulation et caducité lorsqu'elle est planifiée. Cette étape, essentielle, justifie la remise en cause de bien des idées reçues et permet de procéder à un travail d'analyse, de classification, de catégorisation qui déjà éclaire le réel et fait apparaître la fin de l'acte administratif à la fois comme plus complexe, plus variable, que l'énoncé habituel de ses manifestations. Elle la laisse paraître en même temps traversée par des principes majeurs. La fin peut se traduire soit par la sortie de vigueur, soit par la fin des effets. Elle peut être ou non rétroactive. Principe de mutabilité, protection des droits des administrés qui apparaissent, directement ou pas, comme vecteurs explicatifs, rendent plausible voire probable l'existence d'une réelle autonomie de la fin de l'acte par rapport aux autres étapes de son existence. La première partie, de l'ouvrage permet donc d'esquisser une présentation logique des modes d'expression de la fin de l'acte administratif unilatéral résultant de la pluralité des manifestations et de la diversité des effets. Une définition peut être, dès lors, avancée. L'étude des prémisses d'une définition de la fin est du plus haut intérêt et souligne magistralement la précieuse utilité de la remise en ordre opérée dans l'analyse des manifestations.
Mais le compte rendu, aussi exhaustif soit-il du droit positif ne saurait rendre compte à lui seul, d'une réalité beaucoup plus complexe. Madame Florence Crouzatier-Durand a pensé qu'au-delà des manifestations parfois éclatées de la fin, en dépit de l'apparente diversité, il existait une unité fondamentale explicative des règles communes dégagées.

La démonstration, tout à fait convaincante selon nous, est donc faite que la fin de l'acte administratif ne peut être réellement appréhendée, et donc le droit positif réellement perçu, qu'en sa qualité de notion. C'est donc dans la deuxième partie, à une autre lecture, parfois à une relecture de la fin que l'auteur se livre pour en saisir l'essence. La démarche épistémologique retient particulièrement l'attention. L'auteur a bien compris, ce que souvent ne croient pas les juristes, que l'objet de l'étude n'apparaît pas de la même manière selon l'angle auquel on se place, la perspective diffère selon la place occupée par l'observateur. Appréhender la fin en tant que notion permet de conduire une autre analyse explicative d'une autre réalité. Il ne s'agit plus seulement de rendre compte des solutions retenues, mais de chercher l'explication fondamentale du régime juridique de la fin. Bien des éléments évoqués dans la première partie prennent alors une signification différente, sans doute plus essentielle, appréhendés à travers le prisme de la notion de fin. Celle-ci existe, le lecteur en sera, croyons-nous, convaincu.. Elle repose sur un élément explicatif, l'acte de fin. Les relations, fort originalement étudiées entre l'acte de fin et la fin de l'acte éclairent d'un jour nouveau le régime juridique, L'auteur a su définitivement démontrer que la fin de l'acte se comprend et s'appréhende à travers l'acte de fin, alors que jusque là, fin de l'acte et acte de fin étaient confondus. Les relations entre l'acte qui met fin et la fin elle-même sont, d'une grande finesse.

La notion peut ainsi être cernée dans toute sa cohérence et sa subtilité. On remarquera encore toute la richesse de l'analyse critique du caractère fonctionnel de la notion.

Il n'appartient pas au préfacier d'aller plus avant dans la présentation de l'ouvrage. La qualité de directeur de recherche suscite une certaine complicité avec l'auteur qui empreint les propos tenus d'une indiscutable subjectivité. Qu'il soit simplement permis de souligner qu'au-delà d'une grande maîtrise du droit positif, il fallait, pour réussir ce bel ouvrage, bien d'autres qualités : beaucoup d'acharnement et une grande aptitude à l'analyse théorique révélée notamment par la distance qu'a su maintenir l'auteur par rapport à l'objet de sa recherche.

L'ouvrage et ce n'est pas le moindre de ses intérêts, suscite aussi la réflexion au-delà même de la fin de l'acte administratif unilatéral. Il invite au débat tant sur le rôle de la jurisprudence que sur celui de la doctrine. Débat sur la légitimité même d'un droit jurisprudentiel dont la complexité, les variations aléatoires, l'invraisemblable complexité technique paraissent autant d'obstacles à une relation claire, transparente des relations entre l'administration et les administrés. Débat aussi sur l'étrange complaisance de la doctrine dominante à son égard. C'est dire qu'au-delà même de sa contribution à la théorie de l'acte administratif, l'ouvrage soulève bien d'autres questions fondamentales. Nul doute que le lecteur sera reconnaissant à Madame Florence Crouzatier-Durand d'inviter ainsi à une réflexion critique. Décidément, la jeune doctrine a beaucoup à nous apprendre.

Jean-Pierre THERON,
Professeur à l'Université de Toulouse I

# Introduction

La fin de l'acte administratif unilatéral paraît difficilement identifiable. Elle relève de ces idées qu'il « arrive de connaître sans comprendre »[1]. En effet, de la même manière qu'un acte entre en vigueur, il prend nécessairement fin. Les doutes qui ont pu nous animer n'ont donc pas concerné la réalité de l'objet, mais plutôt sa définition, ses mécanismes, ses composantes, ses causes et effets, son rôle, en d'autres termes la détermination de son entité propre et de son pouvoir normatif. Or, ces considérations n'ont pas, dans leur ensemble, retenu l'attention de la doctrine. Pourtant, nombreuses sont les réflexions doctrinales portant sur l'acte administratif unilatéral, étudié par les plus éminents auteurs et sous de nombreux aspects. Ainsi, tant l'acte lui-même que ses qualificatifs, « administratif » et « unilatéral », ont fait l'objet d'études et ont suscité un certain nombre de controverses[2].

En revanche, la fin de celui-ci n'a, semble-t-il, pas revêtu le même intérêt[3], il n'y a pas d'étude qui traite de la question elle-même. S'il existe des analyses sur ce sujet, elles ne portent que sur un aspect particulier de la fin. Certes, de manière isolée, la plupart des modalités de fin de l'acte administratif unilatéral ont retenu l'attention de la doctrine[4], mais ces études ne sont que parcellaires.

Au regard des autres moments de la vie de l'acte administratif unilatéral, l'entrée en vigueur et l'exécution, la fin de l'acte devrait *a priori* se traduire par sa sortie de l'ordonnancement juridique.

Pourtant, cette définition présente le double inconvénient d'être réductrice et, de fait, de ne pas correspondre à la réalité juridique. L'unité de la procédure d'entrée en vigueur de l'acte administratif unilatéral s'oppose radicalement à la complexité de la procédure de fin de celui-ci, et dès lors désigner la fin par opposition à l'entrée en vigueur conduit à donner une définition sinon inexacte, du moins certainement incomplète.

---

[1] H.L.A. Hart, « L'importance des définitions en droit » *in Le positivisme juridique*, sous la direction de Ch. Grzegorczyk, F. Michaut et M. Troper, LGDJ, 1992, p. 90.

[2] A titre d'exemple, voir P. Amselek, « L'acte juridique à travers la pensée de Charles Eisenmann », APD 1987-2, p. 305 ; G. Darcy, « La décision exécutoire, esquisse méthodologique », AJDA 1994, p. 663 ; P. Delvolvé, *L'acte administratif*, Sirey, 1983 ; G. Dupuis, « Définition de l'acte unilatéral », *Mélanges Eisenmann*, Cujas, 1975, p. 205 ; Ch. Eisenmann, *Cours de droit administratif*, tome 2, p. 389 et s. ; P. Ferrari, « Essai sur la notion de coauteurs d'un acte unilatéral en droit administratif français », *Mélanges Eisenmann*, Cujas, 1975, p. 215 ; J-C. Vénézia, « Réflexions sur le rôle de la volonté en droit administratif », *Mélanges Kayser*, PUAM, 1979, tome 2, p. 383.

[3] La plupart des ouvrages de droit administratif général évoquent précisément la procédure d'entrée en vigueur des décisions administratives. En revanche, la procédure de fin de ces décisions est largement ignorée.

[4] L'expression modalité de fin vise à désigner les composantes de la fin. Celles-ci sont postulées *a priori*, l'étude consistera à corroborer cette intuition première. Nous retiendrons finalement cinq modalités de fin : le retrait, l'abrogation, la modification, l'annulation et la caducité planifiée, l'exécution et la caducité naturelle seront notamment rejetées au terme de l'étude.

De plus, s'il est admis que l'acte administratif unilatéral entre en vigueur et prend fin, ce moment a connu, ces dernières années, une évolution notable due à l'influence croissante des droits européen et communautaire. Ceux-ci ont largement développé et mis en avant certains principes, dont le plus important est celui de sécurité juridique. Or, la protection juridique des administrés est susceptible de conditionner la fin de l'acte administratif unilatéral, comme l'illustre notamment le retrait d'un acte créateur de droits acquis, mais également la caducité. Les études existantes se consacrent, dans ce contexte encore, à une modalité de fin précise.
Les différences intrinsèques importantes qui existent entre les modalités de fin, et qui tiennent tant à leur nature qu'à leurs effets, expliquent aisément qu'elles font l'objet d'études isolées.
L'évidence de ce constat a rapidement dévoilé la difficulté de l'entreprise. Les propos de R-M. Rilke affirmant : « Qu'une chose soit difficile doit nous être une raison de plus de nous y tenir »[5], ainsi que la curiosité et la volonté de comprendre, nous ont cependant incitée à chercher, à tenter d'apporter une modeste contribution à une question encore inexplorée dans sa globalité.

***L'analyse sémantique du sujet.***

Cette analyse suppose non seulement de préciser et de justifier ce que nous entendons par la fin, mais aussi la définition retenue de l'acte administratif unilatéral.

*La fin : cessation ou finalité ?*

La fin n'est pas une idée exclusivement juridique, elle apparaît dans d'autres domaines. Etymologiquement, fin vient du latin finis qui signifie borne ou limite[6].
Le dictionnaire de Lalande déduit de cette racine étymologique deux sens possibles : « la cessation, le terme, le point où l'on s'arrête ». C'est, en d'autres termes, la « cessation d'un phénomène dans le temps ; limite d'un objet dans l'espace, mais seulement quand on suppose cet objet parcouru d'une façon telle que la limite en question soit un dernier élément de perception : la fin d'un livre ». Par ailleurs, et dans un second sens, la fin est aussi le but, l'intention, l'orientation d'une tendance.
Ces deux significations ne s'opposent pourtant pas complètement. En effet, ce qui est le but de l'action en est en même temps le terme. La doctrine pythagoricienne, essentiellement finitiste, affirme sans ambiguïté ce principe[7].

---

[5] R-M. Rilke, *Lettres à un jeune poète*, Grasset, Les cahiers rouges, Paris, 1993, p. 74.

[6] A. Lalande, *Vocabulaire technique et critique de la philosophie*, PUF, 1997, voir « fin ».

[7] M. Bernès affirme notamment : « Les deux sens de terme et de but sont psychologiquement liés l'un à l'autre ; soit parce qu'en présence d'un tout achevé le dynamisme naturel de la conscience trouve

L'objet de cette recherche est d'abord celui de la fin de l'acte dans le sens de son achèvement. Il est cependant évident que l'analyse de la fin de l'acte administratif unilatéral suppose de la définir et ce sont alors ses moyens, mais aussi son but, qui nous guideront indiscutablement.

Le caractère très général d'une telle définition suppose cependant qu'elle soit précisée dans une acception plus juridique. Une définition juridique de la fin aurait pu se trouver dans le *Vocabulaire juridique* de G. Cornu, qui s'est pourtant révélé être d'une utilité relative dans la mesure où, d'une part, la fin proprement dite n'apparaît pas, et d'autre part seule la fin des contrats est prise en considération, aucune mention n'étant faite de la fin de l'acte administratif unilatéral[8]. Pourtant, les différentes composantes de celle-ci sont évoquées dans cet ouvrage, de ce point de vue extrêmement précis.

Ainsi, apparaissent le retrait, l'abrogation, la modification, l'annulation et la caducité, qui semblent être cinq modalités de fin de l'acte administratif unilatéral. D'autres termes évoquant la fin sont aussi mentionnés, notamment la désuétude, révélant ainsi la nécessité d'une délimitation rigoureuse du champ de la recherche. Le caractère discutable des définitions données[9], mais aussi et surtout l'absence de tout développement concernant la fin en tant que telle, c'est-à-dire en tant qu'entité propre distincte de ses composantes, ne contribuent guère à éclaircir la question. Finalement, ces définitions ne permettent que peu de préciser ce qu'est la fin. En effet, d'un point de vue juridique, ni la fin, ni de surcroît la fin de l'acte administratif unilatéral ne sont identifiées. Si quelques éléments d'une définition apparaissent, leur imprécision et leur incomplétude sont manifestes.

*La fin, l'unilatéralité et l'exécutoire.*

Les rapports existants entre le régime de la fin et l'unilatéralité méritent de retenir l'attention, notamment parce que la fin des contrats est radicalement

---

plus facilement à introduire sous une forme précise la notion d'un but de cette chose ou de ce processus ; soit parce que cette notion de but, même appliquée par l'imagination à ce qui n'est pas donné comme actuellement terminé, y introduit l'idée d'une limite future. En tout cas, c'est bien la coexistence et la mutuelle pénétration dans la conscience de la représentation statique et du dynamisme qui explique la coexistence et l'imparfaite séparation des deux sens du mot *fin* ».

[8] G. Cornu, *Vocabulaire juridique,* PUF, 2002, voir *Fin* : « Terme, extinction. Ex. : fin d'un mandat, d'une société - Expression fréquemment utilisée pour désigner l'exécution complète et correcte des engagements ... »

Le *Dictionnaire de droit administratif* d'A. Van Lang, G. Gondouin et V. Inserguet-Brisset n'a pas été plus utile dans cette entreprise (A. Colin, 3ème éd., 2002).

[9] La définition donnée du retrait d'un acte administratif est discutable : « Disparition d'un tel acte par la volonté postérieure de son auteur et qui, selon les cas, vaut seulement pour l'avenir ou produit un effet rétroactif ». Egalement très approximative, la définition donnée de rapporter : « Abroger, annuler, rétracter ».

différente de celle de l'acte unilatéral. Ni la qualité, ni le nombre des auteurs d'un acte administratif ne peuvent permettre de séparer l'acte unilatéral du contrat, le critère pertinent de distinction se trouve dans le contenu même de l'acte : « Ce qui est déterminant, c'est le *contenu* de l'acte. Ou bien, il est tel que l'acte est destiné à régir le comportement de personnes qui sont étrangères à son édiction, c'est-à-dire qui sont des tiers par rapport à lui. Ou bien, il est tel que l'acte est destiné à régir les relations réciproques de ses auteurs. Au premier cas, il est un acte unilatéral. Au second cas, il est un acte bilatéral (ou plurilatéral) ou, pour employer un terme plus usuel, il est un contrat »[10].

Cette différence fondamentale dans la nature même de l'acte explique que l'acte unilatéral et le contrat sont soumis à des régimes juridiques radicalement distincts. La question de leur fin est dès lors également très différente justifiant ainsi que cette recherche se limite à l'étude de l'acte administratif unilatéral exclusivement.

Il convient alors de s'interroger sur les relations entre la fin et l'exécutoire, précisément la décision exécutoire. Le doyen Hauriou définissait ainsi la décision exécutoire : « Toute déclaration de volonté en vue de produire un effet de droit vis-à-vis des administrés, émise par une autorité administrative dans une forme exécutoire, c'est-à-dire dans une forme qui entraîne l'exécution d'office »[11]. L'auteur considère que l'acte est une manifestation de volonté exécutoire en vue de produire des effets de droit. Il énonce ensuite qu'une décision n'est exécutoire qu'autant qu'elle n'a pas été exécutée et qu'elle cesse d'être exécutoire quand elle est exécutée[12]. Or, les liens entre l'exécutoire et la fin sont à ce moment de l'analyse particulièrement flagrants. Faut-il en conclure que l'acte administratif unilatéral prend fin du seul fait de son exécution, c'est-à-dire du seul fait qu'il n'est plus exécutoire ? Le droit positif semble s'opposer à une telle conception de la fin, et il parait difficile d'admettre que l'exécution soit en elle-même une cause de fin de l'acte administratif unilatéral. Cette question méritera de retenir l'attention.
Par ailleurs, le rapport étroit entre la fin et l'exécutoire est également souligné par la jurisprudence administrative dans l'arrêt du Conseil d'Etat du 3 novembre 1922, *Dame Cachet*, qui juge que : « La décision du directeur de l'enregistrement ayant un caractère de décision exécutoire et ayant créé des droits, ne pourrait être par

---

[10] R. Chapus, *Droit administratif général*, Tome 1, Montchrestien, 2001, p. 492. Voir notamment, D. de Béchillon, « Le contrat comme norme dans le droit public positif », RFDA 1992, p. 15 ; S. Flogaïtis, « Contrat et acte administratif unilatéral », *Mélanges Braibant*, 1996, p. 229 ; A. de Laubadère, F. Moderne et P. Delvolvé, *Traité des contrats administratifs*, LGDJ, 1983, Tome 1 ; Y. Madiot, *Aux frontières du contrat et de l'acte unilatéral : recherches sur la notion d'acte mixte en droit public français*, Thèse, LGDJ, 1971.
[11] M. Hauriou, Précis de droit administratif et de droit public, Sirey, 11ème éd., 1927, p. 356.
[12] *Ibid.* Voir également G. Darcy, *op. cit.*, AJDA 1994, p. 670-671.

application des principes généraux rappelés ci-dessus modifiée d'office ...»[13]. Cette formulation sous-entend que le caractère exécutoire de la décision joue, au même titre que son caractère créateur de droits acquis, un rôle non négligeable dans sa fin.

Ce questionnement amène finalement à s'interroger sur la distinction susceptible d'être établie entre l'acte unilatéral et la décision exécutoire[14]. Ces deux expressions sont, pour certains auteurs, synonymes, alors que cela n'est pas du tout évident. Si ces questions sont susceptibles de faire l'objet d'une thèse à part entière, il nous semble intéressant de les évoquer dans la perspective de préciser notre démarche, tout en ayant conscience qu'un tel sujet mérite de plus amples développements, notamment au vu des réflexions menées par Ch. Eisenmann[15].
Il apparaît que ces deux notions sont conceptuellement distinctes car elles n'obéissent pas à une logique identique[16]. Afin de comprendre et de définir la notion de décision exécutoire, J-A. Mazères s'attache à souligner l'ambiguïté terminologique existant entre les termes décisoire et exécutoire. Ce sont en effet deux moments de l'acte qu'il convient de distinguer, l'exécutoire relevant précisément de la réalisation de l'acte. Le fondement de la distinction peut être identifié grâce à la théorie de l'Institution de M. Hauriou, la décision exécutoire doit être envisagée en tant qu'élément de la réalisation de l'idée d'œuvre, la logique est alors celle de l'action, et non celle du commandement. Alors que nombre d'auteurs ont rattaché la décision exécutoire à l'exécution forcée, J-A. Mazères rappelle que M. Hauriou fait au contraire référence à l'obéissance préalable, au privilège du préalable et non à l'exécution forcée. C'est ce critère qui permet de distinguer convenablement les deux notions. Les professeurs Vedel et Rivero ont, par la suite, proposé une nouvelle définition qui s'inspire largement de celle du doyen Hauriou[17].

---

[13] Conseil d'Etat, 3 nov. 1922, *Dame Cachet*, RDP 1922, p. 552.

[14] Nous avons conscience de l'enjeu d'une telle question qui a suscité de nombreuses controverses et qui est encore discutée. Elle n'est cependant pas l'objet de ce travail et, de fait, les développements que nous y consacrons peuvent sembler succincts.

[15] Ch. Eisenmann, *Cours de droit administratif 1959-1960*, LGDJ, 1982-1983, p. 743 et s.

[16] J-A. Mazères, *L'acte juridique : l'oscillation entre l'acte unilatéral et la décision exécutoire*, Cours de DEA de droit administratif, 1997-1998, Toulouse.

[17] J. Rivero : « La décision exécutoire est l'acte dans lequel l'administration met en œuvre ce pouvoir de modification unilatéral des décisions juridiques », *Précis de droit administratif*, Dalloz, 1970, p. 89 ; G. Vedel : « Une décision exécutoire est un acte juridique émis unilatéralement par l'administration en vue de modifier l'ordonnancement juridique par les obligations qu'il impose et par les droits qu'il confère », *Manuel de droit administratif*, 4ème éd., PUF, 1968, p. 160.

Dans le même sens, R. Chapus affirme que la considération du caractère exécutoire d'un acte unilatéral n'entre pas dans la définition de la décision, « ce sont deux questions distinctes que celle de savoir si un acte unilatéral est une décision et celle de savoir si une décision est exécutoire ». Il distingue ainsi les actes décisoires et les actes non décisoires[18]. Il sépare donc le caractère décisoire et le caractère exécutoire de l'acte en tant qu'ils correspondent à deux moments distincts, l'exécution étant coupée de l'acte même.
Ces définitions ont en commun de ne pas associer la qualité exécutoire d'une décision à ses modes d'exécution, mais de la lier au pouvoir administratif de modification unilatérale des situations juridiques. On peut dès lors conclure que si toute décision exécutoire est un acte administratif unilatéral, tout acte administratif unilatéral n'est, au contraire, pas une décision exécutoire[19].

Ces considérations expliquent pourquoi il nous a semblé opportun d'évoquer, dans le cadre de cette étude, l'acte administratif unilatéral et non la décision exécutoire. Mais bien que l'expression retenue suscite moins d'ambiguïté, son sens mérite d'être précisé, en dehors même de la distinction déjà opérée par rapport au contrat. En effet, Ch. Eisenmann souligne que : « l'expression actes administratifs unilatéraux ne désigne pas un objet sur quoi tout le monde s'accorde, autrement dit : elle ne désigne pas pour tout le monde le même objet, elle n'a pas *un* sens, *une* acception unanimement reçue ; il n'y correspond pas un seul et même concept pour tout les juristes de droit administratif ; la littérature juridique administrative révèle la coexistence de plusieurs notions de l'acte administratif »[20]. L'auteur poursuit : « Il faut prendre conscience de ce fait, et en apprécier la portée et les problèmes qu'il pose »[21].
Ayant connaissance de ce fait, nous devons remarquer que les divergences ne sont cependant pas totales, et une grande majorité de la doctrine s'accorde sur un certain nombre de critères.
Reprenant ceux-ci, nous admettrons que l'acte administratif unilatéral est l'acte juridique qui affecte l'ordonnancement juridique indépendamment du consentement de ses destinataires[22]. Il est donc une manifestation de volonté destinée à produire des effets de droit, l'appréciation du caractère unilatéral de la

[18] R. Chapus, *op. cit.*, n° 672, p. 503. Sur ce sujet, voir aussi G. Darcy, *op. cit.*, p. 663 ; C. Lavialle, *L'évolution de la conception de la décision exécutoire en droit administratif français*, Thèse, LGDJ, 1974.
[19] G. Vedel et P. Delvolvé, *Droit administratif*, Tome 1, PUF, 1990, p. 245.
[20] Ch. Eisenmann, *op. cit.*, p. 678.
[21] *Ibid.*
[22] Cette définition est également discutable, comme l'a souligné Ch. Eisenmann. Ce n'est cependant pas l'objet de ce travail.

manifestation de volonté ne peut, en effet, se faire que par référence à un élément qualitatif et objectif : la modification effective apportée au droit existant[23].
Le critère de l'acte administratif unilatéral est donc sa normativité, son caractère décisoire.
Cela engendre une situation inégalitaire qui fait de l'acte administratif unilatéral l'expression normale de la puissance publique, bien qu'elle n'en ait pas le monopole[24]. En effet, et alors que la théorie libérale réserve le pouvoir d'édicter des actes unilatéraux à la puissance publique, la réalité juridique et politique montre la présence incontestable d'actes unilatéraux en droit privé, dont certains vont jusqu'à être publicisés. Par conséquent, l'unilatéralité se définit à partir du contenu même de l'acte juridique et, ensuite, des situations respectives de l'auteur et du sujet de l'acte. L'unilatéralité est donc d'ordre, à la fois matériel et relationnel.

De ces considérations, il résulte que le champ de la recherche devra être précisément déterminé. En effet, la doctrine et le juge administratif n'ont jamais vraiment cherché à définir la fin de l'acte administratif unilatéral, et ont toujours eu du mal à identifier ses composantes, c'est-à-dire les modalités de fin, de manière que leur définition soit cohérente, du point de vue conceptuel, et explicative du droit positif.

***La nécessaire redéfinition des termes.***

Evoquant la terminologie de la fin, le professeur Auby l'a qualifié de « défectueuse »[25], laissant entrevoir l'état de la situation. Au constat qui s'impose, selon lequel la terminologie est incertaine et confuse, une explication se trouve dans la variété de son champ lexical. L'expression « fin de l'acte administratif unilatéral » est elle-même peu usitée, le juge administratif et la doctrine évoquant plutôt ses composantes tels que le retrait, l'abrogation ou l'annulation par exemple. Ce sont d'ailleurs ces termes qui font l'objet d'un emploi peu rigoureux. Ainsi, il est largement admis que le retrait est une modalité de « sortie de vigueur »[26] des

---

[23] R. Chapus précise : « Un acte unilatéral est une décision lorsque la manifestation de volonté de son auteur se traduit par l'édiction d'une norme destinée à modifier l'ordonnancement juridique ou bien, au contraire, à le maintenir en l'état. (...) Quant au maintien en l'état de l'ordonnancement juridique, il est la simple conséquence soit des décisions confirmatives, soit des décisions de refus (rejet d'une demande) », *op. cit.*, p. 502.

[24] J-C. Vénézia affirme ainsi : « Selon l'opinion dominante, l'acte unilatéral à l'état pur, c'est-à-dire l'acte impératif attributif de droits ou pouvoirs sans le consentement de son destinataire serait un monopole du droit public », *in* « Puissance publique, puissance privée », *Mélanges Eisenmann*, Cujas, 1975, p. 363. Sur cette question, voir notamment M. Hecquard-Théron, *Cours de licence de droit administratif*, Toulouse, 1997-1998.

[25] J-M. Auby, « L'abrogation des actes administratifs », AJDA 1967, p. 131.

[26] La « sortie de vigueur », selon l'expression de Ch. Eisenmann reprise par R. Chapus, est la sortie de l'acte de l'ordonnancement juridique, *op. cit.*, p. 1151.

actes qui a un effet rétroactif, ce qui permet par ailleurs de distinguer cette opération de l'abrogation.

La distinction entre le retrait et l'abrogation, fondée sur un critère de rétroactivité, est en effet aujourd'hui unanimement reconnue. Elle a pris la place d'un autre critère de distinction, fondé quant à lui sur la nature de l'acte, et selon lequel le terme abrogation concernait les actes réglementaires, alors que le terme retrait portait sur les actes non réglementaires[27]. Cette distinction est aujourd'hui obsolète. L'évolution de l'état du droit est illustrée par O. Dupeyroux, qui précise : « Nous ne voyons pas d'inconvénient réel à parler de *l'abrogation* des décisions individuelles. Dans la perspective répandue en particulier par l'école viennoise, l'abrogation d'une norme individuelle est aussi parfaitement concevable que l'abrogation d'une norme générale. La doctrine la plus récente accepte parfaitement de parler de l'abrogation des actes individuels »[28]. Il est aujourd'hui admis que seuls les effets produits méritent d'être pris en compte, c'est la rétroactivité de l'opération qui permet de distinguer le retrait d'un acte administratif unilatéral de son abrogation.

Alors que le terme retrait ne fait que rarement l'objet de controverses[29], il n'en est pas de même des deux verbes qui lui sont associés : rapporter et retirer. L'existence de deux verbes en vue d'une utilisation identique est nécessairement une cause d'incertitudes et de confusions. Le commissaire du gouvernement Agid exprime un sentiment d'impuissance face à cet état de fait : « ... on est bien forcé de reconnaître qu'un seul substantif (le retrait) correspond à deux verbes différents : retirer et rapporter. Il faut donc s'accommoder de cette dualité de sens et des confusions auxquelles elle prête »[30].
Une étude doctrinale et jurisprudentielle révèle en effet la réalité de cette dualité : le terme rapporter est, depuis le début du siècle, très utilisé par le juge administratif, notamment dans l'arrêt fondateur de la théorie du retrait des actes

[27] Le commissaire du gouvernement Agid affirmait : « Malheureusement, ce terme abrogation, qui serait beaucoup plus clair, n'est guère utilisable lorsqu'il ne s'agit pas d'actes législatifs ou réglementaires », Concl. sur Conseil d'Etat, Ass., 17 nov. 1950, *EDF*, CJEG 1951, p. 81.
[28] O. Dupeyroux, La règle de la non-rétroactivité des actes administratifs, Thèse, LGDJ, 1953, p. 252.
[29] J-Y. Vincent affirme ainsi : « Un consensus se dégage en doctrine sur le sens du mot retrait : par opposition à l'abrogation ou à la révocation qui met fin à un acte dans le futur, la décision de retirer ou de rapporter implique la disparition rétroactive de l'acte. Nous nous rallions à cette interprétation, bien qu'elle contienne une dose d'arbitraire et que subsistent encore certains flottements », « Le retrait des actes administratifs unilatéraux », RTDE 1974 -1, p. 31.
[30] Agid, Concl. sur Conseil d'Etat, Ass., 17 nov. 1950, *EDF*, précité.

administratifs créateurs de droits acquis, l'arrêt *Dame Cachet* de 1922[31]. Les auteurs classiques étaient d'ailleurs eux-mêmes gênés par cette double terminologie[32]. Bien qu'il n'ait jamais été défini et qu'il suscite par conséquent de nombreuses controverses, le terme rapporter fait encore aujourd'hui l'objet d'une utilisation régulière, tant par le juge que par la doctrine[33].

Si son usage lors de la jurisprudence *Dame Cachet* lui confère *a priori* une portée rétroactive, son emploi ultérieur laissera subsister un doute quant à son sens réel. A cet égard, O. Dupeyroux remarque : « Le verbe *rapporter* sert (…) à désigner une opération soit entièrement tournée vers l'avenir, soit au contraire une opération qui prétend remettre en question le passé, en dépit de la règle de la non-rétroactivité. Cette imprécision du vocabulaire est très regrettable »[34].

Un regret également exprimé par G. Dupuis qui affirme : « la terminologie employée par le Conseil d'Etat permet mal de distinguer le retrait de l'abrogation (ou de la révocation), les arrêts emploient le verbe *rapporter* indistinctement dans les trois cas »[35].

Remarquons par ailleurs que les difficultés rencontrées quant à l'utilisation du verbe « rapporter » ne sont pas limitées à la doctrine et au juge administratif, le législateur en fait également un usage incertain. C'est ainsi que ce terme a dans certaines hypothèses une portée rétroactive[36], et dans d'autres, au contraire, un effet uniquement à venir[37].

---

[31] Conseil d'Etat, 30 nov. 1922, *Dame Cachet,* Sirey 1925, III, p. 9, note Hauriou ; RDP 1925, p. 552, Concl. Rivet.

[32] G. Jèze affirmait : « Rapporter un règlement, c'est déclarer expressément que ce règlement cessera de s'appliquer dans l'avenir (…) Retirer une autorisation, c'est déclarer expressément que le régime exceptionnel dont bénéficiait le titulaire de l'autorisation ne s'appliquera plus. », Note sous Conseil d'Etat, 28 févr. 1908, *Franco, Paul, Nicaud,* RDP 1908, p. 257.

[33] Remarquons que dans l'arrêt d'assemblée *Ternon* du 26 octobre 2001, la Haute Assemblée n'emploie que les termes « retrait » et « retirer ». Voir notamment J-B. Auby, « Révolution dans le retrait », DA 2001, p. 14 ; F. Chaltiel, « Une nouvelle étape dans le régime du retrait de l'acte administratif unilatéral créateur de droits (à propos de l'arrêt *Ternon* du 26 octobre 2001), LPA 2001, p. 7 ; Note P. Delvolvé, RFDA 2002, p. 88 ; Y. Gaudemet, « Faut-il retirer l'arrêt *Ternon* ? », AJDA 2002, p. 738 ; Note I. Michallet, DA 2001, p. 15.

[34] O. Dupeyroux, *op. cit.*, p. 251.

[35] G. Dupuis, « L'acte administratif », JCA fasc. 107, n° 132.

[36] Ainsi l'ordonnance du 19 octobre 1945 portant Code de la nationalité prévoit, dans son article 111 (article 27-2 du Code Civil), que le décret de naturalisation peut être rapporté dans le délai d'un an à compter du jour de sa publication. Le Conseil d'Etat précisera que cette opération a une portée rétroactive, dans l'arrêt du 1er février 1952, *Epoux Gromb,* Leb. p. 79.

[37] L'article L 640 du livre V du Code de la Santé précise les conditions dans lesquelles une autorisation, délivrée par le ministre de la santé publique, pourra être retirée. Or, une autorisation ne peut pas faire l'objet d'un retrait, mais seulement d'une abrogation pour la raison qu'il est impossible d'en effacer les effets dans le passé. A. Bacquet précise : « En dépit d'une rédaction assez ambiguë, cette disposition doit être comprise comme signifiant qu'il ne serait plus accordé à l'avenir d'autorisation de détention et d'utilisation pour des puissances inférieures », Concl. sur Conseil d'Etat, 1er févr. 1980, *Rigal,* AJDA 1981, p. 43.

Deux autres expressions, régulièrement employées tant par le juge administratif que par la doctrine, ont suscité des doutes quant à leurs sens. Ce sont les expressions « revenir sur » et « cesser d'avoir effet », dont on admet que la première a un sens rétroactif[38], contrairement à la seconde qui ne produit d'effet que dans l'avenir[39].
On peut associer à cette série d'expressions au sens relativement incertain le terme « révocation ». G. Gonzalez admet que la révocation a pour auteur l'administration et qu'il peut s'agir « du retrait de l'acte qui opère rétroactivement ou de son abrogation le privant d'effets seulement pour l'avenir »[40]. Pour d'autres, dont M. Hauriou, la révocation équivaut au contraire au retrait de l'acte, elle a donc un effet rétroactif[41]. Enfin, J-Y. Vincent précise que l'abrogation, comme la révocation, met fin à un acte dans le futur[42]. C'est aussi l'opinion de J-M. Auby, qui affirme : « la mesure sollicitée de l'administration n'est pas nécessairement une annulation semblable à celle que prononcerait le juge mais le plus souvent une abrogation ou révocation sans effet rétroactif »[43].

La Haute Assemblée n'a pas elle-même défini les termes utilisés, laissant par conséquent la doctrine combler cette lacune en précisant tant le sens que la portée des termes. Non seulement chaque auteur a donné sa propre explication, mais de plus chacun a établi sa propre terminologie, laissant parfois même la place à un certain nombre de contradictions[44].

---

[38] Dans l'arrêt *Sieur Canton* du 12 janv. 1962, le Conseil d'Etat dispose : « qu'ainsi, il aurait en tout état de cause, appartenu au préfet de revenir, au besoin d'office, et même pour des motifs d'opportunité, sur cette décision » (AJDA 1962, p. 236). Devant l'incertitude terminologique, ce sont les conclusions du commissaire du gouvernement Combarnous qui détermineront la portée rétroactive de l'opération (AJDA 1962, p. 234).

[39] Le commissaire du gouvernement A. Bacquet précise à cet égard : « Le principe général qui régit la matière est malgré tout celui de l'intangibilité absolue des décisions individuelles ayant créé des droits, c'est-à-dire l'impossibilité de les abroger ou de faire cesser leurs effets », *op. cit.*, p. 45.

[40] G. Gonzalez, « La caducité des actes administratifs unilatéraux », RDP 1991, p. 1675-1676.

[41] M. Hauriou, Note sous Conseil d'Etat, 3 nov. 1922, *Dame Cachet*, précité.

[42] J-Y. Vincent, *op. cit.*, p. 31.

[43] J-M. Auby, Note sous Conseil d'Etat, 2 déc. 1960, *Dame Franc*, Dalloz 1962, p. 8 ; L. Delbez, « La révocation des actes administratifs », RDP 1923, p. 465 ; A. de Laubadère, J-C. Vénézia, Y. Gaudemet, *Traité de droit administratif*, T.1, LGDJ, 1999, p. 674.

[44] Ce vocabulaire imprécis devient alors impropre, à l'image de la définition du retrait donnée par J-M. Rainaud : « Dans cette hypothèse, il n'est plus question de retirer un acte administratif du milieu juridique, mais de le rapporter, c'est-à-dire de lui dénier tout effet juridique dès sa naissance », *La distinction de l'acte réglementaire et de l'acte individuel*, Thèse, LGDJ, 1966, p. 140.
Voir aussi, M. Stassinopoulos qui distingue le « retrait rétroactif qui équivaut à une annulation par la voie administrative » alors que le « retrait sans effet rétroactif a pour résultat de mettre fin aux effets de l'acte *ex nunc* ». Et il ajoute : « En principe on peut concevoir tant un retrait agissant *ex nunc*, c'est-à-dire à partir du moment de son émission, qu'un retrait agissant *ex tunc*, c'est-à-dire à partir du moment de l'émission de l'acte révoqué », *Traité des actes administratifs*, Collection de l'Institut français d'Athènes, 1954, p. 237 et 291.

Certains ont alors tenté d'instaurer une plus grande rigueur terminologique, A. de Laubadère affirmait ainsi : « Sous le nom de *retrait* on désigne fréquemment deux notions différentes : en un premier sens, le retrait désigne la décision par laquelle l'auteur de l'acte entend annuler celui-ci, en faisant disparaître ses effets déjà accomplis ; en un second sens le retrait implique seulement la volonté de l'auteur d'un acte de le supprimer pour l'avenir ; il serait préférable de réserver l'expression *retrait* à la première opération (retrait rétroactif) et d'employer pour la seconde l'expression de *révocation* ou d'*abrogation*, mais il faut reconnaître que, non seulement dans le langage courant, mais dans celui des juristes eux-mêmes, le terme *retirer* ou encore *rapporter* une décision est employé indifféremment dans les deux sens »[45].
M. Waline n'a, quant à lui, pas hésité à instaurer une terminologie non seulement propre mais aussi innovante : « Je propose la terminologie suivante : retrait pour la mise à néant d'un acte ; rapport lorsqu'elle a un effet rétroactif ; révocation en cas contraire ; abrogation pour la révocation d'un acte réglementaire ». Et l'auteur précise : « On appelle retrait, révocation ou rapport d'un acte administratif une décision prise par l'autorité administrative elle-même, et mettant à néant les conséquences juridiques d'un acte antérieur, ou lui en substituant un autre dont la portée est différente »[46]. La particularité de ce vocabulaire vient de l'utilisation du terme rapport, qu'il est le seul à utiliser et qu'il n'a pu déduire que du verbe « rapporter ». De plus, il réserve l'abrogation aux actes réglementaires, critère dont l'obsolescence est aujourd'hui reconnue[47].

Alors que le Conseil d'Etat semble être seul apte à imposer une définition précise, la jurisprudence paraît très fluctuante. Les conclusions de G. Vught sur l'arrêt du Conseil d'Etat de 1971, *URSSAF des Alpes-Maritimes* illustrent parfaitement la situation : « le ministre n'a pas rapporté, même partiellement, l'arrêté d'approbation de 1965. Il a seulement décidé que cet arrêté cesserait d'avoir effet, pour l'avenir, en tant qu'il concerne un alinéa des statuts. Sa décision s'analyse comme une abrogation partielle »[48]. P. Lewalle remarque à cet égard : « Sans doute ne peut-on nier qu'en diverses occasions, les juges administratifs aient manifesté leur souci de sortir de la confusion, en redressant, par des affirmations catégoriques, les qualifications incorrectes ou en explicitant la signification de certains termes (...) l'incertitude terminologique a été trop longtemps entretenue pour disparaître comme par enchantement »[49].

---

[45] A. de Laubadère, J-C. Vénézia, Y. Gaudemet, *op. cit.*, p. 291.
[46] M. Waline, « Le retrait des actes administratifs », *Mélanges Mestre*, Sirey, 1956, p. 563.
[47] Voir *supra*.
[48] G. Vught, Concl. sur Conseil d'Etat, 8 janv. 1971, *URSSAF des Alpes-Maritimes*, Leb. p. 26.
[49] P. Lewalle, Contribution à l'étude de l'application des actes administratifs unilatéraux dans le temps, Thèse, Liège, 1975, p. 221.

L'explication des difficultés rencontrées par le Conseil d'Etat se trouve probablement dans l'embarras qu'il éprouve lui-même face à ce foisonnement terminologique. P. Auvret admet : « Le vocabulaire du Conseil d'Etat n'est pas très assuré. Les auteurs regrettent que la Haute Assemblée confonde parfois les termes ou ait recours à l'expression *report* qui ne signifie clairement ni l'un ni l'autre »[50]. Faudrait-il en conclure que l'incertitude de vocabulaire n'est pas fortuite ? C'est-à-dire que « si la Haute Assemblée ne distingue pas, lorsqu'elle affirme qu'un acte individuel doit être rapporté, les hypothèses du retrait proprement dit de celles où il s'agit d'une abrogation, n'est-ce pas, au fond, parce qu'elle ne souscrit pas à la conception du retrait selon laquelle il faut faire comme si l'acte n'avait jamais existé ? En employant le terme *report* les juges du Palais Royal se réserveraient en fait la possibilité de prendre en considération les effets passés d'un acte rapporté pour illégalité et donc se contentent, en réalité, de l'abroger et non de le retirer. La distinction doctrinale entre le retrait et l'abrogation ne serait pas reprise par le Conseil d'Etat parce qu'elle serait trop rigide »[51].

Mais les hésitations du Conseil d'Etat ne sont pas seules à l'origine des confusions. Il y a en effet toujours une interaction entre la conception du juge et celle de la doctrine. Comme le souligne Ch. Atias : « Tout concept juridique a nécessairement une double origine institutionnelle et doctrinale. Parmi les éléments qui composent son sens, certains ont été fixés par le législateur ou par les tribunaux ; d'autres procèdent du travail de précision, de clarification et d'expression effectué par ceux qui ont la charge de connaître et de faire connaître le droit »[52]. Tant le juge que la doctrine doivent dès lors s'accorder sur une terminologie de la fin.
De ces considérations, il résulte, à notre égard, une exigence de rigueur quant à la terminologie utilisée. Il s'agira de désigner un terme pour une opération afin que chaque terme comprenne un auteur, une cause et des effets déterminés. Si la signification des différents termes est clairement établie et comprise, elle ne pourra que permettre une meilleure utilisation de ceux-ci.

---

[50] P. Auvret, « La notion de droits acquis en droit administratif français », RDP 1985, p. 82. G. Dupuis ajoute : « La terminologie employée par le Conseil d'Etat permet mal de distinguer le retrait de l'abrogation (ou de la révocation), les arrêts emploient le verbe *rapporter* indistinctement dans les trois cas », « L'acte administratif », *op. cit.*, n° 132.
J. Carbajo remarque par ailleurs que le Conseil d'Etat « utilise parfois l'expression rapporter comme synonyme de retirer », *L'application dans le temps des décisions administratives exécutoires*, Thèse, LGDJ, 1980, p. 156 ; voir, par exemple, Conseil d'Etat, Sect., 23 nov. 1962, *Association des anciens élèves de l'Institut commercial de Nancy*, AJDA 1962, p. 677 ; également Conseil d'Etat, 2 juill. 1948, *Consorts Ducros*, Leb. p. 149.
[51] P. Auvret, *op. cit.*, p. 84.
[52] Ch. Atias, *Epistémologie juridique*, PUF, 1985, p. 155.

***L'identification de la fin de l'acte administratif unilatéral.***

Il existe incontestablement une importante diversité, un relatif désordre qui domine largement toute la question de la fin de l'acte administratif unilatéral, et qui est notamment dû à l'état confus de la terminologie. Il ne doit cependant pas occulter l'objet de cette recherche, traduit dans cette question : qu'est-ce que la fin de l'acte administratif unilatéral ? Une première réponse, *a priori*, permet d'affirmer que la fin recouvre une association d'éléments divers et disparates qui ont cependant un dessein commun. Il convient alors de préciser et d'analyser l'ensemble de ces éléments. Ce sont d'abord tous les procédés provoquant l'anéantissement de l'acte administratif unilatéral qu'il convient de recenser pour déterminer la composition de celle-ci. Le premier critère utilisé pour identifier la fin pourrait donc être celui du but poursuivi : l'anéantissement d'un acte administratif unilatéral. Si certains procédés sont certainement des modalités de fin, tels que le retrait, l'abrogation ou l'annulation, d'autres suscitent davantage de doutes, comme la modification et la caducité. Dans quelle mesure ces moyens d'action peuvent-ils être qualifiés de modalités de fin ? Pourquoi la désuétude et l'exécution même de l'acte semblent-elles être exclues du champ de cette recherche ?

La réponse à ces questions permettra d'effectuer une première délimitation du champ de la recherche en éliminant les procédés qui ne peuvent être qualifiés de modalités de fin, précisément parce qu'ils n'ont pas cette fonction.

Alors qu'une première délimitation est ainsi permise, survient immédiatement une autre difficulté, dans cette seconde question : à partir de quel moment doit-on considérer qu'un acte administratif unilatéral prend fin ? Affirmer que la fin est l'ensemble des procédés qui provoquent l'anéantissement d'un acte se révèle être, d'une certaine manière, une tautologie ; c'est la fin en tant que telle que nous voulons définir. Or, ce ne sont pas seulement ses composantes qui permettent de définir un objet. Force est de constater qu'il faut également s'attacher à ses effets. En d'autres termes, si la fin peut être appréhendée sous l'angle de ses manifestations, il semble nécessaire d'envisager un second aspect qui concerne ses effets propres. Ce sont notamment les relations entre la fin et la rétroactivité qui suscitent, à ce stade de l'analyse, un certain nombre d'interrogations.

Ce second aspect, qui tend à appréhender la fin dans son essence même, rejoint néanmoins le premier, en ce qu'ils visent tous deux à préciser le champ d'application de la recherche. De fait, analyser la fonction de la fin proprement dite revient à s'interroger sur ses effets. La disparition de l'ordonnancement juridique est une forme de fin qui vient immédiatement à l'esprit, notamment parce que l'entrée en vigueur est l'entrée dans l'ordonnancement juridique. Cela explique d'ailleurs l'utilisation de l'expression « sortie de vigueur », notamment employée par R. Chapus dans son ouvrage de droit administratif général, en opposition directe à l'entrée en vigueur[53].

Cette première définition est cependant restrictive et elle ne correspond pas exactement à la réalité juridique. Il apparaît clairement que, parfois, l'acte ne produit plus d'effet sans pour autant sortir de vigueur. Identifier la fin suppose alors d'analyser les relations susceptibles d'être établies entre la fin et la disparition de l'acte, et de préciser cette dernière. D'autant plus que la disparition d'un acte réglementaire peut laisser subsister des actes individuels.
La question des relations entre la fin et la normativité est ici posée, laissant entrevoir que bien que l'acte disparaisse, la normativité peut perdurer. La distinction kelsénienne entre la validité et l'efficacité de l'acte méritera d'être prise en considération, en effet les réflexions de H. Kelsen sur la normativité sont inéluctables[54].
Dans cette hypothèse, l'acte ne produit plus d'effet tout en étant maintenu dans l'ordonnancement juridique. Or, n'y a-t-il pas une fin dès lors qu'il n'y a plus d'effet ? Mais alors cela suppose d'établir sinon une hiérarchie dans la fin, du moins une certaine classification. En effet, de cette affirmation, il faudrait déduire que la fin de l'acte administratif unilatéral serait aussi la cessation de ses effets. Il convient peut-être de reconnaître que l'acte ne produisant plus d'effet, il a d'une certaine manière pris fin, bien qu'il ne soit pas sorti de l'ordonnancement juridique. Ces considérations mériteront d'être démontrées et vérifiées, elles amènent par ailleurs à s'interroger sur l'existence d'autres degrés dans la hiérarchie, d'autres critères de classification. Outre ces deux formes de fin, n'y en a-t-il pas d'autres ? La réponse à cette question apparaît comme le fondement d'une définition de la fin proprement dite.

Néanmoins, n'y a-t-il pas une contradiction fondamentale entre la dualité des formes de fin et l'unité de celle-ci ? Autrement dit, la fin de l'acte administratif unilatéral est-elle une notion propre, composée de diverses modalités ? Ou est-elle, au contraire, l'association de plusieurs procédés sans véritable lien entre eux, mais alors elle n'est plus une notion ?
Il apparaît que la diversité des procédés et effets n'est pas nécessairement un obstacle à l'existence d'une notion, à la seule condition qu'un fil conducteur, un élément unificateur les rassemble par ailleurs. En d'autres termes, si la pluralité est, par définition, contraire et opposée à l'unité, un élément logique, rationnel peut être un facteur d'unification et donc, par la suite, d'une relative unité. L'exigence de

[53] Voir *supra*.
[54] H. Kelsen, *Théorie générale des normes*, PUF, 1996, p. 183 ; *Théorie générale du droit et de l'Etat* suivi de *La doctrine du droit naturel et le positivisme juridique*, LGDJ, 1997, p. 80 ; *Théorie pure du droit*, LGDJ, 1999, Titre V.

rationalité est d'ailleurs une condition de l'existence de toute notion, quelle qu'elle soit.
Il faudra donc mettre en évidence l'unité de la fin de l'acte administratif unilatéral au-delà de la disparité qui la caractérise de manière inhérente.
Cela suppose que soient dégagées la logique et la cohérence de la procédure au sein des éléments qui la composent. C'est parmi ceux-ci qu'il convient de dégager l'élément qui mettra en lumière cet aspect particulier de la fin de l'acte administratif unilatéral.
La présence de l'acte de fin, un acte spécifique à l'origine de toute fin, pourrait représenter cette part de rationnel. De fait, sa présence semble déterminante, parce qu'il paraît être le lien entre toutes les modalités de fin, c'est-à-dire l'élément unificateur de celle-ci. Pourtant, l'automaticité propre à la caducité pourrait représenter un obstacle à une telle unité.

***De la définition à la question de la notion : la méthode retenue.***

Une seule certitude nous anime : la doctrine reconnaît un certain nombre de modalités de fin et en rejette d'autres. La situation est en réalité moins tranchée, certaines hypothèses suscitant doutes ou controverses. Il en va notamment ainsi de la désuétude, qui n'est pas reconnue par le droit administratif français et qui représente pourtant une forme de caducité, dite naturelle. D'une manière générale, il est néanmoins admis que le retrait, l'abrogation, la modification, l'annulation et certains cas de caducité ont pour effet d'anéantir un acte administratif unilatéral.
C'est en partant de ce postulat, considéré comme hypothèse *a priori*, que nous choisissons de considérer la fin de l'acte administratif unilatéral. En d'autres termes, nous admettons que ces procédés sont effectivement des modalités de fin. Il s'agira, par la suite, de confirmer et d'expliquer *a posteriori* non seulement la fin mais aussi ses composantes, qui ne sont que postulées.
La démarche est inductive : elle consiste à ne pas élaborer une définition *a priori* de la fin de l'acte administratif unilatéral, mais, au contraire, à partir de ces manifestations, pour revenir ensuite à une définition. Alors que le retrait, l'abrogation, la modification, l'annulation et la caducité planifiée sont des modalités de fin, pourquoi la désuétude, par exemple, n'en est pas une ? Et qu'en est-il de l'exécution de l'acte ?
C'est à la lumière de ces considérations que nous pourrons, semble-t-il, définir la fin de l'acte administratif unilatéral. Nous admettons *a priori* que les cinq modalités ont pour effet l'anéantissement de l'acte initial, afin d'aboutir à une définition et, par la suite, de la corroborer. De la simple supposition, il convient de parvenir à une rigoureuse démonstration.

Il s'agira, finalement, de découvrir et d'analyser la fin de l'acte administratif unilatéral à travers les références et les fonctions que le droit lui assigne, c'est-à-

dire par induction à partir de l'application faite par les textes et par la jurisprudence. Relativement à cette démarche, A. Lalande évoque un « processus de pensée reconstructif, par lequel, partie en raisonnant, partie en devinant, on remonte de certains indices à des faits qu'ils rendent plus ou moins probables »[55]. Ensuite, c'est en analysant les éléments communs à chaque modalité, leur logique et leur fonction, que nous pourrons déterminer ce qu'est la fin proprement dite, en tant qu'entité propre. Il s'agit donc de connaître la fin en s'attachant à ses principales applications concrètes, reconnues par le droit positif. C'est finalement à partir des faits que nous pensons dégager une règle, une théorie. C'est une forme de connaissance par expérience et la démarche peut sembler proche de la méthode expérimentale, « celle qui consiste dans l'observation, la classification, l'hypothèse et la vérification par des expériences appropriées »[56].
Au terme de ce travail, nous pensons pouvoir désigner la fin en tant que telle et non pas seulement au travers de ses composantes. Une définition de celle-ci alors sera susceptible de corroborer la supposition initiale, en précisant, en délimitant son champ d'application.
Il s'agit finalement de commencer par étudier ce que nous savons, ou plutôt, de ce que nous croyons savoir de la fin : ce sont ses manifestations, telles qu'elles sont reconnues à un moment donné. L'objectif est d'abord de corroborer le postulat admis *a priori*, simple hypothèse de départ, en vertu duquel il existe cinq modalités de fin. Ensuite, cette recherche vise à étudier la fin de l'acte administratif unilatéral proprement dite, sans que ce soit par le truchement des éléments qui la composent. Une intuition nous guide en effet selon laquelle la fin de l'acte administratif unilatéral représente et exprime une unité permettant d'évoquer la notion de fin.

Ce sont ces questions qui vont donc guider notre recherche, et plus précisément l'idée que la fin de l'acte administratif unilatéral pourrait être qualifiée de notion. La notion est un objet abstrait de connaissance, elle pose les critères permettant de définir un objet.
Pourtant, si tout objet peut être défini, il n'en constitue pas pour autant une notion. La notion permet d'identifier un objet, elle dit ce qu'est cet objet, sa réalité, parce qu'elle crée une catégorie regroupant tout objet possédant les mêmes caractéristiques. H. Kelsen affirmait ainsi : « La norme n'est pas une notion, ou, comme dit également Schlick, une définition. La notion de quelque chose, d'un objet, énonce que si quelque chose a les qualités fixées par la définition de la notion, cet objet tombe sous la notion, c'est-à-dire qu'il est ce que la notion désigne. La notion n'énonce pas que quelque chose doit (*soll*) avoir les qualités qui sont fixées dans la définition »[57]. Ce sont les caractères essentiels de l'objet qui

---

[55] A. Lalande, *op. cit.*, Voir « Induction ».
[56] *Ibid.*, Voir « Expérimental ».
[57] H. Kelsen, *Théorie pure du droit*, Dalloz, 1962, p. 24.

permettent de créer une catégorie et d'évoquer la notion. Alors que la notion constitue l'abstraction de l'objet, la définition en est au contraire le concret. La notion suppose dès lors que les caractères essentiels de l'objet soient unis de manière cohérente, elle suppose également une logique d'ensemble qui en fait finalement l'unité. A la différence de la définition, la notion comprend une large part de rationnel qui est à l'origine de la catégorie[58].

Si l'existence d'une notion de fin de l'acte administratif unilatéral nous semble devoir être recherchée, nous n'avons donc aucune certitude. Dès lors, afin de prouver son existence, ou au contraire parvenir au constat que la fin n'est pas une notion, il paraît nécessaire de comprendre d'abord la fin de l'acte administratif unilatéral en l'analysant de manière rigoureuse. Pour cela, il convient d'en connaître les diverses manifestations, ainsi que les effets pour pouvoir finalement identifier ses modes d'expression. Cette première partie vise précisément à définir la fin de l'acte administratif unilatéral en délimitant rigoureusement son champ d'application.

Ensuite, nous nous interrogerons sur la portée juridique de la fin de l'acte administratif unilatéral. Il s'agit de déterminer si la définition laisse entrevoir une unité et une logique certaines. Elle pourrait alors se prolonger par la démonstration de l'existence d'une notion de fin de l'acte administratif unilatéral.

Par conséquent, après avoir défini la fin de l'acte administratif unilatéral, la démonstration de l'existence ou de l'inexistence d'une notion constituera le prolongement de cette étude.

---

[58] Nous ne distinguerons pas, dans le cadre de cette recherche, la notion et le concept. Contrairement à cette analyse, voir Hegel, Les leçons de la *Philosophie du droit,* Gallimard, Coll. Idées, Trad. Kaan, 1821 et F-P. Bénoit, *Les doctrines politiques modernes. Le temps de Hegel,* PUF, 1980 ; « Notions et concepts, instruments de connaissance juridique. Les leçons de la philosophie du droit de Hegel », *Mélanges Peiser*, Presses universitaires de Grenoble, 1995, p. 27.

## Première partie :
## Les modes d'expression de la fin de l'acte administratif unilatéral.

## Seconde partie :
## La notion de fin de l'acte administratif unilatéral.

# Première partie :

# Les modes d'expression de la fin

# de l'acte administratif unilatéral.

L'expression « fin de l'acte administratif unilatéral » recouvre un certain nombre de manifestations différentes, voire disparates. Il convient donc de déterminer précisément comment un acte administratif unilatéral peut prendre fin.
Pour répondre à cette question, deux idées ont semblé essentielles et méritent de retenir l'attention. Il s'agit d'abord de la prise en considération de l'auteur de la fin de l'acte, qui permettra de préciser le champ d'application de l'étude. C'est ensuite la détermination des modalités de fin, autrement dit des moyens dont dispose l'auteur de la fin pour mettre un terme à un acte administratif unilatéral. Ce sont ces procédés qui permettront de qualifier précisément la fin, et donc par la suite de la définir. Il apparaît clairement que cette première approche de la fin recouvre une importante variété qui traduit la complexité de l'entreprise : s'agissant tant de l'auteur de la fin que de ses moyens d'action, la diversité domine.
La pluralité des manifestations de la fin sera présentée dans un premier titre (Titre 1).

Les effets produits par la fin seront ensuite étudiés. Une évidence s'est rapidement imposée : la diversité est encore largement présente. Il convient en effet de distinguer l'acte de fin et la fin de l'acte. A l'origine de la fin de l'acte il y a toujours un acte de fin, et les effets de la fin de l'acte sont distincts de ceux de l'acte de fin. L'acte de fin doit être séparé de la fin de l'acte, bien qu'un lien indéniable existe entre eux de par leur fonction.
La diversité des effets de la fin fera donc l'objet d'un second titre (Titre 2).

Pluralité et diversité semblent caractériser la fin, ne laissant alors que peu de place à une quelconque unité. Pourtant, une logique se dégage au sein même de la diversité qui laisse entrevoir une certaine cohérence. En effet, un certain nombre d'éléments sont communs aux diverses manifestations de la fin, dévoilant ainsi son aspect unitaire et rationnel. Ces éléments, et les idées dont ils sont l'expression, soulèvent la question essentielle de l'unité de la fin, préalable nécessaire à toute interrogation relative à l'existence d'une notion.

# Titre premier :

# La pluralité des manifestations.

La fin se caractérise par une grande complexité, due notamment à une intrinsèque diversité. En effet, elle se manifeste de différentes façons, d'où la coexistence d'un certain nombre de procédures, toutes différentes les unes des autres malgré une identique finalité : la fin d'un acte administratif unilatéral. Pourtant, l'effet ainsi produit peut être variable : l'acte auquel il est mis fin ne disparaît pas toujours de la même manière, la question de la rétroactivité mérite alors de retenir l'attention.
Par ailleurs, lorsque l'autorité administrative souhaite mettre fin à un acte administratif unilatéral, elle dispose de moyens d'action qui lui sont propres et qui influencent incontestablement l'effet produit. Quand le juge administratif agit en ce sens, il dispose également de procédés propres, il est la seule autorité compétente pour annuler un acte administratif unilatéral.

La dualité des autorités compétentes pour anéantir un acte administratif unilatéral, et l'existence de plusieurs moyens d'action, engendrent l'existence d'une pluralité de modalités de fin. Un important désordre semble alors caractériser la fin de l'acte administratif unilatéral. Cette étude aura pour objet de la clarifier, de remettre en ordre ses différentes manifestations afin de parvenir à en donner une définition claire. Dans cette perspective, il a semblé opportun d'étudier d'abord les auteurs de la fin, car ce sont eux qui déterminent les modalités de fin. Ces dernières seront ensuite présentées, à la lumière de ces considérations.
Il conviendra donc, dans un premier temps, d'étudier les auteurs de la fin de l'acte administratif unilatéral, afin de déterminer l'influence que leur qualité et leurs pouvoirs peuvent exercer (Chapitre 1).
Dans un second temps, l'analyse portera sur leurs moyens d'action. Ces procédés sont les modalités de fin dont l'étude semble opportune à deux points de vue : il s'agit d'abord d'en comprendre la pluralité, et ensuite de déterminer précisément le champ d'application de notre recherche en délimitant la fin proprement dite. Le

deuxième volet de l'étude sera ainsi consacré aux modalités de fin de l'acte administratif unilatéral (Chapitre 2).

# Chapitre 1 :

# Les auteurs de la fin de l'acte administratif unilatéral.

L'étude des manifestations de la fin de l'acte administratif unilatéral, et par la suite de leurs procédures respectives, suppose de déterminer les autorités compétentes pour agir. Une comparaison avec l'entrée en vigueur pourrait sembler intéressante dans la mesure où un parallèle pourrait être établi entre les autorités compétentes pour édicter un acte et celles compétentes pour le supprimer. Mais une telle comparaison s'avère, de ce point de vue, dénuée d'intérêt. En effet, l'auteur d'un acte administratif unilatéral est par définition, et exclusivement, une autorité administrative. Le principe du parallélisme des formes voudrait dès lors qu'elle soit seule compétente pour y mettre fin. Or, il est évident que la fin n'est pas seulement le fait de l'administration. Ainsi, l'annulation est toujours contentieuse, elle émane nécessairement d'une autorité juridictionnelle.

Au sein de l'autorité administrative, incontestablement compétente pour mettre fin à un acte administratif unilatéral, il s'agit de préciser les personnes aptes à agir. Si l'auteur semble effectivement compétent de par sa fonction même, les pouvoirs reconnus à son supérieur hiérarchique suscitent l'interrogation. Par la suite, il faudra se demander si ces autorités disposent des mêmes moyens d'action. Quant au juge administratif, également compétent, son pouvoir présente des spécificités incontestables qui le distinguent par essence de celui reconnu à l'autorité administrative.

La dualité d'autorités contribue à accroître la complexité de la procédure. En effet, leur compétence conjointe suppose que la décision de mettre fin puisse être un acte administratif ou un acte juridictionnel. Or, cet acte, à l'origine de la fin, en identifie la procédure. Cette dernière est déterminée par l'acte de fin, dont la dualité de nature est un autre facteur de diversité.

La qualité de l'auteur de la fin identifiée, il sera nécessaire de déterminer l'étendue de ses pouvoirs. Il s'avère en effet que l'auteur de la fin ne peut généralement pas agir quand et comme il le souhaite. Le droit encadre largement la procédure, notamment parce que de nombreux actes administratifs unilatéraux sont créateurs de droits acquis et par conséquent leur disparition serait susceptible de porter atteinte à la sécurité juridique des administrés. Lorsque l'acte initial ne crée aucun droit, l'autorité administrative compétente retrouve une liberté d'action que l'on peut qualifier de pouvoir discrétionnaire.
Cette expression, habituellement utilisée pour désigner le pouvoir de l'autorité administrative, ne saurait être utilisée pour désigner la logique d'action du juge administratif, bien qu'il dispose parfois d'une grande liberté. Son pouvoir ne peut pas être assimilé au pouvoir discrétionnaire reconnu à l'autorité administrative, alors que les deux possèdent de nombreuses caractéristiques communes. La subtile différence entre le pouvoir discrétionnaire de l'administration et le pouvoir du juge administratif devra être analysée.

Cette étude portera donc d'abord sur la qualité de l'auteur de la fin (Section 1). L'étendue des pouvoirs reconnus aux autorités compétentes, et la question de la liaison de compétence, seront ensuite présentées (Section 2).

## Section 1 : La qualité de l'auteur de la fin.

Le principe du parallélisme des compétences et des formes suppose que la décision qui met fin aux effets d'un acte doit émaner, en principe, de l'autorité qui a pris cet acte, statuant selon la même procédure. Ce principe explique donc que l'autorité administrative, éditrice d'un acte, est compétente lorsqu'il s'agit d'y mettre fin.
Mais ce principe ne permet pas de déterminer exactement les autorités administratives compétentes, notamment il n'explique pas la compétence du supérieur hiérarchique de l'auteur de l'acte. Or cette compétence est largement admise, en vertu du principe du contrôle hiérarchique. Elle est une manifestation du pouvoir exercé par le supérieur de l'auteur d'un acte administratif unilatéral.
De plus, la procédure de fin est plus complexe et souvent plus dangereuse pour la sécurité juridique de l'administré que la procédure d'entrée en vigueur : l'édiction d'un acte n'est pas, en principe, une atteinte aux droits acquis, alors que sa fin peut en être une[59].

---

[59] En effet, l'entrée en vigueur d'un acte administratif unilatéral, même défavorable, ne porte pas atteinte aux droits acquis puisqu'elle n'a, en principe d'effet, qu'à venir. Il existe cependant des exceptions au principe de la non-rétroactivité des actes administratifs : par exemple, lorsque l'administration doit tirer les conséquences d'une annulation contentieuse, elle est tenue d'édicter des

Le principe du parallélisme des compétences et des formes ne permet par conséquent pas d'expliquer toutes les règles de la fin de l'acte administratif unilatéral, notamment celles qui tendent à protéger les droits acquis par l'administré, et celles concernant la compétence du supérieur hiérarchique de l'auteur de l'acte. Ces questions feront l'objet d'un premier paragraphe, précisément consacré à la compétence de l'autorité administrative (§1).

Il est un autre principe de droit administratif, consacré comme principe général du droit, en vertu duquel toutes les décisions administratives sont susceptibles de faire l'objet d'un recours pour excès de pouvoir[60]. L'excès de pouvoir suppose que l'auteur de l'acte n'a pas respecté la règle de droit, il y a non-conformité au droit dans son ensemble. Ce recours constitue la sanction du principe de légalité, principe fondamental du droit administratif français. Il permet aux administrés de saisir le juge administratif en vue d'obtenir l'annulation de tout acte administratif unilatéral entaché d'illégalité. Ce dernier peut donc mettre fin à un acte administratif unilatéral en prononçant son annulation, à la seule condition que cet acte soit illégal. La compétence de l'autorité juridictionnelle sera analysée dans un second paragraphe (§2).

**§1 : La compétence de l'autorité administrative.**

Dès 1912, apparaît l'idée qu'il est nécessaire « lorsqu'un acte manifestement illégal est sous le coup d'une annulation contentieuse, de permettre à son auteur, ou à l'autorité dont celui-ci dépend, de devancer la solution du juge en faisant disparaître spontanément une erreur de droit »[61]. En autorisant l'administration à mettre fin à un acte administratif unilatéral, il s'agit de lui permettre de corriger elle-même l'illégalité d'un acte, soit spontanément, soit à la suite de la demande d'un intéressé. C'est reconnaître à l'administration le droit de corriger ses erreurs d'une part, et mettre en œuvre un principe fondamental du droit administratif, le principe de légalité, d'autre part.
Si le principe du parallélisme des formes permet à l'auteur de l'acte administratif d'agir en ce sens, le principe du contrôle hiérarchique permet à son supérieur de faire de même. C'est en contrôlant l'action de son subordonné que le supérieur hiérarchique peut être amené à mettre fin à un acte administratif unilatéral.

---

actes rétroactifs afin de combler le vide juridique qui résulte de l'annulation. Bien que, dans cette hypothèse, l'édiction d'un acte administratif constitue une atteinte aux droits acquis, elle reste une exception. En revanche, la fin d'un acte administratif unilatéral est souvent une atteinte aux droits acquis.

[60] Conseil d'Etat, Ass., 17 févr. 1950, *Dame Lamotte*, Leb. p. 110.

[61] Rivet, Concl. sur Conseil d'Etat, 3 nov. 1922, *Dame Cachet*, RDP 1922, p. 552 ; Conseil d'Etat, 16 févr. 1912, *Blanc*, Leb. p. 224.

Dès lors, sans être l'auteur de l'acte, il dispose de la faculté d'y mettre fin, il est alors l'auteur de la fin. L'auteur de la fin n'est donc pas exclusivement l'auteur même de l'acte.

Deux autorités administratives sont ainsi compétentes pour mettre fin à un acte administratif unilatéral, l'auteur de cet acte ainsi que son supérieur hiérarchique. Mais ces deux autorités ne disposent pas des mêmes moyens d'action, c'est d'ailleurs ce qui explique, pour une part, la pluralité des modalités. La compétence reconnue à ces deux autorités sera successivement analysée : d'abord celle reconnue à l'auteur même de l'acte (A), et ensuite celle reconnue à son supérieur hiérarchique (B).

**A/ L'auteur même de l'acte.**

Il est fréquent que les textes désignent l'autorité compétente pour édicter un acte administratif unilatéral et restent silencieux sur celle dont relève sa disparition. Cette autorité est alors déterminée par la règle du parallélisme des compétences. Selon ce principe, il est admis que l'autorité compétente pour édicter un acte l'est également lorsqu'il s'agit d'y mettre fin.

Il faut cependant préciser que la compétence ainsi déterminée ne s'attache pas à une personne nommément désignée, mais plus exactement à une fonction exercée. Ainsi, lorsque l'autorité qui avait pris la décision initiale conserve sa compétence, c'est elle que la règle désigne pour défaire ce qui avait été fait. C'est ainsi que « l'autorité investie du pouvoir de nomination a compétence pour prononcer la cessation des fonctions »[62] et que « le pouvoir de mettre fin à un report d'incorporation appartient au ministre compétent pour l'accorder »[63], cela sauf texte contraire.

Dans l'hypothèse, au contraire, où il y a eu transfert de compétence, c'est l'autorité bénéficiaire du transfert qui devient compétente pour défaire ce qu'une autre avait fait[64]. Le transfert de compétence peut être la conséquence d'une modification de la compétence d'attribution des autorités administratives : une décision qui entrait dans la compétence du ministre du travail relève désormais du ministre de la santé

---

[62] Conseil d'Etat, Ass., 13 mars 1953, *Teissier*, Leb. p. 133 ; Conseil d'Etat, Sect., 10 avril 1959, *Fourré-Cormeray* : « A défaut de dispositions expresses déterminant l'autorité compétente pour mettre fin aux fonctions (du directeur général du Centre national de la cinématographie), ce pouvoir appartient, de plein droit, à l'autorité investie du pouvoir de nomination », Leb. p. 233.

[63] Conseil d'Etat, 3 févr. 1995, *Delprat*, Leb. p. 61.

[64] Conseil d'Etat, Sect., 29 déc. 2000, *Assoc. pour l'essor de la transfusion sanguine*, n° 214208 : « qu'il résulte de ce qui précède que l'agence française de sécurité sanitaire des produits de santé, à laquelle les pouvoirs de contrôle jusqu'alors exercés par l'Etat ont été transférés (...) et qui était donc l'autorité compétente à la date des décisions attaquées pour statuer sur la demande d'abrogation (...) ».

publique, ou bien telle compétence détenue par un préfet est transférée au ministre[65]. Le changement de compétence peut être également provoqué par une modification de la compétence territoriale d'une autorité : là où était compétent le préfet de tel département, c'est celui d'un autre département qui l'est devenu[66].

Le principe du parallélisme des compétences explique la compétence de l'auteur d'un acte administratif unilatéral pour y mettre fin : parce qu'il a édicté l'acte il peut le supprimer. Dans tous les cas, la règle du parallélisme des compétences s'applique lorsqu'il s'agit exactement de défaire (en tout ou partie) ce qui a été fait. La décision doit apparaître comme le négatif de la décision initiale, elle en est l'acte contraire : prononcé de la cessation des fonctions de celui qui avait été nommé, modification ou abrogation d'un règlement par exemple. Le principe du parallélisme des compétences ne s'applique donc pas s'il ne s'agit pas de défaire un acte administratif unilatéral mais de le changer sans y mettre fin. Cette règle ne s'applique pas non plus quand la décision à prendre a une certaine autonomie par rapport à celle dont elle modifie les effets[67]. Il faut véritablement que l'auteur de la fin ait la volonté de mette fin à l'acte initial, autrement dit de supprimer tout ou partie de ses effets.
Pour que le principe du parallélisme des compétences s'applique à la fin de l'acte administratif unilatéral, il faut donc que la fin soit, dans son ensemble, un acte contraire. Il faut que l'acte à l'origine de la fin soit contraire à l'acte initial, autrement dit que l'effet produit soit l'inverse de celui de la décision initiale. L'acte contraire est, selon M. Heumann, « l'acte qui modifie ou neutralise l'acte primitif, par exemple en l'abrogeant, en supprimant totalement ou partiellement ses effets »[68]. Or, la fin se compose de plusieurs modalités. Chacune doit, dès lors, apparaître comme un acte contraire si l'on veut pouvoir expliquer la compétence de l'auteur même de l'acte par le principe du parallélisme des compétences.

Sans anticiper sur la définition même de la fin, objet de cette recherche, on peut cependant affirmer que la fin d'un acte administratif unilatéral est toujours la suppression totale ou partielle de ses effets ; elle est ensuite, mais pas exclusivement, la sortie de l'acte de l'ordonnancement juridique. Lorsque l'acte

---

65 Conseil d'Etat, Sect., 7 oct. 1994, *Joly*, Leb. p. 428.

66 Conseil d'Etat, 19 janv. 1996, *Mme Diallo*, Leb. p. 6 : le préfet compétent pour retirer un titre de séjour est celui qui serait compétent pour le lui accorder, en cas de changement de résidence de l'étranger.

67 Conseil d'Etat, Sect., 21 oct. 1960, *Mallet de Chauny*, Leb. p. 552 : le détachement d'un fonctionnaire auprès d'un ministre (autre que celui dont il relève normalement) est prononcé par arrêté interministériel. Mais la remise du détaché à la disposition de son administration d'origine peut être décidée par le ministre seul. La décision met sans doute fin aux effets de l'arrêté interministériel, mais elle reste indépendante de cet arrêté.

68 M. Heumann, Concl. sur Conseil d'Etat, 10 av. 1959, *Fourré-Cormeray*, Dalloz 1959, p. 210.

prend fin, il ne produit plus d'effet, ou du moins il ne produit plus tous les effets pour lesquels il a été édicté. Par conséquent, si la fin est toujours la disparition totale ou partielle des effets d'un acte administratif unilatéral, elle est, selon la définition de M. Heumann, un acte contraire. Cette affirmation doit cependant s'appliquer à toutes les modalités de fin en vertu desquelles l'auteur même de l'acte est susceptible d'agir. Ces modalités sont le retrait, l'abrogation, la modification et la constatation de caducité. En d'autres termes, la compétence de l'auteur de l'acte initial n'est justifiable par le principe du parallélisme des compétences que si les actes de retrait, d'abrogation, de modification et de constatation de caducité sont des actes contraires.

L'auteur de l'acte administratif unilatéral peut d'abord y mettre un terme en prononçant son retrait[69]. Le retrait est la disparition pure et simple de l'acte, c'est-à-dire sa sortie de l'ordonnancement juridique, avec effet rétroactif.

L'acte retiré est censé n'avoir jamais existé, tous les effets produits disparaissent, à l'exception des droits éventuellement acquis par les administrés. Tous les effets susceptibles de disparaître sont donc annihilés par le retrait. L'effet rétroactif du retrait explique qu'il a été qualifié de « succédané de l'annulation contentieuse », les deux opérations ayant exactement le même effet. Ainsi, la possibilité pour l'autorité administrative de retirer un acte qu'elle a édicté trouve son fondement dans le principe de légalité. Il s'agit de lui permettre de corriger une erreur en retirant un acte illégal de l'ordonnancement juridique. L'auteur de l'acte fait exactement la même chose que le juge administratif s'il avait été saisi.
L'acte de retrait est incontestablement un acte contraire : lorsqu'il procède au retrait d'un acte administratif unilatéral, son auteur annihile les effets produits,

---

[69] Voir J-B. Auby, « Feu la jurisprudence *Ville de Bagneux* », DA 1999, p. 3 ; « Révolution dans le retrait », Repères, DA 2001, p. 14 ; A. Bockel, « Sur le retrait des actes administratifs unilatéraux », RDP 1973-1, p. 135 ; P. Bringuier, « Le pouvoir de retrait des actes administratifs », AJDA 1978, p. 300 ; F. Chaltiel, « Une nouvelle étape dans le régime du retrait de l'acte administratif unilatéral créateur de droits (A propos de l'arrêt *Ternon* du Conseil d'Etat, 26 octobre 2001), LPA 2002, p. 7 ; J-R. Delatte, « Le retrait des actes administratifs individuels », *Annales de la faculté de droit de Liège* 1965, n° 1 ; P. Delvolvé, Note sous Conseil d'Etat, Ass., 26 oct. 2001, *Ternon*, RFDA 2002, p. 88 ; Y. Gaudemet, « Faut-il retirer l'arrêt *Ternon* ? », AJDA 16 sept. 2002, p. 738 ; P. Louis-Lucas, « Le retrait des actes administratifs individuels », Dalloz 1952, II, p. 107 ; I. Michallet, « Le retrait des décisions illégales créatrices de droit. Retour à l'esprit de l'arrêt *Dame Cachet* », DA 2001, p. 8 ; « Les conditions du retrait revues par le Conseil d'Etat », DA 2001, p. 15 ; A. Pariente, « Vers une clarification du régime de retrait des décisions implicites d'acceptation ? (article 23 de la loi du 12 avril 2000 relative aux droits des citoyens dans leurs relations avec les administrations) », RFDA 2001, p. 653 ; J. Puisoye, « Le retrait des actes administratifs », AJDA 1960, p. 117 ; J-Y. Vincent, « Le retrait des actes administratifs unilatéraux, RTDE 1974-1, p. 31 ; G. Vlachos, « Le retrait des actes administratifs », RA 1970, p. 412 ; M. Waline, « Le retrait des actes administratifs », *Mélanges Mestre*, Sirey, 1956, p. 563.

ceux pour lesquels l'acte avait été édicté. C'est ainsi que lorsque l'autorité administrative retire un permis de construire, celui-ci est considéré comme n'ayant jamais été accordé. La compétence de l'autorité éditrice de l'acte pour y mettre fin s'explique de ce fait par le principe du parallélisme des compétences.

L'auteur de l'acte administratif unilatéral peut également y mettre fin en prononçant son abrogation[70]. L'abrogation est la disparition de l'acte, sa sortie de l'ordonnancement juridique, mais à la différence du retrait, elle n'a pas d'effet rétroactif. L'acte d'abrogation ne produit donc effet que pour l'avenir, à compter de son entrée en vigueur ; seuls les effets futurs de l'acte sont atteints.
L'acte d'abrogation est un acte contraire puisqu'il annihile, à compter de son entrée en vigueur, les effets que l'acte pourrait produire. Il supprime donc les effets de l'acte d'origine, il est l'inverse de l'acte initial. L'abrogation d'une autorisation de police illégale supprime cette autorisation[71], qui s'analyse alors comme un acte contraire. Le principe du parallélisme des compétences s'applique donc à cette modalité et justifie le pouvoir d'abroger reconnu à l'auteur de l'acte administratif unilatéral.

Il existe une modalité de fin relativement proche de l'abrogation, et dont les règles sont identiques : il s'agit de la modification. Par cette opération, l'auteur d'un acte administratif unilatéral met fin à certains de ses effets, pour l'avenir uniquement. La modification n'a ainsi pas d'effet rétroactif, ce qui la rapproche de l'abrogation. Mais cette modalité de fin s'en distingue par ailleurs parce que l'autorité compétente n'agit que sur les effets de l'acte et non sur l'acte lui-même qui reste en vigueur. Contrairement à l'acte abrogé, l'acte modifié ne disparaît pas de l'ordonnancement juridique. Cette subtile distinction est régulièrement rappelée par le juge administratif qui affirme que la modification d'un acte administratif unilatéral suppose seulement la suppression d'une partie de ses effets. Ainsi, nombreux sont les arrêts dans lesquels il précise de manière explicite qu'une des conséquences de la modification d'un acte administratif unilatéral (mais également d'une loi lorsque la modification émane du législateur) est la suppression de certaines de ses dispositions[72]. Il en est ainsi dans l'arrêt du 31 mai 2001, *Fédération nationale des syndicats professionnels*, par lequel le Conseil d'Etat juge

---

[70] Voir J-M. Auby, « L'abrogation des actes administratifs », AJDA 1967, p. 131 ; du même auteur « L'influence du changement de circonstances sur la validité des actes administratifs unilatéraux », RDP 1951, p. 431 ; P. Lewalle, « L'abrogation des actes administratifs unilatéraux », *Annales de la faculté de droit de Liège* 1970, p. 63.

[71] Conseil d'Etat, Sect., 17 juill. 1953, *Constantin*, Leb. p. 381.

[72] A propos de la modification d'un texte législatif, Cour administrative d'appel de Bordeaux, 4 déc. 2000, *Mesquida* : « (...) le législateur, en décidant par la loi susvisée de modifier les dispositions de l'article 132-7 du code pénal et ainsi de supprimer les peines accessoires prononcées par le juge pénal (...) », n° 96BX01232, n° 98BX01900.

qu'en modifiant l'arrêté du 26 mars 2001, « l'arrêté du 24 avril 2001 a supprimé l'exigence suivant laquelle le délégué de candidature devait appartenir à la direction régionale »[73].
La modification met donc fin à certaines dispositions d'un acte pour l'avenir. Les rapprochements avec l'abrogation sont évidents, la modification est finalement une forme d'abrogation qui ne porterait que sur certaines dispositions d'un acte. En supprimant certains effets d'un acte administratif unilatéral, la modification produit sur ceux-ci l'inverse de l'acte initial, elle peut donc être qualifiée d'acte contraire. Ne portant que sur certains effets de l'acte, son champ d'application est nécessairement plus restreint. Sur ceux-ci néanmoins, elle est précisément l'inverse de l'acte initial. La modification est un acte contraire, l'auteur de l'acte administratif unilatéral est donc compétent pour le modifier en vertu du principe du parallélisme des compétences.

Enfin, l'auteur d'un acte administratif unilatéral peut également en constater la caducité[74]. Un acte administratif devient caduc toujours de manière automatique, il est alors maintenu dans l'ordonnancement juridique mais sans produire aucun effet. En constatant la caducité de l'acte, l'autorité administrative éditrice permet sa sortie de vigueur. Contrairement à l'hypothèse de la modification dans laquelle l'autorité administrative n'agit que sur les effets d'un acte administratif unilatéral, et non sur la vigueur de l'acte lui-même, lorsqu'elle constate la caducité d'un tel acte, elle n'agit que sur sa vigueur et aucunement sur ses effets.
La caducité est dans un premier temps, et c'est sa principale caractéristique, automatique. Mais seule la fin des effets de l'acte possède cette spécificité. La sortie de vigueur nécessite, quant à elle, une décision de l'autorité compétente. Ainsi, un décret d'extradition devient automatiquement caduc si l'extradé n'a pas été reçu par l'Etat requérant dans le mois qui suit la notification du décret à cet Etat[75]. Lorsque l'autorité administrative en constate la caducité, le décret sort de l'ordonnancement juridique.
En permettant la sortie de vigueur de l'acte, l'auteur édicte un acte inverse de l'acte d'origine, c'est-à-dire un acte contraire. Sa compétence s'explique donc encore une fois par le principe du parallélisme des compétences.

L'acte de fin émanant de l'auteur même de l'acte initial est donc toujours un acte contraire, puisqu'il a un effet inverse de celui de l'acte auquel il est mis fin.

---

[73] Conseil d'Etat, Sect., 31 mai 2001, *Fédération nationale des syndicats professionnels*, n° 233738.
[74] Voir G. Chavrier, *La caducité des actes juridiques en droit public français*, Thèse, Paris, 1997 ; G. Gonzalez, « La caducité des actes administratifs unilatéraux », RDP 1991, p. 1675.
[75] Article 18 de la loi du 10 mars 1927.

Autrement dit, la volonté de l'auteur de la fin est de défaire ce qui a été fait. L'acte de fin est, par définition, édicté en vue d'anéantir les effets de l'acte initial.

Il résulte de ces considérations que malgré la diversité des modalités de fin, elles peuvent toutes être analysées en acte contraire. Cela suppose que l'acte contraire peut prendre différentes formes, il produit néanmoins toujours le même effet sur l'acte initial. L'acte contraire se définit donc exclusivement par sa fonction, qui en fait l'unité et la cohérence, ses manifestations étant, quant à elles, diverses. Cela explique que la pluralité des modalités de fin n'apparaît pas comme un obstacle à leur qualification d'acte contraire.
Par conséquent, l'auteur d'un acte administratif unilatéral peut en principe le supprimer, parce que le principe du parallélisme des compétences lui permet, en tant qu'autorité éditrice, de défaire ce qu'il a fait. Ce pouvoir connaît, cependant, certaines limites qui visent à éviter les abus et à protéger les administrés. Elles existent notamment en matière de retrait, s'agissant du délai pour agir ou encore de la présence de droits acquis, protégés par le principe de sécurité juridique. La compétence de l'auteur de l'acte est donc une compétence de principe dont il faut admettre qu'elle est loin d'être absolue.

**B/ Le supérieur hiérarchique de l'auteur de l'acte.**

Le supérieur hiérarchique de l'auteur de l'acte administratif unilatéral est compétent pour y mettre fin en vertu du principe du pouvoir hiérarchique. Ce pouvoir s'exerce spontanément, même dans le silence des textes, il permet au supérieur de diriger l'action de ses subordonnés. Cette règle explique que le supérieur hiérarchique de l'auteur d'un acte administratif unilatéral est parfois compétent pour y mettre fin. Mais il faut déterminer les moyens dont il dispose pour agir ainsi, c'est-à-dire les pouvoirs qui lui sont reconnus. En effet, en dirigeant l'action de son subordonné, le supérieur hiérarchique devient indirectement auteur de l'acte administratif unilatéral, mais cela ne signifie pas qu'il dispose des mêmes moyens d'action que l'auteur même de l'acte.

Le pouvoir hiérarchique est par définition un pouvoir de correction (1°). Il conviendra de déterminer si ce dernier peut permettre au supérieur hiérarchique de l'auteur d'un acte de le retirer (2°), de l'abroger (3°), voire de le modifier (4°) et d'en constater la caducité (5°).

**1°/ Le pouvoir hiérarchique : un pouvoir de correction.**

D'après P. di Malta, « le principe hiérarchique suppose la possibilité théorique, pour tout supérieur hiérarchique, d'apporter aux actes de ses subordonnés toutes corrections qu'il peut estimer nécessaires, cette prérogative devant être entendue très largement et s'étendant de la simple modification partielle à l'annulation totale »[76].

Le pouvoir hiérarchique se traduit donc par un pouvoir de correction qui permet au supérieur hiérarchique de contrôler l'action de son subordonné, et dans ce but, ce pouvoir lui permet parfois de mettre fin à un acte administratif unilatéral. Mais le pouvoir de correction n'est pas toujours un pouvoir de mettre un terme à un acte administratif unilatéral. Le pouvoir de correction est plus important que le pouvoir de mettre fin, il peut notamment se traduire par un simple ajout.

Il s'agit alors de déterminer dans quels cas précis le pouvoir de correction permet au supérieur hiérarchique de mettre fin à un acte administratif unilatéral. C'est-à-dire qu'au sein même du pouvoir de correction, il s'agit d'identifier ce qui traduit la fin. Autrement dit, de « la simple modification partielle » à « l'annulation totale », selon l'expression de P. di Malta, il peut exister de nombreuses prérogatives qui doivent être précisément analysées afin d'identifier la fin.

**2°/ La reconnaissance d'un large pouvoir de retrait.**

Le pouvoir de correction permet tout d'abord au supérieur hiérarchique de retirer un acte illégal de son subordonné. Il peut agir soit spontanément, soit à la suite du recours d'un administré[77]. C'est ainsi que dans le cas où l'auteur d'un acte illégal se refuse à le retirer, l'administré peut exercer un recours hiérarchique avant de saisir le juge administratif. En principe, le supérieur hiérarchique dispose du même pouvoir de retrait que l'auteur de l'acte, son action étant limitée aux actes illégaux et pendant un délai de quatre mois[78].

Cette limite trouve son fondement dans la volonté de concilier le principe de sécurité juridique et celui de légalité, comme l'a réaffirmé le commissaire du gouvernement Séners dans ses conclusions sur l'arrêt *Ternon* rendu en 2001[79].

Dans certains cas néanmoins, les lois et règlements organisent spécialement l'intervention du supérieur hiérarchique lui permettant ainsi de retirer une décision légale de son subordonné, pour des motifs d'opportunité. Il a alors, selon la formule jurisprudentielle, « le pouvoir d'arrêter définitivement, sous le contrôle du

[76] P. di Malta, *Essai sur la notion de pouvoir hiérarchique*, Thèse, LGDJ, 1961, p. 143.

[77] Conseil d'Etat, Sect., 11 juin 1982, *Berjon*, Leb. p. 221.

[78] Conseil d'Etat, Ass., 26 oct. 2001, *Ternon*, DA 2001, n° 253 : « que, par suite, le président du Conseil régional ne pouvait pas légalement prononcer ce retrait (...) ».

[79] F. Séners, Concl. sur Conseil d'Etat, Ass., 26 oct. 2001, *Ternon*, RFDA 2002, p. 77.

juge, la position de l'administration », dans le délai qui lui est imparti. C'est notamment le cas lorsque les textes sont soit explicites, soit organisent le recours hiérarchique de façon suffisamment spécifique pour qu'il soit apprécié comme permettant un retrait pour cause d'inopportunité[80]. Un autre cas est celui où le recours hiérarchique est institué comme un préalable obligatoire du recours juridictionnel, le supérieur hiérarchique est alors seul compétent pour arrêter définitivement la position de l'administration[81].
Par conséquent, non seulement le supérieur hiérarchique a le pouvoir de retirer un acte administratif unilatéral, mais il a de plus, dans certains cas, la faculté d'intervenir selon une procédure particulière qui lui confère un pouvoir plus étendu que celui reconnu à l'auteur même de l'acte. En effet, il peut alors retirer un acte légal et ainsi agir en fonction de considérations d'opportunité.

**3°/ Le pouvoir d'abrogation.**

Le pouvoir de correction comprend également la possibilité pour le supérieur hiérarchique de mettre fin à un acte administratif unilatéral en l'abrogeant. Ainsi peut-il mettre fin, quand il le souhaite en principe, aux effets d'un acte administratif unilatéral pour l'avenir uniquement.
Les conditions de l'abrogation sont moins strictes que celles du retrait car cette opération est dépourvue d'effet rétroactif. Le principe de sécurité juridique n'est ainsi pas, ou de manière beaucoup plus rare, mis à mal par l'abrogation.
Comme l'auteur même de l'acte, le supérieur hiérarchique a la faculté de prononcer l'abrogation. Dans certains cas cependant, il est tenu d'agir en ce sens, notamment lorsqu'un administré lui demande l'abrogation d'un règlement illégal[82].
La jurisprudence *Compagnie Alitalia* vise en effet non seulement l'auteur de l'acte mais aussi son supérieur hiérarchique, le juge administratif reprenant expressément dans cet arrêt la formule du décret de 1983. L'article 3 du décret du 28 novembre 1983, qui prévoit l'obligation de faire droit à la demande d'abrogation d'un règlement illégal, s'impose ainsi à « l'autorité compétente », c'est-à-dire l'auteur de l'acte et son supérieur hiérarchique[83].

---

[80] Conseil d'Etat, Ass., 29 mars 1968, *Manufacture française des pneumatiques Michelin,* Leb. p. 217, Concl. G. Vught : s'agissant du régime initial du recours hiérarchique contre la décision de l'inspecteur du travail en matière de licenciement de salariés protégés (article R. 436-4 du Code du travail).

[81] Conseil d'Etat, Sect., 1er févr. 1980, *Clinique Ambroise Paré,* Leb. p. 62 : les décisions relatives aux demandes d'autorisation, de création ou d'extension d'établissements de santé doivent être déférées au ministre de la santé avant tout recours à la juridiction (article L. 712-16 du Code de la santé publique).

[82] Conseil d'Etat, Ass., 3 févr. 1989, *Compagnie Alitalia,* Leb. p. 44.

[83] Article 3 du décret du 28 novembre 1983 : « L'autorité compétente, saisie d'une demande tendant à l'abrogation d'un règlement illégal, est tenue d'y déférer, soit que ce règlement ait été illégal dès la

Non seulement l'administré, souhaitant obtenir l'abrogation d'un acte administratif, peut ainsi exercer un recours gracieux et un recours hiérarchique en se fondant sur le décret de 1983, mais de plus les deux autorités saisies peuvent se voir dans l'obligation de prononcer l'abrogation d'un règlement illégal[84].

**4°/ La question du pouvoir de modification du supérieur hiérarchique au regard de son pouvoir de réfection.**

Le pouvoir de correction, qui peut donc se manifester par le retrait ou l'abrogation d'un acte administratif unilatéral, s'analyse enfin comme un pouvoir de réfection. La notion de réfection a suscité de nombreuses controverses, ses contours sont toujours incertains. L'expression recouvre « deux situations différentes qui peuvent s'analyser soit dans la possibilité offerte au supérieur de faire disparaître les vices qui entachent la décision de son subordonné, soit dans la faculté de refaire un acte exprimant sa propre volonté »[85].

La notion de réfection semble se rapprocher par certains aspects de la modification dans la mesure où cette dernière est une modalité de fin qui suppose précisément la réfection des effets annihilés de l'acte (et qui nécessite un pouvoir de décision). Pourtant, ces deux notions ne sont pas complètement assimilables car, *a contrario*, la réfection n'est pas nécessairement la fin. Dès lors, la question de savoir si la réfection peut être considérée comme une troisième prérogative permettant au supérieur hiérarchique de mettre fin à un acte administratif unilatéral reste posée. La réponse à cette question et son explication sont à rechercher dans la définition de la notion de réfection qu'il convient de préciser : soit elle est un simple pouvoir de contrôle, et donc susceptible de s'analyser en modification. Soit elle va au-delà et elle comprend un pouvoir de décision. Afin de préciser la notion de réfection et les rapports qu'elle entretient avec la modification, il convient de définir et de distinguer le pouvoir de contrôle et le pouvoir de réformation.

Si la réfection est un pouvoir de contrôle, le supérieur hiérarchique ne peut que retoucher les décisions viciées. Il ne dispose pas d'un réel pouvoir quant à la décision initiale, il ne peut que corriger la décision déjà prise par son subordonné. Il ne peut donc en aucun cas prendre une décision différente que celle déjà prise par son subordonné, puisqu'il ne dispose pas du pouvoir de refaire l'acte. Son pouvoir de décision est restreint, il est limité aux vices entachant l'acte. Il ne peut

date de sa signature, soit que l'illégalité résulte de circonstances de droit ou de fait postérieures à cette date ».

[84] Conseil d'Etat, Sect., 29 déc. 2000, *Assoc. liberté information santé*, n° 214289.

[85] J-C. Groshens, « A propos du pouvoir hiérarchique dans l'administration », AJDA 1966, p. 149 ; également J. Rivero, « Remarques à propos du pouvoir hiérarchique », AJDA 1966, p. 154.

donc décider ni de la disparition de l'acte légal, ni de celle de ses effets. Cette définition de la réfection nie tout pouvoir de modification au supérieur hiérarchique ; car la modification suppose un pouvoir de décision.
En revanche, si la réfection est un pouvoir de réformation *stricto sensu*, c'est alors un pouvoir assimilable à la modification puisque le supérieur dispose d'un véritable pouvoir de décision. Il peut non seulement corriger l'acte de son subordonné, mais il peut également le refaire et par conséquent agir à sa place.
Le supérieur hiérarchique impose alors sa propre volonté, il peut prendre une décision différente de la décision initiale ; finalement, il se substitue à son subordonné. Cette seconde définition tend à assimiler réfection et modification, la modification ferait dès lors partie des pouvoirs reconnus au supérieur hiérarchique lui permettant de mettre un terme à un acte administratif unilatéral.

A ce point de l'analyse intervient une notion : la substitution d'action. Les pouvoirs du supérieur hiérarchique ne sont en effet pas dépourvus de toute limite, parmi lesquelles la substitution d'action. Celle-ci interdit au supérieur hiérarchique de se substituer à son subordonné pour décider lui-même en ses lieux et place. Si le subordonné ne prend pas certaines décisions, le supérieur hiérarchique ne peut que lui donner instruction de les prendre. Cette limite concerne précisément l'étendue du pouvoir reconnu au supérieur hiérarchique, elle exclue de sa compétence tout pouvoir de décision.
A l'exception de Ch. Eisenmann, la doctrine et la jurisprudence admettent que le supérieur hiérarchique ne dispose pas d'un pouvoir de substitution d'action[86]. Autrement dit, il ne peut pas substituer sa volonté à celle de son subordonné, il ne peut pas agir à sa place, contrairement à l'autorité de tutelle. J-C. Groshens définit ainsi cette interdiction : « L'autorité supérieure ne peut, en l'absence d'une habilitation formelle, se substituer discrétionnairement à une autorité inférieure même lorsque celle-ci lui est subordonnée par un lien hiérarchique »[87].
L'interdiction du pouvoir de substitution d'action s'explique par les limites reconnues au pouvoir hiérarchique : en se substituant à son subordonné pour décider lui-même, le supérieur hiérarchique exercerait une compétence qui ne lui appartient pas. Le supérieur hiérarchique ne peut que lui ordonner de prendre les mesures qu'il refuse de prendre. Ainsi par exemple, le sous-préfet ayant compétence pour révoquer un garde champêtre, le préfet ne peut pas prononcer à sa place la révocation[88].

---

[86] Ch. Eisenmann, « Les pouvoirs hiérarchiques sont le pouvoir discrétionnaire d'ordonner ou d'instruire d'un côté ; de l'autre le pouvoir discrétionnaire de correction que la terminologie habituelle scinde en deux : pouvoir de réformation et pouvoir de substitution d'action », *in* « Centralisation et décentralisation », p. 75 et 78, cité par J-C. Groshens, *op. cit.*, p. 146.
[87] J-C. Groshens, *Ibid.*, p. 146.
[88] Conseil d'Etat, 15 févr. 1961, *Alfred-Joseph*, Leb. p. 114.

De ces considérations il résulte que si le supérieur hiérarchique ne dispose pas du pouvoir de substituer sa propre volonté à celle de son subordonné, le pouvoir de réfection n'est jamais un véritable pouvoir de décision quant à l'acte initial[89]. Par conséquent, ce n'est pas non plus un pouvoir de réformation puisque tout pouvoir de décider est, par définition, exclu. L'opportunité est absente du pouvoir de réfection reconnu au supérieur hiérarchique, et cette prérogative ne peut donc pas s'analyser en un pouvoir de réformation. Le pouvoir de réfection est dès lors un simple pouvoir de contrôle justifiant l'action du supérieur hiérarchique uniquement pour des motifs de légalité, c'est-à-dire en vue de régulariser la décision illégale prise par son subordonné. La controverse existant entre ces deux définitions de la réfection n'a finalement pas lieu d'être, la réfection est un pouvoir de contrôle et non un pouvoir de réformation. En d'autres termes, le supérieur hiérarchique peut refaire l'acte afin de le rendre conforme à la légalité, en revanche, il ne peut pas le réformer c'est-à-dire faire intervenir des considérations d'opportunité. La subtile distinction entre refaire et réformer tient à ce critère décisionnel, d'opportunité, qui est absent de la réfection.

Ces considérations permettent donc d'affirmer que le supérieur hiérarchique ne peut pas réformer la décision de son subordonné parce qu'il ne peut pas se substituer à lui, il ne peut donc que la contrôler, la corriger. De cette affirmation, il découle que l'interdiction de la substitution d'action s'oppose à la reconnaissance d'un pouvoir de modification du supérieur hiérarchique, permettant ainsi de distinguer la réfection de la modification. En effet, le pouvoir de réfection n'est jamais un pouvoir de décision, c'est un simple pouvoir de régularisation. Dès lors, la réfection est fondamentalement différente de la modification. Le supérieur hiérarchique ne dispose pas du pouvoir de décider, mais seulement du pouvoir de corriger, or la modification suppose par essence une décision. Modifier, c'est mettre fin à certains effets d'un acte et les remplacer immédiatement par d'autres. La modification est une modalité de fin puisque certains effets de l'acte administratif unilatéral ont disparu, mais elle comprend également une part de création, de réfection puisque ces effets sont remplacés.
Pour refaire l'acte initial, l'auteur doit avoir un pouvoir de décision dont le supérieur hiérarchique ne dispose pas, sauf à se substituer à son subordonné. Par conséquent, le supérieur hiérarchique n'a pas de pouvoir de modification.

---

[89] Remarquons qu'il existe des dérogations à l'interdiction de la substitution d'action : par exemple lorsque le maire refuse d'édicter un acte qui lui est prescrit par la loi et qu'il doit accomplir en qualité d'agent de l'Etat, le préfet peut se substituer à lui après mise en demeure restée infructueuse (article L. 2122-34 du Code général des collectivités territoriales). Ces dérogations ne portent cependant que sur l'inaction du subordonné, elles ne concernent donc pas le pouvoir de correction du supérieur hiérarchique.

Ses pouvoirs visant à mettre fin à un acte administratif unilatéral sont donc différents de ceux reconnus à l'auteur même de l'acte, le supérieur ne pouvant pas modifier un tel acte, en revanche, il peut le retirer ou l'abroger.

**5°/ Le pouvoir de constater la caducité.**

Il convient enfin de se demander si la constatation de caducité est une prérogative reconnue au supérieur hiérarchique en vue de mettre fin à un acte administratif unilatéral. Le seul pouvoir dont il dispose est un pouvoir de contrôle sur les actes de son subordonné. Or, en constatant spontanément la caducité d'un acte il exercerait un pouvoir de décision et non un simple pouvoir de contrôle. Inévitablement il déciderait seul de la sortie de vigueur de l'acte. A moins que la constatation de caducité n'intervienne à la suite du refus de son subordonné d'effectuer cette constatation, alors que sa compétence était liée[90]. Il existe en effet des cas dans lesquels l'autorité administrative est tenue de constater la caducité d'un acte : par exemple, quant aux nominations dans la fonction publique, le décret du 2 août 1995 prévoit : « La nomination est caduque lorsque l'intéressé ne s'est pas installé à la date fixée (…). La caducité est constatée dans la forme de l'acte de nomination »[91]. Dès lors, si l'auteur de l'acte ne constate pas son état caduc, son inaction devient illégale et l'action du supérieur hiérarchique est légitime.
Le supérieur hiérarchique ne peut donc pas spontanément constater la caducité d'un acte sans excéder ses pouvoirs. En revanche, il peut le faire lorsque cette action s'apparente à un pouvoir de contrôle, autrement dit s'il agit pour corriger l'action de son subordonné[92]. Le pouvoir de constater la caducité d'un acte administratif unilatéral est reconnu au supérieur hiérarchique, il est néanmoins soumis à cette condition.
Le supérieur hiérarchique de l'auteur d'un acte administratif unilatéral n'a sur cet acte qu'un pouvoir de contrôle, il dispose donc du pouvoir d'y mettre fin en le retirant, en l'abrogeant ou en constatant sa caducité. Il n'a pas, en revanche, le pouvoir de le modifier.

---

[90] Conseil d'Etat, Sect., 12 oct. 1984, *Lafon,* AJDA 1985, p. 54 : « Considérant que le ministre de la Santé et de la Famille avait compétence liée pour constater la caducité de l'autorisation accordée ; qu'en conséquence le moyen tiré de l'incompétence du directeur de son cabinet qui a signé la décision attaquée est inopérant ».
[91] Décret du 2 août 1995, J.O. du 3 août 1995, p. 11555.
[92] Par exemple, Cour administrative d'appel de Marseille, 20 mai 1999, *M. Pinoteau* ; 15 févr. 2000, *Ville de Nice,* n° 97MA00848.

### §2 : La compétence de l'autorité juridictionnelle.

Le juge administratif est compétent pour mettre fin à un acte administratif unilatéral, notamment en tant que censeur de l'administration. En effet, il a pour fonction première de veiller au respect du principe de légalité, il est le gardien de la légalité administrative. Le recours pour excès de pouvoir permet à tout administré d'agir afin que soit annulé un acte administratif unilatéral entaché d'illégalité.
L'annulation est une modalité de fin exclusivement contentieuse, c'est-à-dire que la seule autorité apte à annuler un acte administratif unilatéral est le juge et plus précisément le juge administratif.
Contrairement à ce qu'affirment certaines théories[93], le juge judiciaire ne dispose pas de la prérogative exorbitante d'annuler un acte administratif unilatéral de manière générale et absolue.

Remarquons que le juge administratif n'agit pas seulement en tant que censeur, il est notamment compétent pour constater l'état caduc d'un acte administratif unilatéral. L'existence de points communs entre la constatation de caducité et l'abrogation implicite a conduit certains auteurs à reconnaître un pouvoir abrogatif au juge administratif.
Or, malgré certaines similitudes, ces deux modalités de fin sont, par essence, distinctes. Le juge administratif n'a pas le pouvoir d'abroger un acte administratif, il ne peut qu'enjoindre l'administration d'effectuer une telle action[94]. En revanche, il peut en constater lui-même la caducité.
Les pouvoirs reconnus au juge administratif seront d'abord présentés (A). Les particularités de l'acte juridictionnel de fin, par rapport à l'acte administratif de fin, seront ensuite étudiées (B).

### A/ Les pouvoirs reconnus au juge administratif.

Le juge administratif dispose en premier lieu du pouvoir d'annuler tout acte administratif entaché d'illégalité, il s'agit de sa prérogative essentielle (1°).

---

[93] D. Sistach déduit de la confrontation des dispositions de l'article 111-4 du Nouveau code pénal et de la loi Bosson de 1994 la reconnaissance d'un pouvoir d'annulation au profit du juge pénal : « le juge répressif peut désormais annuler un acte de l'administration », in « Le juge pénal et les actes administratifs d'urbanisme », AJDA 1995, p. 674. Or la loi Bosson ne s'applique pas à tous les actes administratifs, et il semble abusif d'opérer une telle généralisation. De plus, l'annulation et la déclaration d'illégalité ne peuvent être assimilées, quand bien même ces deux opérations auraient quelques points communs. L'analyse de D. Sistach fondée sur ces deux postulats est de ce point de vue discutable.

[94] Cela explique que lorsqu'un administré demande au juge l'annulation d'un refus d'abrogation, souvent il lui demande également « d'enjoindre à ces autorités d'abroger les dispositions ... ». Par exemple, Conseil d'Etat, Sect., 28 mai 2001, *Sté national Farmer's union*, n° 221747.

L'annulation n'est cependant pas la seule prérogative permettant au juge administratif de mettre fin à un acte administratif unilatéral. Ainsi, alors qu'il ne peut modifier un tel acte (2°), ni l'abroger de lui-même (3°), il a cependant le pouvoir d'en constater l'état caduc (4°).

**1°/ L'annulation traduit l'essence même du pouvoir du juge administratif.**

Pour mettre fin à un acte administratif unilatéral, le juge administratif dispose en premier lieu d'un pouvoir d'annulation. L'annulation d'un acte pour excès de pouvoir est toujours contentieuse, elle a un effet rétroactif, et la décision qui la prononce possède l'autorité absolue de la chose jugée[95].
Selon l'arrêt *Dame Lamotte* de 1950, le recours pour excès de pouvoir se définit comme « le recours qui est ouvert même sans texte contre tout acte administratif et qui a pour effet d'assurer, conformément aux principes généraux du droit, le respect de la légalité »[96]. L'annulation d'un acte administratif unilatéral vise avant tout à préserver la légalité administrative, elle apparaît de ce point de vue comme une sanction adressée à l'administration.
L'acte administratif annulé disparaît rétroactivement de l'ordonnancement juridique « à raison même de ce fait que les actes annulés pour excès de pouvoir sont réputés n'être jamais intervenus »[97]. Les seules conditions de l'annulation contentieuse sont l'existence d'un recours, car le juge ne peut pas se saisir lui-même, et l'irrégularité de l'acte.

**2°/ Le juge administratif a le pouvoir de constater la caducité.**

Le juge administratif peut incontestablement, au même titre que l'auteur même de l'acte, constater la caducité d'un acte administratif unilatéral. L'état caduc de l'acte le rend inapplicable, bien qu'il soit maintenu dans l'ordonnancement juridique. Lorsqu'il constate cet état, le juge administratif permet à l'acte de sortir de vigueur. La décision du juge a alors exactement le même effet que si elle émanait d'une autorité administrative. L'état caduc de l'acte préexiste à la décision lui permettant de sortir de vigueur, l'acte ne produit déjà plus d'effet.
La caducité a pour caractéristique d'être dans un premier temps automatique, aucune autorité n'est compétente pour décider qu'un acte doit être frappé de caducité. La caducité ne se décide pas : ainsi les autorisations d'émettre délivrées par le CSA sont frappées de caducité si la fréquence attribuée n'a pas été utilisée

---

[95] Voir J. Massot, « Portée et conséquence de l'annulation par le juge d'un acte administratif », EDCE 1979-80, p. 111.
[96] Conseil d'Etat, Ass., 17 févr. 1950, *Dame Lamotte*, Leb. p. 110.
[97] Conseil d'Etat, 26 déc. 1925, *Rodière*, RDP 1926, p. 47.

dans le délai fixé par l'autorisation[98]. La caducité proprement dite n'emporte néanmoins aucun effet sur la vigueur de l'acte, l'acte est maintenu dans l'ordonnancement juridique, sans produire d'effet.
S'il est saisi d'un recours, le juge administratif constate l'état caduc de l'acte. L'auteur du recours doit avoir préalablement saisi l'administration d'une requête en ce sens afin de lier le contentieux. En revanche, il n'appartient pas au juge administratif de constater directement la caducité d'un acte administratif unilatéral, il ne peut donc pas agir spontanément[99]. Mais à partir du moment où il est saisi d'une requête en ce sens par un administré, il est susceptible de constater l'état caduc de l'acte.

**3°/ La question du pouvoir d'abrogation du juge administratif.**

Certains auteurs, ayant assimilé la caducité et l'abrogation implicite, en ont déduit que le juge administratif avait le pouvoir d'abroger un acte administratif unilatéral. Tant l'assimilation ainsi faite, que l'affirmation du pouvoir abrogatif du juge administratif, paraissent abusifs.
La constatation de l'état caduc d'un acte administratif unilatéral est en effet très différente de son abrogation : si l'abrogation est toujours un acte administratif qui provoque la disparition non-rétroactive de l'acte administratif unilatéral, la caducité est un acte administratif ou juridictionnel qui n'entraîne que la fin des effets de l'acte et non sa sortie de vigueur, tant qu'elle n'a pas été constatée.
De plus, même lorsqu'elle a été constatée, la caducité se distingue de l'abrogation dans la mesure où la constatation de caducité ne peut porter que sur un acte caduc, donc ne produisant plus d'effet ; alors que l'abrogation porte sur un acte administratif valide. Enfin, la caducité d'un acte administratif comprend toujours deux temps : elle entraîne dans un premier temps la fin des effets de l'acte et ensuite, mais pas toujours, sa sortie de vigueur. En revanche, l'abrogation est instantanée et elle provoque toujours la sortie de vigueur de l'acte.
Ces éléments permettent d'affirmer qu'à aucun moment ces deux modalités de fin ne peuvent être assimilées. Par conséquent, on ne peut déduire du pouvoir, reconnu au juge administratif, de constater la caducité d'un acte administratif unilatéral, un pouvoir d'abroger de tels actes.
Traditionnellement, le juge administratif est « à la différence de l'administration active, dépourvu du pouvoir d'abrogation »[100]. Il lui est en effet interdit de se substituer à l'autorité administrative. Cela explique que le juge administratif ne

---

[98] Conseil d'Etat, Sect., 22 mars 1996, *Sté NRJ*, Leb. p. 91.
[99] Conseil d'Etat, Sect., 16 févr. 2001, *Fédération nationale du personnel d'encadrement des industries chimiques, parachimiques et connexes* : « (...) il n'appartient pas au juge de l'excès de pouvoir de constater directement la caducité de l'arrêté qui lui est déféré », n° 213187.
[100] R-G. Schwartzenberg, *L'autorité de chose décidée*, Thèse, LGDJ, 1969, p. 377.

dispose en aucun cas du pouvoir d'abroger un acte administratif unilatéral. Il peut seulement enjoindre l'autorité administrative compétente de procéder à l'abrogation d'un acte illégal. En revanche, il peut annuler la décision prise par l'autorité administrative, à la suite d'une demande de l'intéressé, et refusant d'abroger l'acte illégal, en vertu de la jurisprudence *Compagnie Alitalia*[101]. Dans cette décision le juge administratif reprend l'article 3 du décret du 28 novembre 1983 pour imposer à l'autorité administrative, saisie d'une demande d'abrogation d'un règlement illégal, d'y déférer quelle que soit la date. Le refus opposé à une telle demande est susceptible d'annulation devant le juge de l'excès de pouvoir. Sans pouvoir décider de l'abrogation d'un règlement administratif, le juge administratif peut imposer une telle action à l'autorité administrative compétente.
« Il y a ainsi une différence de pouvoir tout à fait substantielle selon que l'on se situe au stade de la reconnaissance d'une situation juridique dans les motifs précédant et conditionnant la décision, ou au stade de la décision elle-même. Et cette différence résulte de l'impossibilité pour le juge de faire acte d'administrateur. Principe qui fait obstacle à un pouvoir de décision d'abrogation mais non à l'exercice d'un pouvoir de simple reconnaissance d'abrogation »[102].

Certains auteurs se sont demandés s'il ne faudrait pas reconnaître un tel pouvoir de décision au juge administratif[103]. H-M. Crucis pose la question : « Aux côtés de la jurisprudence *Alitalia* obligeant l'administration à abroger les règlements illégaux définitifs, est-il abusif ou au contraire légitime de proposer un nouveau progrès du principe de légalité en reconnaissant au juge un véritable pouvoir de décision d'abrogation des règlements définitifs illégaux ? »[104]. Ainsi le juge administratif, tout en sanctionnant l'autorité administrative, pourrait lui-même faire droit à la demande d'abrogation du règlement illégal. Cela permettrait de simplifier la procédure actuelle, plutôt que d'imposer l'abrogation à l'autorité administrative le juge pourrait lui-même y procéder.
Cette prérogative ne serait pas exceptionnelle et un parallèle pourrait être établi avec d'autres modalités de fin. En effet, le juge administratif peut annuler un acte administratif unilatéral qui n'a pas auparavant fait l'objet d'un retrait.
Les effets de ces deux modalités de fin sont identiques, si l'autorité administrative compétente a refusé de procéder au retrait d'un acte, le juge administratif, saisi d'un recours, peut lui-même l'annuler. Il n'a pas à obliger l'administration à agir, il

---

[101] Conseil d'Etat, Ass., 3 févr. 1989, *Compagnie Alitalia*, RFDA 1989, p. 391.
[102] H-M. Crucis, *op.cit.*, p. 58.
[103] J-M. Auby : « Va-t-il pouvoir, d'une manière ou d'une autre, faire disparaître le règlement pour l'avenir, c'est-à-dire provoquer l'abrogation de l'acte, normalement réservée à l'administration ? », « L'influence du changement de circonstances sur la validité des actes administratifs unilatéraux », RDP 1959, p. 443.
[104] H-M. Crucis, *op.cit.*, p. 207.

agit lui-même directement. De même, il peut constater l'état caduc d'un acte administratif unilatéral comme l'aurait fait l'autorité administrative.

L'assimilation régulièrement opérée entre l'abrogation et la modification explique que le juge ne dispose pas de la prérogative d'abroger lui-même un acte. En effet, il paraît difficile d'octroyer un pouvoir de modification au juge administratif dans la mesure où il n'a pas le droit de se substituer à l'administration, autrement dit de faire œuvre d'administrateur[105]. Cela signifie que le juge ne peut pas, en conséquence d'une annulation, procéder à la nomination d'un fonctionnaire ou accorder une autorisation telle qu'un permis de construire par exemple. Le principe de la séparation des pouvoirs fait obstacle à ce que de telles mesures soient décidées par un juge[106].
« Cette interdiction est apparemment impliquée par la nature de la fonction juridictionnelle : le juge administratif, spécialisé dans la solution des litiges administratifs, ne peut entreprendre sur l'administration active ; une règle contraire réintroduirait la confusion ancienne du jugement et de l'action, pour le plus grand dommage des justiciables »[107]. Or la modification suppose la réfection, autrement dit l'action. Le juge administratif est incompétent pour refaire la partie de l'acte qui a été annihilée parce qu'il n'a pas le pouvoir d'édicter un acte administratif. Il ne peut, par conséquent, pas modifier un tel acte car cela supposerait le remplacement de l'acte initial.
En revanche, il n'y a pas d'obstacle de ce type à la reconnaissance d'un pouvoir d'abrogation, permettant au juge de mettre fin à un acte administratif illégal pour l'avenir uniquement. Plutôt que d'obliger l'administration à agir, il pourrait alors agir lui-même. En effet, l'abrogation ne suppose pas, contrairement à la modification, de réfection. Elle entraîne uniquement la fin non-rétroactive d'un acte administratif unilatéral. Le juge administratif pourrait abroger un acte administratif unilatéral sans pour autant faire œuvre d'administrateur, il n'a pas à se substituer à l'administration dans cette hypothèse. De la même façon qu'il peut annuler un acte administratif unilatéral ou en constater l'état caduc, il pourrait y mettre fin seulement pour l'avenir par le moyen de l'abrogation. En tant que

---

[105] Sur cette question, voir J. Chevallier, « L'interdiction pour le juge de faire acte d'administrateur », AJDA 1972, p. 67 ; R. Drago, « Un nouveau juge administratif », *Mélanges J. Foyer*, PUF, 1997, p. 451 ; Y. Gaudemet, « Le juge administratif, futur administrateur ? » *in Le juge administratif à l'aube du XXIème siècle*, Presses universitaires de Grenoble, 1995, p. 179. Sur cette question, voir *infra.*, Chapitre 2.

[106] Le juge n'est cependant pas dépourvu de tout pouvoir, des dérogations existent dont le principe de séparation des pouvoirs s'accommode. Le juge administratif peut ainsi accorder des dommages-intérêts à la victime d'un préjudice alors que l'administration les avait refusés, ou en accorder davantage mais toujours dans la limite de la demande initiale de la victime.

[107] J. Chevallier, *op. cit.*, p. 67.

gardien de la légalité, il serait légitime qu'un tel pouvoir soit reconnu au juge administratif.

**4°/ La modification n'est pas une prérogative reconnue au juge administratif.**

Les pouvoirs du juge administratif gardien de la légalité sont limités à l'annulation, il ne peut pas modifier l'acte parce que le recours pour excès de pouvoir est un « procès fait à un acte »[108]. De ce fait, « c'est à la décision que le procès était fait : en conséquence de son annulation, si elle était illégale, elle disparaît et avec effet rétroactif : elle est réputée n'avoir jamais été prise ; c'est pleinement que justice a été faite »[109]. En annulant l'acte, le juge administratif le fait disparaître rétroactivement de l'ordonnancement juridique. Lui reconnaître un pouvoir de modification supposerait qu'il puisse aller au-delà en remplaçant l'acte, or il ne dispose pas de ce pouvoir de réfection.

Pourtant, le juge administratif a, selon R. Chapus, un pouvoir presque similaire dans quatre hypothèses[110].
L'auteur assimile le pouvoir du juge administratif à un pouvoir de modification quand le juge annule partiellement une décision, quand il substitue la base légale ou les motifs de la décision et enfin quand il en neutralise les motifs illégaux.

D'abord lorsqu'il annule partiellement une décision, R. Chapus estime que le juge administratif en modifie le contenu[111]. L'annulation partielle serait de ce point de vue une modification du contenu de la décision. Il ne peut néanmoins pas s'agir d'une modification-fin[112] de la décision pour deux raisons : d'abord, parce que dans le cas d'une annulation partielle, la partie de la décision qui a été annulée disparaît rétroactivement de l'ordonnancement juridique, alors que la modification d'un acte n'a pas d'effet rétroactif, elle n'a d'effet qu'à venir. Ensuite, parce que la modification-fin suppose le remplacement de l'acte ou de ses dispositions, et dans

[108] E. Laferrière, *Traité de la juridiction administrative et des recours contentieux*, Berger-Levrault, 2ème éd., 1896, Tome 2, p. 561.
[109] R. Chapus, *Droit du contentieux administratif*, Montchrestien, 2001, p. 197.
[110] R. Chapus : « (...) il n'est pas impossible de considérer que le jugement du recours a abouti à une modification, par le juge, de la décision », *Droit du contentieux administratif*, Montchrestien, 2001, p. 896. Egalement B. Pacteau, *Le juge de l'excès de pouvoir et les motifs de l'acte administratif*, Thèse, Travaux et recherches de la faculté de droit et de sciences politiques de l'Université de Clermont I, 1977, p. 90 et 106.
[111] Conseil d'Etat, Sect., 14 avril 1999, *Syndicat. des médecins libéraux*, Leb. p. 139.
[112] Dans le sens où nous l'entendons, la modification est une modalité de fin de l'acte administratif unilatéral parce qu'elle traduit la disparition de ses effets. Néanmoins, nous avons conscience que ce terme peut avoir une autre signification, notamment la modification peut consister en un simple ajout. Afin d'éviter toute ambiguïté, nous évoquerons dans certaines parties de cette recherche l'expression modification-fin.

le cas de l'annulation partielle à aucun moment il n'y a de réfection des dispositions annulées. La modification-fin suppose, dans un premier temps, la disparition d'une ou plusieurs dispositions de l'acte et, dans un second temps, la création de nouvelles dispositions, leur remplacement. Autrement dit, la modification-fin d'un acte administratif unilatéral suppose donc d'abord la fin et par la suite la réfection, le rétablissement des dispositions annulées, leur remplacement immédiat.
Alors que dans le cas de l'annulation partielle la décision est différente puisqu'elle est partiellement annulée, mais elle n'est pas pour autant modifiée parce qu'elle n'est pas remplacée. Les rapprochements opérés entre l'annulation partielle et la modification sont donc abusifs.

Ensuite le professeur Chapus assimile le pouvoir du juge à un pouvoir de modification dans le cas où le juge rejetterait un recours. Il peut alors être conduit à modifier la décision dans trois hypothèses : en cas de substitution de base légale[113], de substitution de motifs[114] ou de neutralisation de motifs illégaux[115]. La substitution de base légale ainsi que la substitution de motifs supposent, contrairement à la neutralisation de motifs ou à l'annulation partielle, une forme de réfection puisque le juge dans le premier cas rattache la décision au texte propre à la justifier et dans le second cas remplace le motif erroné par celui qui la justifie juridiquement. Dans ces deux cas, le juge administratif régularise la décision en agissant sur son seul fondement. Mais il ne la modifie pas parce qu'il n'agit pas sur les effets de l'acte : de fait, il agit sur la forme de l'acte, et non sur le fond de celui-ci. En procédant ainsi, le juge administratif évite l'annulation de l'acte entaché d'illégalité ; mais les effets produits par l'acte demeurent inchangés.
Le juge n'a pas le pouvoir d'agir sur les effets mêmes de l'acte administratif. Or, c'est l'essence de la modification, ainsi que de toute autre modalité de fin : agir sur les effets d'un acte administratif unilatéral afin d'y mettre un terme. Lorsque le juge administratif substitue la base légale d'un acte ou bien ses motifs, cela n'a aucun impact sur les effets produits par l'acte qui restent inchangés. Il ne s'agit donc pas d'une modification qui suppose par définition la fin des effets de l'acte. Il

---

[113] Conseil d'Etat, Ass., 8 avril 1987, *Procopio*, Leb. p. 139 : un décret d'extradition fondé à tort sur un traité bilatéral devenu inapplicable trouvera une base légale grâce à son rattachement à la Convention européenne d'extradition de 1957.

[114] Conseil d'Etat, Sect., 26 mai 1950, *Soc. laitière provençale*, Leb. p. 314 : un agrément ayant été refusé à l'entreprise en raison de diverses conditions inadéquates, il sera régularisé par le juge au motif de la situation irrégulière de l'entreprise.

[115] Conseil d'Etat, Ass., 13 janv. 1968, *Dame Perrot*, Leb. p. 39 : un ou plusieurs motifs de la décision étant illégaux, le recours peut être rejeté en conséquence de la neutralisation de ce ou ces motifs, s'il apparaît que l'administration aurait pris la même décision en ne se fondant que sur les motifs légaux de la décision.

y a donc une réelle distinction entre ces différents pouvoirs reconnus au juge administratif et la modification-fin d'un acte administratif unilatéral.
Par ailleurs, lorsqu'un ou certains motifs pour lesquels la décision a été prise sont illégaux, le recours peut être rejeté en conséquence de la neutralisation de ce ou ces motifs. Cette neutralisation est praticable s'il apparaît que l'administration aurait pris la même décision, en ne se fondant que sur le seul ou les seuls motifs légaux de la décision[116].
Cette opération ne peut pas être assimilée à la modification car, dans ce cas également, le juge administratif n'agit pas sur les effets de l'acte. L'acte reste au fond et en lui-même inchangé. C'est ce qui distingue intrinsèquement ce pouvoir de la modification-fin de l'acte.

Lorsque le juge administratif procède à de tels aménagements de la décision, il la régularise mais il ne la modifie pas, parce qu'il ne met pas fin à ses effets pour les remplacer par la suite. J-J. Israël refuse également de reconnaître un quelconque pouvoir de régularisation, et donc de modification, au juge administratif. Il lui nie tout pouvoir de « correction positive »[117]. Selon l'auteur, dans tous les cas où l'acte est maintenu par le juge il n'est pas formellement corrigé : « Le vice qui l'entache éventuellement est couvert paralysé, inefficace. Une telle distinction entre couverture par le juge et régularisation par l'administration trouve sa justification dans la différence de pouvoir dont disposent les autorités administratives et juridictionnelles. Le juge n'a pas le pouvoir de régulariser l'acte »[118].

Dans tous les cas, la modification n'est pas une prérogative reconnue au juge administratif, il ne peut que régulariser un acte administratif afin d'éviter une annulation. Et ce faisant, il n'agit que sur la forme de l'acte. En régularisant ainsi une décision, il n'agit pas sur le fond de l'acte, et il n'agit pas non plus sur ses effets et donc sur son existence propre. Il n'a finalement pas le pouvoir d'en modifier la teneur.

### B/ Les spécificités de l'acte juridictionnel de fin au regard de l'acte administratif de fin.

L'acte à l'origine de la fin est toujours un acte juridique, c'est-à-dire une manifestation de volonté destinée à produire des effets de droit.

---

[116] La neutralisation des motifs illégaux permet ainsi la régularisation de mesures très diverses. La possibilité a été ouverte par le Conseil d'Etat, dans l'arrêt d'assemblée du 13 janvier 1968, *Dame Perrot*, Leb. p. 39.
[117] J-J. Israël, *La régularisation en droit administratif français (Etude sur le régime juridique de l'acte administratif unilatéral)*, Thèse, LGDJ, 1981, p. 15.
[118] *Ibid.*, p. 122.

L'autorité qui souhaite mettre fin à un acte administratif unilatéral doit en manifester la volonté. Elle doit pour cela édicter un acte de fin[119]. L'acte de fin est le premier moment de la procédure.
En reconnaissant la compétence conjointe de l'administration et du juge administratif pour mettre fin à un acte administratif unilatéral, on admet que la décision qui met fin peut être un acte administratif ou juridictionnel. Or, l'acte à l'origine de la fin détermine directement la modalité de fin, c'est-à-dire que cet acte pose les bases du régime juridique de la fin. La qualité de l'auteur de la fin a donc une importante influence sur l'ensemble de celle-ci, elle explique notamment la double nature de l'acte de fin, administrative ou juridictionnelle.
Le retrait, l'abrogation, et la modification émanent d'une autorité administrative, ce sont toujours des actes administratifs. En revanche, l'annulation est le fait du juge administratif, c'est un acte juridictionnel. Quant à la constatation de caducité, elle peut être soit un acte administratif, soit un acte juridictionnel selon que son auteur est une autorité administrative ou le juge administratif.

L'acte de fin, qu'il soit administratif ou juridictionnel, est toujours un acte juridique[120]. Mais l'acte administratif et l'acte juridictionnel n'en sont pas moins fondamentalement distincts[121]. Les différences entre eux méritent d'être considérées : si elles tiennent effectivement à leur nature même, elles apparaissent également dans les effets produits, notamment sur l'ordonnancement juridique.
J. Rivero définit ainsi l'acte administratif : « L'acte juridique de l'administration est comme tout acte juridique un acte de volonté destiné à introduire un changement dans les rapports de droit qui existent au moment où il intervient, ou mieux, à modifier l'ordonnancement juridique »[122].
A la question de savoir quels sont les caractères essentiels auxquels se reconnaît un acte juridictionnel, G. Jèze répondait : « C'est à coup sûr, l'une des questions les plus difficiles en même temps que l'une des plus importantes de la science du droit »[123]. Le critérium doit être recherché dans la mission du juge, mission qui

[119] L'expression « acte de fin » évoque l'acte spécifique qui permet à un acte administratif de disparaître.
[120] Tel que définit par L. Duguit : « Est acte juridique tout acte de volonté intervenant avec l'intention qu'il se produise une modification dans l'ordonnancement juridique tel qu'il existe au moment où il se produit, ou tel qu'il existera à un moment futur donné », *in* « Théorie générale de l'Acte juridique », RDP 1919, p. 320.
[121] Précisons que M. Hauriou assimile, dans son *Précis de droit constitutionnel*, l'acte juridictionnel à l'acte administratif : « Au point de vue opération de la volonté, il n'y a point de différence appréciable entre une décision exécutoire administrative et une décision juridictionnelle », 2ème éd., 1929, p. 380-381. Dans le même sens, Carré de Malberg nie l'existence de l'acte juridictionnel comme acte ayant une existence juridique propre (*Contribution à la théorie générale de l'Etat*, 1920, tome 1, p. 691 et s.)
[122] J. Rivero, *Droit administratif*, Dalloz, 1998, p. 95.
[123] G. Jèze, « L'acte juridictionnel et la classification des recours contentieux », RDP 1909, p. 667.

comprend deux moments. Il doit d'abord procéder à une constatation et ensuite prendre une décision. Dans un premier temps, le juge constate avec force de vérité légale et dans un deuxième temps il en tire les conséquences logiques[124]. L'acte de juridiction est donc un acte composé, « fait de deux éléments à la fois distincts et logiquement unis : une constatation portant sur la conformité ou la non-conformité d'un acte, d'une situation ou d'un fait avec l'ordonnancement juridique et une décision qui en réalise les conséquences »[125].
Force est de constater que ces deux actes présentent des spécificités qui les distinguent radicalement. Elles consistent principalement dans la mission de leur auteur dont la fonction est différente, notamment s'agissant du but poursuivi.
Comme le souligne P. Lampué : « L'administrateur agirait en vue de produire des effets conformes à l'intérêt général ou à l'intérêt de l'Etat ; le juge ne ferait que conserver la légalité »[126].

La conséquence de la distinction entre l'acte administratif et l'acte juridictionnel réside dans leur autorité : alors que le premier possède l'autorité de chose décidée, le second possède l'autorité de chose jugée.
« Loin d'être intangible et incontestable, la décision administrative définitive fait figure d'acte en perpétuel procès et en éventuel devenir »[127]. Au contraire, lorsque le juge administratif rend une décision, elle ne peut en aucun cas être remise en cause. L'autorité de la chose jugée exclut en effet que ce qui a été jugé puisse être (si ce n'est en conséquence de l'exercice d'une voie de recours contre le jugement même) méconnu ou contesté[128]. G. Jèze a mis ce trait en lumière en écrivant que l'acte juridictionnel est muni de la « force de vérité légale »[129].

La portée de l'autorité de la chose jugée est cependant variable : elle peut ainsi être relative ou bien absolue. Quand un jugement a l'autorité relative de la chose jugée, il n'y a pas d'obstacle à ce que le tribunal se prononce à nouveau sur des questions déjà jugées, dès lors qu'il n'y a pas identité d'objet, identité de cause ou identité de

---

[124] L. Duguit affirme : « Toute décision juridictionnelle est un syllogisme : la majeure est le rappel de la règle de droit ; la mineure est la constatation soit d'un acte ou d'un fait contraire à cette règle ou d'une situation de droit née conformément à cette règle, et la conclusion est une décision qui est la conséquence nécessaire et logique de la constatation », *in* « L'acte administratif et l'acte juridictionnel », RDP 1906, p. 450.

[125] P. Lampué, « La notion d'acte juridictionnel », RDP 1946, p. 34.

[126] *Ibid.*, p. 25. Cette appréciation est radicalement contraire à celle de Carré de Malberg selon lequel on ne saurait définir les institutions ou les actes juridiques par leur finalité mais bien par leur structure, leurs éléments constitutifs, leur contenu et surtout leurs effets de droit (*op. cit.* , tome 1, p. 264).

[127] R-G. Schwartzenberg, Thèse précitée, p. 205.

[128] De là, la maxime que la chose jugée doit être tenue pour la vérité : « *res judicata pro veritate habetur* ».

[129] G. Jèze, *op. cit.*, p. 668.

qualité des parties[130]. Dire que le jugement a l'autorité absolue de la chose jugée, c'est dire que le bien-fondé de ce qui a été jugé doit être, invariablement, tenu pour acquis. La chose jugée a effet *erga omnes*, toute personne peut s'en prévaloir.
Si l'autorité de la chose jugée des jugements administratifs est en principe relative, elle est unanimement reconnue absolue s'agissant des jugements ayant prononcé une annulation pour excès de pouvoir[131]. La prise en considération de la réalité de la situation juridique impose cependant de rejeter l'affirmation selon laquelle les jugements d'annulation pour excès de pouvoir sont seuls revêtus de l'autorité absolue de la chose jugée. En effet, l'état du droit est plus diversifié et la situation semble en constante évolution.
Il faut admettre que d'autres jugements sont revêtus d'une telle autorité : par exemple ceux prononcés par les juridictions administratives en matière de contravention de grande voirie[132], également en matière de contentieux de pleine juridiction, précisément s'agissant du contentieux de l'accès à la qualité de réfugié[133]. Cette catégorie reste néanmoins largement restreinte.

L'autorité de la décision qui met fin à un acte administratif unilatéral dépend donc non seulement de la nature administrative ou juridictionnelle de l'acte de fin mais également de l'autorité du jugement administratif. L'annulation d'un acte pour excès de pouvoir est un jugement auquel est reconnue l'autorité absolue de la chose jugée du fait de la nature même du recours pour excès de pouvoir. La constatation juridictionnelle de caducité n'a pas, en revanche, une telle autorité, elle possède ainsi l'autorité relative de la chose jugée.
La qualité de l'auteur qui édicte l'acte de fin revêt donc une importance considérable dans la mesure où de sa nature dépend son autorité. Dès lors, si l'annulation et la constatation juridictionnelle de caducité ne peuvent pas être remises en cause (bien que ce soit à des degrés différents, selon que l'autorité de la chose jugée est relative ou absolue), le retrait, l'abrogation, la modification et la constatation administrative de caducité peuvent, quant à elles, faire l'objet d'un recours. Ces décisions ne sont revêtues que de l'autorité de la chose décidée.
Les décisions de fin de l'acte administratif unilatéral peuvent alors faire l'objet d'une classification en fonction de leur autorité : l'annulation possède la plus importante autorité, l'autorité absolue de la chose jugée. La constatation

---

[130] Conseil d'Etat, 13 juill. 1951, *Min. des travaux publics c/ EDF*, Leb. p. 407 ; Conseil d'Etat, 21 janv. 1945, *Muller*, Leb. p. 40 ; Conseil d'Etat, Sect., 29 nov. 1974, *Epoux Gevrey*, Leb. p. 600.
[131] Le caractère absolu qui s'attache aux annulations pour excès de pouvoir est explicitement affirmé par le Conseil d'Etat dans un arrêt du 22 mars 1961, *Simonet* (Leb. p. 211) et reconnu par la Cour de cassation, notamment dans une décision du 25 juin 1985, *Cochin*, (Dalloz 1985, p. 517).
[132] Conseil d'Etat, 27 juill. 1988, *Bellay*, Leb. p. 301.
[133] Conseil d'Etat, Ass., 1er avril 1988, *Bereciartua Echarri*, Leb. p. 135 : le Conseil d'Etat tient pour acquis, et insusceptible de discussion, la décision de la Commission de recours des réfugiés ayant reconnu la qualité de réfugié.

juridictionnelle de caducité a l'autorité relative de la chose jugée. Les décisions administratives de fin ont l'autorité de la chose décidée, autorité qui peut être remise en cause par le moyen du recours contentieux.

La nature administrative ou juridictionnelle de l'acte de fin influence donc la fin proprement dite dans la mesure où l'autorité de celle-ci en dépend. Par ailleurs, elle permet de déterminer tant la modalité que ses conditions de mise en œuvre. Ainsi lorsque l'autorité administrative édicte un acte de retrait, l'acte administratif unilatéral sort de vigueur rétroactivement, seuls les éventuels droits acquis sont sauvegardés. Mais la qualité de l'auteur de la fin n'est pas le seul élément distinguant les différentes modalités parce que tant l'autorité administrative que l'autorité juridictionnelle disposent de plusieurs moyens d'action, c'est-à-dire qu'elles peuvent mettre un terme à un acte administratif unilatéral selon diverses modalités, ayant chacune leurs spécificités.
Par exemple, l'autorité administrative a la possibilité d'édicter différents actes administratifs de fin et donc dispose de divers moyens d'action tels que le retrait, l'abrogation, la modification ou la constatation de caducité. Au-delà de la qualité des auteurs, l'effet produit est déterminant : selon qu'il est rétroactif ou non-rétroactif, selon que la vigueur de l'acte est atteinte ou au contraire ne l'est pas.

## Section 2 : Le degré de liaison de compétence de l'auteur de la fin.

La procédure de fin, quelle que soit la modalité envisagée, est largement encadrée par la règle de droit notamment du fait des atteintes que la fin est susceptible de porter aux droits acquis par l'administré. Par conséquent, ce sont ces droits, et plus largement la sécurité juridique de l'administré, qui expliquent la nécessité de limiter le pouvoir de l'autorité compétente lorsqu'elle met un terme à un acte administratif unilatéral. Si le pouvoir de mettre fin à un tel acte est justifié par le principe de légalité, il trouve sa principale limite dans le respect des droits acquis par les administrés.
Par conséquent, l'autorité compétente n'a pas toujours la faculté de mettre fin à un acte administratif unilatéral, elle peut y être contrainte, mais elle peut également voir cette action prohibée. Mettre un terme à un acte n'est pas toujours une liberté reconnue à l'autorité compétente, même si cette dernière a pour objectif le respect du principe de légalité, car ce principe peut être en conflit avec celui de sécurité juridique. La compétence de l'autorité administrative peut également être liée par le droit : la faculté d'agir se transforme alors en une obligation qui peut émaner d'un texte législatif ou réglementaire. Parfois c'est le juge administratif lui-même qui impose une telle action à l'autorité administrative par ses propres décisions.

L'étendue du pouvoir reconnu à l'auteur de la fin est donc variable : la liberté de mettre fin à un acte administratif unilatéral sera analysée dans un premier paragraphe (§1), et l'obligation et l'interdiction de mettre fin seront étudiées dans un second paragraphe (§2).

**§1 : La liberté de mettre fin à un acte administratif unilatéral.**

L'autorité administrative dispose d'un pouvoir discrétionnaire lorsqu'elle a la faculté, la liberté de mettre fin à un acte administratif unilatéral. L'auteur de la fin ne dispose cependant pas toujours de cette liberté d'action appelée pouvoir discrétionnaire. En principe cette liberté n'existe qu'en l'absence de droits acquis, leur présence suppose en effet que le pouvoir de l'administration soit limité. Dès lors, l'autorité administrative a la faculté de mettre fin à un acte administratif unilatéral lorsqu'il ne crée pas de droits acquis. En revanche, sa liberté disparaît si l'acte initial est créateur de droits acquis dans la mesure où la fin constitue alors une atteinte à la sécurité juridique de l'administré. La liberté d'action de l'administration est donc subordonnée au caractère créateur de droits acquis de l'acte auquel il est mis fin.

Lorsqu'il annule un acte administratif unilatéral, le juge administratif n'a pas, en principe, une grande liberté d'action puisqu'il ne fait que constater. Mais il faut reconnaître qu'il a parfois un pouvoir d'interprétation, voire de création qui lui confère une telle liberté. Pour autant, on ne peut pas dire que son pouvoir est discrétionnaire car la liberté reconnue à l'autorité administrative n'est pas exactement de même nature que celle dont dispose juge administratif.

Nous étudierons d'abord le pouvoir discrétionnaire reconnu à l'autorité administrative (A), et nous analyserons ensuite le pouvoir reconnu au juge administratif (B).

**A/ Le pouvoir discrétionnaire reconnu à l'autorité administrative.**

Selon J. Michoud, il y a pouvoir discrétionnaire toutes les fois qu'une autorité agit librement sans que la conduite à tenir lui soit dictée à l'avance par une règle de droit[134]. Lorsque l'autorité administrative dispose de la liberté de mettre fin à un acte administratif unilatéral, son pouvoir est discrétionnaire. Néanmoins,

---

[134] J. Michoud, « Etude sur le pouvoir discrétionnaire de l'administration », Revue générale d'administration 1914, p. 9 ; voir la suite de cette réflexion dans la même revue 1915, p. 5 ; également J-C. Vénézia, *Le pouvoir discrétionnaire*, Thèse, LGDJ, 1959.

Selon A. de Laubadère, « Il y a pouvoir (ou compétence discrétionnaire) lorsque, en présence de circonstances de fait données, l'autorité administrative est libre de prendre telle ou telle décision (...) autrement dit que sa conduite ne lui est pas dictée à l'avance par le Droit » *in Traité élémentaire*, LGDJ, 1999, Tome I, n° 594.

cela ne signifie pas qu'il n'y a aucun encadrement juridique. Car même dans le pouvoir discrétionnaire la règle de droit est présente. C'est ce que souligne R. Chapus : « le pouvoir discrétionnaire des autorités administratives n'est rien d'autre que *le pouvoir de choisir* entre deux décisions ou deux comportements, deux au moins, *également conformes à la légalité*. Exerçant son pouvoir discrétionnaire, l'administration ne peut jamais faire que ce que le droit lui permet de faire »[135]. La compétence de l'auteur de la fin est donc toujours plus ou moins liée par le droit.

Lorsqu'elle dispose d'un pouvoir discrétionnaire, l'administration a le choix entre plusieurs solutions toutes aussi légales les unes que les autres, et elle fondera ce choix non sur des motifs de droit mais sur des motifs d'opportunité ou de bonne administration. L'opportunité est une manifestation du pouvoir discrétionnaire. C'est précisément de la liberté d'apprécier ce que l'opportunité recommande que les autorités administratives sont investies quand elles disposent du pouvoir discrétionnaire.

D'après J. Mourgeon, « l'opportunité consiste dans la possibilité de librement déterminer les conditions d'une action : son moment, ses motifs, ses moyens. Ainsi définie, l'opportunité d'agir implique celle de ne pas agir. Il y a donc opportunité quand il y a alternative entre l'action et l'inaction, ou quand l'action étant décidée, il y a alternative entre ses conditions »[136].

L'opportunité d'agir existe dans toute action administrative, par exemple l'administration est en droit de choisir entre l'exercice de poursuite disciplinaire à l'encontre d'un fonctionnaire fautif et l'absence de toutes poursuites, compte tenu des bons antécédents du fonctionnaire. L'opportunité d'agir est également présente dans le pouvoir reconnu à l'autorité administrative de mettre fin à un acte administratif unilatéral, dans tous les cas où les textes ou le juge le lui permettent. Elle a ainsi la liberté de juger de l'opportunité de constater l'état caduc d'un acte administratif unilatéral[137].

L'opportunité d'agir permet dans tous les cas à l'autorité administrative de disposer d'une certaine liberté mais toujours dans les limites de la légalité. L'opportunité ne s'exerce et ne peut être appréciée que dans les limites de la légalité. Le pouvoir discrétionnaire n'est donc pas une limite au principe de légalité. Par ailleurs, l'opportunité connaît une limite autre que la légalité : ce sont les droits acquis par l'administré. L'autorité administrative dispose de la faculté de mettre fin à un acte administratif unilatéral lorsque cette action ne porte pas atteinte aux droits acquis

---

[135] R. Chapus, *Droit administratif général*, Tome 1, Montchrestien, 2001, p. 1056.

[136] J. Mourgeon, *La répression administrative*, Thèse, LGDJ, 1967, p. 303.

[137] Cette liberté se transforme parfois en obligation, la compétence de l'administration est alors liée. Par exemple, l'arrêt du Conseil d'Etat, Sect., 12 oct. 1984, *Lafon*, Leb. p. 331 : l'administration est tenue de constater la caducité d'une autorisation. Sur cette question, voir *infra.*, Section 2.

par les administrés, autrement dit à leur sécurité juridique. Ces droits apparaissent donc comme le critère déterminant l'étendue de la compétence de l'auteur de la fin.

Afin de comprendre précisément l'étendue des pouvoirs de l'administration, il faut préalablement déterminer ce qu'est un droit acquis. L'absence de définition amène le plus souvent la doctrine à s'attacher à une autre notion, celle d'acte créateur de droits, du fait des liens étroits existants entre ces deux notions. Pourtant, droits acquis et acte créateur de droits ne sont pas complètement assimilables, parce que certains actes sont créateurs de droits qui ne sont cependant pas qualifiables d'acquis. Ainsi un acte réglementaire peut être créateur de droits, mais il ne crée jamais de droits acquis, en particulier il ne crée aucun droit acquis à son maintien[138].

La définition selon laquelle un acte administratif créateur de droits est un acte dont l'administré a retiré un bénéfice, un droit qui sera éventuellement considéré comme acquis à l'écoulement d'un certain délai, est un peu rapide. Elle a cependant le mérite de distinguer le simple droit du droit acquis. L'absence de critère positif empêche pourtant d'établir une catégorie des actes créateurs de droits, et encore moins des actes créateurs de droits acquis. La notion d'acte créateur de droits est souvent identifiée *a contrario* par le biais de l'identification des actes non créateurs de droits[139]. Ceux-ci apparaissent en effet comme plus facilement identifiables. Ainsi, il est certain que les décisions réglementaires ne créent pas de droit acquis. En vertu d'une jurisprudence constante, nul n'a de droit acquis au maintien d'un règlement, c'est-à-dire que nul ne peut valablement s'opposer à son abrogation ou à sa modification[140]. L'absence de droit acquis permet donc à l'autorité administrative de mettre fin à un tel acte à tout moment, et pour un motif d'opportunité.

Par conséquent l'autorité administrative peut mettre fin à un acte réglementaire en le retirant (à condition qu'il ne soit pas définitif), en l'abrogeant, en le modifiant, voire en constatant son état de caducité. Elle n'est dans cette hypothèse pas liée par le droit, ce qui signifie qu'elle peut décider selon des considérations d'opportunité.

Si l'acte réglementaire ne crée pas de droit acquis à son maintien, les décisions non réglementaires ne sont pas toutes créatrices de droits acquis. L'autorité administrative peut donc parfois mettre fin à une décision non réglementaire pour un motif d'opportunité. Par exemple, est insusceptible de créer

---

[138] Sur ces questions, voir les développements plus précis, *infra.*, Titre 2.

[139] Voir P. Auvret, « La notion de droits acquis en droit administratif français », RDP 1985, p. 53 ; F. Batailler, « Les *beati possidentes* du droit administratif », RDP 1965, p. 1051 ; C. Santulli, « Les droits acquis », RFDA 2001, p. 87 ; C. Yannakopoulos, *La notion de droits acquis en droit administratif français*, Thèse, LGDJ, 1997 ; sur cette question, voir *infra.*, titre 2.

[140] Conseil d'Etat, Sect., 5 mai 1972, *Mlle Noyer*, Leb. p. 342.

un droit acquis la décision recognitive, décision qui ne fait que reconnaître un droit ou une situation préexistante[141]. Il en est de même de la décision juridiquement inexistante ou obtenue par fraude[142]. Toute décision défavorable à son destinataire, infligeant une sanction ou opposant un refus, ne crée aucun droit acquis à son profit[143].
Il est de principe, en effet, que les décisions de refus ne créent pas de droits acquis[144] (qu'il s'agisse d'un refus de permis de construire ou bien d'un refus d'autorisation d'ouverture de pharmacie, par exemple).
Parfois une décision défavorable peut néanmoins avoir des effets favorables pour des tiers et leur conférer des droits[145]. Il en est ainsi des refus de nommer, titulariser, promouvoir ou réintégrer des fonctionnaires, ainsi que des décisions prononçant leur révocation : elles créent des droits au profit des membres du corps intéressé par ces mesures. Les décisions énumérées sont des décisions qui ne créent en principe pas de droits acquis. *A contrario,* on peut affirmer que toutes les décisions individuelles absentes de cette systématisation sont, en principe, créatrices de droits dont certains sont acquis. Pour ces dernières, la compétence de l'auteur de la fin est liée par le droit, lui imposant dès lors de n'agir que pour des motifs de légalité.
Ces considérations ne permettent cependant pas d'aboutir à une définition des droits acquis, pas plus qu'elles ne permettent d'identifier les simples droits.

Cette systématisation a d'ailleurs fait l'objet de nombreuses critiques doctrinales. Comme le souligne C. Yannakopoulos, « le caractère irrégulier d'un acte n'interdit pas qu'on le qualifie de créateur de droits. C'est la jurisprudence *Dame Cachet* qui justifie une telle position »[146]. Il apparaît ainsi que la liberté reconnue au juge administratif en ce domaine est grande : il a le pouvoir de décider du caractère créateur de droits ou non créateur de droit d'un acte et également de qualifier un droit d'acquis, autrement dit de distinguer le simple droit du droit acquis[147]. Par conséquent il peut décider de la possibilité pour l'administration de le retirer ou au contraire de l'interdiction d'un tel retrait puisque celui-ci est soumis au caractère créateur de droits acquis de l'acte. L'étendue du pouvoir ainsi reconnu au juge explique peut-être l'absence de critère explicite permettant de distinguer les

---

[141] Conseil d'Etat, Sect., 15 oct. 1976, *Buissière,* Leb. p. 419 ; Conseil d'Etat, 13 nov. 1998, *Mullender,* Leb. p. 406.
[142] Conseil d'Etat, Sect., 3 févr. 1956, *de Fontbonne,* Leb. p. 45 ; Conseil d'Etat, Sect., 18 nov. 1966, *Silvani,* Leb. p. 609 ; Conseil d'Etat, 18 mars 1998, *Khellil,* Leb. p. 91.
[143] Conseil d'Etat, 22 déc. 1999, *Montoya,* RFDA 2000, p. 215.
[144] Conseil d'Etat, Sect., 3 mars 1989, *Clinique Blomet,* Leb. p. 67.
[145] Conseil d'Etat, Ass., 29 mars 1968, *Manufacture française des pneumatiques Michelin,* Leb. p. 217.
[146] C. Yannakopoulos, *op. cit.*, p. 83 ; voir également R-G. Schwartzenberg, *op. cit.*
[147] Sur cette distinction, voir *infra.*, Titre 2.

actes créateurs de droits et ceux qui ne le sont pas, ainsi que les simples droits et les droits acquis.
En effet, le juge administratif garde une liberté d'action et de décision quant au pouvoir de l'administration de mettre fin à un acte administratif unilatéral[148].
En ne posant pas de critère explicite quant au caractère créateur de droits acquis de l'acte, le juge administratif se réserve le pouvoir d'en décider de manière plus ou moins opportune, sans pour autant que sa décision soit susceptible de contestation. Finalement, l'absence de critère explicite a pour conséquence que la notion de droits acquis est elle-même quelque peu floue, empêchant ainsi toute systématisation. Une étude au cas par cas s'impose donc lorsqu'il s'agit d'analyser les droits acquis.

L'autorité administrative a la faculté de mettre fin à une décision non réglementaire pour un motif d'opportunité à condition de ne pas porter atteinte aux droits acquis des administrés, autrement dit lorsque l'acte auquel il est mis fin ne crée lui-même aucun droit acquis[149]. L'étendue du pouvoir de l'administration ne dépend donc pas de la modalité de fin mais du caractère créateur ou non créateur de droits acquis de l'acte. C'est finalement la nature de cet acte qui permet d'identifier les pouvoirs reconnus à l'auteur de la fin.

## B/ Le pouvoir « d'indépendance » du juge administratif[150].

Il convient d'admettre que la fonction contentieuse conduit parfois le juge administratif au-delà de la simple constatation. Souvent une interprétation juridictionnelle des textes est nécessaire. Parfois il doit même créer du droit en l'absence de texte. Cette fonction d'interprétation, comme celle de création, suppose que le juge administratif a un pouvoir d'appréciation. Il dispose alors incontestablement d'une liberté qui ressemblerait largement à celle de l'administration jouissant d'un pouvoir discrétionnaire. Pourtant, le pouvoir du juge administratif ne peut pas être qualifié de discrétionnaire, bien qu'il ait parfois une liberté d'action importante. Cette expression est inadaptée parce que son pouvoir est fondamentalement différent de celui de l'autorité administrative. Le pouvoir du juge administratif comprend en effet une part de liberté, largement plus importante que celle de l'autorité administrative, quand il met en œuvre son

[148] Voir *infra.*, Titre 2.
[149] L'administration pourra toujours retirer un certificat d'aptitude délivré à la suite d'épreuves entachées de fraudes : Conseil d'Etat, Sect., 18 nov. 1966, *Silvani,* Leb. p. 609.
[150] J-C. Vénézia, *Le pouvoir discrétionnaire*, Thèse, LGDJ, 1959, p. 161.

pouvoir d'interprétation, voire de création du droit[151]. La nature même de ce pouvoir, de cette liberté est cependant différente de celle de l'administration bénéficiant d'un pouvoir discrétionnaire. Nous ne pouvons, dans le cadre de cette recherche, nous livrer à une étude précise de l'interprétation juridictionnelle et des méthodes du juge administratif. Nous l'analyserons uniquement comme révélateur d'un pouvoir d'appréciation du juge administratif en ce qu'il révèle ses facultés quant à la fin[152].

Dans cette perspective, nous démontrerons d'abord que le juge a un réel pouvoir d'appréciation (1°). Celui-ci est néanmoins différent du pouvoir discrétionnaire de l'administration, on peut le qualifier de pouvoir « d'indépendance » par rapport au texte, selon l'expression de J-C. Vénézia (2°).

**1°/ La reconnaissance d'un pouvoir d'appréciation.**

Le pouvoir discrétionnaire se caractérise principalement par la liberté d'action dont dispose son bénéficiaire. En principe, le juge administratif n'a pas cette liberté caractéristique. En effet, lorsqu'il rend une décision il ne fait que constater, ce qui suppose que son pouvoir est le plus souvent lié par les textes. Il faut ainsi reconnaître que le pouvoir du juge est encadré et limité, notamment parce qu'il doit statuer dans les limites des conclusions dont il est saisi : il ne peut pas statuer *ultra petita* ni *infra petita*. L'interdiction de l'*infra petita* se traduit par la prohibition pour le juge de statuer en restant en deçà des conclusions dont il a été saisi : par exemple en ne se prononçant pas sur le sort de certaines dispositions dont l'annulation lui a été demandée. L'interdiction de l'*ultra petita* est l'interdiction pour le juge administratif de statuer au-delà de ce qui lui est demandé[153].

C'est ainsi que lorsque le requérant demande l'annulation d'une seule disposition d'une décision, même si un moyen d'ordre public intervient, le juge n'annulera que la disposition attaquée[154]. Comme la précédente, cette règle connaît un certain nombre d'assouplissements, résultant notamment de l'interprétation des conclusions par le juge et des pouvoirs généraux du juge institués par les textes[155].

[151] Saisi d'un recours, le juge administratif a le pouvoir d'interpréter les conclusions ; il peut considérer que la demande d'annulation d'une décision implique celle de l'annulation d'une autre décision qui lui est liée : Conseil d'Etat, 8 déc. 1950, *Delcambre*, Leb. p. 608.

[152] Sur cette question, voir Y. Gaudemet, *Les méthodes du juge administratif*, Thèse, LGDJ, 1972 ; O. Cayla, « Le Conseil constitutionnel et la constitution de la science du droit », *in Le Conseil constitutionnel a quarante ans*, LGDJ, 1999, p. 106, voir notamment p. 122.

[153] Conseil d'Etat, 8 août 1918, *Delacour*, Leb. p. 739.

[154] Conseil d'Etat, 6 janv. 1954, *Angéras*, Leb. p. 8.

[155] Ces pouvoirs permettent au juge de prononcer d'office la suppression des passages « injurieux, outrageants ou diffamatoires » contenus dans les mémoires des parties ou dans les pièces produites par elles ; et de sanctionner par l'infliction d'une amende l'exercice de recours abusifs.

Pourtant ces limites inhérentes à la fonction juridictionnelle n'ôtent pas au juge tout pouvoir d'appréciation, il dispose d'une liberté d'action incontestable. Le pouvoir d'appréciation ou de création du juge administratif se manifeste dans la liberté d'action dont il dispose lorsque sa fonction suppose l'intervention de considérations subjectives. Ainsi, des notions telles que la logique, le bon sens ou le raisonnable - *a priori* non juridiques - acquièrent parfois un sens juridique du fait de leur utilisation par le juge administratif. Elles deviennent alors des standards, selon l'expression de Stéphane Rials[156]. Décider si une erreur peut, ou non, être qualifiée de manifeste relève ainsi par exemple du pouvoir d'appréciation du juge administratif[157].

Un tel pouvoir d'appréciation se manifeste lorsque le juge administratif constate l'état caduc d'un acte. « La caducité peut ne pas s'imposer au juge mais être choisie par lui »[158]. En matière de permis de construire, l'article R.421-32 du Code de l'urbanisme prévoit : « Le permis de construire est périmé si les constructions ne sont pas entreprises dans le délai de deux ans à compter de la notification visée à l'article R.421-34 ou de la délivrance tacite du permis de construire. Il en est de même si les travaux sont interrompus pendant un délai supérieur à une année (...) ».

En cas d'insuffisance ou de non-commencement des travaux dans ce délai, le permis de construire est caduc. Or, la notion de suffisance est des plus subjectives. La conséquence est que le Conseil d'Etat peut considérer comme caduc un permis ayant donné lieu à commencement de travaux, car il fonde son appréciation sur la proportionnalité des travaux effectués par rapport à ceux restant à faire[159]. Il faut néanmoins préciser qu'en l'absence de tout travail, si aucune construction n'a été entreprise, le pouvoir du juge administratif est complètement lié par le droit. Il est obligé de constater l'état caduc de l'acte[160]. Il convient dès lors de reconnaître que le juge administratif, comme l'autorité administrative, a un pouvoir plus ou moins lié par le droit.

---

[156] S. Rials, *Le juge administratif français et la technique du standard*, Thèse, LGDJ, 1980.

[157] Conseil d'Etat, Sect., 25 avril 1980, *Institut technique de Dunkerque*, Leb. p. 196 : « Si l'autorité administrative compétente exerce en opportunité (ses attributions), la décision qu'elle prend ne doit pas reposer sur des faits matériellement inexacts, sur une erreur de droit, sur une erreur manifeste d'appréciation ou être entachée de détournement de pouvoir ».

[158] G. Chavrier, *op. cit.*, p. 304.

[159] Conseil d'Etat, 2 déc. 1987, *SCP Val Rose*, Leb. p. 394.

[160] Cour administrative d'appel de Marseille, 15 févr. 2000, *Ville de Nice*, n° 97MA00848 : « Considérant qu'il résulte des pièces du dossier que la SARL Erimo n'avait entrepris aucune construction dans le délai qui lui était imparti ; que, dans ces conditions, la péremption instituée par ces dispositions était acquise sans qu'il y ait lieu de porter une appréciation sur les faits de l'espèce ; que, dès lors, le maire de Nice était tenu de procéder à cette constatation (...) ».

L'imprécision des textes de référence ou leur absence pure et simple permet et incite également le juge administratif à développer et transformer son pouvoir de constatation en un pouvoir d'appréciation. Y. Gaudemet remarque que le pouvoir du juge à ce moment là résulte d'un double constat : la découverte des insuffisances du droit existant d'abord, et celle d'une solution susceptible de porter remède à cette insuffisance ensuite[161]. Un exemple portant sur la fin de l'acte administratif unilatéral illustre parfaitement ces propos, il s'agit du retrait d'un acte administratif créateur de droits acquis. Ainsi, au lendemain de l'arrêt *Ville de Bagneux* en 1966, le juge administratif a eu conscience des inconvénients évidents d'une jurisprudence qui aboutissait à consacrer à l'excès le principe de légalité au détriment de celui de sécurité juridique.
Il a cependant fallu attendre la fin des années 1990 pour qu'il parvienne plus ou moins à pallier ces inconvénients permettant une sensible amélioration de la situation, et ce n'est que récemment qu'une solution juste et opportune a été mise en place lors de la décision *Ternon*[162].

Dans le cadre de la fonction juridictionnelle, le pouvoir d'appréciation du juge est un élément primordial parce qu'il consiste à interpréter ou à créer du droit. Il permet ainsi l'adaptation d'une solution au cas d'espèce, autrement dit, il permet au juge de tenir compte de chaque cas particulier. Dans son *Discours préliminaire*, Portalis affirmait ainsi que l'un des objets essentiels de la fonction juridictionnelle est de concrétiser la règle légale : « C'est à la jurisprudence que nous abandonnons les détails trop variables et trop contentieux, qui ne doivent point occuper le législateur, et tous les objets que l'on s'efforcerait inutilement de prévoir ou qu'une imprévoyance précipitée ne pourrait définir sans danger »[163].

**2°/ Un pouvoir différent du pouvoir discrétionnaire.**

La liberté ainsi reconnue et exprimée dans son pouvoir d'appréciation ne permet néanmoins pas de qualifier le pouvoir du juge administratif de pouvoir discrétionnaire. Pourtant, c'est précisément la présence d'une telle liberté qui caractérise par nature ce pouvoir. Or, il apparaît que la liberté du juge administratif est différente de celle de l'administration, une différence qui réside essentiellement dans une distinction selon laquelle la subjectivité n'est pas nécessairement la discrétionnalité. Ces deux notions doivent en effet être distinguées et précisées : si tout ce qui est discrétionnaire est subjectif, en revanche, toute subjectivité

---

[161] Y. Gaudemet, *op. cit.*, p. 217.

[162] Sur l'évolution jurisprudentielle des règles du retrait des actes administratifs créateurs de droits, voir *infra.*, Chapitre 2. Pour une opinion contraire, voir les critiques formulées par Y. Gaudemet, « Faut-il retirer l'arrêt *Ternon* ? », AJDA 16 sept. 2002, p. 738.

[163] Portalis, *Discours préliminaire*, Fenet, Tome 1, p. 467 et s.

n'engendre pas la discrétionnalité. Le terme discrétionnaire suppose le pouvoir et également l'exercice légal de ce pouvoir, alors que le terme subjectif n'a pas cette connotation[164].
Ils ne sont associés que parce que lorsque le pouvoir est discrétionnaire, il suppose toujours une part de subjectivité.
Il apparaît cependant que, dans la fonction juridictionnelle, ces termes doivent être effectivement dissociés. Le travail du juge administratif suppose la prise en considération de certaines données subjectives, sans pour autant que son pouvoir soit discrétionnaire. La subjectivité du juge administratif est variable, elle a un rôle plus ou moins important, en d'autres termes elle n'intervient pas nécessairement de la même manière dans tous les jugements. Ainsi, lorsque le juge administratif interprète des textes ou crée du droit en l'absence de textes, elle intervient incontestablement et de manière importante. Un revirement jurisprudentiel suppose la reconnaissance de telles considérations plus ou moins subjectives. En revanche, l'application d'une jurisprudence antérieurement établie révèle une fonction juridictionnelle dans laquelle la subjectivité est pratiquement inexistante.

Le pouvoir du juge administratif n'est par ailleurs, et quelle que soit l'hypothèse, jamais un pouvoir discrétionnaire parce que la liberté qui y est assimilable, lorsqu'elle est reconnue au juge, est beaucoup plus importante que celle reconnue à l'administration. L'action administrative s'exerce en effet toujours dans les limites de la légalité administrative, alors que par la jurisprudence, le juge administratif élabore une règle de droit et ce faisant devient l'égal du législateur. Le juge administratif n'a pas le choix entre plusieurs solutions également légales, la loi l'oblige à chercher celle que le législateur lui-même aurait imposée. M. Stassinopoulos affirme ainsi : « La loi a toujours en vue une seule et unique solution : plusieurs solutions admissibles, ou un libre choix entre elles, sont incompatibles avec la notion rigide de chose jugée ; tout au contraire cela se conçoit aisément quand il s'agit de l'acte administratif »[165].
Dès lors, si le juge administratif connaît un certain nombre de limites, elles sont extérieures aux textes. C'est le plus souvent le juge lui-même qui se les pose, en se fondant sur des considérations de bonne administration et d'égalité devant le droit notamment.

---

[164] Selon le dictionnaire de Lalande, le pouvoir discrétionnaire est celui « dont l'exercice n'est borné à aucune restriction, (et) est confié légalement à un individu ». Quant au terme subjectif, il est ainsi défini « (...) qui voit les choses d'une manière subjective, qui juge habituellement selon ses impressions, ses goûts, ses habitudes ou ses désirs individuels », *Vocabulaire technique et critique de la philosophie*, Volumes 1 et 2, PUF, 1997, p. 75 et 1037.
[165] M. Stassinopoulos, *Traité des actes administratifs*, Coll. de l'Institut français d'Athènes, 1954, p. 142.

En effet, et comme le souligne le professeur Gaudemet, « Particulièrement en matière administrative, le juge qui, fréquemment, élabore le droit positif, ne peut se soustraire, dans l'accomplissement de cette tâche, au respect d'un certain formalisme dans la démarche qu'il suit : c'est le gage du sérieux de la règle édictée et de sa pérennité au-delà des contingences de l'espèce. Cela n'interdit nullement qu'au départ, et sans doute même parfois avant que se présente une espèce concrète, le juge ne soit attentif à des considérations d'équité qui se situe à la fois au-delà et en deçà du droit positif »[166].
De cette affirmation, il découle que la liberté dont dispose le juge administratif ne se situe pas au même moment de la décision. En effet, le juge administratif met en œuvre cette liberté antérieurement à la prise de la décision, autrement dit au moment même où il décide du droit à appliquer. Dès lors que les textes de référence du juge administratif sont choisis, voire créés, le juge est tenu de les appliquer et sa liberté d'appréciation disparaît. Au contraire, l'autorité administrative met en œuvre la liberté qui est la sienne au moment même où elle prend la décision. Alors que la liberté de l'administration se manifeste au moment même de la prise de celle-ci, c'est-à-dire qu'elle lui est concomitante, la liberté du juge est antérieure au prononcé de la décision.

Chacune des deux fonctions, administrative et juridictionnelle, a une nature propre. Il en résulte que l'acte administratif est différent de l'acte juridictionnel, notamment parce que le premier possède l'autorité de la chose décidée et le second l'autorité de la chose jugée. La force de chose jugée impose la décision du juge comme la vérité objective, comme le sens de la loi, c'est cela aussi qui distingue le pouvoir du juge du pouvoir discrétionnaire reconnu à l'administration. Dès lors, il convient de qualifier le pouvoir du juge, car la séparation avec le pouvoir discrétionnaire est acquise sans pour autant que le pouvoir du juge ne soit défini.

Pour combler cette lacune, J-C. Vénézia évoque le « pouvoir d'indépendance par rapport aux textes », qu'une différence de nature sépare du pouvoir discrétionnaire proprement dit de l'administration, qu'il qualifie de « pouvoir de commandement, contrepartie nécessaire de la responsabilité de son détenteur »[167].
Cette expression est intéressante dans la mesure où elle met en lumière la liberté reconnue au juge administratif dans sa fonction, tout en la distinguant de la liberté reconnue à l'administration quand elle dispose d'un pouvoir discrétionnaire. La liberté fait donc partie des prérogatives de l'administration et de celles du juge administratif, mais elle ne s'exprime pas de la même façon. Ses manifestations ne sont pas assimilables, elles sont fondamentalement différentes parce que l'autorité administrative assume, en contrepartie de cette liberté, une responsabilité propre.

---

[166] Y. Gaudemet, *op. cit.*, p. 22.
[167] J-C. Vénézia, *op.cit.*, p. 161.

La liberté ainsi reconnue est l'expression d'un pouvoir discrétionnaire pour l'administration et elle traduit l'indépendance du juge administratif.

**§2 : L'obligation et l'interdiction de mettre fin.**

L'obligation et l'interdiction de mettre fin à un acte sont l'expression d'une compétence liée[168]. La liberté de mettre fin à un acte administratif unilatéral est parfois totalement absente du pouvoir de décision de son auteur, sa compétence est alors strictement liée par le droit. C'est ainsi que, le plus souvent, le juge administratif constate un état de fait, une situation et en tire les conséquences. Lorsqu'il constate l'illégalité d'un acte administratif unilatéral, il n'a d'autre solution que de l'annuler. Quand il rend une décision, le juge administratif dispose donc rarement de la liberté précédemment étudiée ; elle fait figure d'exception. Car la fonction principale du juge est une fonction de constatation, et non de création.
L'autorité administrative est, elle aussi, parfois obligée de mettre fin à un acte administratif unilatéral. Ainsi, lorsqu'elle est saisie de la demande de retrait d'une décision illégale et non définitive, l'autorité administrative est tenue d'y satisfaire, sa compétence est liée[169]. Elle est également tenue d'agir en ce sens lorsque l'acte administratif n'est plus en adéquation avec les textes[170].
L'application du principe de légalité justifie la compétence liée de l'administration dans ces situations. Parfois, en revanche, l'autorité administrative n'a pas le pouvoir de mettre fin à un acte administratif unilatéral. Par exemple, l'administration ne peut pas retirer une décision individuelle légale : le retrait pour des raisons d'opportunité n'est pas légalement possible[171].

La compétence liée n'est pas prévue seulement par la loi, elle peut naître aussi de la règle jurisprudentielle. Pour qualifier l'ensemble légalité et droit jurisprudentiel, Ch. Eisenmann emploie l'expression de « réglementation juridique »[172].
Lorsqu'elle met fin à un acte administratif unilatéral, l'autorité administrative voit ainsi sa compétence liée par les textes, notamment le décret du 28 novembre 1983

[168] Précisons que la compétence de l'autorité administrative et celle du juge administratif sont toujours plus ou moins liées par la règle de droit, c'est-à-dire que même dans les hypothèses où l'autorité compétente pour mettre fin à un acte dispose d'une liberté significative, sa compétence reste liée par le droit.
[169] Conseil d'Etat, 10 févr. 1992, *Roques*, Leb. p. 55.
[170] La théorie du changement de circonstances s'applique notamment à l'abrogation et peut avoir pour conséquence d'obliger l'administration à abroger un acte administratif. Quant à son application aux actes non-réglementaires : Conseil d'Etat, Sect., 30 nov. 1990, *Assoc. Les Verts*, Leb. p. 339.
[171] Conseil d'Etat, 3 nov. 1922, *Dame Cachet*, Leb. p. 790.
[172] Ch. Eisenmann, *Cours de droit administratif* 1957-1958, p. 221.

ou la loi du 12 avril 2000 (A), mais également par le juge administratif (B). Deux cas de compétence à distinguer car ils soulèvent des questions spécifiques.

**A/ La compétence liée par les textes.**

La compétence liée « désigne la situation où se trouve l'autorité administrative quand aucune possibilité de choix ne lui est ouverte »[173]. La loi ou le règlement lie le pouvoir d'action de l'administration en fournissant les motifs pour lesquels elle doit agir, toute considération d'opportunité disparaît. Les textes ne laissent à l'administration aucun pouvoir d'appréciation, mais lui indiquent d'une façon impérative la conduite à tenir[174]. C'est ainsi, par exemple, que l'autorité administrative est tenue de rejeter une demande de prorogation de permis de construire périmé[175]. D'une part l'autorité administrative est tenue de décider, d'autre part, elle est tenue de prendre une décision déterminée.

Deux types de textes retiendront notre attention : d'abord le décret du 28 novembre 1983 qui porte sur le retrait et sur l'abrogation (1°), ensuite les textes concernant la caducité (2°).

**1°/ Le décret du 28 novembre 1983.**

Le décret du 28 novembre 1983 portant sur les relations entre l'administration et les usagers crée une obligation générale de mettre fin à un acte administratif unilatéral illégal[176]. Il s'agit d'une part d'une obligation de retirer et d'autre part d'une obligation d'abroger un acte administratif unilatéral. Dans les articles 2 et 3, l'auteur du décret prévoit une obligation de retrait et d'abrogation des actes administratifs unilatéraux et en précise les conditions[177]. Seules ces deux

[173] R. Chapus, *Droit administratif général,* Tome 1, Montchrestien, 2001, p. 1058. Sur ce thème, voir B. Kornprobst, « La compétence liée », RDP 1961, p. 935 ; L. di Qual, *La compétence liée,* Thèse, LGDJ, 1964.

[174] E. Giraud, « Etude sur la notion du pouvoir discrétionnaire », Revue générale d'administration 1924, p. 195.

[175] Conseil d'Etat, 16 juin 1982, *Guiraud,* Leb. p. 237.

[176] Sur le décret du 28 novembre 1983, voir M. Bailly, « L'acte réglementaire illégal et le décret du 28 novembre 1983 », RDP 1985, p. 1513 ; Y. Petit, « Les circonstances nouvelles dans le contentieux de la légalité des actes administratifs unilatéraux », RDP 1993, p. 1291 ; J-M. Auby, « Le décret du 28 novembre 1983 », AJDA 1984, p. 124 ; H. Maisl, C. Wiener, J-M. Woehrling, « Un décret ne fait pas le printemps », AJDA 1984, p. 137 ; M-C. Rouault, « Le décret du 28 novembre concernant les relations entre l'administration et les usagers », RA 1984, p. 466.

[177] L'article 2 du décret du 28 novembre 1983 prévoit : « Lorsqu'une décision juridictionnelle devenue définitive émanant des tribunaux administratifs ou du Conseil d'Etat a prononcé l'annulation d'un acte non réglementaire par un motif tiré de l'illégalité du règlement dont cet acte fait application, l'autorité compétente est tenue, nonobstant l'expiration des délais de recours, de faire droit à toute

modalités de fin sont visées par le décret de 1983, l'obligation de modification sera par la suite déduite de celle d'abrogation. Elle n'est cependant pas initialement prévue par le décret.
La compétence du juge administratif en matière de fin étant reconnue, on a pu se demander si le décret de 1983 s'appliquait à l'annulation. Si la question a pu se poser, c'est parce que les auteurs du décret n'ont pas précisé ce qu'ils entendaient par « autorités compétentes ». Il pourrait dès lors s'agir de l'autorité administrative et de l'autorité juridictionnelle.
Selon cette interprétation, l'article 3 du décret ferait injonction au juge d'accueillir hors délai la demande de l'intéressé et de prononcer l'annulation de l'acte attaqué. Le professeur J-M. Auby remarque cependant que cette interprétation n'est pas acceptable pour deux raisons : « D'une part, les termes employés par l'article 2 *autorité compétente* (v. aussi l'article 3) ne désignent habituellement pas une juridiction. D'autre part, il semble difficile d'admettre qu'un simple décret ait pu ainsi émettre une injonction (*est tenue*) à l'égard d'une juridiction ou encore déterminer le contenu de l'autorité de chose jugée, principe habituellement considéré comme de niveau législatif »[178]. Il faut donc considérer que le décret de 1983 ne s'adresse qu'à l'autorité administrative.

Tenter de concilier deux principes qui s'opposent, celui de légalité et celui de stabilité des situations juridiques, est un objectif des rédacteurs du décret de 1983. Il semble, comme le remarque M. Bailly, que cette conciliation profite, dans ce texte, au principe de légalité : « Depuis un certain nombre d'années déjà, la jurisprudence a procédé à la conciliation de ces deux principes, mais dans un sens qui tend à favoriser de plus en plus les soucis de légalité et de bonne administration. Dans ses articles 2 et 3, le décret du 28 novembre 1983 accentue nettement cette tendance (…) »[179].

L'article 2 du décret énonce que si le juge administratif a annulé un règlement illégal, la reconnaissance de cette illégalité entraîne l'obligation pour l'administration « de faire droit à toute demande ayant un objet identique et fondée sur le même motif ». Ainsi, dans le cas où le juge aurait constaté l'illégalité d'un règlement par voie d'exception et annulé une de ses mesures d'application, l'administration est obligée, si elle est saisie d'une demande en ce sens, de retirer

---

demande ayant un objet identique et fondée sur le même motif, lorsque l'acte concerné n'a pas créé de droits au profit des tiers ». L'article 3 dispose, quant à lui, : « L'autorité compétente est tenue de faire droit à toute demande tendant à l'abrogation d'un règlement illégal, soit que ce règlement ait été illégal dès la date de sa signature, soit que l'illégalité résulte des circonstances de droit ou de fait postérieures à cette date ».

[178] J-M. Auby, *op.cit.*, p. 136.

[179] M. Bailly, *op.cit.*, p. 1517.

les autres actes individuels en faisant application et ayant le même objet. Cette obligation s'impose alors même que les délais de recours contentieux sont expirés, à condition que l'acte n'ait pas créé de droit au profit des tiers. L'autorité réglementaire affirme sans ambiguïté la compétence liée de l'autorité administrative.

Selon l'article 3 du décret de 1983, l'administration est tenue d'abroger un acte réglementaire à la double condition qu'il soit illégal et qu'une demande lui ait été faite en ce sens. L'obligation d'abrogation intervient donc en dehors de l'exception d'illégalité que le règlement ait été illégal dès l'origine ou qu'il le soit devenu à la suite d'un changement de circonstances de fait ou de droit. C'est l'adaptation aux circonstances qui justifie la compétence liée de l'autorité administrative dans ce domaine. En effet, le principe d'adaptation s'applique toujours à l'acte réglementaire car la mutation de certains éléments intervenant dans la légalité d'un règlement peut affecter sa validité pour l'avenir, et entraîner sa disparition.
Cette affirmation découle de la reconnaissance par le Conseil d'Etat d'une conception dynamique de la légalité, expliquée et précisée par le professeur Auby[180]. Le principe demeure : la légalité des actes particuliers s'apprécie à la date de leur émission et n'est pas affectée par les circonstances ultérieures. De fait, l'acte particulier « relève d'une légalité statique, localisée dans le temps … Ce mode d'application du principe de légalité est essentiellement destiné à protéger les bénéficiaires des actes particuliers »[181]. A la différence de l'acte particulier, le règlement relève quant à lui d'une conception dynamique de la légalité, et le juge, s'il est conduit à apprécier la régularité du règlement procédera à son examen en fonction des données actuelles de la légalité. Comme le souligne J-C. Douence : « Le Conseil d'Etat a donc créé, de sa propre autorité, deux modes d'application radicalement différents du principe de légalité, chacun d'eux se fondant sur les caractères propres des actes qu'il concerne. La généralité et la permanence de l'acte réglementaire engendrant pour lui un principe d'adaptation aux circonstances nouvelles »[182].
De la consécration de ce principe découle l'obligation pour l'administration de procéder à une adaptation du règlement à la légalité nouvelle, c'est-à-dire le cas échéant de le modifier ou de l'abroger.

Plusieurs arrêts du Conseil d'Etat montrent que le principe énoncé à l'article 3 du décret du 28 novembre 1983 est repris quand est demandée la modification d'un

---

180 J-M. Auby, « L'influence du changement de circonstances sur la validité des actes administratifs unilatéraux », RDP 1959, p. 431.
181 J-M. Auby, *op. cit.*, p. 431.
182 J-C. Douence, *Recherches sur le pouvoir réglementaire de l'administration*, Thèse, LGDJ, 1968, p. 467.

acte. Or, à l'origine, le décret ne mentionne la modification ni dans cet article 3, ni dans la suite du texte. Les deux modalités de fin que sont la modification et l'abrogation connaissent de nombreuses similitudes, notamment parce que la modification peut être définie comme une abrogation suivie du remplacement de la disposition abrogée. Ces rapprochements ont pu conduire à les assimiler quant à l'obligation de mettre fin, l'obligation de modification découlant de l'obligation d'abrogation. La règle posée par le décret de 1983 s'applique dès lors à ces deux modalités de fin. Ainsi dans l'arrêt *Société mutualiste du personnel de la police nationale* de 1997, le Conseil d'Etat dispose : « Considérant que l'autorité compétente, saisie d'une demande tendant à l'abrogation d'un règlement illégal, est tenue d'y déférer, soit que ce règlement ait été illégal dès la date de sa signature, soit que l'illégalité résulte de circonstances de droit ou de fait postérieures à cette date, que la *Société mutualiste du personnel de la police nationale* se fondant sur ce principe, a demandé le 10 mai 1996 au ministre de l'intérieur de modifier les dispositions (…) »[183].
Le changement de circonstances justifie en principe l'abrogation d'un acte administratif unilatéral. Par extension, il peut justifier, comme le montre cet arrêt, la modification d'un tel acte. Dès lors si un changement dans les circonstances pouvant légalement motiver le règlement intervient, l'administration doit le modifier de la même façon qu'elle devrait l'abroger. Ce sont donc les mêmes règles qui s'appliquent, que la demande de l'administré tende à modifier ou abroger un acte, d'ailleurs souvent la modification est demandée à défaut d'abrogation.

L'autorité administrative peut donc être tenue soit de retirer un acte administratif unilatéral soit de l'abroger ou de le modifier.
La fin de l'acte est alors une obligation justifiée par des exigences de légalité et d'adaptation aux circonstances. L'autorité réglementaire encadre le pouvoir reconnu à l'administration pour que soient respectées ces exigences.

**2°/ Les textes concernant la caducité.**

Aucun texte législatif ou réglementaire n'impose, d'une manière générale, à l'autorité compétente d'agir pour constater l'état caduc d'un acte. En revanche, certains décrets ou lois posent une telle obligation, de manière ponctuelle. Lorsque l'obligation de constater la caducité n'est pas prévue par un texte, le pouvoir de

[183] Conseil d'Etat, Sect., 29 déc. 1997, *Société mutualiste du personnel de la police nationale*, n° 183539 ; Conseil d'Etat, Sect., 26 mars 1997, *Association française des banques*, Leb. p. 110 ; Conseil d'Etat, 24 avril 1968, *Association des anciens élèves de l'Ecole supérieure du bois*, non publié. Ces arrêts sont choisis arbitrairement parmi de nombreux exemples.

l'autorité administrative peut être qualifié de discrétionnaire et celui du juge administratif de pouvoir d'indépendance[184].

S'il existe des textes qui posent une obligation de constatation de caducité, ils sont toujours isolés, bien que de plus en plus nombreux. Le décret du 20 décembre 1979 relatif aux autorisations de mise en exploitation de carrière dispose par exemple : « lorsque l'autorisation est périmée (...) le préfet la constate par arrêté ».
La loi hospitalière du 31 juillet 1991 a prévu la caducité, hypothèse codifiée à l'article L. 712 du Code de la santé publique, si l'opération autorisée n'a pas fait l'objet d'un commencement d'exécution dans le délai de trois ans. Cette loi succède à celle du 31 décembre 1970 portant réforme hospitalière dont l'article 47 traitait pour la première fois de la caducité des décisions en la matière[185].
La constatation de caducité est également obligatoire dans des domaines tels que le droit fiscal ou le droit de la fonction publique. Ainsi le décret du 2 août 1995 relatif aux nominations dans la fonction publique dispose : « La nomination est caduque lorsque l'intéressé ne s'est pas installé à la date fixée dans les conditions prévues aux deux premiers alinéas de l'article 32 ci-dessous. La caducité est constatée dans la forme de l'acte de nomination ».
La multiplication des textes prévoyant une telle obligation a pour conséquence directe que les constatations de caducité sont de plus en plus fréquentes. La contrepartie se traduit par la perte de souplesse de cette modalité. Mais si l'on veut améliorer la garantie les droits des administrés, il faut admettre que l'automaticité apparaît comme un obstacle. Cette dernière a en effet des conséquences qu'il apparaît nécessaire d'atténuer, bien qu'elle ne suppose pas nécessairement l'imprévisibilité. En effet, la caducité planifiée n'est pas imprévisible, même si elle est automatique ; elle a cependant d'autres inconvénients liés à sa spontanéité. Un règlement peut ainsi prévoir par avance qu'une décision cessera d'être applicable à une date déterminée. De même, un permis de construire est caduc si aucune construction n'a été entreprise dans les deux ans[186].
Si l'automaticité ôte à l'autorité administrative un certain pouvoir de décision, elle ne lui ôte pas pour autant tout pouvoir. Car un acte administratif ne peut pas sortir de l'ordonnancement juridique tant qu'une décision en ce sens n'est pas intervenue. L'acte devenu caduc ne disparaît donc pas de l'ordonnancement juridique, il cesse seulement de produire tout effet. Ce n'est que lorsque soit l'autorité administrative,

---

[184] Voir *supra.*, §1.

[185] Loi n° 70-1318 du 31 déc. 1970 portant réforme hospitalière, art. 47 : « Tout refus d'autorisation (...) est réputé caduc si ledit programme n'a pas fait l'objet d'un commencement d'exécution dans un délai de six ans s'il s'agit d'un établissement public, deux ans s'il s'agit d'un établissement privé ».
Loi n° 91-748 du 31 juill. 1991.

[186] Article R. 421-32 du Code de l'urbanisme résultant de l'article 3 du décret du 12 août 1981.

soit le juge administratif a constaté cette caducité, que l'acte caduc pourra sortir de vigueur. La constatation de l'état caduc de l'acte lui permet donc de sortir de l'ordonnancement juridique. Elle évite ainsi le maintien de règles inapplicables et inappliquées dans l'ordonnancement juridique.
Le second intérêt de la constatation de caducité de l'acte est de permettre à l'administré d'agir en justice contre la caducité. Car son caractère automatique empêche toute action en l'absence de constatation, puisque l'administré ne peut satisfaire à l'exigence de la décision préalable[187].

Ces deux raisons expliquent la tendance actuelle qui va dans le sens d'une sensible généralisation de l'obligation de constatation de caducité.
Pourtant aucun texte législatif ou réglementaire ne prévoit une telle obligation de manière générale. Or la sécurité juridique des administrés, la protection des titulaires de droits serait mieux garantie si cette obligation existait réellement. L'autorité compétente serait tenue de constater l'état caduc d'un acte.
La théorie du changement de circonstances, telle qu'elle justifie l'obligation d'abrogation ou de modification, pourrait alors s'appliquer à la caducité. Ainsi, en cas de changement de circonstances, et lorsqu'un administré en fait la demande, l'autorité administrative ne pourrait pas refuser de constater la caducité d'un acte administratif[188]. Mais cela n'est qu'hypothèse : la théorie du changement de circonstances n'a jamais été appliquée à la constatation de caducité.

**B/ La compétence liée par le juge administratif.**

Dès le début du siècle, le Conseil d'Etat admet que l'administration peut être obligée de retirer un acte[189]. La Haute Assemblée s'est attachée à préciser les conditions du retrait des actes administratifs unilatéraux, notamment quand ils sont créateurs de droits acquis, dans la jurisprudence *Dame Cachet* de 1922[190]. Ces conditions ont été largement remaniées par l'arrêt *Ternon* en 2001, sans que les principes qui sous-tendent la théorie ne soient abandonnés[191]. La jurisprudence administrative a eu le souci de concilier les principes de légalité et de sécurité juridique. Si cette conciliation a tantôt favorisé le principe de légalité, tantôt celui de sécurité des administrés, aujourd'hui la sécurité juridique détient la faveur du juge administratif français.

---

[187] Conseil d'Etat, Sect., 16 févr. 2001, *Fédération nationale du personnel d'encadrement des industries chimiques, parachimiques et connexes*, précité. Sur cette question, voir *infra.*, chapitre 2.
[188] G. Chavrier, *op. cit.*, p. 145.
[189] Conseil d'Etat, 27 déc. 1901, *Pécard*, Leb. p. 924.
[190] Conseil d'Etat, 3 nov. 1922, *Dame Cachet*, RDP 1922, p. 552, Concl. Rivet.
[191] Conseil d'Etat, Ass., 26 oct. 2001, *Ternon*, DA 2001, n° 253.

Le juge administratif a, par ailleurs, posé les règles de l'abrogation ou de la modification des actes administratifs unilatéraux. Dès 1930 dans l'arrêt *Despujol*, il formule les premiers principes. Après une jurisprudence contradictoire, il a finalement repris la solution des auteurs du décret de 1983 dans l'arrêt *Compagnie Alitalia* de 1989[192].
Quant à la constatation de caducité, le juge administratif s'est prononcé mais sans poser de principe général. Seules des solutions ponctuelles ont été rendues[193], où la compétence de l'autorité administrative n'apparaît liée que de manière exceptionnelle. Il en est ainsi de l'arrêt *Lafon* qui, pour la première fois, prévoit un cas de compétence liée en matière de constatation de caducité. La jurisprudence n'a pas encore pallié l'absence de texte plus général réglementant ce domaine.

C'est ce qui ressort des trois jurisprudences précitées par lesquelles le juge administratif lie la compétence de l'administration en matière de fin des actes administratifs unilatéraux. Les jurisprudences *Dame Cachet* (1°), *Despujol* (2°) et *Lafon* (3°) seront donc successivement étudiées.

**1°/ La jurisprudence *Dame Cachet* sur le retrait.**

La volonté d'établir un juste équilibre entre les principes contradictoires de légalité et de stabilité des situations juridiques a conduit le commissaire du gouvernement Rivet à formuler la théorie du retrait de l'acte administratif unilatéral créateur de droits acquis[194]. Cette théorie vise à permettre à l'administration de retirer un acte administratif, mais sans que cette décision n'aille à l'encontre des droits de l'administré. Il a fallu pour cela admettre le retrait, mais uniquement dans un délai préfixé. En 1922, le délai de deux mois, correspondant à celui du recours contentieux, a semblé opportun.
L'administration doit avoir la possibilité de corriger ses erreurs, en retirant un acte illégal, mais sans que ce soit aux dépens de la sécurité de l'administré, de ses droits. La volonté de protection de l'administré explique que la compétence de l'administration est, dans certains cas, liée par le droit.

Conformément aux conclusions Rivet, le Conseil d'Etat juge que l'autorité administrative peut retirer un acte administratif créateur de droits acquis uniquement s'il est illégal et tant que le délai du recours contentieux n'est pas expiré. Si une demande lui est faite en ce sens et que ces deux conditions sont réunies, le refus d'y déférer constitue un excès de pouvoir. La compétence de l'administration est incontestablement liée, elle doit respecter les règles posées par

[192] Conseil d'Etat, Ass., 3 févr.1989, *Compagnie Alitalia*, précité.
[193] Par exemple, Conseil d'Etat, Sect., 12 oct. 1984, *Lafon*, AJDA 1985, p. 52, Concl. Genevois.
[194] Conseil d'Etat, 3 nov. 1922, *Dame Cachet*, précité.

le juge. Les deux conditions sont cumulatives : si elles ne sont pas réunies, alors l'administration n'a pas le pouvoir de retirer l'acte. Autrement dit, si l'acte est légal ou si le délai de recours contentieux est expiré, l'administration ne peut plus procéder au retrait. En présence d'une décision à la fois illégale et encore susceptible de recours, l'autorité administrative compétente (l'auteur de l'acte ainsi que son supérieur hiérarchique), saisie d'une demande de retrait, est donc tenue d'y satisfaire. Sa compétence est liée[195]. L'obligation de retrait a également été retenue malgré l'expiration du délai de recours contentieux, pour cause de fraude[196].

Cette jurisprudence de principe a été pour une part remise en cause par l'arrêt *Ternon* rendu par le Conseil d'Etat le 26 octobre 2001. Son apport principal est de porter le délai de retrait à quatre mois, et cela à compter de l'édiction de la décision. Ce nouveau délai est justifié par le souci de rétablir l'équilibre quelque peu rompu dans les années soixante entre les principes de légalité et de sécurité juridique[197].
La symétrie établie entre les délais de retrait et de recours émanant de l'arrêt *Dame Cachet* est désormais définitivement mise à mal par l'intervention de l'arrêt *Ternon*. Le principe établi demeure néanmoins : la nécessité d'encadrer, de limiter le pouvoir de retrait de l'autorité administrative afin d'assurer la protection des droits des administrés.

Lorsque l'autorité administrative est dans une situation de compétence liée, la décision de retrait qu'elle a dû prendre est insusceptible d'être contestée utilement : la décision étant susceptible de retrait, elle devait être retirée[198].

**2°/ La jurisprudence *Despujol* sur l'abrogation ou la modification.**

L'obligation d'abroger ou de modifier un règlement, dans le cas où les circonstances qui ont pu le motiver légalement ont disparu, découle directement du principe d'adaptation de l'acte réglementaire. L'action administrative doit toujours être adaptée aux évolutions de l'intérêt général.
Dans l'arrêt *Despujol*, le Conseil d'Etat admet que des circonstances nouvelles permettent de demander l'abrogation ou la modification d'un règlement à l'encontre duquel le délai de recours est expiré et, en cas de refus, d'attaquer celui-

195 Exemple d'une demande formée par recours gracieux : Conseil d'Etat, 10 févr. 1992, *Roques*, Leb. p. 55 (précité) ; quant à une demande formée par recours hiérarchique : Conseil d'Etat, Sect., 4 déc. 1959, *Geoffroy*, Leb. p. 654.
196 Cour administrative d'appel de Marseille, 1er juill. 1999, *Morisson*, AJDA 1999, p. 870.
197 Conseil d'Etat, Ass., 26 oct. 2001, *Ternon*, précité. Sur les apports de cette jurisprudence à la théorie du retrait, voir *infra.*, Chapitre 2.
198 Conseil d'Etat, 10 févr. 1992, *Roques*, précité.

ci pour excès de pouvoir[199]. Le Conseil d'Etat associe déjà les deux modalités de fin que sont abrogation et modification, sans pour autant les assimiler. L'administration voit sa compétence incontestablement liée, elle est obligée de mettre fin à l'acte administratif.

Cette solution première a évolué : l'obligation d'abrogation ou de modification a ainsi été aménagée, suscitant de nombreuses contradictions jurisprudentielles. L'unification de l'état du droit sera dans un premier temps l'œuvre des auteurs du décret du 28 novembre 1983, repris ensuite par le juge administratif dans l'arrêt de 1989, *Compagnie Alitalia*[200]. Dans cet arrêt, la Haute Assemblée affirme que « l'autorité compétente saisie d'une demande tendant à l'abrogation d'un règlement illégal, est tenue d'y déférer, soit que ce règlement ait été illégal dès la date de sa signature, soit que l'illégalité résulte de circonstances de droit ou de fait postérieures à cette date ». Le juge administratif reprend exactement la teneur de l'article 3 du décret.
La compétence de l'administration est clairement liée par les textes, qu'il s'agisse de la jurisprudence du juge administratif ou du décret de 1983. Elle a l'obligation de prendre une décision abrogeant ou modifiant un acte administratif unilatéral lorsque l'évolution des circonstances de fait ou de droit l'exige[201].

Le refus de satisfaire à une demande d'abrogation, ainsi que le fait pour l'administration de s'abstenir de prendre l'initiative d'abroger, sont de nature à engager sa responsabilité. L'administration commet en effet une faute, engageant sa responsabilité, si elle s'abstient d'agir. Les administrés auxquels le maintien du règlement est préjudiciable auront droit à réparation, même s'ils n'en ont pas demandé l'abrogation[202].

**3°/ La jurisprudence *Lafon* sur la constatation de caducité.**

Imposer à l'administration de mettre fin à un acte administratif unilatéral illégal, inadéquat, ou inapplicable, va dans le sens d'un plus grand respect du principe de sécurité juridique, bien que ce soit le principe de légalité qui guide au départ une telle action.
Le principe de légalité s'oppose au maintien de règles inappliquées dans l'ordonnancement juridique, telles les règles caduques. Pour la sécurité de

[199] Conseil d'Etat, 10 janv. 1930, *Despujol*, Leb. p. 30.
[200] Conseil d'Etat, Ass., 10 janv. 1964, *Syndicat national des cadres des bibliothèques*, Leb. p. 17 ; Conseil d'Etat, Ass., 10 janv. 1964, *Simonnet*, Leb. p. 19 ; Conseil d'Etat, 12 mai 1976, *Leboucher et Tarandon*, Leb. p. 246 ; Conseil d'Etat, Ass., 3 févr. 1989, *Cie Alitalia*, précité.
[201] Pour de plus amples développements sur cette procédure, voir *infra.*, chapitre 2.
[202] Conseil d'Etat, Sect., 5 mai 1956, *Fontanilles-Laurelli*, Leb. p. 127.

l'administré, l'ordonnancement juridique doit être lisible. Les règles qui le composent doivent, pour ces raisons, être applicables. C'est pour cela que le juge administratif a souhaité poser une telle obligation s'agissant de la caducité, mais il ne l'a fait que dans des cas isolés. Il n'y a donc pas une solution jurisprudentielle qui prévoit, d'une manière générale, l'obligation de constatation de caducité.

Si cette obligation existe, elle n'est que ponctuelle. Ainsi, concernant les établissements sanitaires, l'arrêt *Lafon* énonce pour la première fois que « le ministre de la santé avait compétence liée pour constater la caducité de l'autorisation accordée »[203]. Cet arrêt est important parce qu'il octroie à la lettre de constatation de caducité le caractère de décision faisant grief[204].
Plus récemment et dans le même sens, le juge administratif décide dans l'arrêt *Boissier* « que dans ces conditions, le président du Conseil général était tenu de constater la caducité de cette autorisation, sans que le bénéficiaire puisse utilement faire valoir que cet état de fait est imputable aux difficultés rencontrées avec les établissements bancaires ou les ennuis de santé du dirigeant de la société civile immobilière titulaire du permis de construire »[205].
L'absence de règle générale sur cette question impose au Conseil d'Etat de se prononcer au vu des particularités de chaque affaire. La compétence de l'autorité administrative n'en est pas moins liée par la règle jurisprudentielle dans tous les domaines où le juge administratif a statué en ce sens. Mais uniquement dans ces domaines.

L'absence de solution plus générale pourrait trouver une explication dans la différence de nature qui distingue la caducité du retrait ou de l'abrogation. Une différence permettant au juge administratif de procéder lui-même à la constatation de l'état caduc de l'acte, alors qu'il ne peut procéder ni à son retrait, ni à son abrogation. Dès lors, prendre une décision peut ne pas lui sembler nécessaire. Pourtant, le juge administratif a le pouvoir d'annuler un acte administratif unilatéral que l'autorité administrative n'a pas retiré. Or, ces deux opérations ont exactement le même effet. De même, il peut obliger l'administration à abroger un acte administratif unilatéral illégal. Ces considérations justifieraient la décision d'une obligation générale de constater l'état caduc d'un acte, dont le fondement serait l'adaptation de l'ordonnancement juridique. Il semble qu'une telle obligation de constater la caducité d'un acte serait bienvenue, à moins qu'une loi ou un décret ne prévoie une telle solution.

---

[203] Conseil d'Etat, Sect., 12 oct. 1984, *Lafon*, AJDA 1985, p. 52, Concl. Genevois.
[204] Voir *infra.*, chapitre 2.
[205] Cour administrative d'appel de Lyon, 14 juin 1999, *Boissier*, n° 96LY01915.

Une autre explication de cette absence de solution générale pourrait également être trouvée dans les contraintes posées par le principe de sécurité juridique. En effet, en 1998, la Cour administrative d'appel de Paris jugeait que le respect de la sécurité juridique des administrés imposait la présence d'une loi pour justifier la constatation de caducité[206]. Dans l'arrêt *Lafon*, c'est la loi du 31 décembre 1970 qui sert de fondement à l'obligation de constatation de caducité, lorsque l'opération autorisée n'a pas fait l'objet d'un commencement d'exécution dans le délai de trois ans.

Dans l'arrêt *Boissier*, il s'agit de la loi du 30 juin 1975 relative aux institutions sociales et médico-sociales[207]. Par conséquent, le juge administratif n'a pas vraiment le pouvoir d'imposer à l'autorité administrative de toujours constater la caducité d'un acte administratif unilatéral. Le législateur doit intervenir car il est seul compétent pour prévoir une obligation générale de constatation de caducité qui s'imposerait à toute autorité administrative.

[206] M. Heers, Chronique de jurisprudence des cours administratives d'appel sur Cour administrative d'appel de Paris, 15 déc. 1998, *SA Centre chirurgical Franklin*, AJDA 1999, p. 281.

[207] Loi n° 75-535 du 30 juin 1975 relative aux institutions sociales et médico-sociales.

# Chapitre 2 :

# Les modalités de fin de l'acte administratif unilatéral.

Les modalités de fin de l'acte administratif unilatéral sont les procédés utilisés par l'autorité qui anéantit l'acte. Il s'agit concrètement de la façon dont l'acte administratif unilatéral disparaît. A chacune de ces modalités correspondent un régime juridique et des effets propres qui expliquent, semble-t-il, leur pluralité. C'est donc uniquement leur finalité qui permet de les regrouper : elles entraînent la fin d'un acte administratif unilatéral. Pourtant l'effet ainsi produit semble être variable : si chaque modalité entraîne toujours la fin de tout ou partie des effets de l'acte, il apparaît clairement qu'elles ne provoquent pas nécessairement sa sortie de vigueur. De fait, l'acte peut être maintenu dans l'ordonnancement juridique.
Mais dans quelle mesure peut-on affirmer qu'un acte administratif unilatéral maintenu dans l'ordonnancement juridique a pris fin ? C'est finalement la question du champ d'application de notre recherche qui est posée. Alors que la sortie de vigueur, qui est la disparition de l'acte de l'ordonnancement juridique, est incontestablement une première forme de fin, il s'agit de déterminer dans quelle mesure l'autorité compétente peut annihiler les effets d'un acte, sans pour autant affecter sa vigueur. Ce sont alors les contours de la fin qui apparaîtront ainsi que les prémisses d'une définition.

Ce chapitre aura pour objet l'étude des modalités qui composent la procédure de fin. Il s'agira également de rechercher une explication de la pluralité des modalités, l'étude démontrera en effet que la fin de l'acte administratif unilatéral se manifeste de cinq façons différentes, et cinq seulement : le retrait, l'abrogation, la modification, l'annulation et la caducité. Une classification de celles-ci pourra être élaborée dès lors que les deux formes de fin, la sortie de vigueur et la fin des effets de l'acte, seront éclaircies.
Les modalités de fin entraînant la sortie de vigueur de l'acte, c'est-à-dire sa disparition de l'ordonnancement juridique seront étudiées dans une première section (Section 1). Celles qui, au contraire, maintiennent l'acte dans l'ordonnancement juridique seront ensuite présentées (Section 2).

**Section 1 : Les modalités de fin entraînant la sortie de vigueur de l'acte.**

Trois modalités de fin de l'acte entraînent sa sortie de vigueur, ce sont le retrait, l'abrogation et l'annulation. La particularité de l'annulation est d'être toujours contentieuse : elle émane du juge administratif. Ce denier peut être saisi par tout administré d'un recours pour excès de pouvoir en vue d'annuler un acte entaché d'illégalité. L'annulation provoque la sortie de vigueur de l'acte de manière rétroactive, il est censé n'avoir jamais existé. Les règles de procédure sont celles du recours pour excès de pouvoir, des règles classiques ne justifiant pas une étude particulière dans le cadre de cette recherche.

Le retrait et l'abrogation sont, quant à elles, deux modalités de fin ayant un point commun : elles entraînent la sortie de vigueur de l'acte, c'est-à-dire que l'acte disparaît de l'ordonnancement juridique. Ce n'est pas le seul point commun puisqu'elles émanent également toutes deux d'une autorité administrative, ce sont des actes administratifs. Mais la comparaison s'arrête là. Leur étude montre que ces deux modalités se distinguent incontestablement par leur effet : alors que le retrait est rétroactif, l'abrogation ne produit effet que dans l'avenir. Cette distinction justifie incontestablement les différences qui existent entre leurs régimes juridiques respectifs, elle influence donc l'ensemble de la procédure. La rétroactivité du retrait explique la sévérité des règles qui encadrent sa procédure, règles en effet destinées à protéger la sécurité juridique des administrés. Mais cette protection va nécessairement à l'encontre de la légalité administrative. Les règles du retrait sont dès lors sous-tendues par le souci de concilier deux principes fondamentaux : le principe de sécurité juridique et celui de légalité. Le retrait de l'acte sera étudié dans un premier paragraphe (§1).

Le principe d'adaptabilité du règlement, qui justifie généralement le pouvoir d'abrogation de l'administration, lui impose également le respect de certaines règles. Parfois le pouvoir d'abrogation devient une obligation, liant ainsi la compétence de l'autorité administrative. L'abrogation de l'acte sera étudiée dans un second paragraphe (§2).

**§1 : Le retrait de l'acte administratif unilatéral.**

Le retrait est l'acte par lequel l'autorité administrative fait disparaître rétroactivement un autre acte administratif unilatéral. Le retrait provoque l'anéantissement *ab initio* de l'acte, c'est-à-dire que l'acte sort de l'ordonnancement juridique et tous les effets qu'il a produit disparaissent. L'effet produit par le retrait se rapproche dès lors indéniablement de celui produit par l'annulation, comme le précise le juge administratif : « Considérant qu'un recours pour excès de pouvoir dirigé contre un acte administratif n'a d'autre objet que d'en faire prononcer l'annulation avec effet rétroactif ; que si, avant que le juge ait statué, l'acte attaqué est rapporté par l'autorité compétente et si le retrait ainsi opéré acquiert un caractère définitif, il emporte alors disparition rétroactive de l'ordonnancement juridique de l'acte contesté, ce qui conduit à ce qu'il n'y ait lieu pour le juge de la légalité de statuer sur le mérite du pourvoi dont il était saisi »[208].

L'intérêt public, dont l'une des exigences est le respect de la légalité, commande que l'administration puisse spontanément corriger ses erreurs. Autrement dit, elle doit avoir la possibilité d'assurer le contrôle de ses propres actes. Pour cela elle doit avoir le pouvoir de les retirer sans attendre que le juge soit saisi, notamment en cas d'illégalité. Mais la disparition rétroactive d'un acte administratif unilatéral est susceptible d'avoir des conséquences plus ou moins graves sur la situation juridique des destinataires de l'acte retiré. Ces incidences justifient que, tout en reconnaissant l'importance du pouvoir de retrait de l'administration, le juge administratif se soit efforcé d'en limiter l'exercice.

Dès le début du siècle, la jurisprudence administrative révèle cette volonté de concilier les principes de légalité et de sécurité juridique. La recherche d'un équilibre entre ces deux principes est encore aujourd'hui un objectif affirmé par le juge administratif. La mise en balance des principes de légalité et de sécurité juridique fera l'objet d'un premier développement (A). Cette conciliation nécessaire gouverne l'ensemble des règles encadrant la procédure du retrait, qui sera ensuite étudiée (B).

**A/ La mise en balance des principes de légalité et de sécurité juridique.**

D'après M. Fromont, le principe de sécurité vise à assurer la stabilité des situations juridiques, c'est à dire la permanence au moins relative de celles-ci dans le temps, d'une part. Il exige la certitude des règles et des situations juridiques, c'est-à-dire leur clarté et une qualité de formulation, d'autre part[209].
L'exercice de la fonction administrative est également dominé par le principe fondamental de légalité[210]. La légalité est faite d'un ensemble hiérarchisé et

---

[208] Conseil d'Etat, Sect., 7 juill. 2000, *Fédération nationale des associations tutélaires et autres,* n° 197661, n° 197691, n° 197712.

[209] M. Fromont, « Le principe de sécurité juridique », AJDA 1996, n° spécial, p. 178. Voir également D. Labetoulle, « Principe de légalité et principe de sécurité », *Mélanges Braibant,* 1996, p. 403 ; B. Pacteau, « La sécurité juridique, un principe qui nous manque ? », AJDA 1995, n° spécial, p. 151.

[210] Voir Ch. Eisenmann, « Le droit administratif et le principe de légalité », EDCE 1957, p. 25 ; J. Rivero, « Le juge administratif : gardien de la légalité administrative ou gardien administratif de la légalité », *Mélanges Waline*, LGDJ, 1974, p. 701 ; H-M. Crucis, *Les combinaisons de normes dans la jurisprudence administrative française,* Thèse, LGDJ 1991.

complexe de normes constitutionnelles, législatives, jurisprudentielles, réglementaires auxquelles s'ajoutent diverses normes procédant de conventions internationales. C'est à celles de ces normes qui leur sont supérieures que les décisions administratives doivent être conformes et c'est à elles que le juge administratif devra les confronter quand il aura à en apprécier la légalité.
L'autorité administrative est tenue, lorsqu'elle met fin à un acte administratif unilatéral, et notamment quand elle le retire, de se conformer à cet ensemble de règles. Ce sont notamment le décret du 28 novembre 1983 et la loi du 12 avril 2000 qui s'imposent à l'autorité administrative lorsqu'elle veut retirer un acte administratif unilatéral. Ces deux textes encadrent le pouvoir de retrait de l'autorité administrative.

Le droit national n'a pas consacré le principe de sécurité juridique, ni le principe quelque peu différent de confiance légitime. Le Conseil d'Etat les considère comme propres au droit communautaire[211]. Malgré cela, les exigences du principe de sécurité juridique sont depuis longtemps illustrées par la jurisprudence administrative française[212], notamment celle relative à la responsabilité du fait des renseignements erronés et des promesses non tenues. La fin de l'acte administratif unilatéral, et précisément le retrait, peut être également présentée comme une illustration du principe de confiance légitime, ainsi que le montrent les conclusions du commissaire du gouvernement V. Pécresse sur l'arrêt du Conseil d'Etat de 1997, *Madame de Laubier*[213]. Plus récemment, les conclusions du commissaire du gouvernement F. Séners sur l'arrêt *Ternon*, rendu le 26 octobre 2001 par la Haute Assemblée, sont l'illustration de l'influence que les principes de sécurité juridique et de confiance légitime sont susceptibles d'exercer sur les juridictions françaises, sans pour autant qu'elles les consacrent[214]. De plus, certains principes de droit administratif découlent incontestablement de ces notions. Il en est ainsi notamment du principe de non-rétroactivité et du respect des droits acquis, que la jurisprudence administrative s'efforce de renforcer[215].

Si le principe de sécurité juridique vise à garantir le respect des droits acquis ainsi que la non-rétroactivité des actes administratifs, il s'oppose en tout point au retrait. Car le retrait est par définition rétroactif, et la rétroactivité peut constituer une

[211] Voir Conseil d'Etat, 30 déc. 1998, *Entreprise Chagnaud*, AJDA 1999, p. 96 : « que la société requérante ne saurait (...) se prévaloir utilement d'un moyen tiré de la méconnaissance des principes de confiance légitime et de sécurité juridique dès lors que l'arrêté attaqué n'est pas au nombre des actes pris par le gouvernement français pour la mise en œuvre du droit communautaire ».
[212] La doctrine également, le doyen Hauriou évoquait ainsi la « sûreté des relations sociales », M. Hauriou, note sous Conseil d'Etat, 3 nov. 1922, *Dame Cachet*, Sirey 1925, III, p. 9.
[213] V. Pécresse, Concl. sur Conseil d'Etat, Ass., 24 oct. 1997, *Mme de Laubier*, RFDA 1998, p. 527.
[214] F. Séners, Concl. sur Conseil d'Etat, Ass., 26 oct. 2001, *Ternon*, RFDA 2002, p. 77.
[215] Conseil d'Etat, Sect., 10 oct. 1997, *Lugan*, Leb. p. 346.

atteinte aux droits acquis. Il faut véritablement un principe d'égale importance pour que le retrait d'un acte administratif soit admis.

C'est la légalité administrative qui justifie qu'un tel pouvoir soit reconnu à l'administration, la légalité doit dès lors être conciliée avec la sécurité juridique. La portée du principe de sécurité juridique est nécessairement relative, elle est fonction non seulement de la situation individuelle des intéressés mais aussi de la régularité de l'acte ou de la situation en cause.
L'ensemble de la théorie du retrait des actes administratifs unilatéraux créateurs de droits illustre cette conciliation parfois difficile. Comme le souligne F. Séners dans ses conclusions sur l'arrêt *Ternon,* « la dialectique de la légalité des actes administratifs et de la stabilité des situations juridiques est l'une des plus délicates que le juge administratif ait à manier »[216]. Le Conseil d'Etat, par l'arrêt *Dame Cachet* de 1922, permettant le retrait à la double condition que l'acte soit illégal et non définitif, paraissait avoir formulé un juste équilibre entre la légalité, qui justifiait l'atteinte à une situation acquise, et la sécurité juridique, puisque l'achèvement du délai de deux mois rendait l'acte définitif[217]. C'était véritablement l'objectif recherché en 1922 : trouver un équilibre entre le principe de légalité, qui justifiait la nécessité du retrait, et celui de sécurité juridique, qui imposait de l'encadrer. Il fallait dès lors déterminer un délai qui limite le pouvoir de retrait, celui de recours contentieux a semblé, à ce moment là, opportun. Cet équilibre a été difficile à maintenir et les jurisprudences ultérieures favoriseront tantôt le principe de légalité et tantôt celui de sécurité juridique, le rompant aussi parfois.

La tendance actuelle, influencée par les jurisprudences européennes et communautaires, va dans le sens d'un plus grand respect de la sécurité juridique. Les conclusions du commissaire du gouvernement V. Pécresse sur l'arrêt *Madame de Laubier,* en 1997, illustrent parfaitement cette tendance[218]. Elle conclut notamment qu'en se conformant à son raisonnement le Conseil d'Etat tirera « ainsi toutes les conséquences, sur les possibilités de retrait des décisions individuelles, de l'intervention du décret du 28 novembre 1983, qui aura ainsi modifié l'équilibre existant entre principe de légalité et principe de sécurité juridique, au profit des bénéficiaires de décisions créatrices de droits »[219]. Ces considérations seront

[216] F. Séners, *op. cit.*, p. 77.
[217] Conseil d'Etat, 3 nov. 1922, *Dame Cachet*, RDP 1922, p. 552, Concl. Rivet : « Les difficultés de la question viennent de la nécessité de concilier deux principes, également considérés comme fondamentaux dans notre droit public : possibilité d'une part pour les autorités administratives d'assurer, par un pouvoir de retrait ou d'annulation, le contrôle de leurs propres actes ou des actes de leurs subordonnés, garantie, d'autre part, donnée aux particuliers du caractère irrévocable des droits nés des décisions des autorités compétentes ».
[218] Conseil d'Etat, Ass., 24 oct. 1997, *Mme de Laubier*, précité.
[219] *Ibid.*, p. 532.

rappelées par F. Séners lorsqu'il conclura sur l'arrêt *Ternon* en 2001, confirmant ainsi l'orientation jurisprudentielle du Conseil d'Etat.

L'autorité réglementaire par le décret de 1983, ainsi que la jurisprudence administrative, cherchent donc à améliorer la protection des administrés. Le rapport public du Conseil d'Etat pour l'année 1991 dénonce en effet « le sentiment d'insécurité que peut éprouver le citoyen » face à la versatilité de l'administration et à la fréquence des changements de la règle de droit[220]. La sécurité juridique est également une priorité pour la Cour de justice des Communautés européennes dont les décisions témoignent d'une évolution similaire, vers une protection plus étendue de la stabilité des situations juridiques des administrés[221]. Enfin le législateur français est lui-même intervenu avec la loi du 12 avril 2000, dite loi DCRA[222]. Par ce texte il modifie notamment les conditions du retrait des décisions implicites posées par le juge administratif afin de renforcer la sécurité juridique des administrés, sans que le principe de légalité ne soit perdu de vue.

### B/ La procédure du retrait.

« La théorie du retrait fournit un curieux exemple de construction juridique purement jurisprudentielle. C'est la jurisprudence qui a posé la règle de la non-rétroactivité des actes administratifs. C'est la jurisprudence qui a apporté une exception à cette règle, en admettant que l'administration peut parfois prendre un acte dont l'objet est de faire rétroactivement disparaître une décision antérieure ; c'est la jurisprudence qui a enserré cette exception dans des conditions très strictes »[223].

---

[220] Rapport public pour l'année 1991, EDCE 1991, p. 23.

[221] Par exemple, Cour de justice des Communautés européennes, 12 juill. 1957, *Dineke Algera*, Rec. p. 81 ; 3 mars 1982, *Alpha Steel c/ Commission*, Rec. p. 749.

[222] Loi relative aux droits des citoyens dans leurs relations avec les administrations du 12 avril 2000, *J.O.* n° 88 du 13 avril 2000, p.5646. Pour de plus amples développements, voir *infra.*, §1, B.
Sur ce texte, voir les commentaires de J. Arrighi de Casanova et S. Formery, « Une nouvelle étape de l'amélioration des relations entre l'Administration et les citoyens : la loi DCRA du 12 avril 2000 », RFDA 2000, p. 725 ; J. Chevallier, « La transformation de la relation administrative : mythe ou réalité ? », Dalloz 2000, p. 575 ; P. Combeau, « Un oubli dans la réforme : l'invocabilité des circulaires et instructions administratives », AJDA 2000, p. 495 ; P. Ferrari, « Les droits des citoyens dans leurs relations avec les administrations », AJDA 2000, p. 471 ; Y. Gounin et L. Laluque, « La réforme du droit d'accès aux documents administratifs », AJDA 2000, p. 486 ; S. Traore, « L'extension du champ de la décision implicite », JCA 2000, p. 8 ; A. Treppoz, « La loi du 12 avril 2000 sur les relations entre les citoyens et les administrations », DA 2000, p. 4 ; B. Delaunay, « La loi du 12 avril 2000 relative aux droits des citoyens dans leurs relations avec les administrations », RDP 2000, n° 4, p. 1191.

[223] O. Dupeyroux, *La règle de la non-rétroactivité des actes administratifs*, Thèse, LGDJ, 1953, p. 252.

Les conditions du retrait des actes administratifs unilatéraux dépendent de la nature de l'acte retiré[224]. L'acte individuel peut être retiré à toute époque et sans condition s'il ne crée pas de droit acquis. Quand, en revanche, l'acte individuel est créateur de droits acquis, le Conseil d'Etat a ouvert en 1912 la possibilité de leur retrait[225], dont les modalités ont été précisées peu de temps après par l'arrêt *Dame Cachet*[226]. L'évolution jurisprudentielle a cependant mis en évidence les inconvénients et les lacunes de cette jurisprudence, largement remaniée par l'arrêt *Ternon* du 26 octobre 2001 qui met en place une solution apparemment satisfaisante. Cette évolution fera l'objet des développements suivants. Nous en dégagerons quatre étapes : l'arrêt *Dame Cachet* qui instaure un équilibre précaire entre les principes de légalité et de sécurité juridique (1°), la rupture de l'équilibre dans les années 1960 (2°), la conciliation nouvelle intervenue avec l'arrêt *Ternon* (3°). Nous analyserons ensuite le cas particulier des décisions implicites (4°).

### 1°/ L'arrêt *Dame Cachet* ou l'équilibre précaire entre les principes de légalité et de sécurité juridique.

L'arrêt *Dame Cachet* rendu par le Conseil d'Etat en 1922 pose pour la première fois les conditions du retrait de l'acte administratif créateur de droits acquis. Désormais le retrait est admis, mais encadré par le droit. L'acte individuel créateur de droits acquis ne peut faire l'objet d'un retrait que s'il est illégal, une décision légale et créatrice de droits acquis ne peut en effet jamais être retirée. Pour être retiré, l'acte doit être véritablement illégal et pas seulement inopportun. Cette première condition au retrait illustre la volonté de limiter ce pouvoir reconnu à l'administration, un pouvoir reconnu du fait des nécessités administratives et surtout du respect du principe de légalité. Seule la légalité administrative justifie le retrait, il faut donc que l'acte retiré soit illégal.

A cette condition d'illégalité, le juge administratif a associé une condition de délai : le retrait ne peut intervenir que tant que l'acte n'est pas définitif. Rendue conformément aux conclusions du commissaire du gouvernement Rivet[227], la décision *Dame Cachet* tente de concilier légalité et sécurité juridique en permettant le retrait d'une décision illégale pendant un délai de deux mois à compter de

[224] Un règlement ne peut être retiré que s'il est illégal et tant qu'il n'est pas devenu définitif (car le délai du recours juridictionnel ouvert contre lui n'est pas encore arrivé à son terme). Le principe de la non-rétroactivité prohibe tout retrait d'un acte réglementaire légal. A l'expiration du délai, le règlement, même s'il est illégal, pourra seulement être abrogé (Conseil d'Etat, Sect., 14 nov. 1958, *Ponard*, Leb. p. 554). Ses effets passés ne pourront dès lors plus être remis en cause.

[225] Conseil d'Etat, 16 févr. 1912, *Blanc*, Leb. p. 224.

[226] Conseil d'Etat, 3 nov. 1922, *Dame Cachet*, précité.

[227] Rivet, Concl. Sur Conseil d'Etat, 3 nov. 1922, *Dame Cachet*, RDP 1922, p. 552.

l'entrée en vigueur de la décision. Le délai de retrait de l'administration est alors calqué sur celui qui permet au juge de l'excès de pouvoir de prononcer l'annulation de l'acte. Dans ses conclusions, le commissaire du gouvernement Rivet a salué la logique de ce lien entre la période où l'administration pouvait remettre en cause ses décisions, et la période où, du fait du droit de recours, l'acte était susceptible d'annulation par le juge. L'objet de cette décision était de déterminer une limite stricte à la période au cours de laquelle l'administration pouvait retirer un acte administratif unilatéral. Le délai de recours pour excès de pouvoir est alors apparu aux juges de l'époque comme raisonnable, répondant aux exigences à la fois de légalité et de stabilité juridique. Mais ce couplage montrera rapidement ses limites.

**2°/ La rupture de l'équilibre établi entre les principes de stabilité et de sécurité juridique.**

L'arrêt *Dame Cachet* pose deux conditions au retrait d'un acte administratif créateur de droits acquis. Si la condition d'illégalité est immédiatement apparue comme relativement facile d'application, il en va différemment de la condition de délai. L'acte créateur de droits ne pouvait être retiré par l'autorité administrative que dans un délai de deux mois, correspondant au délai du recours contentieux. Le point de départ du délai étant la date de son entrée en vigueur, c'est-à-dire celle de sa publicité qui s'exprime le plus souvent par la publication de l'acte réglementaire et la notification de l'acte individuel. Le commencement du délai de retrait, comme celui d'annulation, est donc subordonné à la publicité faite à l'acte.

Cette construction juridique rencontre des limites lorsque les conditions de l'entrée en vigueur de l'acte administratif unilatéral sont incorrectement satisfaites ou ne sont pas satisfaites. En effet, il peut arriver que le délai ne coure pas, notamment lorsque les mesures de publicité n'ont pas été accomplies ou ont été imparfaitement accomplies. L'administration peut alors retirer l'acte indéfiniment. En effet, la limite supposée de deux mois ne peut pas être mise en œuvre dans l'hypothèse où le délai ne commence pas à courir. Le principe de sécurité juridique s'en trouve dès lors affecté, aucun délai ne protégeant l'administré. La décision est susceptible d'être retirée à tout moment, le délai ne commence pas à courir et par conséquent il n'expire pas.

L'arrêt *Ville de Bagneux* de 1966 illustre parfaitement les limites de cette construction juridique créant une symétrie entre les délais de retrait et d'annulation. Dans cet arrêt, le Conseil d'Etat précise en effet que, lorsqu'une décision a été notifiée à l'intéressé mais n'a fait l'objet d'aucune mesure de publicité, de sorte que les tiers n'en ont pas eu connaissance, le délai ne court ni à l'égard des tiers, ni à l'égard de l'administration. L'administration, qui est considérée comme un tiers,

peut donc retirer un tel acte sans condition de délai, puisque celui-ci n'a pas commencé à courir à son égard. La logique de cette solution apparaît dans le jumelage des deux délais, de retrait et d'annulation, mais au détriment de l'équité et donc de l'équilibre recherché puisque le principe de légalité prévaut largement sur celui de sécurité juridique.
Pour le commissaire du gouvernement Braibant, qui n'avait probablement pas mesuré les conséquences de cette décision, « un retrait administratif rapide vaut mieux qu'une annulation contentieuse tardive »[228]. Selon lui, la confusion des deux délais était susceptible de présenter des inconvénients, mais ceux-ci seraient restreints. Il s'est avéré, avec le recul, que bien que restreint, ce type d'inconvénient existe réellement, comme le montrera notamment l'arrêt *Ternon*[229]. La solution de 1966 a d'ailleurs suscité de très nombreuses et vives critiques dues au fait que l'administration jouit dans ces cas d'une faculté de retrait illimitée. Elle reste maîtresse du délai de retrait en s'abstenant de donner à l'acte en cause toute publicité à l'égard des tiers. Les conséquences du régime juridique en affirment la perversité : l'administration trouve un intérêt en n'informant pas les tiers des décisions créatrices de droits acquis. Le principe de légalité est appliqué au détriment de la sécurité juridique de l'administré. A son égard, la décision administrative n'est jamais définitive.

Le juge administratif tend actuellement à revenir sur cette décision si controversée, il tente de rétablir l'équilibre entre les deux principes juridiques. Dans la décision *Ternon* du 26 octobre 2001, il paraît avoir atteint son objectif retrouvant le juste équilibre permis par l'arrêt initial, *Dame Cachet*. La décision *Ternon* a néanmoins été précédée d'autres décisions dont les solutions tendaient à améliorer la protection des administrés, sans pour autant trouver une solution idéale, susceptible de généralisation. Autrement dit, d'autres jurisprudences ont montré la nécessité d'améliorer l'état du droit quant à cette question du retrait de décisions n'ayant pas reçu de publicité ou ayant reçu une publicité incomplète. Deux arrêts illustrent et concrétisent cette lente, mais efficace, évolution jurisprudentielle : les arrêts *Madame de Laubier* et *Centre sanitaire et scolaire de Saint-Clar*.
Dans l'arrêt *Madame de Laubier* du 24 octobre 1997, le Conseil d'Etat dissocie clairement le délai de retrait et le délai de recours contentieux en jugeant que, lorsque l'absence d'indication des voies et délais de recours a empêché les délais de courir, l'auteur de l'acte « ne saurait invoquer le bénéfice de ces dispositions pour retirer, de sa propre initiative, une décision individuelle créatrice de droits au-delà d'un délai de deux mois après sa notification, alors même que cette décision

[228] G. Braibant. Concl. sur Conseil d'Etat, 6 mai 1966, *Ville de Bagneux*, RDP 1967-1, p. 350.
[229] Voir *infra*., 3°.

serait illégale »[230]. La distinction des deux délais est une innovation pour le droit administratif (bien qu'elle ait été une fois admise auparavant à propos d'une décision implicite), qui illustre la volonté de changement du Conseil d'Etat.

Pour n'avoir pas à appliquer la solution de la jurisprudence *Ville de Bagneux*, le juge administratif a dû admettre la possibilité de dissocier le droit du recours contentieux du destinataire de l'acte, qui reste ouvert sans limite, et le droit de retrait de l'administration, qui s'éteint avec le délai de deux mois qui suit la notification. L'administration n'est dès lors plus assimilée aux tiers et son pouvoir de retrait est limité dans le temps. Comme le propose V. Pécresse dans ses conclusions, « le caractère définitif d'un acte doit désormais s'apprécier de façon dissymétrique pour l'auteur de cet acte et pour son bénéficiaire »[231].
Cette décision souligne la logique d'une distinction temporelle entre le délai de retrait et le délai d'annulation. Elle montre également que la rupture du parallèle entre ces deux délais n'a pas pour conséquence de rompre l'équilibre entre les principes de légalité et de sécurité juridique. Au contraire, l'équilibre rompu par la jurisprudence *Ville de Bagneux* semble rétabli grâce à la jurisprudence *Madame de Laubier*. La décision de 1997 ne peut cependant pas être considérée comme un revirement jurisprudentiel de la décision de 1966 car les faits sont quelque peu différents : si dans le premier cas la notification est totalement absente, dans le second elle existe bien qu'elle soit incomplète. En revanche, elle illustre la volonté de changement du juge administratif français et elle annonce une incontestable évolution jurisprudentielle.

Cette évolution jurisprudentielle s'est trouvée confirmée dans un arrêt rendu plus récemment par la Cour administrative d'appel de Bordeaux qui juge, dans la décision *Centre sanitaire et scolaire de Saint-Clar* du 8 mars 1999, qu'en l'absence de publication et de transmission au représentant de l'Etat, l'administration auteur de l'acte ne saurait invoquer le fait que le délai de recours n'a pu commencer à courir pour retirer une décision au-delà du délai de deux mois[232].
Dans cette décision, le juge affirme que l'administration ne peut se prévaloir d'une absence de publicité ou bien d'une publicité incorrecte, elle doit respecter le délai de deux mois si elle veut retirer la décision illégale. La Cour administrative d'appel de Bordeaux considère que l'administration, éditrice de la décision, en a connaissance. Par conséquent, elle dispose d'un délai de retrait de deux mois sans

230 Conseil d'Etat, Ass., 24 oct. 1997, *Madame de Laubier*, Leb. p. 371. Dans le même sens : Cour administrative d'appel de Nancy, 4 févr. 1999, *Commune de Marly*, AJDA 1999, p. 228.
231 V. Pécresse, Concl. sur Conseil d'Etat, Ass., 24 oct. 1997, *Mme de Laubier*, RFDA 1998, p. 532.
232 Cour administrative d'appel de Bordeaux, 8 mars 1999, *Centre sanitaire et scolaire de Saint-Clar*, n° 98BX00651.

que soient prises en considération les modalités de publicité. L'administration n'est alors plus du tout assimilée aux tiers, de ce point de vue cette décision confirme la jurisprudence *Madame de Laubier* car elles suivent une même logique. Cette décision, qui n'a pas été confirmée par la Haute Assemblée, semble annoncer un véritable revirement de la jurisprudence *Ville de Bagneux*[233].
La volonté de changement du Conseil d'Etat ne fait plus de doute, la protection de la sécurité juridique des administrés est un objectif clairement affiché. Ces deux arrêts montrent que la nécessité de distinguer, autrement dit de dissocier les délais de retrait et de recours contentieux, s'est imposée au Conseil d'Etat. La jurisprudence *Ternon* de 2001 confirmera cette évolution jurisprudentielle.

**3°/ La conciliation nouvelle, l'arrêt *Ternon*.**

C'est finalement l'arrêt *Ternon* rendu par le Conseil d'Etat le 26 octobre 2001 qui rétablira effectivement l'équilibre entre les principes de légalité et de sécurité juridique. Par cette nouvelle solution, le Conseil d'Etat affirme ainsi sa volonté de revenir aux idées qui ont justifié la jurisprudence *Dame Cachet* et que le doyen Hauriou qualifiait de « triomphe des droits acquis » en soulignant « l'atmosphère de stabilité » qu'il voyait « s'étendre » sur les situations administratives.
Pour atteindre cet objectif, le juge administratif n'a pas hésité à se montrer audacieux en dissociant définitivement le délai de retrait et celui du recours pour excès de pouvoir. En effet, désormais le retrait d'un acte administratif créateur de droits acquis est possible dans un délai de quatre mois commençant à courir à l'édiction de la décision (et non à compter de sa publicité). Cette solution a le mérite d'avoir innové en vue d'assurer une meilleure protection des droits des administrés, tout en préservant la légalité administrative. Elle montre l'influence de la jurisprudence européenne et de la jurisprudence communautaire sur le Conseil d'Etat français, une influence importante dont la portée doit cependant être relativisée dans la mesure où le Conseil d'Etat se refuse toujours à reconnaître un principe de sécurité juridique en droit interne.

La jurisprudence *Ternon* s'inscrit dans le prolongement des jurisprudences *Madame de Laubier* et *Centre sanitaire et scolaire de Saint-Clar*. Ainsi, en vertu du respect du principe de sécurité juridique, le juge administratif appréhende séparément le délai de retrait de l'administration et le délai de recours des tiers. Ces deux délais sont donc définitivement dissociés, autrement dit « découplés » selon l'expression de P. Delvolvé[234]. Désormais le délai de retrait sera de quatre mois, le

[233] J-B. Auby « Feu la jurisprudence *Ville de Bagneux* », DA 1999, p. 3.
[234] P. Delvolvé, note sous Conseil d'Etat, Ass., 26 oct. 2001, *Ternon*, RFDA 2002, p. 90.

délai de recours contentieux demeurant quant à lui évidemment inchangé, soit deux mois ; c'est une innovation jurisprudentielle incontestable. En effet, le délai de deux mois reste le plus fréquent, récemment la loi relative aux droits des citoyens dans leurs relations avec les administrations, dite DCRA, du 12 avril 2000 a admis que le silence d'une autorité administrative vaut décision d'acceptation au bout de deux mois (alors que ce délai était jusqu'alors de quatre mois)[235].
Si les avantages d'une telle solution méritent d'être soulignés, ce changement quant au délai pourrait également être à l'origine de critiques qui exprimeraient la complexité de l'état du droit. Le délai passe en effet de deux à quatre mois pour les décisions expresses, alors qu'il passe de quatre à deux mois pour les décisions implicites.

Le Conseil d'Etat ne s'est pas arrêté là. Conformément aux souhaits de F. Séners dans ses conclusions, il décide non seulement de faire passer le délai de deux à quatre mois mais aussi de prévoir, comme point de départ du délai, la date d'édiction de l'acte.
F. Séners remarque à juste titre que « dès lors que le délai de retrait ne présente plus de liens juridiques ou logiques avec celui du recours contentieux, rien n'impose de le fixer à deux mois »[236]. C'est un réel changement car le droit administratif a fait l'usage d'un délai de deux mois depuis l'arrêt *Dame Cachet* en 1922 jusqu'à la loi du 12 avril 2000.
D'où l'audace de prévoir une telle rupture, une audace à laquelle le commissaire du gouvernement ne croyait pas puisque après avoir évoqué l'idée d'un délai « de trois ou quatre mois », il conclut finalement à un délai de deux mois. Le Conseil d'Etat lui-même reprendra sa première suggestion permettant le retrait par l'administration dans un délai de quatre mois à compter de l'édiction de la décision.
Le point de départ du délai de retrait est donc la deuxième révolution de cet arrêt : il commence à courir à compter de l'édiction de la décision. F. Séners justifie cette nouveauté par deux arguments : d'une part, elle permet d'éviter les inconvénients nés de l'absence de publicité lorsque celle-ci est le point de départ du délai. D'autre part, elle est également la date à partir de laquelle le Conseil d'Etat considère qu'une décision crée des droits acquis[237]. La prise en considération de la date d'édiction d'un acte administratif tend à être généralisée, ses avantages étant indéniables, notamment lorsqu'une décision administrative n'a pas reçu les mesures de publicité qu'elle aurait dû recevoir. Cette date a, en effet, également été prise en compte dans la loi du 12 avril 2000 concernant les décisions implicites

---

[235] Article 22 de la loi du 12 avril 2000.
[236] F. Séners, Concl. sur Conseil d'Etat, Ass., 26 oct. 2001, *Ternon*, RFDA 2002, p. 83.
[237] Conseil d'Etat, Sect., 19 déc. 1952, *Delle Mattéi*, Leb. p. 594.

n'ayant reçu aucune mesure de publicité à l'égard des tiers[238]. Les controverses qui ont animé la doctrine administrative française et qui opposent les tenants de la théorie de la signature à ceux qui soutiennent la thèse de la publication trouvent peut-être une issue dans cette jurisprudence[239].

Cette solution est satisfaisante à de nombreux égards : l'administration a le pouvoir de retirer ses décisions dans un délai suffisamment long pour se rétracter, et ce délai est suffisamment court pour que l'administré soit protégé. Comme le souligne P. Delvolvé, le Conseil d'Etat a cherché non pas seulement un délai raisonnable qui laisse place à trop d'approximation, « mais un délai fixe, adopté selon une solution raisonnable »[240]. Le caractère raisonnable du délai ne peut qu'illustrer les influences de la jurisprudence communautaire et européenne sur le Conseil d'Etat.
L'arrêt *Ternon* réalise donc un nouvel équilibre entre sécurité juridique et légalité, les droits acquis ne sont plus menacés par les insuffisances de la publicité. A l'expiration du délai de quatre mois, les bénéficiaires de la décision sont à l'abri d'un retrait. Mais la légalité est également prise en considération, soit pendant un délai de quatre mois par un retrait de l'administration, soit à l'expiration du délai en cas de recours du bénéficiaire ou des tiers. Dans tous les cas, la condition *sine qua non* qui était déjà présente dans l'arrêt *Dame Cachet* est l'illégalité de l'acte : c'est une constante dans la jurisprudence du retrait de l'acte administratif créateur de droits acquis.
Cette jurisprudence présente aussi un réel intérêt du fait de l'audace qu'elle exprime et des innovations qu'elle apporte au droit administratif. Elle illustre parfaitement le pouvoir créateur du juge administratif, ce que soulignait déjà M. Hauriou à propos de l'arrêt *Dame Cachet* qu'il considérait comme « un des exemples les plus nets du pouvoir créateur du Conseil d'Etat »[241].
Pourtant elle laisse une impression de regret car le Conseil d'Etat n'affirme pas l'existence d'un principe de sécurité juridique alors que sa solution en dépend largement. Les conditions étaient pourtant réunies pour que le juge administratif franchisse le pas en acceptant de faire application expresse du principe de sécurité juridique. C'est en effet ce principe qui guide la solution originale de l'arrêt *Ternon*.
F. Chaltiel précise : « Le juge a dès lors aujourd'hui l'occasion de poursuivre à la fois son œuvre respectueuse de droit communautaire et sa démarche protectrice des

238 Quant aux conditions du retrait des décisions implicites, voir *infra.*, 4°.
239 Sur cette question, voir *infra.*
240 P. Delvolvé, note sous Conseil d'Etat, Ass., 26 oct. 2001, *Ternon*, RFDA 2002, p. 90.
241 M. Hauriou, note sous Conseil d'Etat, 3 nov. 1922, *Dame Cachet*, Sirey 1925, 3, p. 9.

droits de l'individu »[242]. Il lui reste pour cela à consacrer le principe de sécurité juridique de manière jurisprudentielle.

Il résulte de ces considérations que malgré quelques regrets et inconvénients, la jurisprudence *Ternon* présente de nombreuses satisfactions. Cela explique que la quasi-unanimité des commentateurs n'a pas hésité à souligner l'apport substantiel de l'arrêt *Ternon* à la théorie du retrait. Néanmoins, elle a fait l'objet de critiques, relativement rares, dont celle d'Y. Gaudemet qui avoue ainsi son « goût du contre-pied »[243]. Selon l'auteur, l'arrêt *Ternon* vient passablement compliquer l'état du droit, supposant ainsi l'intervention renouvelée du législateur afin de rétablir une certaine cohérence[244]. C'est d'ailleurs l'irruption du Conseil d'Etat dans une matière dont le législateur venait de se saisir qui suscite la première critique d'Y. Gaudemet. Selon lui, son rôle dans ce contexte n'était pas d'intervenir mais seulement de provoquer une nouvelle intervention du législateur. Cette interaction entre le juge et le législateur reste néanmoins limitée dans la mesure où la loi du 12 avril 2000 ne vise précisément que les décisions implicites. De plus, des arrêts précédents l'arrêt *Ternon* et la loi du 12 avril 2000 recherchaient déjà une telle solution équitable. Il était, nous l'avons dit, annoncé.
Par ailleurs, Y. Gaudemet souligne que l'arrêt *Ternon* met en place « un état du droit d'une rare complexité »[245]. Il faut reconnaître, en effet, qu'il ne concerne que les décisions individuelles expresses créatrices de droits acquis, lorsqu'elles ne sont pas obtenues sur demande. Cette dernière condition réserve la solution au cas où le bénéficiaire de l'acte en demande le retrait. L'administration peut alors y procéder au-delà du délai de quatre mois. Cette hypothèse semble cependant extrêmement rare : on voit mal dans « quel intérêt un administré bénéficiant d'une mesure peut avoir à en demander le retrait »[246]. Ce serait alors le cas dans lequel il souhaite une mesure plus avantageuse que celle qu'il a obtenue, précisément celui de M. Ternon. Cette hypothèse reste néanmoins exceptionnelle et, dès lors, l'état du droit n'en sera, *a priori*, que peu compliqué.
De plus, l'auteur remarque que l'arrêt *Ternon* ne permet pas toujours de limiter le pouvoir de retrait de l'administration, notamment pour les décisions prises en application du Code de l'urbanisme.

---

[242] F. Chaltiel, « Une nouvelle étape dans le régime du retrait de l'acte administratif unilatéral créateu de droits (à propos de l'arrêt Ternon du Conseil d'Etat du 26 oct. 2001) », LPA 12 févr. 2002, n° 31 p. 10.
[243] Y. Gaudemet, « Faut-il retirer l'arrêt *Ternon* ? », AJDA 16 sept. 2002, p. 738.
[244] Celui-ci est déjà intervenu par la loi du 12 avril 2000 afin de régir le retrait des décisions implicites d'acceptation.
[245] *Ibid.*, p. 739.
[246] P. Delvolvé, *op. cit.*, p. 93.

Finalement, Y. Gaudemet conclut qu'il serait opportun que le législateur intervienne pour « achever, dans la cohérence, sa réforme du droit du retrait des actes administratifs »[247].
En attendant celle-ci, la solution ainsi adoptée ne nous semble pas tellement problématique, au contraire elle permet un certain nombre d'avancées significatives et plutôt intéressantes. Elle traduit correctement la volonté du juge administratif de protéger la situation juridique des administrés tout en préservant la légalité administrative.
Rappelons-nous cependant qu'en 1966, dans ses conclusions sur l'arrêt *Ville de Bagneux*, le commissaire du gouvernement Braibant reconnaissait que la solution adoptée pouvait avoir quelques inconvénients mais que ceux-ci semblaient restreints. Avec le recul, ces inconvénients se sont révélés nombreux et importants. Les avantages et les inconvénients de la jurisprudence *Ternon* apparaîtront également avec le temps.

**4°/ La particularité du retrait des décisions implicites.**

Une solution spécifique s'impose pour les décisions implicites du fait de leurs particularités : elles sont des décisions par défaut, elles interviennent lorsque l'administration n'a pas été en mesure de se déterminer dans le délai qui lui était imparti. Elles naissent du silence gardé par l'administration pendant deux mois, elles sont en principe des décisions implicites de rejet[248]. Pourtant des exceptions à cette règle existent, la décision implicite étant alors une décision d'acceptation. Il en est ainsi notamment en droit de l'urbanisme, plus généralement en ce qui concerne l'aménagement et l'utilisation des sols (permis tacites de construire ou de démolir, autorisations tacites de cumul d'exploitations agricoles, d'exploitation de mines et de carrières). C'est le cas également en matière de droit du contrôle de l'emploi (autorisations tacites de licenciement des salariés privés). Lorsque la décision implicite est une décision d'acceptation, elle est susceptible d'être créatrice de droits acquis. Elle suppose alors que son retrait soit strictement encadré par le droit.

La condition de délai, à laquelle est soumis le retrait de tout acte administratif créateur de droits acquis, pose un problème quant à son application aux décisions implicites. Celles-ci ne faisant, par définition, l'objet d'aucune publicité, les possibilités de retrait de l'administration seraient illimitées. En effet, l'absence de toute publicité signifie qu'aucun délai ne court, puisque celui-ci est initialement subordonné à la publicité faite à l'acte. Mais cette solution présente l'inconvénient

[247] Y. Gaudemet, *op. cit.*, p. 739.
[248] Article 21 de la loi du 12 avril 2000.

de soumettre ces décisions à une instabilité juridique excessive, le retrait étant possible à tout moment.
Le juge administratif en a décidé autrement, dans l'arrêt *Sieur Eve* du 14 novembre 1969 il interdit dans ce cas particulier toute possibilité de retrait, « l'autorité administrative se trouve dessaisie »[249]. Celle-ci ne peut donc plus être saisie de l'affaire, que ce soit par l'auteur même de l'acte ou par son supérieur hiérarchique, et que ce soit spontanément ou sur recours. Cette solution paraît quelque peu excessive, mais elle s'explique par la volonté du juge de protéger les droits des administrés, une protection qui serait totalement inexistante si la solution *Ville de Bagneux* était appliquée aux décisions implicites puisqu'elles pourraient être retirées par l'autorité administrative sans condition de délai. L'arrêt *Eve* intervient en effet trois ans après l'arrêt *Ville de Bagneux* et montre la volonté du juge d'en limiter les effets néfastes, notamment quant à la sécurité des administrés. L'application mécanique de la décision *Ville de Bagneux* aurait conduit à ce qu'elles puissent être retirées sans aucune condition de délai. Le Conseil d'Etat s'y est cependant opposé : pour la première fois le lien entre le délai de retrait et le délai de recours contentieux, considéré comme absolu depuis la jurisprudence *Dame Cachet*, est rompu. Cette solution admet implicitement que le droit de recours des tiers et le droit de retrait de l'administration peuvent être désunis. Ils le seront à nouveau en 1997 dans la solution *Madame de Laubier*, et définitivement lors de l'arrêt *Ternon* de 2001.

En voulant améliorer la protection des administrés, le juge administratif est cependant allé trop loin et a agi au détriment de la légalité administrative. L'équilibre, rompu avec la solution *Ville de Bagneux*, n'est en effet pas rétabli par l'arrêt *Sieur Eve* qui dénigre complètement la légalité pour assurer la sécurité juridique. Cette solution ne permet donc pas de retrouver un juste équilibre, permettant un retrait encadré, puisqu'elle occulte toute possibilité de retrait.
Le juge administratif, insatisfait par la solution retenue dans l'arrêt *Eve*, avait cependant admis une exception à cette règle si stricte. Lorsqu'un texte a prévu qu'en dépit de son caractère tacite une autorisation recevrait une mesure de publicité, l'administration retrouverait un pouvoir de retrait aux conditions du droit commun, c'est-à-dire dans le délai du recours contentieux et pour un motif tiré de son illégalité[250]. C'est l'esprit initial du retrait qui tendait à réapparaître dans la solution *Epoux Roulin*, un esprit guidé tant par des considérations tenant à la légalité qu'à des considérations tenant à la sécurité juridique. La solution de l'arrêt *Eve* était trop stricte, elle était excessive. L'exception prévue par la jurisprudence *Epoux Roulin* semble rétablir quelque peu l'équilibre bien que ce soit de manière

[249] Conseil d'Etat, 14 nov. 1969, *Eve*, précité.
[250] Conseil d'Etat, Ass., 1er juin 1973, *Epoux Roulin*, précité.

précaire, car exceptionnelle. Une amélioration pourrait encore être apportée à l'état du droit.

Cette dernière solution a été finalement reprise et généralisée par le législateur dans la loi relative aux droits des citoyens dans leurs relations avec les administrations, dite loi DCRA, du 12 avril 2000[251]. Un équilibre réel semble ainsi retrouvé entre les principes de légalité et de sécurité juridique, le retrait des décisions implicites d'acceptation est désormais régi par la loi qui modifie l'état d'un droit jurisprudentiel. Cette loi énonce dans son article 23 les trois cas dans lesquels une décision implicite d'acceptation illégale peut être retirée par son auteur.
La loi reprend le régime général du retrait des décisions administratives en admettant d'abord le retrait pendant la durée de l'instance au cas où un recours a été formé. Le législateur a ainsi souhaité que l'administration puisse retirer de telles décisions selon les règles générales fixées par la jurisprudence en prévoyant qu'en cas de recours, le retrait peut s'effectuer jusqu'à l'issue de l'instance contentieuse.
Ensuite, pendant le délai de recours contentieux, soit deux mois, si des mesures d'information des tiers ont été mises en œuvre.
Enfin, elle consacre une solution originale, se séparant du régime général, en admettant le retrait des décisions implicites n'ayant pas reçu de mesure de publicité pendant un délai de deux mois à compter de l'édiction de la décision. Cette dernière solution est innovante dans la mesure où le législateur fixe le point de départ du délai à la signature de la décision, il faut remarquer qu'il n'a pas le choix puisque l'acte n'a pas été publié. Cette date facilite largement le régime du retrait puisque les inconvénients de l'absence de publicité disparaissent. Dès lors, le délai de retrait ne coïncide pas avec le délai de recours, ce qui illustre une nouvelle fois les limites d'une symétrie parfaite entre ces deux délais. Le législateur ne va cependant pas jusqu'à les désunir puisque ce délai correspond toujours au délai de droit commun. Le juge administratif, quant à lui, est allé plus loin puisqu'il les a expressément distingués. Mais ces deux autorités visent un même objectif : améliorer la sécurité juridique de l'administré, sans occulter l'importance du principe de légalité.

### §2 : L'abrogation de l'acte administratif unilatéral.

L'abrogation d'un acte administratif unilatéral entraîne sa disparition de l'ordonnancement juridique pour l'avenir uniquement. Contrairement au retrait,

[251] Loi relative aux droits des citoyens dans leurs relations avec les administrations du 12 avril 2000, J.O. n° 88 du 13 avril 2000, p. 5646.

l'abrogation n'a pas d'effet rétroactif, autrement dit les effets passés de l'acte abrogé sont maintenus. Mais l'administration ne peut plus ni l'invoquer, ni l'appliquer, ni même fonder sur lui un autre acte. Les destinataires ne sauraient non plus s'en prévaloir.
Il apparaît que l'abrogation porte plus souvent sur un acte réglementaire que sur un acte individuel, de même que le retrait porte généralement sur un acte individuel. Pourtant, de la même façon qu'un acte réglementaire peut faire l'objet d'un retrait (à condition de n'être pas définitif), un acte non réglementaire peut être abrogé[252].

L'étude de l'abrogation implique d'abord l'étude de l'équilibre établi entre les principes d'intangibilité et d'adaptabilité (A). Ensuite, l'analyse des règles encadrant la procédure d'abrogation (B).

**A/ L'équilibre intangibilité - adaptabilité.**

Toutes les activités de service public, quels que soient leurs caractères, sont dominées par trois grands principes, ce sont les lois du service public ou lois de Rolland[253]. Ces principes sont liés à l'essence même du service public, ce sont les principes de mutabilité, dit aussi d'adaptabilité, de continuité et d'égalité.
S'il s'applique aux services publics, le principe de mutabilité trouve une autre application qui concerne les règlements administratifs. En effet, le principe de mutabilité des règlements justifie le pouvoir d'abrogation de l'administration. Il n'y a cependant pas de lien entre ces deux applications, l'une n'expliquant pas l'autre. Pourtant, il parait intéressant de rappeler la portée de la première avant d'aborder la seconde.

Ainsi, le principe d'adaptabilité signifie que le régime des services publics doit pouvoir être adapté, chaque fois qu'il le faut, à l'évolution des besoins collectifs et aux exigences de l'intérêt général[254]. Il impose qu'il n'y ait pas d'obstacle juridique, résultant notamment des droits acquis, aux mutations à réaliser. Les usagers du service n'ont pas de droits acquis qu'ils pourraient opposer aux modifications de son régime, qu'il s'agisse d'un service public administratif ou d'un service public industriel et commercial. En conséquence, selon une formule jurisprudentielle constante, le droit de ces usagers, résultant pour eux des dispositions régissant le service, « est subordonné au maintien en vigueur » de ces

[252] L'administration peut même se voir dans l'obligation de prononcer l'abrogation d'un acte non réglementaire : Conseil d'Etat, Sect., 30 nov. 1990, *Assoc. Les Verts*, Leb. p. 339.
[253] Voir J-C. Vénézia, « Le principe d'adaptation » *in Clés pour le siècle* (Université Paris II), Dalloz 2000, p. 1661.
[254] Sur cette question, voir J-P. Markus, « Le principe d'adaptabilité : de la mutabilité au devoir d'adaptation des services publics aux besoins des usagers », RFDA 2001, p. 589.

dispositions[255]. Mais ce principe suppose également le devoir pour l'administration de gérer les services publics en fonction des besoins de la collectivité. Les usagers ont en effet droit au « fonctionnement normal du service », celui-ci doit donc être assuré conformément aux règles qui le régissent tant qu'elles n'ont pas été modifiées ou abrogées[256].

Du fait du principe de mutabilité, la situation est différente selon qu'il s'agit d'abroger un acte individuel ou un acte réglementaire, précisément parce que les actes individuels sont protégés par le principe d'intangibilité de leurs effets. Les deux situations seront successivement étudiées.
S'agissant d'un acte réglementaire, le principe de mutabilité explique notamment qu'il n'y a pas de droit acquis au maintien d'un règlement[257]. Cela ne signifie cependant pas que le règlement administratif n'est jamais créateur de droits, mais plutôt que ces droits ne sont jamais acquis. Comme tout acte administratif, le règlement peut créer un droit par exemple en octroyant un avantage ou un bénéfice à son titulaire. Mais ce dernier ne peut jamais en exiger le maintien et aller ainsi à l'encontre d'une décision d'abrogation ou de modification au motif que ce droit n'est pas acquis. Même si un règlement octroie un avantage à un administré, celui-ci n'a aucun droit acquis à son maintien. Car l'ordre juridique doit toujours être susceptible d'être adapté aux mutations à réaliser, autrement dit aux exigences de l'intérêt général. Or, ces exigences justifient la fin d'un acte administratif unilatéral inadapté.
Pour permettre l'évolution de l'ordre juridique, l'autorité administrative a la faculté d'abroger les règlements administratifs. Le principe d'adaptabilité explique donc le pouvoir discrétionnaire dont dispose l'administration en matière d'abrogation. Elle peut abroger un règlement en vue d'adapter l'ordonnancement juridique aux exigences de l'intérêt général. L'abrogation n'ayant aucun effet rétroactif, les effets de l'acte dans le passé sont maintenus. Cela n'exclut pas l'atteinte à la sécurité des administrés dans la mesure où ils peuvent tirer un avantage d'une réglementation, en revanche, l'absence de rétroactivité limite les atteintes aux droits acquis. Mais les principes de mutabilité et de régularité justifient les atteintes à la stabilité des règles et des situations émanant d'un acte réglementaire.

La situation est différente s'agissant d'un acte individuel. D'abord parce que le principe de mutabilité ne s'applique pas aux décisions individuelles, ensuite

[255] Conseil d'Etat, 12 févr. 1982, *Université de Paris VII*, Leb. p. 70.
[256] Conseil d'Etat, 27 janv. 1988, *Giraud*, Leb. p. 39 : responsabilité de l'Etat engagée à l'égard des parents d'un élève, du fait qu'une partie des enseignements prévus par les programmes n'a pas été assurée pendant l'année scolaire.
[257] Les expressions principe de mutabilité, d'adaptation, d'évolution, d'adaptabilité sont considérées, dans le cadre de cette étude, comme synonymes.

car l'existence d'un principe fondamental limite le pouvoir de l'administration : le principe d'intangibilité des effets individuels des actes administratifs. « Le principe d'intangibilité implique l'irrévocabilité absolue de l'acte individuel dans le passé et son immutabilité relative dans l'avenir »[258]. Il est une garantie effective contre le changement.
Le principe d'intangibilité n'est cependant pas d'application générale : il est des actes particuliers qui sont susceptibles d'abrogation, ce sont les actes non créateurs de droits acquis.
L'abrogation peut en effet frapper les décisions individuelles qui ne donnent naissance à aucun droit acquis ou qui ne confèrent pas à leur destinataire un droit acquis à leur maintien[259].

En ce qui concerne les décisions qui créent des droits acquis, l'autorité administrative ne peut les abroger qu'à condition qu'elles soient illégales et non définitives[260]. Dans le cas contraire, elles sont protégées par le principe d'intangibilité des décisions individuelles, car le droit acquis consiste dans le maintien de la situation créée par l'acte et ce maintien ne peut être assuré que si l'acte est irrévocable.
Si le principe est celui de l'intangibilité de l'acte particulier, il connaît donc un certain nombre d'exceptions lorsque l'acte individuel ne crée pas de droit ou qu'il ne crée pas de droit acquis. La plus importante concerne les actes administratifs précaires, essentiellement les autorisations administratives[261]. L'exemple le plus connu est celui des autorisations de police auxquelles l'administration peut mettre fin en les abrogeant quand le bénéficiaire de l'autorisation cesse de remplir les conditions exigées pour l'autorisation mais également pour tous motifs d'intérêt général[262].

Le principe d'intangibilité des décisions individuelles apparaît comme une limite à l'action de l'administration, il protège les droits des administrés. De la même façon qu'il a fallu concilier les principes de légalité et de sécurité juridique, les principes de mutabilité et d'intangibilité s'opposent et sont parfois en conflit[263]. Il convient cependant de remarquer que ces deux principes ne concernent pas, contrairement aux précédents, le même type d'actes.

---

[258] R. Muzellec, *Le principe d'intangibilité des actes administratifs individuels en droit administratif français*, Thèse, Rennes, 1971, p. 476.
[259] Conseil d'Etat, 10 mai 1968, *Commune de Brovès*, Leb. p. 297.
[260] Conseil d'Etat, 7 févr. 1973, *Nguyen Van Nang*, Leb. p. 186.
[261] Conseil d'Etat, 19 juin 1964, *Sté Shell-Berre*, Leb. p. 344.
[262] Conseil d'Etat, 17 juill. 1953, *Constantin*, Leb. p. 381 : quant à l'autorisation de maintenir ouvert un débit de boisson.
[263] Voir *infra.*, §2.

**B/ La procédure d'abrogation.**

La compétence attribuée aux autorités investies du pouvoir d'abrogation comporte de larges éléments discrétionnaires : normalement ces autorités apprécient s'il y a lieu d'abroger ou encore s'il y a lieu d'abroger totalement ou partiellement (à condition que l'acte soit susceptible d'abrogation)[264]. Mais cette liberté peut être supprimée, une obligation d'abroger est alors imposée à l'autorité administrative. Une telle obligation est toujours justifiée par l'illégalité de l'acte administratif sur lequel elle porte, elle répond donc toujours à des exigences tenant à des questions de légalité administrative. Lorsque l'abrogation devient une obligation, sa procédure est alors largement plus encadrée par le droit. L'obligation d'abrogation découle du principe d'adaptation aux circonstances et a été affirmée pour la première fois par le Conseil d'Etat dans l'arrêt *Despujol* de 1930[265]. Cet arrêt prévoit que l'autorité administrative compétente est tenue d'abroger un acte réglementaire illégal, qu'il le soit *ab initio* ou qu'il le soit devenu du fait d'un changement de circonstances. L'illégalité de l'acte réglementaire oblige donc l'administration à l'abroger lorsqu'une demande lui est faite en ce sens. Cette obligation sera par la suite étendue aux décisions non réglementaires.

La distinction établie entre l'acte illégal dès l'origine et l'acte devenu illégal présente une grande importante puisqu'elle conditionne la procédure même d'abrogation. En effet, le régime juridique diffère selon que le règlement est illégal *ab initio* ou qu'il est devenu illégal.
S'agissant de l'acte illégal dès l'origine, le droit jurisprudentiel a été des plus mouvants. Dans un premier temps, le Conseil d'Etat, dans l'arrêt de 1976, *Leboucher et Tarandon*[266], consacre l'obligation d'abrogation des règlements illégalement édictés lorsqu'une demande a été faite[267]. Cinq ans plus tard, la Haute Assemblée se prononce très clairement pour l'absence d'obligation dans l'arrêt *Société Afrique France Europe transaction*[268]. Une exception est prévue dans le cas où la demande d'abrogation avait été adressée à l'administration avant l'expiration du délai de recours, c'est alors une obligation de retrait qui incombe à l'administration[269]. Cette contradiction jurisprudentielle est difficilement explicable, d'autant plus que seulement cinq années séparent ces deux arrêts. La

[264] L'autorité administrative, agissant spontanément, a la faculté d'abroger un acte administratif, réglementaire ou non réglementaires, à condition qu'il ne crée pas de droit, à toute époque : Conseil d'Etat, Ass., 10 mai 1968, *Commune de Brovès*, Leb. p. 297.
[265] Conseil d'Etat, Sect., 10 janv. 1930, *Despujol*, Leb. p. 29.
[266] Conseil d'Etat, 12 mai 1976, *Leboucher et Tarandon*, Leb. p. 246.
[267] L'absence de toute demande entraîne l'absence d'obligation d'abrogation : Conseil d'Etat, Sect., 6 nov. 1959, *Coop. laitière de Belfort*, Leb. p. 581.
[268] Conseil d'Etat, Sect., 30 janv. 1981, *Société Afrique France Europe transaction*, Leb. p. 32.
[269] Conseil d'Etat, 30 juin 1982, *Assoc. Auto défense*, RDP 1983, p. 518.

simplicité de la solution initiale ne permet en effet pas de comprendre qu'elle soit infirmée. Il semble que le Conseil d'Etat ait été animé par des considérations qui ne sont pas d'ordre juridique mais qui tiennent plutôt à des questions d'encombrement des juridictions administratives françaises. Le prétexte de l'illégalité d'un règlement aurait pu en effet entraîner une multiplication des actions contentieuses. Le rétablissement de la solution de 1976 quelques années plus tard confirme cette impression.

Les auteurs du décret du 28 novembre 1983 unifient l'état du droit, ils admettent l'obligation d'abrogation comme le prévoyait la solution initiale[270]. Mais ce faisant, ils vont à l'encontre de l'évolution jurisprudentielle, leur solution est en effet en contradiction avec la dernière jurisprudence. Le décret formule une règle contraire à celle de la jurisprudence administrative. La Haute Assemblée admettra finalement la solution de l'autorité réglementaire dans le célèbre arrêt *Compagnie Alitalia* de 1989[271].

S'agissant des règlements devenus illégaux à cause d'un changement dans l'état du droit ou d'un changement de circonstances de fait dans lesquelles il avait été pris, le principe a également été consacré dans un premier temps par le décret du 28 novembre 1983, repris dans un second temps par l'arrêt *Compagnie Alitalia* précité.

Ces solutions simplifient et unifient l'état du droit en abolissant une distinction née de deux arrêts de 1964, les arrêts *Simonnet* et *Syndicat national des cadres des bibliothèques*[272]. Par l'arrêt *Simonnet* du 10 janvier 1964, le Conseil d'Etat juge qu'un changement dans les circonstances de fait permet à l'administré de demander l'abrogation de l'acte à toute époque. Le même jour, il décide dans l'arrêt *Syndicat national des cadres des bibliothèques* que si le changement concerne les circonstances de droit, la demande doit être présentée dans les deux mois.

Le Conseil d'Etat distingue donc le changement dans les circonstances de fait et celui dans les circonstances de droit, et par cette distinction justifie la différence d'état du droit. L'article 3 du décret de 1983 abolit cette distinction en admettant que la demande d'abrogation d'un règlement illégal peut dans tous les cas être présentée à toute époque. Les auteurs du décret simplifient ainsi à nouveau largement les règles de l'abrogation. En 1989, l'arrêt *Compagnie Alitalia* admet également cette solution, bien que ce soit de manière implicite, puisque le Conseil

[270] Décret du 28 nov. 1983, art. 3 : « L'autorité compétente est tenue de faire droit à toute demande tendant à l'abrogation d'un règlement illégal, soit que le règlement ait été illégal dès la date de sa signature, soit que l'illégalité résulte des circonstances de droit ou de fait postérieures à cette date », J.O. 3 déc. 1983.

[271] Conseil d'Etat, Ass., 2 févr. 1989, *Compagnie Alitalia*, précité.

[272] Conseil d'Etat, Ass., 10 janv. 1964, *Simonnet*, RDP 1964, p. 234 ; Conseil d'Etat, Ass., 10 janv. 1964, *Syndicat national des cadres des bibliothèques*, RDP 1964, p. 234.

d'Etat a considéré comme utilement présentée la demande d'abrogation que plusieurs années séparaient de l'intervention du texte ayant modifié l'état du droit[273].

L'arrêt *Compagnie Alitalia* ne modifie pas les solutions relatives à la façon d'apprécier si le règlement est devenu illégal, l'appréciation étant faite à la date de la décision attaquée. En cas de changement du fait d'un texte, le juge recherche si le maintien en vigueur du règlement est compatible avec la situation juridique nouvelle[274]. En cas de changement dans les circonstances de fait, il faut et il suffit que le changement soit réel et tel que le règlement ne soit plus compatible avec la nouvelle situation de fait et se trouve ainsi « privé de son fondement légal »[275].

L'obligation d'abrogation, généralisée par l'arrêt *Compagnie Alitalia* a, par la suite, été étendue aux décisions non réglementaires, mais uniquement à celles qui ne créent pas de droits acquis. Une autre condition s'impose : il doit être intervenu un changement dans les circonstances qui ont justifié la décision initiale.
Les décisions non réglementaires doivent donc également être abrogées par l'administration, si elles ne sont pas créatrices de droits acquis, lorsqu'elles sont devenues illégales à la suite d'un changement de circonstances[276]. En effet, l'exception de l'illégalité d'un acte non réglementaire cesse, en principe, d'être recevable quand il n'est plus susceptible de recours. Cela justifie qu'on ne reconnaisse pas l'illégalité *ab initio* dans ce cas précis.

**§3 : La constatation de caducité de l'acte administratif unilatéral.**

La caducité est une modalité de fin dans la mesure où l'acte caduc ne produit plus d'effet. Dès lors, ces effets étant anéantis, la caducité constitue une forme de fin : celle des effets de l'acte. Alors que l'acte caduc cesse simplement de produire tout effet, sa constatation, au contraire, entraîne la sortie de vigueur de l'acte. Celle-ci n'intervient donc que dans un second temps, elle est l'expression de la manifestation de volonté de l'autorité compétente. Si la caducité ne peut pas être décidée, la constatation de caducité est, en revanche, toujours décidée.
Lorsque sa caducité est constatée, l'acte administratif caduc sort de vigueur ; il disparaît de l'ordonnancement juridique. La caducité est donc, dans un premier

[273] Confirmant cette solution : Conseil d'Etat, 29 déc. 1997, *Fédération des syndicats généraux de l'éducation nationale*, Leb. p. 637.
[274] Conseil d'Etat, Ass., 3 févr. 1989, *Cie Alitalia*, précité : incompatibilité de dispositions fiscales avec les objectifs d'une directive communautaire.
[275] Conseil d'Etat, Ass., 20 déc. 1995, *Mme Vedel et Jeannot*, Leb. p. 440.
[276] Conseil d'Etat, Sect., 30 nov. 1990, *Assoc. Les Verts*, Leb. p. 339 : à propos des actes de délimitation des circonscriptions cantonales.

temps, une forme de fin des effets de l'acte administratif unilatéral, et dans un second temps, lorsqu'elle est constatée par l'autorité compétente, elle devient une forme de disparition, de sortie de vigueur de l'acte administratif unilatéral. Néanmoins, par définition, toute caducité n'est pas nécessairement constatée. Dès lors, cette modalité provoque toujours la fin des effets de l'acte administratif unilatéral, en revanche elle n'entraîne pas toujours sa sortie de vigueur.

La constatation de caducité fera l'objet des développements suivants relatifs à ses particularités d'abord (A) et ensuite à sa procédure (B).

**A/ Les particularités de la constatation de caducité.**

Chaque modalité de fin connaît un certain nombre de spécificités, chacune a des effets propres permettant de classer les modalités de fin en fonction des deux formes de fin : selon que l'acte sort de vigueur ou alors qu'il cesse simplement de produire tout ou partie de ses effets. La particularité de la caducité réside précisément dans l'effet produit : elle est, selon les cas, une manifestation de la première forme de fin ou de la seconde. En effet, la caducité de l'acte administratif unilatéral comprend deux temps : la caducité elle-même et sa constatation par une autorité compétente. Si la caducité proprement dite n'agit que sur les effets de l'acte administratif unilatéral, sa constatation agit également sur la vigueur de l'acte, qui disparaît de l'ordonnancement juridique.

Par ailleurs, la caducité proprement dite est entièrement automatique, elle ne se décide pas. Elle peut être prévue par un texte, elle intervient alors du fait de l'écoulement d'un délai préfixé, c'est l'exemple de la péremption[277]. Elle peut être également due à l'évolution de l'état du droit, c'est-à-dire à l'inadaptation de l'acte, bien que cette hypothèse soit largement contestable[278]. Dans tous les cas, la caducité intervient de manière automatique, sans qu'aucune autorité n'intervienne. L'administration et le juge administratif n'ont aucun pouvoir, cette modalité de fin leur échappe dans une large mesure. Ces spécificités ne se retrouvent absolument pas dans la constatation de l'état caduc de l'acte.

La constatation de caducité de l'acte ne succède pas nécessairement à sa caducité. L'acte caduc peut en effet être maintenu dans l'ordonnancement juridique, il ne produit alors plus d'effet mais ne sort pas pour autant de vigueur. L'acte caduc maintenu dans l'ordonnancement juridique est cependant préjudiciable pour l'administré qui n'a en effet aucun droit sur l'acte caduc. Mais également pour

---

[277] L'article R. 421-32 du Code de l'urbanisme prévoit ainsi que « le permis de construire est périmé si les constructions ne sont pas entreprises dans le délai de deux ans (…) ». Dès lors, deux ans après la notification du permis, si aucune construction n'a été élevée, le permis est automatiquement caduc.

[278] Voir *infra.*, section 2, §2.

l'ordre juridique car la constatation de caducité permet de purger de l'ordonnancement juridique ce type d'acte, qui n'a aucune utilité.

Les autorités compétentes retrouvent tous leurs pouvoirs lorsqu'il s'agit de constater l'état caduc d'un acte afin de permettre sa sortie de vigueur. En effet, un acte administratif unilatéral ne peut en aucun cas sortir de vigueur sans qu'au préalable une autorité n'ait édicté un acte, qui est l'expression de sa volonté. Cela explique que la sortie de vigueur de l'acte caduc est subordonnée à sa constatation par l'autorité compétente. La nécessité d'une manifestation de volonté poursuit un objectif de sécurité juridique, elle affirme la volonté que le droit encadre la fin de l'acte administratif unilatéral.
La constatation de caducité peut émaner soit de l'administration, soit du juge administratif. L'administration constate l'état caduc d'un acte en édictant un acte administratif spécifique qui permet à l'acte devenu caduc de sortir de vigueur. Lorsque le juge administratif constate lui-même l'état caduc de l'acte, l'acte de constatation est alors un acte juridictionnel. Cette dualité influence largement le régime juridique de la constatation de caducité, selon qu'elle est un acte administratif ou juridictionnel car elle n'a pas, notamment, la même autorité. Mais elle a toujours le même effet : la disparition de l'acte caduc.

**B/ La procédure de constatation de l'état caduc de l'acte.**

Si la caducité est automatique et donc indépendante de toute autorité, ce n'est pas le cas de sa constatation qui est l'expression de la manifestation de volonté de l autorité compétente. Le régime juridique de la constatation de caducité dépend de cette dualité, selon qu'elle est un acte administratif ou bien un acte juridictionnel.
Le juge administratif qui constate la caducité d'un acte n'agit pas en tant que censeur de l'administration mais plutôt en tant qu'arbitre. En constatant l'état caduc de l'acte, il lui permet de sortir de vigueur, sans effet rétroactif. Quand elle est le fait de l'autorité administrative, la procédure de constatation de caducité est nécessairement plus réglementée. Pendant longtemps le juge administratif n'a pas cherché à encadrer la procédure de constatation de caducité par l'autorité administrative, mais il semble que sa jurisprudence aille aujourd'hui dans le sens d'une plus importante réglementation de la constatation de caducité.

La constatation de l'état caduc de l'acte est importante, non seulement parce qu'elle permet sa sortie de vigueur, mais aussi parce qu'elle permet aux administrés d'exercer un recours contre cette caducité. La possibilité reconnue aux administrés d'intenter un recours contre l'état caduc de l'acte apparaît comme le deuxième intérêt de la constatation de caducité. Cette prérogative ne peut pas leur

être reconnue avant la constatation de l'état caduc de l'acte du fait de la coexistence de l'automaticité et de l'exigence d'une décision préalable. En effet, le caractère automatique de la caducité s'oppose au principe selon lequel le contentieux doit être lié par une décision administrative préalable. L'augmentation du nombre de constatation de caducité va donc dans l'intérêt non seulement de l'administration et du principe de légalité, mais également dans l'intérêt des administrés, et du principe de sécurité juridique.
Pourtant l'état du droit n'a pas toujours été celui là : l'administré s'est longtemps vu dans l'impossibilité de satisfaire à l'exigence de la décision préalable, du fait du caractère automatique de la caducité. D'autant plus que la constatation de caducité a longtemps été considérée comme ne faisant pas grief[279].

Deux commissaires du gouvernement ont joué un rôle décisif dans la prise de conscience par les juges de l'injustice d'une telle situation. Dès 1967, M. Rigaud dénonçait cette situation « qui laisse pratiquement sans prise contentieuse les administrés (...) »[280]. Mais c'est incontestablement le président Genevois qui est à l'origine d'une modification de l'état du droit, puisqu'il a permis le revirement jurisprudentiel opéré par l'arrêt du Conseil d'Etat, *Lafon*[281]. Par cet arrêt, le Conseil d'Etat accorde le caractère de décision faisant grief à une lettre de l'administration constatant la caducité d'un acte.
G. Chavrier précise que la lettre constatant la caducité d'une autorisation détient alors plus le caractère d'une mise en demeure que d'une simple mesure d'information[282] ; or les mises en demeure font grief[283].
Ce revirement jurisprudentiel marque un progrès incontestable de l'état du droit, notamment quant à la protection de l'administré. Cette protection reste cependant insuffisante dans la mesure où la constatation de caducité est dans la majorité des cas facultative. Le juge administratif ne prévoit en effet pas d'obligation générale de constatation de caducité, laissant ainsi les administrés et les tiers soumis à l'appréciation subjective de la caducité, par l'autorité compétente et dans chaque espèce.
Par ailleurs, force est de reconnaître une nette évolution jurisprudentielle tendant au développement de l'obligation de constatation de caducité, mais c'est toujours et uniquement dans des domaines précis. Cette obligation ne concerne donc que les

[279] Voir par exemple, Conseil d'Etat, 14 avril 1975, *Ville de Louveciennes*, Leb. p. 240 ; Conseil d'Etat, 8 mai 1981, *O. Delmas*, Leb. p. 976 ; Conseil d'Etat, 19 mars 1982, *M.C. Jourdon*, n° 23063 : « considérant qu'en indiquant que l'autorisation était caduque, l'ingénieur divisionnaire des travaux publics de l'Etat n'a pas pris une décision faisant par elle-même grief à M. Jourdon (...) ».
[280] Concl. Rigaud sur Conseil d'Etat, Sect., 24 févr. 1967, *Sieur Dejean et autres*, AJDA 1967, p. 474.
[281] Concl. Genevois sur Conseil d'Etat, Sect., 12 oct. 1984, *Lafon*, AJDA 1985, p. 52. Voir *supra.*, Chapitre 1.
[282] G. Chavrier, *op. cit.*, p. 351.
[283] Conseil d'Etat, Ass., 3 déc. 1957, *Rouleau*, Leb. p. 678.

matières dans lesquelles le Conseil d'Etat a statué, mais il serait souhaitable que l'obligation de constatation de caducité soit généralisée. Faute de loi ou de décret le prévoyant, une jurisprudence imposant une obligation plus générale de constatation de caducité serait bienvenue.
Cette évolution jurisprudentielle, lente mais avantageuse s'agissant de la protection des administrés, présente cependant un inconvénient qui se manifeste dans la perte de souplesse de cette modalité de fin, qui est en quelque sorte et dès lors dénaturée. En effet, le développement des règles encadrant la caducité lui ôte sa souplesse inhérente, initialement permise par son automaticité. La procédure de caducité, dans son ensemble, tend à être de plus en plus encadrée par le droit et de ce fait de plus en plus rigide[284].

## Section 2 : Les modalités de fin maintenant l'acte dans l'ordonnancement juridique.

La sortie de vigueur est une forme de fin de l'acte administratif unilatéral incontestable parce qu'elle entraîne sa disparition. Parfois, la fin se manifeste différemment, elle n'atteint pas la vigueur de l'acte, mais seulement ses effets. L'acte prend fin, pourtant il est maintenu dans l'ordonnancement juridique. Seuls les effets de l'acte sont affectés de sorte que celui-ci ne produit plus les effets pour lesquels il avait été édicté. Il est indéniable que lorsqu'un acte ne produit plus d'effet, une partie de cet acte a pris fin. La fin des effets de l'acte administratif unilatéral est une seconde forme de fin, distincte de la sortie de vigueur.
Deux modalités illustrent la situation dans laquelle la fin n'atteint que les effets de l'acte : la modification et la caducité. Elles n'ont aucune incidence sur la vigueur de l'acte, elles n'atteignent que ses effets. La modification est un acte qui ressemble en de nombreux points à l'abrogation, parce qu'elle est un acte administratif d'une part, non rétroactif d'autre part. Elle s'en distingue cependant précisément car l'acte modifié ne sort pas de vigueur, il est maintenu dans l'ordonnancement juridique. En d'autres termes, l'acte caduc ne produit plus aucun effet, il est cependant maintenu dans l'ordonnancement juridique jusqu'à ce qu'une autorité compétente en constate l'état caduc[285].

La question a pu se poser de savoir si l'exécution de l'acte entraîne la fin de ses effets. Elle serait alors une autre modalité de fin. La notion d'exécution est particulièrement difficile à cerner d'un point de vue juridique, car elle « est fondamentalement suspecte d'a-juridicité en elle-même, sauf à la résoudre dans la

[284] Pour de plus amples développements, voir *supra.*, Chapitre 1.
[285] Voir *supra.*, § 3.

sanction, qui en est la garantie juridique ou dans l'obéissance, qui en est la transposition politique »[286]. Cela explique que la plupart des auteurs étudient non pas l'exécution de l'acte mais sa non-exécution.

H. Gineste, qui s'est précisément attachée à l'étude de l'exécution même, définit l'exécution par le passage de l'abstrait du contenu de l'acte juridique au concret adapté au réel[287]. L'exécution est donc le moment où l'acte produit les effets pour lesquels il a été édicté, elle intervient lorsque l'acte est en vigueur et cesse lorsque l'acte disparaît. L'exécution de l'acte commence lorsque toutes les formalités permettant son entrée en vigueur sont accomplies, notamment les exigences de publicité qui se traduisent en principe par la notification ou publication de l'acte. Elle se poursuit tant que l'acte administratif est en vigueur[288], autrement dit jusqu'à ce qu'une autorité décide de sa fin. La seule exception à cette règle serait que l'acte devienne caduc. En effet, l'automaticité explique l'absence d'intervention d'une autorité compétente.

De ces considérations, il résulte que l'exécution ne peut constituer une modalité de fin que si elle peut avoir pour effet la caducité d'un acte. Or, l'exécution ne peut pas seule entraîner la caducité d'un acte. En effet, la caducité n'intervient que dans deux cas : si un texte la prévoit, c'est la péremption, ou encore par la survenance d'une condition d'extinction. Mais ce n'est jamais du fait de l'exécution de l'acte, autrement dit le seul fait que l'acte soit exécuté ne peut pas entraîner sa caducité.

L'exécution proprement dite ne peut pas non plus avoir pour effet la sortie de vigueur de l'acte parce qu'elle n'est pas l'expression d'une volonté visant à mettre un terme à un acte. L'exécution intervient après l'entrée en vigueur et avant la fin de l'acte, ces moments sont distincts et rarement concomitants.

Dès lors l'exécution n'entraîne ni la fin de ses effets, ni sa sortie de vigueur. Elle n'est, par conséquent, jamais une modalité de fin de l'acte administratif unilatéral.

L'étude des modalités de fin maintenant l'acte en vigueur comprendra d'abord l'étude de la modification de l'acte administratif unilatéral (§1) et ensuite l'étude de la caducité de l'acte administratif unilatéral (§2).

---

[286] H. Gineste, *La notion d'exécution des actes administratifs unilatéraux*, Thèse, Toulouse, 1987, p. 151.

[287] H. Gineste, *op.cit.*, p. 171.

[288] H. Gineste précise : « L'acte juridique prend place dans un espace-Temps précis, qu'expriment les termes de *délai, terme, caducité*. Son élaboration s'effectue dans un cadre procédural qui dessine un certain délai nécessaire à sa confection. Son caractère définitif est attaché à un délai – celui des deux mois du recours pour excès de pouvoir – et sa disparition peut être prévue par ses dispositions mêmes, qui fixent son terme, déterminant ainsi sa caducité, marquant l'expiration de son *délai de vie* de façon certaine. Au contraire, l'exécution est de l'ordre du Temps indéfini. Ainsi *les effets de l'acte*, qui sont la manifestation de l'exécution intégrée dans un élément relatif à l'acte, sont reconnus perpétuels, sauf abrogation ou retrait, ce qui est une forme d'indétermination du Temps dans son infinité », *op. cit.*, p. 340-341.

**§1 : La modification de l'acte administratif unilatéral.**

La modification est un acte administratif non rétroactif par lequel l'autorité administrative met fin à certains effets d'un acte administratif unilatéral et remplace ces effets par d'autres, c'est-à-dire que les dispositions de l'acte modifié sont toujours remplacées. La modification suppose que la teneur de l'acte initial soit reprise pour une large part. Pourtant ni le juge, ni les autorités législative ou réglementaire n'ont fixé de seuil quantitatif, imposant ainsi une étude au cas par cas. Le juge administratif a seulement précisé que les dispositions de l'acte initial doivent se retrouver presque dans leur intégralité dans le nouvel acte. Il affirme précisément que la reprise de la teneur de l'acte est, avec la réfection, l'une des principales caractéristiques de la modification. Il juge ainsi qu' : « en reprenant l'intégralité des dispositions du premier arrêté à l'exception de l'une d'entre elles, il n'a eu d'autre objet que de ne pas retarder le début des travaux en les subordonnant à la condition de la réalisation préalable d'un carrefour giratoire ; qu'ainsi l'arrêté du 14 juin 2001 ne constitue qu'une décision modificative du premier permis délivré qu'il n'a pas eu pour effet de retirer »[289].

Les possibles rapprochements entre les deux modalités de fin que sont la modification et l'abrogation seront présentés (A), avant d'aborder le régime juridique de la modification (B).

**A/ Une modalité de fin proche de l'abrogation.**

La modification est une modalité de fin de l'acte administratif unilatéral qui ressemble en de nombreux points à l'abrogation, ainsi « elle s'analyse en une abrogation suivie du remplacement de la disposition abrogée par une prescription nouvelle »[290].

Le fait que l'abrogation et la modification soient deux actes administratifs dépourvus d'effet rétroactif a conduit à de notables rapprochements entre ces deux modalités de fin. Le régime juridique de ces deux notions a été assimilé tant par la jurisprudence administrative, que par l'autorité réglementaire notamment dans le décret du 28 novembre 1983[291].

Mais, bien que les règles applicables à ces deux modalités de fin soient en grande partie communes, l'abrogation et la modification sont cependant radicalement distinctes. La modification se distingue de l'abrogation sur deux points : d'une part

---

[289] Conseil d'Etat, Sect., 6 mars 2002, *Mme Besombes*, AJDA 23 sept. 2002, p. 802.

[290] J. Petit, *Contribution à l'étude des conflits de loi dans le temps en droit public interne*, Thèse, Paris, 1993, p. 22.

[291] Voir *supra*. Chapitre 1 ; les jurisprudences *Despujol* et *Compagnie Alitalia* notamment, ainsi que l'article 3 du décret de 1983, s'appliquent tant à l'abrogation qu'à la modification.

elle suppose le maintien en vigueur de l'acte, et d'autre part le remplacement de l'acte modifié.

Il convient de préciser que la modification peut consister en un simple ajout, ce qui relève d'une autre logique. En effet, si l'autorité administrative se contente de rajouter des dispositions à un acte administratif unilatéral, il n'y a plus de fin. La modification peut aussi consister en la suppression d'effets : on est alors dans le domaine de la fin (modification-fin).
La modification d'un acte comprend toujours deux moments, le premier par lequel l'autorité administrative anéantit certains effets de l'acte, le second par lequel elle procède à leur remplacement. Ces deux opérations doivent être effectuées pour que l'on puisse évoquer la modification. Ainsi, si l'administration ne remplace pas la partie de l'acte à laquelle elle a mis fin, alors il ne s'agit plus d'une modification mais d'une abrogation partielle (ce qui montre les similitudes entre ces deux modalités de fin). La distinction semble subtile et pourtant elle est claire : l'abrogation partielle d'un acte ne suppose le remplacement ni des dispositions abrogées, ni de l'acte lui-même. Au contraire, la modification suppose la création d'un nouvel acte. Si la modification peut consister dans la suppression pure et simple d'une disposition d'un acte, elle suppose toujours le remplacement de cet acte ou de ses dispositions[292]. La reprise de la teneur de l'acte, c'est-à-dire de la majorité de ses dispositions initiale, dans le nouvel acte explique que l'on qualifie cette opération de modification.

Par ailleurs, à la différence de l'acte abrogé, l'acte modifié ne sort pas de vigueur, il est maintenu dans l'ordonnancement juridique. La modification n'atteint pas la vigueur de l'acte, mais seulement certains de ses effets. Ces effets ont pris fin, c'est une partie de l'acte qui est anéantie. L'acte lui-même est toujours en vigueur, mais une partie de son but a changé puisque certains effets pour lesquels il avait été édicté ont été annihilés. L'auteur de la modification agit sur certaines dispositions de l'acte seulement, de sorte que l'acte lui-même n'est que peu différent de l'acte d'origine. L'exemple de l'arrêt précité *Madame Besombes* illustre parfaitement ces propos : dans cette affaire, le maire avait accordé, par arrêté, un permis de construire à deux sociétés. Peu de temps après il modifie cet arrêté par un autre dont la teneur est pratiquement identique : le même permis est accordé aux mêmes bénéficiaires, seule la condition de la réalisation d'un carrefour giratoire a disparu dans le second[293].
La modification ne conduit pas à changer l'ensemble d'un acte, ce qui est, au contraire, le cas de l'abrogation suivie d'un nouvel acte.

---

[292] Notamment, Conseil d'Etat, Sect., 6 mars 2002, *Mme Besombes*, précité.
[293] *Ibid.*

La seconde différence distinguant la modification de l'abrogation vient de l'action de l'administration. Elle anéantit certains effets d'un acte administratif unilatéral, et elle les remplace immédiatement par d'autres. Comme pour toute modalité de fin, elle annihile certains effets de l'acte, mais elle procède aussi à leur réfection, en remplaçant l'acte initial. L'acte modifié est repris pour une large part, la teneur de l'acte devant être conservée.
Il y a deux opérations : l'une qui abroge la réglementation antérieure et l'autre qui lui substitue un droit nouveau[294]. C'est véritablement un droit nouveau qui résulte de la modification, celle-ci n'a pas un caractère seulement confirmatif[295]. C'est une particularité de la modification, l'acte initial modifié est remplacé. La modification n'a jamais pour conséquence un vide juridique, contrairement aux autres modalités de fin. Une règle nouvelle vient toujours et immédiatement remplacer la règle à laquelle il est mis fin, c'est la définition même de la modification[296].

En modifiant un acte administratif unilatéral, l'administration agit de manière positive en remplaçant les effets annihilés, autrement dit, elle refait, elle recrée la règle de droit. Alors que les autres modalités de fin (notamment l'abrogation) ne sont qu'une action négative de l'autorité compétente, l'autorité administrative ou le juge administratif.
Cette particularité de la modification a permis au Conseil d'Etat de distinguer cette modalité de fin du retrait, opération dans laquelle il n'y a pas de remplacement des dispositions disparues. Le Conseil d'Etat affirme ainsi qu'un arrêté ayant eu pour objet d'annuler et de remplacer un autre arrêté « ne constitue qu'une décision modificative du premier permis délivré qu'il n'a pas eu pour effet de retirer »[297].

Le juge administratif rappelle aussi régulièrement que la modification se distingue de l'abrogation, c'est-à-dire que la modification d'un texte par l'autorité compétente n'a jamais pour effet d'abroger le texte en question, même implicitement.

---

[294] Le juge administratif emploie l'expression d'avenant comme synonyme de modification dans plusieurs arrêts, manifestant ainsi l'importance de la réfection dans cette modalité de fin. Par exemple, la décision de la Cour administrative d'appel de Marseille du 20 janv. 2000, *Commune de Ramatuelle* : « (...) que l'actuelle concession de plage, dans laquelle s'inscrit l'avenant attaqué, résulte d'un arrêté préfectoral en date du 18 août 1992, d'où découlent des droits acquis ; que par rapport à la concession initiale, les modifications sont mineures et vont dans le sens d'un renforcement de la protection de l'environnement », n° 97MA1046, n° 97MA01164.

[295] Cour administrative d'appel de Marseille, 20 janv. 2000, *Commune de Ramatuelle*, précité.

[296] Voir par exemple Conseil d'Etat, Sect., 9 juin 2000, *Association française des banques* : « Considérant que (...) a demandé (...) de bien vouloir envisager une modification de l'article 59 du décret du 31 juillet 1992, consistant à remplacer les mots : *sur-le-champ* par les mots : *dans un délai de deux jours ouvrés* », n° 198088, à paraître au Recueil Lebon.

[297] Conseil d'Etat, 6 mars 2002, *Mme Besombes*, précité.

Par exemple, dans un arrêt du 18 mars 1999, la Cour administrative d'appel de Marseille précise « que les dispositions précitées (...), qui ont pour seul objet de modifier l'article L. 471-1 du code de la santé publique (...), ne sauraient avoir eu ni pour effet, ni pour objet (...) d'abroger implicitement les dispositions (...) »[298].
La modification peut ainsi s'analyser en un aménagement, une adaptation de l'acte administratif unilatéral lorsqu'une procédure plus lourde - telle une abrogation - ne s'avère pas nécessaire. Cela explique son fondement qui est souvent le changement de situation, de circonstances, autrement dit la nécessité d'adapter toute réglementation aux différentes évolutions.
Cela explique également les rapprochements opérés avec l'abrogation, et l'application des mêmes règles de droit, du même régime juridique à ces deux modalités de fin.

**B/ Le régime juridique de la modification.**

Le principe de mutabilité justifie la modification d'un acte réglementaire, comme elle justifie son abrogation. Il ne doit y avoir aucun obstacle aux changements à réaliser en vue d'adapter la réglementation. Dans ces conditions, la modification peut être l'expression d'un pouvoir discrétionnaire. L'administration a ainsi la faculté d'abroger spontanément un acte non créateur de droits acquis, qu'il soit réglementaire ou non réglementaire, à toute époque[299].
Le pouvoir reconnu à l'autorité administrative de modifier un acte réglementaire est régulièrement affirmé par le juge administratif qui dispose : « Considérant qu'en raison de son caractère d'acte administratif réglementaire, ledit arrêté peut être modifié par une mesure de même nature émanant des ministres mentionnés ci-dessus »[300]. C'est donc véritablement la nature réglementaire de l'acte en cause qui justifie le pouvoir de modification de l'autorité administrative.

Mais la faculté de modifier un acte réglementaire, spontanément, n'est pas une règle générale. Parfois l'administration a l'obligation de modifier un acte, sa compétence est alors liée par le droit. En effet, tant le décret de 1983 que la jurisprudence *Compagnie Alitalia* qui portent sur l'abrogation, s'appliquent également à cette modalité de fin[301]. Le Conseil d'Etat a assimilé ces deux opérations dès l'arrêt *Despujol* de 1930. Il juge en effet « qu'il appartient à tout intéressé, dans le cas où les circonstances qui ont pu motiver légalement un

---

[298] Cour administrative d'appel de Marseille, 18 mai 1999, *Mlle Conesa*, n° 97MA05053.
[299] Conseil d'Etat, 8 déc. 1961, *Benchenouf*, Leb. p. 693.
[300] Conseil d'Etat, Sect., 13 oct. 1999, *Mme Renard Payen et autres*, n° 200532. Dans le même sens, Conseil d'Etat, Sect., 7 mai 1999, *Fédération nationale des médecins radiologues et autres*, n° 198968, non publié.
[301] Conseil d'Etat, *Compagnie Alitalia*, précité.

règlement municipal ont disparu, de saisir à toute époque le maire d'une demande tendant à la modification ou à la suppression de ce règlement (...) »[302]. L'expression « abroger ou modifier » est d'ailleurs très fréquente dans la jurisprudence administrative[303].
Pourtant l'autorité réglementaire n'a pas initialement jugé nécessaire d'assimiler les deux modalités de fin de manière expresse dans le texte du décret de 1983. La jurisprudence administrative a, quant à elle, soumis l'abrogation et la modification aux mêmes règles, notamment celles du décret de 1983[304]. Ainsi, l'administration peut à toute époque prononcer la modification des règlements illégaux définitifs, en agissant de sa propre initiative ou sur demande des intéressés. Un administré peut également demander la modification d'un acte administratif illégal, qu'il l'ait été dès l'origine ou qu'il le soit devenu, dans les mêmes conditions que l'abrogation. Par conséquent, le refus de l'administration d'y déférer constitue un excès de pouvoir. Par exemple, devant le refus du président du conseil d'administration de la Compagnie Air France de modifier le règlement du personnel au sol de manière à ce qu'il y soit tenu compte des dispositions de la loi du 13 juillet 1972, l'ABRAM et M. Gai demandent au Conseil d'Etat d'annuler pour excès de pouvoir la décision de refus et d'enjoindre la Société Air France de procéder à cette modification. C'est ce qu'il accepte dans sa décision[305].
La compétence de l'administration est, dans ce cas précis, liée par le droit.

La jurisprudence administrative révèle donc que si de nombreuses différences justifient la distinction entre la modification et l'abrogation, aucune en revanche ne justifie une différence de régime juridique.

---

302 Conseil d'Etat, Sect., 10 janv. 1930, *Despujol*, précité.
303 Conseil d'Etat, 10 janv. 1954, *Simonnet*, précité.
304 Conseil d'Etat, Sect., 29 déc. 2000, *Régie immobilière de la ville de Paris*, n° 209443.
305 Conseil d'Etat, Sect., 10 mai 1999, *Assoc. des anciens brevetés de Rochefort de l'aéronautique militaire (ABRAM) et M. Gai*, n° 197995.

## §2 : La caducité de l'acte administratif unilatéral.

« La caducité désigne un phénomène juridique autonome et irréversible privant d'effet de plein droit et pour l'avenir la norme d'un acte valablement formé. Elle est déclenchée par la survenance d'un événement juridique ou factuel, nécessairement postérieur à la confection de l'acte, imprévu ou encadré mais indépendant de la volonté de l'autorité éditrice »[306].

La caducité peut être prévue par l'acte d'origine, on parle alors de caducité planifiée. Cette forme de caducité est une modalité de fin de l'acte administratif unilatéral qui provoque la fin de ses effets dans un premier temps, et sa sortie de vigueur dans un second temps, à condition d'être constatée.
Certains auteurs admettent que la caducité peut également être due à un changement de circonstances, à une modification de l'état du droit. On parle alors de caducité naturelle, qui atteindrait les actes devenus obsolètes[307]. Cette forme de caducité n'est prévue par aucun texte, elle est totalement imprévisible, à la différence de la caducité planifiée. Malgré cela, elle obéit aux mêmes mécanismes que la caducité planifiée. Il existe une autre différence entre ces deux formes de caducité : la caducité naturelle n'est, semble-t-il, pas reconnue par le droit administratif français.

La caducité planifiée, qui est une modalité de fin de l'acte administratif unilatéral sera d'abord étudiée (A). La caducité naturelle, qui n'en est, en revanche, pas une sera ensuite présentée (B).

### A/ La caducité planifiée, modalité de fin.

La caducité planifiée, dite aussi caducité-produit, est prévue par un texte. Elle frappe un acte à une date préfixe. Par exemple, l'article R. 421-32 du Code de l'urbanisme déclare périmé le permis de construire lorsque la construction n'est pas entreprise dans le délai de deux ans à compter de la notification ou de la délivrance tacite du permis.

La péremption est la principale manifestation de la caducité planifiée, c'est également la plus connue. La logique de la péremption est la suivante : un délai est fixé durant lequel le bénéficiaire de l'acte doit faire produire à celui-ci tout ou partie de ses effets. Ce délai écoulé, sa négligence est automatiquement

---

[306] G. Chavrier, *La caducité des actes juridiques en droit public français*, Thèse, Paris, 1997, p. 116.
[307] G. Chavrier, *op. cit.* ; voir également G. Gonzalez, « La caducité des actes administratifs unilatéraux », RDP 1991, p. 1675.

sanctionnée sans qu'aucune intervention de l'administration ne soit théoriquement nécessaire.
Le point de départ du délai de la péremption est fixé à la date de la notification de l'acte individuel[308], ou de publication de l'acte particulier[309], voire de sa signature[310].
Les autres manifestations de la caducité planifiée sont attachées à l'exigence d'une condition d'extinction prévue par un texte, elles sont cependant beaucoup plus rares. L'article L. 480-2 du Code de l'urbanisme prévoit par exemple que l'arrêté municipal prescrivant l'interruption des travaux entrepris en infraction aux règles d'urbanisme cesse d'avoir effet lorsque les poursuites se sont soldées par une décision judiciaire de relaxe ou de non-lieu. La péremption est indéniablement la manifestation la plus importante quantitativement de la caducité planifiée.

La caractéristique principale de cette modalité de fin des actes administratifs unilatéraux est son automaticité. Ainsi, la péremption de la décision se produit *ipso facto* du seul fait de l'écoulement du délai préfixé, et indépendamment de toute intervention de l'administration.
Mais l'acte devenu caduc ne sort pas de vigueur, il cesse seulement de produire tout effet. La procédure de la caducité n'est automatique que de ce point de vue. Tant qu'une autorité compétente n'a pas constaté l'état caduc de l'acte, l'acte est maintenu dans l'ordonnancement juridique, autrement dit, il ne disparaît pas.
L'automaticité de la caducité pourrait néanmoins aller à l'encontre de sa planification. Il apparaît pourtant que ces deux idées ne sont pas contradictoires. L'anéantissement du droit, qui est la conséquence de la péremption, échappe totalement à l'administration, puisque ce sont les négligences du destinataire qui entraînent la caducité. C'est parce que les conditions et délais avaient été préalablement prévus que l'acte est anéanti. La caducité peut donc être à la fois planifiée et automatique. Elle n'est pas imprévisible, on peut en revanche affirmer qu'elle est inopinée.

En subordonnant l'acquisition définitive d'un droit à sa mise en œuvre et les conditions suspensives au respect préalable d'une condition, la péremption (et la caducité planifiée dans son ensemble) limite les droits acquis. Les clauses de péremption permettent ainsi à l'administration d'édicter des actes créateurs de droits non acquis. En effet, un acte administratif assorti d'une telle clause est considéré comme non créateur de droits acquis. Il peut dès lors être retiré sans

---

[308] C'est le cas de l'autorisation de création d'une pharmacie, Conseil d'Etat, 10 juill. 1974, *Conseil Régional de l'ordre des pharmaciens de Montpellier*, JCP 1975, II, 17988.
[309] Par exemple pour la publication de l'acte créant une ZAC, art. R. 311-8 du Code de l'urbanisme.
[310] Notamment l'arrêté de cessibilité, Conseil d'Etat, 20 mars 1964, *Epoux Tihay, Sieur Martin, Sieur Vinot et autres*, Leb. p. 197.

considération de délai. De ce point de vue, la caducité planifiée n'est pas une garantie des droits des administrés puisque tout acte assorti d'une clause de péremption est considéré comme non créateur de droits acquis.
Les dangers de la caducité, même lorsqu'elle est planifiée, apparaissent incontestablement du fait notamment de son automaticité. Le développement de règles encadrant cette modalité de fin est nécessaire, afin de sécuriser les droits des administrés et l'action de l'administration.

**B/ L'exclusion de la caducité naturelle.**

La caducité naturelle, appelée également caducité-état, n'est prévue par aucun texte. Elle est le plus souvent le résultat de l'inadéquation du droit au fait. A la différence de la caducité planifiée, cette forme de caducité atteint de façon naturelle les actes devenus obsolètes, soit qu'ils ne soient plus utilisés, soit qu'ils ne correspondent plus au droit ou aux faits ambiants[311]. Elle est donc le fait d'un changement soit des circonstances de fait, soit des circonstances juridiques. L'acte administratif unilatéral devient naturellement caduc du seul fait de l'évolution due au temps.

L'étude a montré que le caractère automatique de la caducité s'est révélé être un obstacle à sa consécration par le droit français. En effet, l'automaticité entraîne nécessairement l'incertitude de l'administré face à l'ordonnancement juridique. Ce sont par la suite les doutes du juge administratif et des autorités législative et réglementaire qui ont freiné sa reconnaissance du fait des exigences nouvelles du principe de sécurité juridique. Le droit administratif français refuse donc de reconnaître à la caducité naturelle un quelconque effet sur l'acte administratif unilatéral.
La fin de l'acte administratif unilatéral est, en elle-même, une atteinte à la sécurité juridique des administrés, elle doit donc pour cela être encadrée par le droit. La caducité naturelle n'étant pas susceptible d'être ainsi limitée, elle ne peut donc pas être admise.
Les effets néfastes de l'automaticité sont certainement atténués lorsque la caducité est prévue, autrement dit, quand elle est planifiée. La conséquence directe est en effet l'amélioration de la situation de l'administré. Le principe de sécurité juridique est ainsi mieux garanti si la caducité est prévue par un texte. Cette différence fondamentale justifie que la caducité planifiée soit, contrairement à la caducité naturelle, une modalité de fin de l'acte.

---

[311] G. Gonzalez, *op.cit.*, p. 1680.

La caducité naturelle serait d'abord préjudiciable à l'administré dans la mesure où l'inadéquation du droit au fait comme modalité de fin de l'acte administratif unilatéral serait une atteinte à la sécurité des administrés.
Admettre qu'un acte puisse prendre fin du fait d'un changement de circonstances de droit ou de fait serait une atteinte manifeste à la sécurité juridique et une importante source d'incertitudes. L'administré doit connaître ses droits et obligations, l'administration doit les respecter. L'ordonnancement juridique n'a pas vocation à évoluer de manière automatique. Avant que la caducité naturelle ne soit reconnue, le législateur et le juge administratif se doivent au préalable d'apporter un certain nombre de précisions, portant par exemple sur le délai au terme duquel l'inapplication rend caduc un acte administratif unilatéral. Il faut également s'assurer qu'un acte désuet ne sera plus jamais appliqué.
Or, les doutes quant à ces questions subsistent, les incertitudes juridiques en ce domaine sont encore très nombreuses[312]. Les dangers que représente la caducité naturelle au regard de l'administré lui ôtent tout espoir de reconnaissance prochaine.

La caducité naturelle serait également préjudiciable à l'administration, elle constituerait ainsi une entrave à l'action administrative. En effet, reconnaître qu'un changement de circonstances peut avoir un effet sur la vigueur ou les effets d'un acte administratif unilatéral, c'est admettre que l'ordonnancement juridique peut évoluer en l'absence de manifestation de volonté administrative. C'est ainsi que l'administration pourrait se trouver dans l'impossibilité d'appliquer un texte qu'elle a édicté parce qu'il est désuet ou bien inadéquat.
L'administration ne doit pas subir les modifications de l'ordonnancement juridique, au contraire elle doit en garder la maîtrise. Le pouvoir de décision de l'autorité administrative ne doit pas disparaître car c'est l'une des composantes de l'Etat de droit.
L'intervention active de l'administration est nécessaire pour mettre fin à un acte administratif unilatéral, le juge administratif lui-même refuse en principe de s'y substituer, conformément à l'un des principes les plus importants du droit administratif.
Le changement ou la disparition des circonstances ayant motivé l'acte n'entraîne pas la caducité de celui-ci. En revanche, il justifie son abrogation ou sa modification, deux modalités de fin que le juge administratif utilise largement. La caducité planifiée semble dès lors la seule hypothèse de caducité que le droit administratif admette. La reconnaissance d'une caducité naturelle est improbable car elle ne correspond pas aux exigences de l'Etat de droit.

---

[312] G. Chavrier, *op.cit.*, p. 276.

Cette affirmation est confirmée par le refus du juge administratif de reconnaître une autre notion, *a priori* proche de la caducité naturelle, voire similaire, qui est la désuétude. La désuétude est le non-usage, la non-application durable d'un texte. Si quelques auteurs ont remarqué les rapprochements entre les notions de caducité naturelle et désuétude, aucun n'a, semble-t-il, établi de critère de distinction.

Pour G. Gonzalez, « la caducité naturelle serait, dans certains cas exceptionnels, la conséquence de la désuétude, de la non-application d'un texte ; un lien ténu mais réel serait ainsi établi entre la notion de désuétude et celle de caducité naturelle en certaines de ses manifestations »[313]. L'auteur associe la caducité naturelle et la désuétude comme la caducité planifiée et la péremption. La désuétude est une forme de caducité naturelle, comme la péremption est une manifestation de la caducité planifiée.

Due à l'évolution d'une situation ou d'un texte et entraînant le non-usage de l'acte, de manière automatique, la désuétude est bien plus qu'une forme de caducité naturelle. La désuétude et la caducité naturelle ne sont finalement qu'une seule et même idée, elles sont synonymes. On ne peut pas distinguer ces notions car elles ne sont qu'une, autrement dit, elles sont indissociables. Ainsi, la désuétude et la caducité naturelle ont la même cause : l'inadéquation du droit au fait ; de plus elles ont le même effet : l'inapplication de l'acte.

Cela justifie que ces deux notions puissent être assimilées. Par conséquent, cela explique que les raisons invoquées pour rejeter la désuétude s'appliquent à la caducité.

La non-reconnaissance de la désuétude s'explique par le caractère formaliste de notre droit qui interdit de lui reconnaître un effet quelconque sur le maintien en vigueur d'un acte administratif. Ce sont notamment et encore des raisons tenant à la sécurité juridique des administrés qui la justifient, parce que la désuétude est automatique et complètement imprévisible. M. Waline affirme sans aucune ambiguïté : « Pas de désuétude. Un premier point certain, c'est que, pas plus que les lois, les actes administratifs ne tombent en désuétude, ne s'abrogent par la non-application »[314].

La désuétude représente d'autant plus un danger que, si elle devait être admise, il faudrait dater le moment à partir duquel l'acte non-appliqué serait désuet. Or, ce sont des considérations éminemment subjectives qui permettraient de déterminer cette date, en effet elle est susceptible de varier en fonction de chaque cas d'espèce. Les conséquences de la désuétude sont également à envisager du point de vue de l'ordonnancement juridique, car elle peut entraîner un vide juridique difficile à

---

[313] *Ibid.*, p. 1694.

[314] M. Waline, *Précis de droit administratif*, Montchrestien, 1969, p. 385.

combler dans la mesure où l'administration n'en a pas forcément connaissance, puisqu'elle n'interviendrait pas dans ce processus. Ces considérations expliquent qu'elle ne soit pas encore reconnue par le droit administratif français.

Il faut dès lors admettre que seule la caducité planifiée est une modalité de fin car elle est prévue par un texte, la caducité naturelle n'étant au contraire pas une modalité de fin. Ainsi, à la différence de la caducité planifiée, la caducité naturelle n'est pas consacrée par le droit administratif, elle doit encore être considérée comme postulée[315].

[315] G. Gonzalez, *op.cit.*, p. 1705.

# Conclusion du titre premier.

L'étude de la procédure de fin de l'acte administratif unilatéral confirme son caractère relativement complexe. Les auteurs compétents pour anéantir un acte administratif unilatéral sont divers : l'autorité administrative, autrement dit l'auteur de l'acte ainsi que de son supérieur hiérarchique, mais également l'autorité juridictionnelle, limitée quant à elle au juge administratif, sont, en effet, conjointement compétentes. Ce sont les principes de droit administratif du parallélisme des compétences et celui du pouvoir hiérarchique qui justifient la compétence de l'administration. La compétence du juge est quant à elle fondée sur les règles classiques du recours pour excès de pouvoir. Ces précisions concernant les autorités aptes à mettre fin à un acte administrative unilatéral permettent de tracer les premiers contours de la fin, elles ne permettent néanmoins pas de l'identifier en tant que telle.
Afin de préciser davantage la fin, il fallait s'attacher aux moyens dont disposent ces autorités pour agir en vue d'anéantir un acte administratif unilatéral. La diversité est à nouveau présente dans cette recherche et l'étude montre que chaque auteur dispose de procédés propres pour agir. Ainsi, le juge administratif peut annuler un acte administratif, d'ailleurs lui seul est compétent en matière d'annulation car cette modalité de fin est toujours contentieuse. Il peut également constater la caducité d'un tel acte. L'autorité administrative peut en principe retirer un acte, l'abroger, le modifier ou en constater la caducité. Ce sont cinq modalités qui se dégagent de cette étude, ce sont les cinq manifestations de la fin de l'acte administratif unilatéral.

La complexité de la procédure s'estompe quelque peu dès lors qu'elle se précise. L'ensemble de la procédure paraît sous-tendu par une idée récurrente : la nécessité de protéger l'administré, notamment ses droits, de surcroît lorsqu'ils sont acquis. L'idée de sécurité juridique est constamment présente dans le domaine de la fin de l'acte. Pourtant, le Conseil d'Etat refuse toujours de reconnaître le principe de sécurité juridique en tant que principe du droit administratif français.
Cela s'explique d'autant moins que l'autonomie des juridictions françaises, ainsi que tout Etat membre, n'a jamais été remise en cause par l'admission de principes émanant des juridictions communautaires. La reconnaissance du principe de sécurité juridique par le Conseil d'Etat pourrait se faire de manière jurisprudentielle, par le moyen des principes généraux du droit. Certains auteurs n'hésitent pas à proposer qu'il soit admis au rang du droit communautaire, afin

d'être respecté par la loi[316]. Une telle reconnaissance par la Haute Assemblée présenterait une avancée réelle du droit administratif français, dont bénéficierait en premier lieu la procédure de fin de l'acte administratif unilatéral, et au-delà, l'ensemble du droit administratif[317].

La sécurité juridique apparaît de manière très concrète et explicite dans des principes tels que la non-rétroactivité, l'intangibilité des effets des actes individuels et la protection des droits acquis. Il faut cependant relativiser ces propos et admettre que cette présence se révèle plus ou moins importante.
C'est ainsi que la rétroactivité du retrait explique que la protection de l'administré apparaît comme un objectif primordial, que seul le principe de légalité permettra de contrebalancer, donc de limiter.
Mais ce n'est pas la seule rétroactivité qui justifie que la sécurité juridique de l'administré soit davantage prise en considération. La procédure de caducité est en effet guidée par un souci constant de protection de l'administré sans pour autant que cette modalité de fin ne soit rétroactive.

[316] F. Chaltiel, *op. cit.*, p. 10.
[317] Remarquons que le Conseil constitutionnel est également prudent, puisqu'il paraît garantir le principe de sécurité juridique sans en faire un principe à valeur constitutionnelle (Voir B. Mathieu, « La sécurité juridique : un principe constitutionnel clandestin mais efficient », *Mélanges P. Gelard*, Montchrestien, 1999, p. 301). Le juge constitutionnel l'illustre notamment lors du contrôle opéré sur la non-rétroactivité des lois (Décision n° 99-421 DC du 16 déc. 1999, LPA 28 juill. 2000, p. 15).

# Titre second :

# La diversité des effets produits.

Pour analyser les effets produits par la fin, il a semblé nécessaire d'opérer une distinction préalable séparant l'acte de fin et la fin de l'acte. Il apparaît ainsi que la fin de l'acte administratif unilatéral produit deux types d'effets distincts selon que l'on tient compte des effets de l'acte de fin ou de ceux produits par la fin elle-même. En effet, deux idées, sans s'opposer, s'accordent *a priori* mal : la question de la rétroactivité ou de la non-rétroactivité de la fin d'une part, la question de la sortie de vigueur ou de la fin des effets de l'acte d'autre part. Il s'avère que la question de la rétroactivité concerne précisément les effets de l'acte de fin, alors que la question de la vigueur de l'acte porte sur ceux de la fin proprement dite. Une dualité se dessine ainsi dès la qualification des effets : ceux produits par l'acte de fin sont différents de ceux produits par la fin elle-même. Or, ils sont tous deux déterminants dans le régime juridique de la fin de l'acte administratif unilatéral. La distinction permet dans un premier temps de clarifier la question des effets produits par la fin.

L'effet produit par l'acte de fin a une importance considérable dans la mesure où il influence l'ensemble de la procédure de fin. Il détermine l'effet de chaque modalité de fin, de fait celui-ci peut être de deux sortes : il est soit rétroactif, soit non-rétroactif. Les effets produits par l'acte de fin seront étudiés dans un premier chapitre (Chapitre 1).

Les effets produits par la fin proprement dite sont également de deux sortes. Ainsi, l'acte initial est susceptible soit de sortir de vigueur, soit de cesser de produire tout effet sans que sa vigueur même ne soit atteinte. Deux formes de fin sont mises en évidence. Les effets produits par la fin de l'acte seront présentés dans un second chapitre (Chapitre 2).

# Chapitre 1 :

# Les effets produits par l'acte de fin.

L'acte de fin est le premier moment de la procédure, il détermine la modalité de fin permettant à son auteur d'annihiler un acte administratif unilatéral. Etant à l'origine de la fin, ses caractéristiques vont largement influencer l'ensemble de la procédure, notamment ses effets. Comme toute norme juridique, l'acte de fin est parfois rétroactif, il a alors un effet *ex tunc*. L'acte initial cesse alors non seulement de produire tout effet, mais tous les effets qu'il a produit sont également annihilés. La rétroactivité atteint par définition tous les effets de l'acte, dont les effets passés. Selon H. Kelsen, « D'une façon générale, les normes ne se rapportent qu'à un comportement qui a lieu après que la norme a été posée ; il est cependant possible qu'elles se rapportent également à un comportement passé, c'est-à-dire un comportement qui a eu lieu avant que la norme soit posée. On dit en ce cas qu'elles ont un effet rétroactif »[318].
L'acte de fin peut être rétroactif ou non-rétroactif et cela va donc largement influer sur la fin elle-même : en effet, la rétroactivité de l'acte de fin entraîne nécessairement la rétroactivité de la modalité dont il est à l'origine ; et inversement. L'effet produit par chaque modalité dépend donc directement de l'effet de l'acte de fin. La dualité d'effets de cet acte permet d'établir une classification des différentes modalités de fin : elles peuvent être distinguées selon leur effet rétroactif ou non-rétroactif.

Bien que les deux opérations soient rétroactives, le retrait et l'annulation ne se confondent pas pour autant. Si l'annulation est un acte juridictionnel, le retrait est, en revanche, un acte administratif.
Or, le droit administratif français prohibe en principe toute rétroactivité des actes administratifs. Cette modalité de fin, plus précisément l'acte de retrait, apparaît donc comme une exception au principe de non-rétroactivité des actes administratifs. L'acte de fin ayant un effet rétroactif sera analysé dans une première section (Section 1).

[318] H. Kelsen, *Théorie générale des normes*, PUF, 1996, p. 192.

Mais l'acte de fin n'est pas toujours rétroactif, il ne produit parfois effet que dans l'avenir, *ex nunc*. Dès lors seuls les effets futurs de l'acte sont annihilés, ceux passés n'étant pas affectés. Les modalités de fin n'emportant effet que dans l'avenir sont l'abrogation et la modification. Leur non-rétroactivité est la conséquence de l'absence d'effet rétroactif des actes de modification et d'abrogation. Ces modalités émanent de l'administration, ce sont des actes administratifs non-rétroactifs.
L'effet de l'acte de constatation de caducité a, quant à lui, suscité quelques doutes. Ainsi, la constatation de caducité d'un acte peut émaner de l'administration ou du juge administratif. Elle peut donc être un acte administratif ou un acte juridictionnel. La question est alors de déterminer dans quelle mesure cette dualité pourrait influencer l'effet de l'acte de constatation de caducité. L'étude de cet acte révélera qu'il n'a pas d'effet rétroactif lorsqu'il émane de l'autorité administrative. Autrement dit, bien qu'elle constate un état antérieur, la décision de l'autorité administrative ne produit effet qu'à compter de sa notification ou publication. En revanche, la question se pose quand la constatation de caducité est le fait du juge administratif. L'acte juridictionnel d'annulation est par essence rétroactif, mais cela ne signifie pas que tout acte juridictionnel est rétroactif. Il s'avère notamment que l'acte juridictionnel de constatation de caducité n'est pas rétroactif.
L'acte de fin n'ayant d'effet que pour l'avenir sera étudié dans une seconde section (Section 2).

## Section 1 : L'acte de fin ayant un effet rétroactif.

La rétroactivité de l'acte de fin est particulièrement surprenante lorsque celui-ci est un acte administratif. En effet, un des grands principes du droit administratif français prohibe la rétroactivité des actes administratifs[319].
Le principe de non-rétroactivité des actes administratifs s'oppose donc incontestablement à leur retrait, qui est en effet par définition un acte administratif rétroactif. Il faut donc admettre que le principe de non-rétroactivité n'est, malgré son importance, pas absolu. Il existe des exceptions à ce principe, généralement justifiées par les nécessités administratives. Mais bien que nécessaires, ces exceptions n'en sont pas moins une entorse à un principe général du droit, elles sont donc très limitées par la règle de droit. Cela explique que le retrait d'un acte administratif unilatéral est une procédure reconnue, mais largement encadrée par les textes. La règle de droit (déterminée par la jurisprudence et par les textes) va jusqu'à interdire le pouvoir de retrait de l'administration lorsqu'il constitue une atteinte aux droits des administrés[320].

L'acte d'annulation est également un acte rétroactif mais il émane du juge administratif : c'est un acte juridictionnel auquel ne s'applique donc pas le principe précité. La rétroactivité de l'acte d'annulation s'explique par la fonction du juge, fonction de censeur de l'administration : il veille au respect de la légalité administrative. Saisi d'un recours pour excès de pouvoir, le juge administratif annule l'acte illégal. L'acte annulé est censé n'avoir jamais existé, il disparaît de manière rétroactive. Si l'annulation est toujours rétroactive, la question se pose de savoir si toute décision juridictionnelle est rétroactive.
En d'autres termes, il s'agit de savoir si la nature du jugement suppose ou non la rétroactivité. La question se pose de la même manière s'agissant de la constatation juridictionnelle de caducité.

Dans un premier paragraphe, la rétroactivité de l'acte administratif de fin sera étudiée, en tant qu'exception à un principe général du droit (§1). La rétroactivité de l'acte juridictionnel de fin sera analysée dans un second paragraphe. Il s'agira de

---

[319] Voir J-M. Auby, « L'incompétence *ratione temporis*. Recherches sur l'application des actes administratifs dans le temps », RDP 1953, p. 5 ; J. Carbajo, *L'application dans le temps des décisions administratives exécutoires*, Thèse, LGDJ, 1980 ; O. Dupeyroux, *La règle de la non-rétroactivité des actes administratifs*, Thèse, LGDJ, 1953 ; M. Letourneur, « Le principe de la non-rétroactivité des actes administratifs », EDCE 1955, p. 37.

[320] L'arrêt du Conseil d'Etat du 3 novembre 1922, *Dame Cachet*, prévoit qu'un acte créateur de droits ne peut faire l'objet d'un retrait que s'il est illégal et non définitif. Pour de plus amples développements, voir *supra*. Titre I, chapitre I.

mettre en évidence les spécificités de l'acte d'annulation au regard de l'acte juridictionnel (§2).

**§1 : Le retrait, exception au principe de la non-rétroactivité des actes administratifs.**

En admettant la rétroactivité de certains actes administratifs, « la jurisprudence a essentiellement reconnu que la règle de la non-rétroactivité devait être parfois écartée, afin de permettre à l'Administration d'assurer plus scrupuleusement le respect de la légalité »[321]. La jurisprudence administrative a dans un premier temps donné au principe de non-rétroactivité la valeur de principe général du droit, elle a ensuite justifié les exceptions au principe. La règle de la non-rétroactivité des actes administratifs est donc véritablement jurisprudentielle. Parmi les exceptions à cette règle, le retrait d'un acte administratif unilatéral s'explique par le souci de garantir et de respecter le principe fondamental de légalité. Mais l'admission du retrait est également et nécessairement une atteinte aux droits des administrés, d'autant plus importante lorsque ces droits sont considérés comme acquis. La rétroactivité du retrait est une source d'insécurité, d'incertitude pour les administrés. Le retrait est donc une exception à un principe général du droit (celui de la non-rétroactivité des décisions administratives), exception qui constitue simultanément une entorse au principe de sécurité juridique.

Ce développement sera consacré au retrait, appréhendé dans une perspective différente de celle jusqu'ici abordée. De fait, ce sont les effets du retrait qui retiendront exclusivement l'attention : d'abord quant à son caractère rétroactif (A), ensuite la limite inscrite dans la reconnaissance de droits acquis (B).

**A/ Le retrait, modalité rétroactive de fin.**

L'autorité du principe de non-rétroactivité des actes administratifs n'est pas issue du Code civil dont l'article 2 prévoit pourtant que « la loi ne dispose que pour l'avenir ; elle n'a point d'effet rétroactif », mais de la jurisprudence administrative. C'est un principe général du droit en vertu duquel les autorités administratives ne peuvent légalement fixer l'entrée en vigueur de leurs décisions à une date antérieure à celle de leur publication ou notification. Elles ne peuvent décider que pour l'avenir[322].

---

[321] O. Dupeyroux, *op.cit.*, p. 269.

[322] Conseil d'Etat, Ass., 25 juin 1948, *Société du journal l'Aurore*, Leb. p. 289 ; Conseil Constitutionnel, 24 oct. 1969, *Frais de scolarité à l'Ecole polytechnique*, Leb. p. 32.

En 1947, le Conseil d'Etat a expressément mentionné le principe en vertu duquel les règlements ne disposent que pour l'avenir. En 1948, le principe reçoit l'acception la plus large visant indistinctement les actes réglementaires et les actes individuels[323]. Dès lors, tous les actes administratifs sont soumis au principe général du droit de non-rétroactivité.
Le principe de non-rétroactivité des décisions administratives n'est, malgré son importance, pas absolu. En d'autres termes, la rétroactivité d'un acte administratif n'entraîne pas nécessairement l'annulation ou la non-application de l'acte. Des exceptions au principe ont, en effet, été admises afin notamment de garantir un autre principe d'égale importance pour le droit administratif, celui de légalité.
« Les exceptions au principe de non-rétroactivité démontrent donc, qu'en droit positif, la rétroactivité n'est pas toujours condamnable, pour ne pas dire que, dans certains cas, elle est même souhaitable »[324].

Il existe trois exceptions principales à la règle de la non-rétroactivité des actes administratifs. D'abord l'autorité administrative peut déroger au principe de non-rétroactivité en vertu d'une disposition législative. Le législateur n'est en effet pas, en principe, lié par les principes généraux du droit.
Dès lors, si le Code civil lui interdit d'édicter des lois rétroactives, il n'est en revanche pas soumis à la règle de la non-rétroactivité des actes administratifs. Dans l'arrêt *Entreprise Chagnaud* de 1996, le juge administratif affirme ainsi : « Considérant qu'il résulte de leurs termes mêmes que les dispositions de la loi du 30 décembre 1996 ont entendu conférer un caractère rétroactif au texte réglementaire dont elles ont prévu l'intervention … »[325].
Ensuite, l'autorité administrative peut donner un effet rétroactif à ses décisions lorsque cela est nécessaire, soit parce qu'elle doit tirer les conséquences d'une annulation, soit pour combler un vide juridique[326]. Le vide juridique peut se définir comme une lacune dans l'ordonnancement juridique qui intervient lorsque le juge administratif annule un acte administratif unilatéral ou encore du fait de l'intervention d'un texte qui n'envisage pas toutes ses conditions d'application[327]. Le caractère rétroactif de l'annulation cause nécessairement un vide juridique que l'administration elle-même devra combler. Pour cela, elle est tenue de prendre un

---

[323] Conseil d'Etat, 28 févr. 1947, *Ville de Lisieux*, p. 83 ; Conseil d'Etat, Ass., 25 juin 1948, *Société du journal L'Aurore*, précité ; Conseil d'Etat, 16 juill. 1948, *Sté de filature et de tissage de Madagascar*, Leb. p. 334.
[324] C. Yannakopoulos, *La notion de droits acquis en droit administratif français*, Thèse, LGDJ, 1997, p. 403.
[325] Conseil d'Etat, 30 déc. 1998, *Entreprise Chagnaud*, AJDA 1999, p. 96.
[326] Conseil d'Etat, 7 févr. 1979, *Association des professeurs agrégés des disciplines artistiques*, précité.
[327] Voir notamment Conseil d'Etat, 5 juin 1970, *Puisoye*, Leb. p. 386 ; Conseil d'Etat, 7 févr. 1979, *Association des professeurs agrégés des disciplines artistiques*, Leb. p. 41.

certain nombre d'actes administratifs qui seront également rétroactifs. Dans ce cas, c'est l'autorité de la chose jugée qui impose à l'administration une telle action. Enfin, l'autorité administrative dispose du pouvoir de retirer ses décisions, c'est-à-dire de provoquer leur sortie rétroactive de l'ordonnancement juridique lorsque l'acte est entaché d'illégalité.

Le retrait fait donc partie des exceptions reconnues au principe de non-rétroactivité. Le pouvoir de retrait de l'administration trouve son fondement dans le droit, reconnu à l'administration, de corriger ses propres erreurs. Celle-ci pourrait retirer l'acte illégal sans attendre que le juge administratif ne l'annule. L'administration peut ainsi agir spontanément, évitant une action contentieuse, pour garantir la légalité administrative. L'autorité administrative fait la même chose que le juge s'il avait été saisi. Cela explique en partie l'effet rétroactif du retrait : ayant la même fonction, le retrait et l'annulation ont également le même effet rétroactif.
Le principe de légalité justifie l'action de l'autorité administrative, mais le retrait d'un acte administratif est susceptible de causer un tort à un administré, notamment si cet acte lui était favorable. Le retrait constitue alors une atteinte aux droits acquis par l'administré, eux-mêmes protégés par le principe de sécurité juridique. Le retrait, du fait de son caractère rétroactif, va donc également à l'encontre du principe de sécurité juridique. Le retrait anéantit les effets de l'acte administratif, tant les effets passés que ceux à venir. Or, l'atteinte aux effets passés peut se révéler être une atteinte à des droits acquis par les administrés. C'est en vue d'en limiter les effets que le principe de sécurité juridique impose l'encadrement juridique strict du pouvoir de retrait de l'administration.

Il paraît impossible de respecter scrupuleusement et simultanément les principes de légalité et de sécurité. Il convient donc de les concilier afin qu'il n'y ait pas d'atteinte majeure à l'un ou à l'autre. C'est l'objectif de la théorie du retrait des actes créateurs de droits acquis, formulée en 1922[328]. Pour le commissaire du gouvernement Rivet, le pouvoir de retrait est une faculté reconnue à l'administration de contrôler ses propres actes, une « faculté essentielle à son action »[329]. Pour autant, cette faculté ne doit pas se heurter au principe de la protection des droits acquis. Si certains arrêts ont largement favorisé la légalité

[328] Concl. Rivet sur l'arrêt du Conseil d'Etat, 3 nov. 1922, *Dame Cachet*, RDP 1922, p. 552 ; sur cette théorie voir *supra.*, Titre 1, Chapitre 2.
[329] *Ibid.*

administrative[330], la jurisprudence actuelle tend à favoriser quelque peu la sécurité juridique, mais sans que ce soit au détriment de la légalité[331].
L'équilibre initial établi en 1922 semble finalement retrouvé par l'arrêt *Ternon* rendu en 2001 par le Conseil d'Etat qui a suivi, pour cela, les conclusions audacieuses de son commissaire du gouvernement, F. Séners[332].

La conciliation entre les principes de légalité et de sécurité juridique suppose par conséquent que le pouvoir de retrait, qui vise à une meilleure application de la légalité administrative, soit largement fonction des droits acquis créés, protégés, quant à eux, par le principe de sécurité juridique. L'admission du retrait sera fonction des droits acquis par l'acte initial. C'est ainsi que le retrait est largement admis si l'acte ne crée aucun droit acquis, en revanche, il est limité, voire interdit, s'il est susceptible de constituer une atteinte aux droits acquis. L'étendue du pouvoir de retrait reconnu à l'autorité administrative est directement dépendant de la nature des droits créés par l'acte initial.
Le retrait d'un acte administratif est illégal lorsqu'il porte atteinte à un droit acquis émanant d'une situation acquise définitivement fixée dans le temps. La possibilité du retrait des actes non définitifs constitue un cas où l'absence d'un droit acquis lésé justifie sa reconnaissance.

Les droits acquis par les administrés sont donc une limite au pouvoir de retrait de l'administration. Ils sont, en effet, une limite à l'admission de la rétroactivité, qui n'est alors plus tolérée. La présence de droits acquis rend au principe général du droit de la non-rétroactivité sa valeur originelle, son importance première. La sécurité juridique rappelle ainsi que la rétroactivité d'un acte administratif est en principe prohibée.

### B/ Les droits acquis, limite au pouvoir de retrait de l'administration.

Le principe de non-rétroactivité des actes administratifs est une illustration de celui de sécurité juridique. En effet, le principe général du droit en vertu duquel

---

[330] Notamment Conseil d'Etat, 6 mai 1966, *Ville de Bagneux*, Leb. p. 303.
[331] Conseil d'Etat, Ass., 24 oct. 1997, *Mme de Laubier*, Leb. p. 371 : le Conseil d'Etat décide que l'autorité administrative ne saurait invoquer le bénéfice de la disposition du décret de 1983 « pour retirer, de sa propre initiative, une décision individuelle créatrice de droits au-delà d'un délai de deux mois après sa notification, alors même que cette décision serait illégale ». Plus récemment l'arrêt *Ternon* rendu par le Conseil d'Etat le 26 octobre 2001 modifie les règles du retrait en permettant celui-ci dans un délai de quatre mois à compter de l'édiction de la décision. L'équilibre entre les principes de légalité et de sécurité juridique paraît être retrouvé, bien que cette jurisprudence soit critiquable sur certains points, comme le souligne Y. Gaudemet. Sur cette question, voir *supra.*, Titre 1, Chapitre 2.
[332] F. Séners, Concl. sur Conseil d'Etat, Ass., 26 oct. 2001, *Ternon*, RFDA 2002, p. 77.

les autorités administratives ne peuvent décider que pour l'avenir contribue à assurer la sécurité des rapports juridiques entre l'administration et les administrés. C'est d'ailleurs la principale justification du principe, « la nécessité d'assurer aux relations juridiques entre l'Administration et les administrés une sécurité indispensable »[333].
Mais les deux principes se distinguent, le principe de sécurité juridique recouvrant d'autres notions telles que l'intangibilité des effets des actes individuels, la protection des droits acquis ou la stabilité des situations individuelles.
Le principe de non-rétroactivité vise à protéger juridiquement la situation acquise de l'administré. Des exceptions au principe sont admises quand la rétroactivité n'est pas de nature à heurter la sécurité des rapports juridiques. Les droits acquis sont donc un critère d'admission de la rétroactivité, critère utilisé par le juge administratif pour justifier les exceptions au principe.
« On peut le constater d'une manière positive : l'existence de droits acquis explique l'application du principe de non-rétroactivité ; on peut aussi le confirmer d'une manière négative : l'absence de droits acquis permet d'admettre des exceptions au principe de non-rétroactivité »[334].

La notion de droit acquis, comme fondement de l'interdiction du retrait des actes administratifs, est caractéristique du droit français. Dans d'autres systèmes juridiques tels que le droit allemand ou le droit communautaire, la limitation du pouvoir de retrait est fondée sur les notions de droits subjectifs[335] et « d'avantages similaires »[336]. L'avantage similaire peut être défini comme la concrétisation matérielle du droit subjectif, dont on peut alors dire qu'il est la prétention juridique[337]. L'avantage similaire apporte finalement à la théorie une signification que le droit subjectif ne comporte pas substantiellement : la permanence, l'intangibilité, la stabilité du droit acquis.

---

[333] M. Letourneur, *op.cit.*, p. 37-38.
[334] C. Yannakopoulos, *op. cit.*, p. 405.
[335] Le doyen Bonnard définit ainsi le droit subjectif : « Le droit subjectif est le pouvoir d'exiger de quelqu'un, en vertu d'une règle de droit objectif, quelque chose à laquelle on a intérêt, sous la sanction d'une action en justice, le contenu de la chose exigible étant fixé immédiatement, soit par le droit objectif, soit par un acte juridique individuel », *in* « Les droits subjectifs des administrés », RDP 1932, p. 707.
[336] Voir J-Y. Vincent, « Le retrait des actes administratifs unilatéraux (Examen comparatif des solutions adoptées en Droit européen et en Droit français) », RTDE 1974, p. 31 ; M. Letemendia, *Retrait et abrogation des actes administratifs individuels en droit communautaire et en droit anglais*, Etudes européennes, Ed. de l'Université de Bruxelles, 1987 ; E. Spiliotopoulos, *Droit administratif hellénique*, LGDJ, 1991, p. 133 : le droit grec se réfère aux intérêts légitimes de l'administré fondés à la suite de l'édiction de l'acte ; J. Schwarze, *Droit administratif européen*, Bruxelles, Bruylant, 1994, p. 913.
[337] Voir E. Forsthoff, *Traité de droit allemand*, Bruylant, Bruxelles, 1969, p. 403-404.

Le droit allemand distingue ainsi les actes qui accordent des avantages (*begüstigende Verwaltungsakt*) et les actes imposant des charges (*belastender Verwaltungsakt*)[338]. En droit communautaire, on considère que « le retrait rétroactif d'un acte légal qui a conféré des droits subjectifs ou des avantages similaires est contraire aux principes généraux du droit »[339]. En d'autres termes, alors que le système français insiste sur la protection des droits acquis, les autres systèmes s'appuient sur la protection de la confiance légitime : la différence de philosophie est notable.

C. Yannakopoulos, recherchant une explication à cela, affirme : « Le principe de la confiance légitime est plus souple et peut, le cas échéant, conduire à des solutions différentes des solutions justifiées par la protection des droits acquis, qui met l'accent plutôt sur l'interprétation institutionnelle de la situation créée que sur l'élément psychologique de la confiance de l'administré »[340]. On pourrait dès lors penser que le droit français s'appuie sur des principes précisément définis et ne laissant que peu de place à l'appréciation du juge administratif.
Pourtant l'absence de définition précise et concrète des droits acquis, et par la suite de l'acte créateur de droits acquis, donne à cette notion une souplesse équivalente à celle qui appartient à la notion de confiance légitime. Car, si le contenu de la confiance légitime n'a pas été précisément identifié, la notion de droits acquis n'est pas plus fixe et elle n'a encore fait l'objet d'aucune définition précise, mais seulement de précisions dans des cas isolés. Cette lacune confère à la notion de droits acquis un caractère subjectif, dans la mesure où le juge administratif peut faire évoluer la définition en fonction de chaque cas d'espèce. Elle donne également au juge un pouvoir d'interprétation qui lui permet de disposer d'une marge de manœuvre relativement importante.
Au-delà, elle permet également au juge administratif de décider de la légalité du retrait d'un acte administratif unilatéral, puisqu'il peut juger qu'un acte crée des droits acquis ou que, au contraire, il n'en crée pas[341].

Ainsi, la notion de droits acquis reste très vague, il n'y a notamment pas de définition des droits acquis[342]. P. Le Mire précise : « Le critère jurisprudentiel

---

[338] Voir H. Maurer, *Droit administratif allemand*, traduit de l'allemand par M. Fromont, Paris, LGDJ, 1995, p. 290.

[339] Par exemple, Cour de justice des Communautés européennes, 22 mars 1961, *Snupat c/ Haute Autorité, CECA*, Rec. t. VII, 1961, p. 149 ; *Mlle Dineke Algera et autres c/ Assemblée commune de la CECA*, Rec. t. III, 1957, p.115 : « le droit subjectif étant acquis, la nécessité de sauvegarder la confiance dans la situation ainsi créée l'emporte sur l'intérêt de l'administration qui voudrait revenir sur sa décision ».

[340] C. Yannakopoulos, *op. cit.*, p. 438.

[341] F. Batailler affirme ainsi : « Il y a situation ayant créé des droits quand le juge administratif le déclare », *in* « Les *beati possidentes* du droit administratif », RDP 1965, p. 1072. Voir *infra*.

permettant de qualifier les actes de créateurs ou non-créateurs de droits paraît si flou que les commentateurs ont généralement renoncé à toute systématisation »[343]. D'autant plus que tout droit n'est pas forcément un droit acquis. Dans ce sens, E. Dockès affirme : « L'acquis est une notion qui ne se laisse pas facilement appréhender. A tel point que l'on peut se demander s'il faut véritablement donner un sens à ce terme, et s'il n'est pas préférable de considérer que l'acquis ne fait que poser de manière redondante un résultat : est acquis ce qui doit être maintenu »[344]. Faute de définition de la catégorie d'actes créateurs de droits par la loi ou par le juge, la doctrine a essayé de fonder cette catégorie sur les distinctions classiques des actes administratifs unilatéraux.

Mais cette tentative s'est avérée vaine, notamment du fait des multiples nuances des données jurisprudentielles[345].

Comme l'indique D. Labetoulle, « on ne peut (...) s'appuyer sur une définition générale de la notion d'acte créateur de droit car les définitions auxquelles on peut songer, si elles permettent tant bien que mal de rendre compte *a posteriori* de la jurisprudence, ne correspondent pas à un critère opérationnel »[346].

L'étude de la jurisprudence administrative permet de donner *a posteriori* des exemples de décisions créatrices de droits, dont seulement certaines créent des droits acquis[347] : les nominations dans la fonction publique, les diverses autorisations de construire[348], de démolir, d'exploiter une carrière[349]. Une décision de retrait peut également créer des droits acquis, par exemple le retrait d'une sanction disciplinaire[350]. Mais elle ne permet pas de donner une définition globale, un critère d'identification de cette catégorie d'actes. De surcroît, elle ne permet pas non plus de distinguer l'acte créateur de droits et l'acte créateur de droits acquis.

Devant l'impossibilité de dégager un critère positif d'identification des actes créateurs de droits, certains auteurs ont étudié la notion négative afin d'en tirer les

---

342 Sur ces questions, voir *supra.*, Titre 1.

343 P. Le Mire, « La stabilité des situations juridiques », AJDA 1980, p. 203.

344 E. Dockès, « L'avantage individuel acquis », Droit social, n° 11, nov. 1993, p. 829.

345 Certains auteurs ont alors nié tout sens à la notion, ainsi M. Trotabas a pu affirmer : « Aujourd'hui, quand on parle d'un droit acquis, on entend simplement un droit possédé, ou en définitive un droit tout court. En effet, pour pouvoir exercer un droit, il faut bien le posséder, c'est-à-dire l'avoir acquis : un droit qui n'a pas été acquis n'est pas un droit, il en résulte que tous nos droits sont des droits acquis. En stricte analyse on ne précise rien en qualifiant le terme inutilement et l'expression *droits acquis* prise à la lettre est certainement condamnable », *Le droit public dans l'annexion,* 1921, p. 153.

346 D. Labetoulle, Concl. sur Conseil d'Etat, Sect., 4 mai 1984, *Epoux Poissonnier,* AJDA 1984, p. 512.

347 Pour d'autres exemples, voir *supra.*, Titre 1.

348 Conseil d'Etat, 10 mai 1995, *Abbal*, Leb. p. 644.

349 Conseil d'Etat, 3 déc. 1982, *Sté continentale de promotion immobilière,* Leb. p. 409.

350 Conseil d'Etat, Sect., 18 déc. 1953, *Welter,* Leb. p. 564.

conséquences sur l'application de la théorie du retrait[351]. Comme l'observe le commissaire du gouvernement J. Fournier, « la liste est maintenant bien connue des décisions administratives pour lesquelles votre jurisprudence écarte, parce qu'elles n'ont pas créé de droits, l'application de la théorie du retrait : ce sont les décisions négatives, les décisions assorties de réserves ou de conditions suspensives, celles qui sont obtenues par fraude, celles enfin qui sont en ce point dépourvues de valeur juridique qu'elles peuvent être considérées comme inexistantes »[352].
Ce n'est pas une définition des actes non créateurs de droits acquis qui est proposée, mais une simple énumération[353].
Dès lors, « on continue à s'appuyer sur une approche fonctionnelle – fondée sur l'appréciation du régime applicable à l'acte – de la distinction entre les deux catégories d actes »[354].

De ces considérations il résulte que la prise en considération seulement de l'acte ne permet pas d'identifier les actes créateurs ou non créateurs de droits, pas plus que les simples droits et les droits acquis. Il apparaît que l'acquisition des droits ne tient pas seulement à la considération de l'acte, d'autres facteurs interviennent. « La création du phénomène des droits acquis tient à deux composants : premièrement à l'acte juridique qui crée une situation (acte créateur de droits) ; deuxièmement aux différentes considérations qui attribuent à cette situation le caractère irréversible et obligatoire eu égard à une nouvelle réglementation juridique »[355].

---

[351] Voir notamment L. Tallineau, *Les actes particuliers non créateurs de droits (essai critique de la théorie des droits acquis)*, Thèse, Poitiers, 1972 ; R. Muzellec, *Le principe d'intangibilité des actes administratifs individuels en droit français*, Thèse, Rennes, 1971 ; P. le Mire, « La stabilité des situations juridiques et l'évolution de la jurisprudence relative au retrait et à l'abrogation », AJDA 1980, p. 203.

[352] J. Fournier, Concl. Sur Conseil d'Etat, 3 mars 1967, *Sté Behr-Manning et Sté des abrasifs Norton*, AJDA 1967, p. 528.

[353] Sont donc selon cette approche, insusceptibles de créer des droits acquis les décisions recognitives (Conseil d'Etat, Sect., 15 oct. 1976, *Buissière*, Leb. p. 419), les décisions pécuniaires (Conseil d'Etat, 14 avril 1961, *Cazes*, Leb. p. 233), les décisions inexistantes (Conseil d'Etat, Sect., 3 févr. 1956, *de Fontbonne*, Leb. p. 45), les décisions défavorables (Conseil d'Etat, Ass., 29 mars 1968, *Manufacture française des pneumatiques Michelin*, Leb. p. 217) et les décisions conditionnelles, uniquement lorsque la ou les conditions ne sont pas satisfaites (Conseil d'Etat, 29 mai 1996, *SE à la mer*, Leb. p. 805).

[354] C. Yannakopoulos, *op. cit.*, p. 83. Comme l'observe I. Poirot-Mazères à propos de la distinction des actes réglementaires et non réglementaires : « La classification qui résulte d'une démarche intellectuelle est nécessairement simplificatrice, opposant, sans justification autre que fonctionnelle, deux catégories, l'une positivement qualifiée, l'autre négativement appréhendée, cette dernière n'ayant d'autre cohérence que sa négativité même. Cette présentation classique, dégagée des solutions jurisprudentielles, ne permet pas de donner une définition satisfaisante ni de l'une, ni de l'autre », « Les décisions d'espèces », RDP 1992, p. 445.

[355] C. Yannakopoulos, *op. cit.*, p. 93.

C. Yannakopoulos énonce trois considérations extérieures à l'acte créateur de droits acquis et déterminant le caractère irrévocable de ses effets : l'écoulement du temps, la considération des bénéficiaires des droits créés et la considération de l'intérêt général. Ces données sont éminemment subjectives et laissent au juge administratif un large pouvoir d'interprétation. Une latitude est laissée au juge de compléter le contenu des définitions dans chaque cas d'espèce. L'incertitude lui permet également de varier ses jugements : en développant la catégorie des actes réglementaires, la jurisprudence a contribué à réduire, au regard de la théorie de l'abrogation, le nombre des actes dont les effets sont susceptibles d'être protégés[356].
Finalement, une définition des actes créateurs de droits acquis supposerait la prise en compte de considérations subjectives ajoutées à celles propres à l'acte. Or, ces considérations subjectives dépendent de chaque situation et elles ne peuvent donc pas faire l'objet d'une systématisation.
On ne pourrait alors que déterminer *a posteriori* la nature créatrice de droits acquis d'une décision, puisqu'elle n'a pas fait l'objet d'une classification. Par la suite, la légalité de la décision qui l'annihile est, elle aussi, soumise à un jugement incertain.

Cette ébauche de classification des décisions administratives en fonction de leur caractère créateur ou non créateur de droits acquis reste très générale et ne permet donc pas au juge de trancher selon des critères préétablis. Une incertitude est donc apparue quant à la décision du juge, une incertitude inhérente à cette fonction puisque la jurisprudence a vocation à évoluer. Le juge administratif tient compte de considérations qui sont extérieures à l'acte pour déterminer son caractère créateur ou non créateur de droits acquis. L'absence de systématisation lui octroie, certes implicitement mais indéniablement, un large pouvoir d'appréciation : celui de qualifier un acte créateur ou non-créateur de droits acquis. Comme le souligne A. Werner, « en réalité, c'est le juge, notamment administratif, qui décide du moment où la loi nouvelle sera appliquée, puisque c'est lui qui apprécie si la situation juridique est ou non définitivement constituée, si l'ordre public est ou non menacé, et enfin, tel le préteur romain, c'est lui qui établit la liste des actes créateurs de droits ... »[357]. Cela explique que le juge administratif ne se soit peut-être pas empressé de tracer précisément les contours de cette notion, parce qu'en ayant la possibilité de qualifier l'acte, il peut également décider et juger de la légalité de son retrait.
La considération des droits acquis par le juge administratif est donc éminemment subjective, elle lui octroie une grande liberté. Le juge administratif jouit d'un

---

[356] P. Le Mire, *op. cit.*, p. 207.
[357] A. Werner, « Contribution à l'étude de l'application de la loi dans le temps en droit public », RDP 1982, p. 737.

pouvoir créatif certain quant à l'identification des actes créateurs de droits acquis, ce qui explique pour une part les mutations de la jurisprudence[358].
Quelle que soit l'importance du pouvoir du juge administratif, la protection des droits acquis constitue le critère primordial de l'application du principe de non-rétroactivité des actes juridiques[359]. Et c'est au juge administratif que revient le pouvoir de juger si un acte administratif est créateur de droits acquis ou si, au contraire, il ne crée aucun droit acquis afin d'apprécier s'il peut être l'objet d'un retrait.

Le retrait illustre parfaitement cette situation : le pouvoir ainsi reconnu à l'administration est variable, il dépend des droits acquis créés par l'acte retiré. Si l'acte est créateur de droits acquis, l'autorité administrative ne pourra le retirer qu'en respectant de strictes conditions posées tant par le juge administratif que par les textes. En revanche, un acte non-créateur de droits acquis peut, en principe, faire l'objet d'un retrait à tout moment et sans condition[360].
La notion de droits acquis est donc le critère d'admission du retrait, mais c'est un critère extrêmement flou. La notion de droits acquis en tant que critère d'admission du retrait des décisions administratives trouve ici une limite importante : elle donne en effet à ce critère un caractère superficiel. Le respect des situations juridiques dépend donc notamment de l'identification d'intérêts et de droits au profit des administrés. Lorsque ces droits sont reconnus, ils apparaissent comme une limite à l'admission de la rétroactivité.

### §2 : L'annulation, acte juridictionnel de fin.

Le juge administratif est le gardien de la légalité administrative, un des principes les plus importants du droit administratif français, qui suppose que toute norme soit conforme à celles qui lui sont supérieures. Saisi d'un recours pour excès de pouvoir, le juge administratif annule tout acte administratif entaché d'illégalité, provoquant la sortie de vigueur rétroactive de l'acte. L'annulation d'un acte administratif unilatéral permet au juge administratif d'effacer toute trace d'illégalité : non seulement l'acte annulé ne produit plus d'effet, mais les effets qu'il a pu produire, considérés comme illégaux, sont également anéantis.

---

[358] C'est le cas des décisions gracieuses, considérées comme des actes de pure faveur et ne pouvant dès lors pas faire l'objet d'un recours contre leur retrait (Conseil d'Etat, 28 juin 1911, *Syveton,* Leb. p. 584) ; cette jurisprudence a été remise en cause, désormais les décisions gracieuses prises sur la base d'une compétence discrétionnaire sont désormais créatrices de droits (Conseil d'Etat, 23 mars 1956, *Teillières,* Leb. p. 140).
[359] C. Yannakopoulos, *op.cit.*, p. 421.
[360] Sur la procédure du retrait, voir *supra*. Titre I, chapitre 1.

Tant le rôle du juge de l'excès de pouvoir que la fonction de l'annulation supposent la rétroactivité de l'acte d'annulation. Cet acte de fin est par essence rétroactif.
Le juge administratif peut être saisi d'un autre recours que le recours pour excès de pouvoir, il s'agit alors de recours de plein contentieux. On peut dès lors se poser la question de savoir si le caractère rétroactif vient de la nature de l'acte juridictionnel ou s'il est propre à l'acte d'annulation.
Le contentieux de pleine juridiction est constitué principalement par les recours en matière contractuelle ou en indemnité contractuelle ou quasi-délictuelle. Le juge administratif peut ainsi par exemple octroyer une indemnité, apprécier la qualité de réfugié ou de travailleur handicapé du requérant[361]. Or, ces actes ne sont pas rétroactifs, ils n'emportent aucun effet dans le passé ; ils prennent effet à compter de la notification du jugement.
Une décision juridictionnelle n'a donc pas par nature un effet rétroactif. Lorsqu'il rend un jugement, le juge administratif statue inévitablement sur des faits passés mais pour autant sa décision n'a pas nécessairement un effet dans le passé.

Il semble intéressant de considérer la question de la rétroactivité de l'acte juridictionnel (A) avant de s'attacher à l'étude de la rétroactivité de l'acte juridictionnel d'annulation (B).

**A/ La question de la rétroactivité de l'acte juridictionnel.**

Dans la « Théorie générale du contentieux administratif », E. Laferrière établit une classification des différentes branches du contentieux administratif. Il distingue quatre branches en fonction des pouvoirs reconnus au juge : le « contentieux de pleine juridiction », le « contentieux de l'annulation », le « contentieux de l'interprétation » et le « contentieux de la répression »[362].
La doctrine contemporaine opère, quant à elle, une distinction fondamentale qui oppose le contentieux de pleine juridiction, dit aussi plein contentieux, et le contentieux de l'excès de pouvoir. Le recours pour excès de pouvoir est qualifié de contentieux de l'annulation, cette dernière reste la principale mission du juge de l'excès de pouvoir.
Au contraire, « la mission du juge de plein contentieux est de remplacer les décisions dont il est saisi, et qui sont contestées à juste titre, par ses propres décisions, qui se substitueront à celles qui étaient contestées »[363]. Cela explique la

[361] Conseil d'Etat, Sect., 8 janv. 1982, *Aldana Barreña*, Leb. p. 9 ; Conseil d'Etat, 4 nov. 1994, *Abderrahmane*, Leb. p. 1110.
[362] E. Laferrière, *Traité de la juridiction administrative et des recours contentieux*, LGDJ, 1989, Tome 1, p. 15.
[363] R. Chapus, *Droit du contentieux administratif*, Montchrestien, 2000, p. 205.

dénomination de recours de plein contentieux : le juge dispose de pouvoirs lui permettant de faire plus qu'annuler l'acte qui lui est déféré.
Pour apprécier ce que doit être la décision de remplacement de celle contestée, le juge administratif se place à la date même à laquelle il se prononce. Il peut ainsi prendre en considération les changements susceptibles d'affecter les circonstances de droit ou de fait[364]. Il en est ainsi en matière de responsabilité : le juge administratif se place pour évaluer le préjudice ouvrant droit à réparation à la date de sa décision. La jurisprudence administrative distingue selon qu'il s'agit d'un dommage aux biens ou d'un dommage aux personnes.
S'agissant des dommages aux biens, l'arrêt du Conseil d'Etat, *Veuve Pascal*, tout en retenant comme date d'évaluation la date du dommage (principe ancien se traduisant souvent par l'allocation d'indemnités très insuffisantes), adopte cependant un correctif temporel permettant de rapprocher la date d'évaluation de celle d'allocation de dommages-intérêts[365].
Quant aux dommages aux personnes, le principe est, depuis les arrêts *Veuve Aubry* et *Veuve Lefèvre,* que l'autorité qui fixe l'indemnité doit évaluer le préjudice à la date de sa décision[366].
Ces arrêts font apparaître que le jugement rendu par le juge administratif n'a pas toujours un effet rétroactif. Le juge administratif étudie une situation, des faits qui sont nécessairement antérieurs au jugement, mais pour autant la décision rendue n'est pas *de facto* rétroactive.

La décision juridictionnelle n'est donc pas, par essence, rétroactive[367]. Certains jugements sont rétroactifs, d'autres ne le sont pas. Par conséquent l'effet produit par une décision juridictionnelle ne dépend pas uniquement de la nature de l'acte. L'explication pourrait être recherchée dans la fonction de son auteur, le juge. L'effet de la décision juridictionnelle dépendrait alors du jugement, autrement

---

[364] Conseil d'Etat, Sect., 8 janv. 1982, *Aldana Barreña,* précité, Dalloz 1983, p. 239, obs. P. Delvolvé : « saisie d'un recours de plein contentieux contre un refus de la qualité de réfugié, il appartient à la commission des recours des réfugiés, non d'apprécier la légalité de la décision qui lui est déférée au vu des seuls éléments dont pouvait disposer (son auteur) (...), mais de se prononcer elle-même (...) d'après l'ensemble des circonstances de fait (existantes) à la date de sa propre décision ».

[365] Conseil d'Etat, 21 mars 1947, *Veuve Pascal,* Leb. p. 122.

[366] Conseil d'Etat, 21 mars 1947, *Veuve Aubry et Veuve Lefèvre,* Leb. p. 122.

[367] Pour un avis contraire, voir P. Hébraud : « Une rétroactivité, que l'on peut qualifier d'essentielle, est en premier lieu inhérente à toute décision juridictionnelle en tant que, statuant dans l'affaire qui lui est soumise sur des faits passés, elle exprime l'opinion que s'en fait actuellement le juge ; (...) Le mécanisme de l'acte juridictionnel envisagé isolément, avec ce que l'on appelle son effet déclaratif, intervient seul ici ; la jurisprudence proprement dite n'est pas encore en cause. La règle jurisprudentielle, issue des décisions judiciaires, emprunte ses caractères à ceux du pouvoir juridictionnel ; la rétroactivité de l'acte juridictionnel est à l'origine de celle de la jurisprudence », « Le juge et la jurisprudence », *Mélanges offerts à P. Couzinet* 1974, p. 366.

dit de la mission du juge au moment où il statue. Si la fonction de censeur du juge administratif suppose la rétroactivité, il n'en est pas toujours ainsi et la mission d'arbitre, de règlement des différends notamment qu'exerce le juge administratif ne suppose pas la rétroactivité.
Lorsqu'il met fin à un acte administratif unilatéral, le juge administratif n'est pas toujours investi de la même mission. Si son rôle de censeur est largement prépondérant quand il annule un acte administratif, sa mission est différente lorsqu'il constate l'état caduc d'un acte administratif. Il n'agit pas alors pour censurer l'administration, pour rétablir la légalité puisque la caducité ne constitue pas une illégalité. L'absence de toute illégalité à l'origine de l'action du juge administratif explique que l'acte de constatation de caducité n'est pas rétroactif contrairement à l'acte d'annulation. L'acte juridictionnel de fin n'a pas toujours le même effet, il n'est par essence ni rétroactif ni non-rétroactif parce que l'effet produit dépend largement de la mission du juge au moment où il statue. De ce point de vue, l'acte juridictionnel se rapproche de l'acte administratif de fin : l'étude de leurs effets suppose d'être appréhendée au cas par cas.

### B/ L'effet rétroactif de l'annulation.

Tout acte juridictionnel n'étant pas, par nature, rétroactif, il convient d'expliquer l'effet rétroactif de l'acte d'annulation. Si cette rétroactivité apparaît comme un principe inhérent à la fonction de censeur du juge administratif, certains auteurs admettent pourtant qu'il existe des exceptions à la rétroactivité de l'annulation. Cette affirmation suppose que le rôle du juge administratif, censeur de l'administration, ne justifie pas la rétroactivité de sa décision. Il faudrait alors s'attacher à la nature du jugement pour expliquer la rétroactivité de l'annulation.

Après avoir étudié la rétroactivité de l'annulation d'un acte administratif par le juge administratif (1°), nous en analyserons les différentes exceptions (2°).

#### 1°/ La recherche d'une explication à la rétroactivité de l'annulation.

Le recours pour excès de pouvoir permet au juge administratif d'annuler un acte administratif entaché d'illégalité. L'illégalité affectant l'acte justifie incontestablement la rétroactivité de l'annulation : en effet, l'acte est censé n'avoir jamais existé parce que l'illégalité qui l'a affecté est elle-même censée n'avoir jamais existé. Mais ce sont plutôt les caractéristiques du jugement que les auteurs ont utilisé pour justifier la rétroactivité de l'annulation. La distinction entre le jugement déclaratif et le jugement constitutif expliquerait, selon eux, l'effet produit. Pourtant cette justification n'est pas satisfaisante, car elle comporte de nombreuses incertitudes[368].

L'effet rétroactif ou non du jugement dépend donc, selon cette théorie, de son caractère déclaratif ou constitutif. Le jugement déclaratif s'oppose au jugement constitutif notamment quant à ses effets. C'est ce que remarque A. Vitu : « (...) le droit ou la situation issu du jugement constitutif ne naît qu'au jour du jugement puisqu'il est créé par lui, alors que le droit résultant du jugement simplement déclaratif aura une existence antérieure et par conséquent des effets valables antérieurement au jugement »[369].

Le jugement déclaratif constate un droit préexistant sans le modifier et sans le transformer, il rétroagit donc jusqu'au jour de la naissance de ce droit. Au contraire, le jugement constitutif crée un droit nouveau, et il a donc un effet immédiat.

Les deux formes de jugements sont la manifestation de deux fonctions du juge : lors du jugement déclaratif le juge a une fonction d'arbitre, il tranche les différends, alors que lors du jugement constitutif il a plutôt une fonction créatrice.

Le lien entre le jugement déclaratif et la rétroactivité ou entre le jugement constitutif et l'effet immédiat peut cependant se révéler abusif. Comme le souligne justement P. Hébraud : « La déclarativité et la rétroactivité ont entre elles un lien incontestable. (...) Mais il n'y a pas un lien nécessaire et indissoluble »[370]. Non seulement le lien entre déclarativité et rétroactivité n'est pas nécessaire, mais cette distinction ne correspond pas à la réalité juridique. Il convient d'admettre qu'un jugement n'est pas soit déclaratif, soit constitutif. « Tout jugement constitutif est, pour partie, déclaratif »[371]. Tous les jugements contiennent à des degrés divers des éléments caractérisant le jugement déclaratif et le jugement constitutif. En effet, le jugement est déclaratif dans la mesure où le juge constate un fait juridique, une prétention. Il est, au contraire, constitutif dans la mesure où le juge ajoute une décision, il tire les conclusions de sa constatation. Or, c'est la définition même du jugement : constater un fait et en tirer la conclusion. L'acte juridictionnel n'est pas, par conséquent, déclaratif ou constitutif. Certains actes juridictionnels sont constitutifs, certains sont déclaratifs, et d'autres sont, à la fois, déclaratifs et constitutifs.

---

[368] R. Merle, *Essai de contribution à la théorie générale de l'acte déclaratif*, Thèse, Toulouse, 1948.

[369] A. Vitu, *Des conflits de lois dans le temps en droit pénal*, Thèse, Nancy, 1945, p. 82.

[370] P. Hébraud, *Cours de droit civil*, Université de Toulouse, Soubiron, 1953-54, p. 167 ; Voir également G. Chavrier, *op. cit.*, p. 85 et 90.

[371] L. Mazeaud, « La distinction des jugements déclaratifs et des jugements constitutifs », RTDC 1929, p. 20.

L'acte juridictionnel d'annulation en est l'illustration parfaite. Il est déclaratif dans la mesure où le juge constate un fait juridique, par exemple l'irrégularité d'un acte administratif unilatéral qui n'a pas respecté une règle de droit. Mais il est également constitutif dans la mesure où il peut tirer les conséquences de cette constatation, par exemple en obligeant l'autorité administrative à refaire l'acte illégal. C'est le cas lorsque la décision annulée avait été prise en conséquence d'une demande adressée à l'autorité administrative. Le principe est que cette autorité « se trouve à nouveau saisie de plein droit » ou « demeure saisie » de cette demande qui n'a pas à être renouvelée[372]. Par exemple, s'agissant de l'annulation d'une demande d'ouverture de pharmacie ou de permis de construire[373]. La nouvelle décision doit, de plus, être prise « sur la base de la situation de droit et de fait existant à la date » de la nouvelle décision[374].
L'acte d'annulation est généralement constitutif et déclaratif, mais il est incontestablement et toujours rétroactif. Par conséquent, l'explication de la rétroactivité de l'annulation ne peut pas être recherchée dans les caractéristiques du jugement.

La fonction de censeur du juge administratif, son rôle de gardien de la légalité, la volonté d'ôter toute illégalité de l'ordonnancement juridique permettent en revanche d'expliquer l'effet rétroactif du jugement d'annulation. Il est important que l'illégalité disparaisse *ex tunc* de l'ordonnancement juridique.
L'explication de la rétroactivité n'est donc pas dans la nature juridictionnelle de l'acte mais plutôt dans la fonction de l'acte d'annulation qui consiste à ôter toute illégalité de l'ordonnancement juridique. Par conséquent, s'il est de l'essence même de l'acte d'annulation d'être rétroactif, il ne faut pas en déduire que tout acte juridictionnel est rétroactif. En effet, l'absence d'illégalité entraîne également l'absence de toute justification de rétroactivité. Le juge administratif n'est le censeur de l'activité administrative que lorsqu'il contrôle la légalité des actes administratifs unilatéraux.

### 2°/ L'existence d'exceptions à la rétroactivité de l'annulation.

Certains auteurs admettent qu'il existe des dérogations à la rétroactivité de l'annulation.
Ainsi, comme le précise R. Chapus, « la rétroactivité a sa logique ; mais elle tend à faire prévaloir une fiction sur la réalité. Ainsi il faut s'attendre que, dans certains cas, sa logique fléchisse devant des réalités ou des données juridiques dont on

---

[372] Conseil d'Etat, Sect., 7 déc. 1973, *SCA des Nigritelles* et *Entreprise Fayolle*, Leb. p. 699.
[373] Conseil d'Etat, 26 juin 1990, *Mme André*, Leb. p. 450 ; 19 janv. 1977, *Sté française des verreries champenoises*, DA 1977, n° 57.
[374] Conseil d'Etat, Sect., 8 mars 1963, *Pradel*, Leb. p. 145.

estime qu'elles ne sauraient être méconnues »[375]. Les dérogations seraient donc la conséquence nécessaire de l'admission de cette fiction qu'est la rétroactivité.

Deux théories illustrent ces exceptions, la théorie des fonctionnaires de fait et celle du service fait. La théorie des fonctionnaires de fait, fondée sur l'apparence, se rapporte au cas où une personne a été irrégulièrement investie des fonctions publiques qu'elle exerce en présentant les signes extérieurs de son droit à les exercer. La jurisprudence prévoit que « tant que sa nomination n'est pas annulée, un agent public même irrégulièrement nommé accomplit valablement les actes relevant de ses fonctions »[376]. Dès lors, même après l'annulation d'une nomination, mais également d'une promotion, d'une affectation, voire d'une élection, le fonctionnaire continue à être considéré comme investi, jusqu'au prononcé de l'annulation. Par conséquent les décisions prises antérieurement demeurent valides et, dans ce cas précis, l'annulation n'a de portée qu'à venir.
Pour R. Chapus, la théorie des fonctionnaires de fait est une première dérogation à la rétroactivité de l'annulation car la réalité, c'est-à-dire l'exercice effectif des fonctions publiques, prévaut sur l'effet rétroactif de l'annulation. Les nécessités administratives justifient que l'annulation n'ait d'effet qu'à venir, le vide juridique serait en effet trop difficile à combler.

La deuxième dérogation est une conséquence de la règle du service fait. La jurisprudence *Deberles* du 7 avril 1933 fait en effet prévaloir la règle du service fait sur la rétroactivité de l'annulation : « ... le requérant, en l'absence de service fait, ne peut prétendre au rappel de son traitement »[377]. Cette règle prévoit que lorsqu'un agent a obtenu l'annulation de la mesure prononçant son éviction du service, il est réputé n'avoir jamais cessé d'exercer ses fonctions.
Si la logique de la rétroactivité tend au versement des traitements qu'il aurait perçus s'il avait effectivement continué à exercer ses fonctions, l'arrêt *Deberles* rappelle au contraire que le versement d'une rémunération est subordonné à l'accomplissement effectif des fonctions auxquelles elle se rapporte. Par conséquent l'annulation de la décision d'éviction ne produit pas tous les effets qui devraient découler de la rétroactivité. La jurisprudence *Deberles* permet néanmoins à l'agent de demander réparation du préjudice subi en réclamant des dommages-intérêts[378].

[375] R. Chapus, *op. cit.*, p. 1002.
[376] Conseil d'Etat, 8 févr. 1995, *Mme Robert*, DA 1995, n° 279.
[377] Conseil d'Etat, 7 avril 1933, *Deberles*, Leb. p. 439 ; Concl. M. Parodi, RDP 1933, p. 624 : « Le fondement du droit au traitement est l'idée que la décision annulée est censée n'avoir jamais existé. Idée essentielle à l'autorité de vos décisions, mais à laquelle il faut bien reconnaître le caractère d'une fiction ».
[378] Conseil d'Etat, 4 nov. 1996, *Mlle Kerbache*, Leb. p. 436.

D'autres dérogations existent, notamment lorsque l'effet rétroactif serait contraire à l'intention du législateur. Ainsi, selon la loi de décentralisation du 7 janvier 1983, l'approbation du plan d'occupation des sols, dont une commune s'est dotée, a pour effet le transfert au maire du pouvoir de statuer sur les demandes de permis de construire. L'annulation d'un tel plan devrait avoir pour effet que la commune n'a jamais eu de plan approuvé et donc que le transfert n'a pas eu lieu. Mais contrairement à cela, la loi prévoit que le transfert de compétence au maire « est définitif ». L'annulation n'aura donc pas pour effet de déposséder le maire de la compétence qui lui avait été transférée.

Ces dérogations à la rétroactivité de l'annulation s'expliquent incontestablement par le caractère fictif de cette opération. A. Gallet définit ainsi la fiction : « ... moyen artificiel de construction scientifique, pur concept juridique, sans réalité objective. En d'autres termes, elle consiste dans la création abstraite, idéale, d'un fait ou d'une personne juridique ». La rétroactivité constitue par essence une fiction comme l'explique très clairement J. Chevallier : « Le passé échappe à l'empire de notre volonté. Nous ne pouvons pas faire qu'il n'ait pas été ou qu'il ait été autrement qu'il fut ... Un acte ne pourra donc être rétroactif que par le moyen d'une fiction par laquelle on envisagera l'acte comme s'il avait été passé à une date antérieure et on lui reconnaîtra les effets qu'il aurait eus s'il avait été effectivement passé à ce moment »[379].
L'acte d'annulation et l'acte de retrait n'ont donc d'effet rétroactif que dans la mesure où une telle fiction est admise.
Mais il faut reconnaître qu'un tel effet est en même temps nécessaire pour la bonne conduite de l'action administrative. Le commissaire du gouvernement R. Odent relève cette contradiction dans ses conclusions sur l'arrêt *Véron-Réville* du 27 mai 1949 : « La règle d'après laquelle un acte annulé est réputé n'avoir jamais existé présente ce caractère contradictoire d'être à la fois une nécessité et une fiction »[380].

Lorsque sont admises des exceptions à la rétroactivité de l'annulation, la fiction qu'est la rétroactivité fléchit devant la réalité ou certaines données juridiques[381].

---

[379] J. Chevallier, « Fonction contentieuse et fonction juridictionnelle », *Mélanges Stassinopoulos. Problèmes de droit contemporain*, Paris, LGDJ, 1974, p. 275.
[380] Concl. R. Odent sur Conseil d'Etat, 27 mai 1949, *Véron-Réville*, Gaz. Pal., 1949, II, p. 49.
[381] Sur l'idée de fiction, voir D. Costa, *Les fictions juridiques en droit administratif*, Thèse, LGDJ, 2000 ; A. Gallet, *Etude sur la fiction de la rétroactivité*, Thèse, Poitiers, 1903 ; R. Houin, « Rapport », in *Le problème des fictions en droit civil*, Travaux de l'Association H. Capitant, 1947, p. 242 ; J. Massot, « Portée et conséquences de l'annulation par le juge d'un acte administratif », EDCE 1979-1980, p. 111 ; P. Roubier, *Le droit transitoire (Conflits des lois dans le temps)*, Thèse, Dalloz et Sirey, 1960 ; P. Weil, *Les conséquences de l'annulation d'un acte administratif pour excès de pouvoir*, Thèse, Paris, 1952 ; G. Wicker, *Les fictions juridiques. Contribution à l'analyse de l'acte juridique*,

Autrement dit, l'annulation ne produit pas tous les effets que la rétroactivité supposerait qu'elle produise, ses effets sont limités du fait des exigences de l'administration. Le caractère fictif de la rétroactivité montre dans ces hypothèses son vrai visage ainsi que les inconvénients qui peuvent en être la conséquence.
La fiction de la rétroactivité a pour but de faciliter la création et l'intelligibilité d'une conception juridique. Cette fiction porte sur le temps et pourrait en quelque sorte être qualifiée de chronologique ou temporelle. Elle consiste à supposer qu'un fait juridique qui s'est réalisé à un moment déterminé s'est produit à une époque antérieure. La rétroactivité d'une annulation contentieuse consiste à faire comme si ce qui s'était passé à un moment antérieur ne s'était jamais produit : l'acte annulé est censé n'être jamais entré en vigueur. C'est pourquoi P. Weil peut affirmer que la rétroactivité est une « projection du passé dans l'avenir »[382]. La rétroactivité est donc fondée sur une fiction qui opère par translation dans le temps : c'est une « fiction endogène » selon l'expression de D. Costa[383].

Les exigences de l'administration ont montré la nécessité que soit admise la fiction de la rétroactivité, elle en a révélé les contradictions, inhérentes à ce type de notion. Pourtant bien qu'admise, la fiction de la rétroactivité connaît des limites.
J. Massot remarque que l'acte annulé a beau être entièrement effacé, le juge ne peut empêcher qu'il ait produit certains effets, parfois même tous ses effets, et seule la « science-fiction »[384] admet que l'on remonte le cours du temps. La seule limite à la fiction est tirée de considérations de bon sens : la rétroactivité des nouvelles mesures ne doit pas se retourner contre l'agent qui a obtenu l'annulation. Ainsi, le juge a le souci de concilier la logique de la fiction avec les exigences de la réalité : tantôt il met en avant les nécessités administratives pour limiter certains effets de la rétroactivité ; tantôt il pousse la rétroactivité jusqu'à ses plus extrêmes conséquences pour en neutraliser les effets les plus redoutables. Le pouvoir ainsi reconnu au juge s'explique par l'essence même de la rétroactivité, par son caractère fictif. Il montre la souplesse nécessaire à la fonction juridictionnelle : l'adaptation au cas d'espèce.

Les dérogations à la rétroactivité de l'annulation, découlant de la théorie des fonctionnaires de fait ou de celle du service fait, sont précisément l'illustration des inconvénients de la rétroactivité, quand il s'agit notamment de tirer les conséquences de l'annulation d'un acte administratif. Face à cela, le juge

Thèse, Perpignan, 1994 ; P. Woodland, *Le procédé de la fiction dans la pensée juridique*, Thèse, Paris, 1981.

382 P. Weil, *op. cit.*,p. 136.

383 D. Costa, *op. cit.*, p. 356.

384 J. Massot, *op. cit.*, p. 111.

administratif ainsi que le législateur ont tenté d'aménager les effets, d'atténuer les inconvénients de la rétroactivité de l'annulation.

## Section 2 : L'acte de fin n'ayant d'effet que pour l'avenir.

L'acte de fin n'est pas rétroactif par nature, il peut aussi ne produire effet que dans l'avenir. L'effet produit par l'acte de fin influence directement celui de chaque modalité. Le classement déduit de la dualité d'effets de l'acte de fin permet alors de regrouper les modalités n'ayant pas d'effet rétroactif que sont l'abrogation, la modification et la constatation de caducité. L'absence de rétroactivité de ces modalités va dans le sens d'une meilleure garantie du principe de sécurité juridique. Néanmoins, le principe de mutabilité de l'acte réglementaire peut parfois constituer une atteinte aux droits des administrés. L'acte réglementaire peut en effet se révéler favorable à ses destinataires, même s'il n'est pas créateur de droits acquis.
La constatation de caducité est, selon son auteur, un acte administratif ou juridictionnel. Cette dichotomie a suscité des doutes quant à l'effet produit. On s'est ainsi demandé si cette modalité de fin a le même effet quel qu'en soit l'auteur. L'étude démontrera que l'acte administratif de constatation de caducité n'est pas rétroactif, il n'est en effet pas une exception au principe de non-rétroactivité des actes administratifs. L'effet de l'acte juridictionnel de constatation de caducité, qui semblait en revanche plus incertain, se confirme être également non-rétroactif. L'acte de constatation de caducité, quel qu'en soit l'auteur, n'aurait donc d'effet que dans l'avenir.

L'absence de rétroactivité de l'abrogation et de la modification sera étudiée dans un premier paragraphe (§1). La question de l'effet produit par la constatation de caducité, selon qu'elle émane de l'administration ou du juge administratif, sera analysée dans un second paragraphe (§2).

### §1 : La non-rétroactivité de l'abrogation et de la modification.

Il ne fait aucun doute que l'abrogation n'a d'effet que dans le futur. Ce n'est pas une modalité rétroactive de fin. L'acte abrogé cesse de produire tout effet à venir, mais ses effets passés ne sont pas affectés. Les similitudes incontestables entre l'abrogation et la modification auraient pu éluder toute question quant aux effets de la modification, l'absence d'effet rétroactif de l'abrogation impliquant alors l'effet non-rétroactif de la modification de l'acte. Leur différence fondamentale n'est en effet pas *a priori* dans l'effet produit par l'acte de fin mais plutôt dans celui produit par la fin elle-même : alors que l'abrogation provoque la sortie de vigueur de l'acte, la modification n'entraîne que la cessation de ses effets. Ces deux modalités correspondent aux deux différentes formes de fin de l'acte.

L'acte de modification et l'acte d'abrogation ont le même effet non rétroactif, ils ne produisent effet que dans l'avenir. Autrement dit, tant les effets passés de l'acte abrogé que ceux de l'acte modifié sont préservés. De plus, comme l'abrogation, la modification n'a d'effet qu'à venir en vertu d'un même fondement. Le régime juridique de ces deux modalités de fin présente une fois encore des similitudes. Mais si l'abrogation et la modification sont deux actes administratifs non-rétroactifs, ces modalités de fin ne sont pas pour autant assimilables : alors que l'abrogation provoque la sortie de vigueur de l'acte, la modification n'entraîne que la fin de ses effets. Elles correspondent à deux formes distinctes de fin, elles sont intrinsèquement différentes[385].

L'effet produit par l'abrogation sera d'abord présenté (A), celui produit par la modification sera ensuite étudié (B).

**A/ L'effet produit par l'abrogation.**

Le fondement de la faculté de faire cesser les effets d'un acte administratif, notamment en l'abrogeant, est à rechercher dans le principe de mutabilité qui prévoit qu'il ne doit y avoir aucun obstacle juridique aux mutations à réaliser. En d'autres termes, l'administré ne peut s'opposer juridiquement à l'abrogation d'un acte réglementaire parce que cet acte ne crée pas de droits acquis à son maintien. G. Jèze a d'ailleurs montré que les règlements ne sauraient, sans dommage pour le milieu social qu'ils régissent, bénéficier de l'immutabilité[386]. L'administré ne peut pas non plus contester l'abrogation d'un acte non réglementaire non créateur de droits acquis.
Dès lors, contrairement au retrait, le droit ne va pas dans le sens d'une limitation des pouvoirs d'abrogation de l'administration car le principe de sécurité juridique n'intervient en principe pas. L'autorité administrative compétente doit pouvoir adapter l'ordre juridique aux évolutions de la société. Pour cela elle doit pouvoir abroger tout acte administratif inadapté ou illégal.

Le principe de mutabilité vise à adapter l'ordre juridique à l'évolution des besoins collectifs et aux exigences de l'intérêt général. Dès lors, l'acte dont il est le fondement doit nécessairement pouvoir être appliqué immédiatement. L'adaptation est une exigence administrative qui suppose l'absence d'obstacle juridique, une

[385] Sur cette question, voir *infra.*, Chapitre 2.
[386] G. Jèze, *Les principes généraux du droit administratif*, Giard, 1925-1936, p. 88.

relative rapidité. L'application immédiate est inhérente à tout acte administratif permettant cette évolution constante[387]. Or, l'application immédiate s'oppose par définition à l'application rétroactive[388]. En effet l'application immédiate est une forme d'application à venir, l'autre forme étant l'application post-active. Ce sont des applications de l'acte n'ayant d'effet que dans le présent ou dans le futur, en cela elles s'opposent nécessairement à l'application rétroactive, qui a lieu dans le passé.
L'application immédiate suppose que l'acte soit appliqué dans le présent, l'application immédiate n'est donc jamais une application dans le passé. Les règlements administratifs (comme les lois elles-mêmes) sont d'application immédiate, c'est-à-dire qu'ils s'appliquent, à compter de leur entrée en vigueur aux situations en cours[389]. De ce principe, sont donc exclues les situations constituées et les situations contractuelles[390].

L'acte d'abrogation est celui par lequel l'autorité administrative met fin à un autre acte inadapté ou bien illégal. Lorsque cette action porte sur un acte réglementaire, le principe de mutabilité explique que l'abrogation soit d'application immédiate, et qu'elle n'ait donc d'effet qu'à venir.
Quand, au contraire, l'abrogation s'applique à un acte non réglementaire, le principe de mutabilité ne peut plus justifier la suppression des effets de l'acte, parce que celui-ci est alors protégé par le principe d'intangibilité qui implique un droit au maintien pour l'avenir des effets de l'acte individuel.
Dans ses conclusions sur l'arrêt du 26 juin 1959, *Syndicat général des ingénieurs-conseils*, le commissaire du gouvernement J. Fournier rangeait au nombre des principes généraux du droit l'intangibilité des droits acquis[391], opinion partagée par une large partie de la doctrine[392]. Ce principe trouve son fondement dans « le besoin d'assurer la stabilité des rapports juridiques dans le domaine de

[387] J. Carbajo : « Ce principe de la mutabilité des situations générales se traduit par l'applicabilité immédiate des actes réglementaires aux situations générales qu'ils ont vocation à régir », *op. cit.*, p. 110.
[388] Sur cette distinction effet immédiat - effet rétroactif, voir *infra.*, B.
[389] Conseil d'Etat, Sect., 15 févr. 1975, *Commune de Bordères-sur-l'Echez*, Leb. p. 178 : application aux demandes dont l'instruction est en cours de nouvelles conditions de délivrance des permis de construire.
[390] Conseil d'Etat, Sect., 11 déc. 1998, *Angeli*, Leb. p. 461 : les situations des huissiers de justice intéressés s'étant trouvées « définitivement constituées » avant l'intervention de la nouvelle réglementation, le mode de calcul des indemnités dues demeure déterminé par la réglementation antérieure.
[391] J. Fournier, Concl. sur Conseil d'Etat, Sect., 26 juin 1959, *Syndicat général des ingénieurs-conseils*, RDP 1959, p. 1004.
[392] Notamment A. de Laubadère, *Traité de droit administratif*, 1967, p. 283. Voir aussi les conclusions de G. Vught sur Conseil d'Etat, Ass., 29 mars 1968, *Manufacture française des pneumatiques Michelin*, RDP 1969, p. 345

l'administration active »[393]. Mais intangibilité ne signifie pas pérennité, de fait, l'abrogation d'un acte administratif unilatéral non réglementaire est possible, mais elle est strictement réglementée[394]. Le pouvoir de l'administration dépendra alors de savoir si l'acte en question est créateur de droits acquis ou s'il ne l'est pas. En effet, ce sont les droits acquis qui sont largement protégés par le principe d'intangibilité, dès lors l'absence de tels droits redonne au principe de mutabilité toute sa valeur puisqu'il n'est plus limité par celui d'intangibilité. Les règles de l'abrogation de l'acte individuel non créateur de droits acquis sont alors les mêmes que celles de tout acte réglementaire.

Le principe de « l'intangibilité des effets individuels des actes juridiques », selon l'expression de R. Bonnard[395], trouve ainsi une application différente selon que l'autorité administrative veut retirer ou abroger l'acte[396], mais surtout en fonction du caractère créateur de droits acquis de l'acte. Le principe d'intangibilité des effets des actes non réglementaires explique donc que l'abrogation n'a jamais d'effet rétroactif, et par la suite que les droits acquis par l'administré sont le critère de détermination des pouvoirs de l'administration et de la procédure à mettre en œuvre.
En d'autres termes, le principe d'intangibilité n'apparaît pas comme un obstacle à l'abrogation de l'acte non réglementaire, car cette opération n'est pas rétroactive. Mais il en réglemente l'exercice en imposant que l'acte d'abrogation d'un acte administratif unilatéral créateur de droits acquis soit un acte contraire, respectant scrupuleusement la règle du parallélisme des formes et des compétences.
Il n'y a aucun obstacle à l'abrogation d'une décision individuelle non créatrice de droits acquis, en revanche des règles de procédure s'imposent à l'autorité administrative lorsque la décision abrogée crée des droits acquis. Mais dans tous les cas, l'abrogation n'a aucun effet rétroactif.

Il faut cependant rappeler que l'abrogation peut être d'application différée, c'est-à-dire que l'autorité administrative peut prévoir que l'acte d'abrogation entrera en vigueur à une date postérieure à l'accomplissement des formalités de publicité. Mais il existe une limite importante à ce pouvoir : l'auteur ne peut pas différer l'abrogation d'un acte illégal qu'il est tenu d'abroger. D'application immédiate ou différée, l'acte d'abrogation est toujours à venir, il n'a jamais d'effet rétroactif. C'est précisément ce que juge le Conseil d'Etat, comme l'illustre par exemple l'arrêt *Madame Besombes* rendu le 6 mars 2002 et dans lequel la Haute Assemblée s'attache à préciser la notion de modification de l'acte, notamment au regard du

[393] M. Stassinopoulos, p. 252.
[394] J-M. Auby, « L'abrogation des actes administratifs », AJDA 1967, p. 132.
[395] R. Bonnard, *Précis de droit administratif*, 4ème éd., 1943, p. 110.
[396] P. Lampué, « La notion d'acte juridictionnel », RDP 1946, p. 52.

retrait[397]. Pourtant la question de l'effet produit par la modification d'un acte a suscité un certain nombre de doutes.

**B/ L'effet produit par la modification.**

Les similitudes entre l'abrogation et la modification n'ont pas permis d'éluder toute question sur l'effet de la modification. Bien qu'il soit clairement établi que l'abrogation n'a d'effet qu'à venir, l'interrogation a longtemps subsisté quant à la modification. Ainsi, une controverse doctrinale, due à la confusion opérée entre l'effet rétroactif et l'effet immédiat, a alimenté ces doutes[398]. C'est une question qui ne s'était vraisemblablement pas posée s'agissant de l'abrogation, ce qui ne peut manquer de surprendre.

Après avoir présenté la controverse doctrinale (1°), nous démontrerons l'effet à venir de la modification (2°).

**1°/ La controverse doctrinale.**

En principe, un acte non-rétroactif s'applique immédiatement dans le présent, en effet l'application post-active reste marginale. L'effet rétroactif s'oppose toujours aux deux autres effets, immédiat et post-actif, qui sont à venir, alors que lui-même est passé. La différence est radicale : l'effet immédiat s'oppose par définition à l'effet rétroactif[399]. La confusion entre l'effet immédiat et l'effet rétroactif est cependant à l'origine d'une controverse doctrinale quant à l'effet produit par l'acte de modification[400].

De nombreux auteurs ont alimenté cette controverse, qui est parfaitement illustrée par les propos de R. Merle : « En quoi consiste l'effet rétroactif ? C'est la réaction immédiate d'un acte ou d'un fait juridique sur la situation antérieure qui est mise en harmonie avec la situation nouvelle par des destructions ou des consolidations d'actes juridiques antérieurement valables ou inefficaces. Aussi l'effet rétroactif, contrairement à ce que suggère la terminologie qui l'exprime, se produit-il au jour

---

[397] Conseil d'Etat, Sect., 6 mars 2002, *Mme Besombes*, AJDA 23 sept. 2002, p. 802.

[398] J. Petit : « La question est alors la suivante : la règle qui modifie pour l'avenir les effets de droit d'un acte antérieur est-elle rétroactive ou d'application immédiate ? », *Contribution à l'étude des conflits de lois dans le temps en droit public français*, Thèse, Paris, 1993, p. 339.

[399] Voir *supra.*, Section 1.

[400] Les confusions ont pu naître de la terminologie, l'effet immédiat étant parfois appelé rétroactivité *in mitius* ; le droit pénal adopte le principe de la rétroactivité *in mitius*, donc de l'application immédiate, s'agissant des lois pénales plus douces ; voir P. Conte et P. Maistre du Chambon, *Droit pénal général*, A. Colin, 3ème éd., 1998. Le Conseil d'Etat applique également le principe de la rétroactivité *in mitius* sans pour autant employer cette expression : Conseil d'Etat, 23 juill. 1976, *Dame Ruffenach*, p. 361 ; Conseil d'Etat, Sect., 9 déc. 1977, *De Grailly*, p. 493.

même de la réalisation de l'acte ou du fait auquel il est attaché. On pourrait donc soutenir sans paradoxe que l'effet rétroactif n'est en réalité qu'un effet immédiat »[401].

Cette confusion a précisément affecté la modification de l'acte administratif unilatéral et non les autres modalités de fin parce qu'elle a alimenté les discussions portant sur les conflits de normes.
Or, la fin n'est pas en principe la cause d'un tel conflit, car ce dernier est par définition dû à une succession de normes. Pourtant, la modification apparaît comme une exception à cette règle dans la mesure où elle suppose la réfection des dispositions de l'acte. Cette justification ne semble cependant pas satisfaisante. En effet, ainsi que le souligne P. Roubier « le conflit de loi dans le temps naît non de la coexistence des lois mais de leur succession ; c'est en d'autres termes le conflit des lois anciennes et des lois nouvelles »[402].
Or, la fin de l'acte administratif unilatéral a pour effet la disparition d'une norme. Même l'hypothèse de la modification dans laquelle il y a réfection suppose, avant tout, la disparition ou, du moins, la cessation des effets.
Il n'y a donc jamais coexistence de normes et par conséquent aucun conflit n'est susceptible de naître de la fin de l'acte dans laquelle il y a disparition, et non création de normes. La modification suppose la succession de normes mais à aucun moment leur coexistence puisque la disposition de l'acte à laquelle il est mis fin est immédiatement remplacée. Il y a conflit lorsque, à un même moment, deux normes sont en vigueur pour régir une même situation. Or, même l'hypothèse de la modification, suppose dans un premier temps la disparition. Dès lors, la controverse doctrinale semble *a priori* non fondée.

De nombreux civilistes se sont penchés sur cette question délicate lorsqu'ils ont tenté de résoudre les conflits de loi dans le temps[403]. La doctrine publiciste a, quant à elle, généralement ignoré le problème de l'interpénétration des normes juridiques. Certains auteurs ont cependant estimé qu'il méritait d'être considéré[404].

---

[401] R. Merle, *op. cit.*, p. 328.
[402] P. Roubier, *op.cit.*, p. 4.
[403] Sur cette question, voir notamment E-L. Bach, « Contribution à l'étude du problème de l'application des lois dans le temps », RTDC 1969, p. 405 ; J. Héron, « Etude structurale de l'application de la loi dans le temps », RTDC 1985, p. 277 ; R. Merle et A. Vitu, *Traité de droit criminel*, Cujas, 6ème éd., 1984 ; P. Roubier, *Le droit transitoire (conflits des lois dans le temps)*, Thèse, Dalloz et Sirey, 1960 ; A. Vitu, *Des conflits de lois dans le temps en droit pénal*, Thèse, Nancy, 1945.
[404] Notamment P. Level, *Essai de systématisation du conflit des lois dans le temps*, LGDJ, 1959 ; P. Lewalle, *Contribution à l'étude de l'application des actes administratifs dans le temps*, Thèse, Liège, 1975 ; J. Petit, *Contribution à l'étude des conflits de lois dans le temps en droit public français*, Thèse, Paris, 1993 ; P. Tavernier, *Recherches sur l'application dans le temps des actes et des règles*

A. Vitu expose très clairement les différentes manières dont la loi peut agir dans le temps : « Elle doit avoir un effet rétroactif ou un effet immédiat ou enfin un effet post-actif. La loi nouvelle est rétroactive lorsqu'elle remonte, dans ses effets, en deçà de la date de sa promulgation, pour empiéter sur le passé. (…). A l'inverse la loi nouvelle n'a qu'un effet immédiat lorsqu'elle respecte tous les faits juridiques du passé, pour s'appliquer seulement aux faits qui se produisent après sa promulgation ou lorsqu'elle laisse intacts les effets juridiques déjà produits de faits antérieurs, pour ne régir que leurs effets futurs. (…). La loi nouvelle enfin est post-active lorsqu'elle laisse la loi ancienne régir tous les effets à venir des faits antérieurs à sa promulgation (…) on dit encore dans cette dernière hypothèse qu'il y a survie de la loi ancienne »[405].

La démonstration du professeur Vitu est très claire et les confusions dont nous avons fait état ne s'expliquent pas. L'effet immédiat et l'effet rétroactif sont fondamentalement distincts. A cet égard, C. Yannakopoulos précise : « le principe de l'effet immédiat de la loi ou du règlement nouveau est une règle jurisprudentielle, une directive d'interprétation, selon laquelle l'acte nouveau s'applique pour le futur aux situations en cours qui sont formées avant son édiction. A l'opposé du principe de non-rétroactivité, cette règle ne vaut qu'en l'absence de disposition législative - ou même réglementaire - de sens contraire »[406].
L'effet immédiat s'oppose donc à l'effet rétroactif, J-M. Auby en déduit que, si un règlement ne modifie une situation que pour l'avenir, autrement dit si ses effets sont postérieurs à la date de son entrée en vigueur, « il n'y a pas rétroactivité, alors même que l'acte s'appliquerait à des faits antérieurs ou au contenu d'une situation juridique déjà constituée »[407]. Il prend pour exemple le cas d'une règle nouvelle, relative aux conditions d'accès à une profession ou à une fonction publique : cette règle peut, sans être rétroactive, s'appliquer à ceux qui exercent déjà cette profession, c'est-à-dire aux fonctionnaires en poste, dès lors qu'elle ne prive pas de leur qualité ceux qui ne rempliraient pas les conditions nouvelles.

**2°/ L'effet à venir de la modification.**

L'acte de modification, comme l'acte d'abrogation, trouve son fondement dans le principe d'adaptabilité de l'action administrative. Les dispositions modifiées doivent pouvoir être appliquées dès l'entrée en vigueur de l'acte de modification, mais ce n'est pas pour autant qu'elles produisent un quelconque effet

---

*en droit international public*, Thèse, LGDJ, 1970 ; A. Werner, « Contribution à l'étude de l'application de la loi dans le temps en droit public », RDP 1982-2, p. 737.
[405] A. Vitu, *op.cit.*, p. 65.
[406] C. Yannakopoulos, *op.cit.*, p. 490.
[407] J-M. Auby, *op.cit.*, p. 21.

dans le passé[408]. La nécessité d'adapter les actes réglementaires aux évolutions de la société et aux impératifs d'ordre public suppose que les dispositions modifiées s'appliquent immédiatement, c'est-à-dire qu'il ne doit pas y avoir de droits acquis s'y opposant. Par conséquent, l'acte de modification d'un acte administratif n'est pas rétroactif. La modification de l'acte a un effet à venir, qui est le plus souvent immédiat.

La jurisprudence du Conseil d'Etat va également dans ce sens et confirme l'absence de rétroactivité de la modification, comme le montrent notamment les conclusions du commissaire du gouvernement D. Labetoulle sur l'arrêt *Union nationale du commerce de gros en fruits et légumes et Union des négociants en marée de Rungis*[409]. L'arrêt *Rigal* est un autre exemple notable de l'absence de rétroactivité de la modification[410] : par un arrêté du 11 août 1972, le ministre de la Santé publique avait modifié les conditions d'attribution de l'autorisation de détenir et d'utiliser des sources radioactives scellées destinées à la télégammathérapie. L'article 4 de cet arrêté prescrivait que les autorisations déjà accordées pour des installations qui ne répondraient pas à cette règle nouvelle cesseraient de plein droit d'avoir effet à l'expiration d'un délai de deux ans à compter de sa publication. La règle nouvelle était donc rendue applicable aux autorisations en cours à la date de son entrée en vigueur, sans être pour autant rétroactive.
Cette absence de rétroactivité avait été explicitement et auparavant décidée par le Conseil d'Etat dans l'arrêt Fédération nationale des syndicats départementaux et des unions régionales de médecins électroradiologistes qualifiées et autres, elle est désormais confirmée par l'arrêt Rigal[411]. Plus récemment, le Conseil d'Etat utilise l'absence de rétroactivité de la modification comme critère de distinction entre

[408] Conseil d'Etat, 1er déc. 1943, *Demoiselle Aubry*, Leb. p. 276.
[409] D. Labetoulle, Concl. Sur Conseil d'Etat, Sect., 9 nov. 1979, *Union nationale du commerce en gros de fruits et légumes et Union des négociants en marée de Rungis*, AJDA 1980, p. 416 ; Leb. p. 418. Egalement Conseil d'Etat, Sect., 19 déc. 1980, *Revillod et autre*, Leb. p. 400 : « Considérant que le principe général de non-rétroactivité des lois et règlements ne fait pas obstacle à l'application immédiate (...) des dispositions réglementaires relatives à la formation qui leur est dispensée (...) ; qu'ainsi, à défaut de toute décision individuelle ayant fait acquérir aux intéressés des droits qui n'auraient pu légalement être remis en cause par une modification de la réglementation applicable (...), l'article 8 du décret du 13 mars 1978 a pu, sans méconnaître aucun principe, prévoir que les dispositions qu'il édicte sont applicables aux candidats engagés dans la formation et non encore titulaires du brevet ... ».
[410] Conseil d'Etat, 1er févr. 1980, *Rigal*, Leb. p. 64.
[411] Conseil d'Etat, 3 oct. 1973, *Fédération nationale des syndicats départementaux et des unions régionales de médecins électroradiologistes qualifiées et autre*, Leb. p. 545 : l'article 4 ne confère pas à l'arrêté du 11 août 1972 un effet rétroactif.

celle-ci et le retrait d'un acte administratif unilatéral[412]. La jurisprudence du Conseil d'Etat est sur ce point constante et sans ambiguïté : la modification d'un acte administratif unilatéral n'a pas d'effet rétroactif.
L'acte qui modifie un acte administratif unilatéral ne s'applique donc que dans le futur, postérieurement à la réalisation des conditions de son entrée en vigueur. Dans le cas contraire, la rétroactivité de l'acte de modification est une illégalité qui, en cas de recours, entraînera l'annulation de l'acte par le Conseil d'Etat[413]. Les nouvelles dispositions, qui modifient l'acte initial, s'appliqueront donc dès l'entrée en vigueur de l'acte modificatif, l'acte originel n'étant pas sorti de vigueur. C'est justement parce que la modification n'a pas d'effet rétroactif qu'elle ne peut pas être à l'origine d'un conflit de normes, bien qu'elle suppose, de par son essence même, une création qui est complètement absente dans les autres modalités de fin. Dès lors, la fin de l'acte administratif unilatéral, quelle qu'elle soit, ne peut jamais avoir pour conséquence la coexistence de deux normes. Elle n'est donc jamais susceptible d'engendrer un conflit de normes.

**§2 : La question de la caducité.**

La doctrine s'accorde pour admettre que la caducité n'a pas d'effet rétroactif. D'après J. Petit, « (...) selon la jurisprudence administrative, les dispositions qui régissent ce mode d'extinction des actes administratifs s'appliquent immédiatement aux actes en cours d'effet à la date de leur entrée en vigueur »[414]. G. Chavrier admet également que la caducité opère uniquement pour l'avenir, elle préserve les effets passés de l'acte[415]. La caducité d'un acte administratif unilatéral s'appliquerait donc immédiatement, mais aucun auteur n'en donne cependant d'explication.
Afin de confirmer ou d'infirmer la précédente affirmation, il s'agit au préalable de distinguer la caducité elle-même de sa constatation[416]. En effet, cette modalité de fin de l'acte administratif unilatéral comprend deux moments : le premier est automatique, c'est la caducité ; le second est la manifestation de volonté de l'autorité compétente, c'est la constatation de l'état caduc de l'acte.

---

412 Conseil d'Etat, Sect., 6 mars 2002, *Mme Besombes,* précité. Le Conseil d'Etat rappelle dans cet arrêt que la modification suppose également le maintien de l'acte dans l'ordonnancement juridique, contrairement au retrait qui constitue une sortie de vigueur.
413 Conseil d'Etat, Sect., 11 juill. 1984, *Union des groupements de cadres supérieurs de la fonction publique et Assoc. générale des administrateurs civils,* Leb. p. 258 : « que dans la mesure où il a ainsi pour effet de modifier les conditions de revalorisation de rémunérations qui avaient été liquidées, conformément à la réglementation alors applicable (...), le décret attaqué comporte un effet rétroactif illégal ».
414 J. Petit, *op.cit.*, p. 960.
415 G. Chavrier, *op. cit.*, p. 33.
416 Voir *supra.*, Titre 1, Chapitre 2.

L'acte devenu caduc est maintenu dans l'ordonnancement juridique sans produire aucun effet, et lorsque sa caducité est constatée par l'autorité compétente, il sort de vigueur.

L'étude des effets de la caducité doit dès lors porter sur les deux moments : non seulement sur l'effet de la caducité (A), mais aussi sur celui de sa constatation par l'autorité compétente (B).

**A/ L'effet produit par la caducité.**

La caducité a pour caractéristique d'être automatique : aucune autorité n'est compétente pour décider de la caducité d'un acte ou pour faire en sorte qu'il le devienne. L'acte devient caduc soit parce qu'un texte l'a prévu, soit de manière naturelle. L'absence de pouvoir de décision de l'autorité compétente permet de distinguer la caducité d'autres modalités de fin également non-rétroactives, notamment l'abrogation et la modification.
Outre qu'elles correspondent à deux formes distinctes de fin (l'abrogation a pour effet la sortie de vigueur de l'acte, en revanche la caducité n'entraîne que la fin de ses effets sans que la vigueur de l'acte ne soit atteinte), l'abrogation et la caducité se distinguent également par le pouvoir reconnu à l'autorité administrative, un pouvoir de décision inéluctable en matière d'abrogation et complètement absent en ce qui concerne la caducité[417].

La non-rétroactivité de la caducité peut s'expliquer de deux manières : d'abord par la nécessité de respecter la sécurité juridique des administrés et ensuite par l'absence d'irrégularité affectant l'acte devenu caduc.
L'automaticité est par nature contraire à la sécurité juridique de l'administré. Elle rend ainsi le droit plus instable, elle entraîne une précarisation de la situation juridique des administrés. Cet aspect de la caducité apparaît comme un danger au regard de la sécurité de l'administré, notamment lorsque la caducité n'est pas prévue par un texte[418]. C'est l'une des raisons pour lesquelles la caducité naturelle n'est pas reconnue par le droit administratif français[419]. La caducité planifiée, en revanche, est prévue par un texte. C'est ainsi par exemple que l'article 47 de la loi du 31 décembre 1970 prévoit que « tout refus d'autorisation (...) est réputé caduc si ledit programme n'a pas fait l'objet d'un commencement d'exécution dans un délai de six ans s'il s'agit d'un établissement public, deux ans s'il s'agit d'un

[417] G. Chavrier, *op. cit.*, p. 429.
[418] Quand elle n'est pas expressément prévue par un texte, la caducité est dite naturelle. En d'autres termes, elle atteindrait les actes devenus obsolètes. Voir *infra.*, Titre 1, Chapitre 2.
[419] Sur les dangers de la caducité, voir G. Chavrier, *op.cit.*, p. 258 et s.

établissement privé »[420]. La prévision n'ôte en aucun cas à la caducité son caractère automatique, mais elle permet à l'administré d'en avoir connaissance. La prévision atténue donc largement les dangers de la caducité.
Les dangers nés de l'automaticité s'opposent à la rétroactivité de la caducité, en effet l'absence de rétroactivité limite les atteintes susceptibles d'être portées aux droits acquis. Le droit administratif admet qu'un acte devienne automatiquement caduc, mais seulement pour l'avenir.
En cela la caducité se distingue du retrait, comme le rappelle le Conseil d'Etat dans l'arrêt *Lafon*[421].
C'est donc en vue de limiter les effets néfastes nés de l'automaticité que le droit administratif refuse d'admettre la rétroactivité de la caducité. C'est également pour cette raison qu'il rejette toute idée de caducité naturelle.

Une seconde explication à l'absence de rétroactivité de la caducité peut être trouvée dans l'acte même initial, acte devenu caduc mais pas pour autant illégal. Lorsqu'un acte administratif unilatéral devient caduc, il cesse de produire les effets pour lesquels il a été édicté. Mais ce n'est pas une irrégularité ou un vice qui explique sa caducité, contrairement à l'acte annulé qui disparaît rétroactivement au motif que l'illégalité qui l'entachait doit être anéantie. L'absence d'illégalité affectant l'acte caduc explique que cette modalité de fin ne soit pas rétroactive. Dans cette hypothèse, l'illégalité ne justifie pas la rétroactivité.
Un acte étant en vigueur et valide, un texte prévoit cependant qu'il cesse de produire tout effet : c'est alors qu'il devient caduc. La caducité n'a pas pour but de faire cesser une illégalité, par conséquent, le principe de légalité est respecté. Cela explique que la caducité n'a d'effet que dans l'avenir.

La non-rétroactivité de la caducité est cependant contestée par certains auteurs qui prétendent que cette modalité est rétroactive lorsqu'elle atteint une décision qui n'a reçu aucun commencement d'exécution[422]. Dans certains cas, le Conseil d'Etat admet également ce postulat. Ainsi, dans l'arrêt *Syndicat national des établissements de rééducation fonctionnelle*, il juge que la caducité peut être considérée comme « l'équivalent d'un retrait », puisqu'elle aurait pour effet

[420] Loi du 31 déc. 1970 portant réforme hospitalière.
[421] Conseil d'Etat, Sect., 12 oct. 1984, *Lafon*, AJDA 1985, p. 54 : « Considérant que si ladite lettre, par laquelle le ministre de la Santé et de la famille a constaté, en application de l'article 47 de la loi du 31 décembre 1970, la caducité de l'autorisation accordée le 16 avril 1974 à M. Lafon (...) ne constitue pas le retrait d'une décision administrative ... ».
[422] Notamment R. Chapus, *Droit administratif général*, tome 1, Montchrestien, 2001, p. 1153.

l'anéantissement rétroactif de la décision[423]. Ce raisonnement paraissant cependant abusif, il convient d'en rechercher l'explication.
Il apparaît, à l'image de la décision précitée *Syndicat national des établissements de rééducation fonctionnelle* que le juge administratif adopte parfois ce raisonnement dans le but de justifier sa décision de non-lieu à statuer. En effet, le juge ne peut prononcer un non-lieu que si l'acte est complètement anéanti, autrement dit lorsque la fin a un effet rétroactif. Or, la caducité n'a pas cet effet.
Un autre exemple est donné par l'arrêt *Epoux Péan* : « Considérant qu'il résulte de l'instruction que la durée des ordres de réquisition contestés est arrivée à expiration sans qu'ils aient été exécutés ; qu'ils n'ont fait l'objet d'aucune mesure de prorogation ; que dans ces conditions ils doivent être regardés comme rapportés »[424]. La cause essentielle qui permet de clore un litige par un non-lieu à statuer est la disparition de l'objet du recours, c'est-à-dire que celui-ci perd sa raison d'être. Le principe demeure qu'il ne doit subsister aucune trace de la décision concernée[425]. Or la décision de constatation de caducité n'a d'effet qu'à venir, elle préserve donc les effets passés. Seule la totale inexécution de l'acte peut expliquer la décision de non-lieu, ou encore son anéantissement rétroactif. Par conséquent, l'assimilation entre les deux modalités de fin est susceptible de justifier le non-lieu.

Mais l'assimilation entre les modalités que sont la caducité et le retrait, deux modalités de fin intrinsèquement distinctes, est abusive et la justification ainsi faite insuffisante. « La portée du principe énoncé apparaît toute relative et, en l'espèce, de pure opportunité », affirme G. Gonzalez[426].
L'acte retiré est censé n'avoir jamais existé contrairement à l'acte caduc qui, même s'il n'a pas été appliqué, ne disparaît pas de manière rétroactive. Il a été en vigueur, et cela n'est pas remis en cause quand il devient caduc. Il a été applicable, bien que jamais appliqué ; en revanche, l'acte retiré est considéré comme n'ayant jamais été applicable, notamment du fait de l'illégalité qui l'affectait. La caducité a toujours un effet à venir, et cet effet ne dépend pas de l'application ou de la non-application préalable de l'acte.
L'intérêt et l'explication du caractère protéiforme de la fin sont dans les particularités de chaque modalité. Il n'y a aucun intérêt à tenter de les assimiler.

---

[423] Conseil d'Etat, Sect., 17 févr. 1978, *Syndicat national des établissements de rééducation fonctionnelle*, RDP 1978, p. 1461 : « La caducité d'une décision individuelle n'ayant fait l'objet d'aucun commencement d'exécution est l'équivalent du retrait de cette décision ».
[424] Conseil d'Etat, 8 févr. 1956, *Epoux Péan*, Leb. p. 68.
[425] R. Chapus, *Droit du contentieux administratif*, Montchrestien, 2000, p. 850.
Conseil d'Etat, 15 mai 1981, *Assoc. de sauvegarde de l'environnement Maillot-Champerret*, Leb. p. 228.
[426] G. Gonzalez, « La caducité des actes administratifs unilatéraux », RDP 1991, p. 1708.

**B/ L'effet produit par la constatation de caducité.**

L'effet produit par la constatation de l'état caduc de l'acte semble complexe dans la mesure où il pourrait dépendre de la qualité de l'auteur de l'acte de constatation. Ainsi, l'effet pourrait être différent selon que l'acte de constatation émane de l'administration ou du juge administratif. Pourtant, au moment de sa constatation, l'acte est déjà caduc.

Ce sont ces deux situations qu'il convient de considérer : la constatation administrative de caducité (1°) et la constatation juridictionnelle de caducité (2°)..

**1°/ La constatation administrative de caducité.**

Lorsque l'autorité administrative constate l'état caduc d'un acte administratif unilatéral, elle constate un état de fait préexistant. Mais cela ne signifie pas que l'acte de constatation est nécessairement rétroactif. De deux choses l'une : soit la constatation de caducité prend effet à la date de cette constatation, soit elle rétroagit au jour où l'acte administratif unilatéral est devenu caduc.
Cette question a suscité peu d'études puisque l'acte caduc ne produit déjà plus aucun effet : ni les administrés, ni l'administration n'ont d'intérêt à ce que la constatation de caducité ait un effet rétroactif ou non-rétroactif.
Le juge administratif rejette d'ailleurs tout recours portant sur un acte administratif caduc, estimant qu'il n'y a pas lieu à statuer[427].
Il faut admettre que, ne faisant pas partie des exceptions au principe de non-rétroactivité, l'acte administratif de constatation de caducité doit être considéré comme ayant un effet à venir. La constatation de caducité ne rétroagit donc pas au jour de la caducité, elle prend effet à la date même de cette décision. Elle a donc un effet à venir comme, en principe, tout acte administratif.

Cette impression est confirmée par le juge administratif dont la jurisprudence sur la caducité tend à se développer grâce à l'apparition de règles permettant l'exercice de recours. L'acte de constatation de caducité prend donc effet au jour de la notification ou publication de l'acte, dès que les formalités de son entrée en vigueur ont été accomplies. La jurisprudence administrative l'a récemment précisé, notamment la Cour administrative d'appel de Lyon dans un arrêt *Société Arch* du 27 janvier 2000[428]. Le juge administratif distingue dans cette décision les deux

[427] Conseil d'Etat, Sect., 9 févr. 1996, *SNC Aubertin* : « (...) qu'en raison de la caducité dont était atteint le permis de construire du 10 juillet 1984 il n' y avait plus lieu à statuer sur la demande de la commune de Fameck dirigée contre ce permis de construire », n° 113889, non publié.
[428] Cour administrative d'appel de Lyon, 27 janv. 2000, *Sté Arch* : « que si (...) le conseil général a constaté la caducité du concours d'architecture lancé en 1991 et autorisé son président à lancer la procédure de désignation d'un maître d'œuvre, cette délibération n'a pas eu pour effet de rapporter les

modalités de fin que sont la caducité et le retrait, au motif que la première opération ne rétroagit pas. La rétroactivité de la décision apparaît donc aux yeux du juge administratif comme un critère de distinction opposant le retrait et la caducité, démontrant l'absence de rétroactivité de la caducité d'un acte administratif unilatéral.

Le commissaire du gouvernement Genevois, dans ses conclusions sur l'arrêt *Lafon*, indique également que la décision qui constate la péremption n'a pas pour effet de la rapporter. Conformément à ces conclusions, le Conseil d'Etat a jugé que l'autorisation de création d'une clinique privée ne constituait pas « le retrait d'une décision administrative individuelle créatrice de droits », mais présentait bien le caractère d'une décision faisant grief[429].

La caducité comprend donc réellement deux temps, le premier lorsque l'acte devient caduc et le second lorsque cet état est constaté. La constatation de caducité ne rétroagit pas, et par conséquent le second temps de la procédure de caducité n'efface jamais le premier. La constatation de caducité n'ayant d'effet qu'à venir, il subsiste toujours un moment où l'acte est caduc ; la constatation de caducité n'efface pas cette période en raison de son effet uniquement futur.

**2°/ La constatation juridictionnelle de caducité.**

Lorsque la constatation de caducité est un acte juridictionnel, la question est celle de savoir si elle a, comme l'annulation, un effet rétroactif ou si au contraire elle a un effet immédiat.

L'effet rétroactif de l'annulation trouve sa justification principale dans l'illégalité qui affecte l'acte, une illégalité qui doit disparaître *ex tunc*. Celle-ci ne pourrait en aucun cas justifier la constatation de caducité puisque l'acte caduc n'est pas nécessairement illégal. En effet, l'acte caduc ne produit plus d'effet mais cela ne signifie pas qu'il est entaché d'illégalité. Le juge administratif qui constate la caducité d'un acte administratif unilatéral n'agit donc pas en tant que gardien de la légalité administrative, en tant que censeur de l'administration. Il vise à permettre à un acte caduc de sortir de vigueur, à ôter de l'ordonnancement juridique un acte qui n'a plus d'effet. Dès lors, ce n'est pas le principe de légalité qui justifierait l'éventuelle rétroactivité de la constatation de caducité. Or, il est nécessaire qu'un principe de grande importance justifie une telle opération, en raison de l'atteinte qu'elle peut constituer pour le principe de sécurité juridique. La rétroactivité de la constatation de caducité semble, à ce stade de la recherche, peu probable.

---

décisions attaquées », n° 96LY00243 ; voir également : Conseil d'Etat, Sect., 15 déc. 1995, *Assoc. Du centre antillo-guyanais pour la promotion sanitaire et sociale de l'enfant*, n° 133.281.

[429] Conseil d'Etat, 12 oct. 1984, *Lafon*, précité.

Une confirmation de cette impression réside dans l'action du juge administratif qui ne fait que constater un état de fait, la constatation de caducité peut être qualifiée de jugement constitutif[430].
Il faut donc admettre que contrairement à l'annulation, ce jugement n'a pas d'effet rétroactif. Il prend donc effet au jour de sa notification. La constatation de caducité n'a d'effet qu'à venir, qu'elle soit le fait de l'administration ou du juge administratif.
Bien que le juge administratif prenne en considération des faits antérieurs au jugement, ce dernier n'est pas nécessairement rétroactif. Il est ainsi apparu que si le jugement d'annulation est rétroactif, il n'en est pas de même s'agissant de toute décision juridictionnelle. Or, lorsqu'il constate la caducité d'un acte administratif unilatéral, le juge administratif n'agit pas dans le cadre d'un recours pour excès de pouvoir, recours qui vise à annuler les actes illégaux, mais plutôt dans un recours de plein contentieux. Cela explique que ce jugement ne soit pas rétroactif.
Le juge administratif peut donc mettre fin à un acte administratif unilatéral de manière non rétroactive, notamment lorsqu'il en constate l'état caduc.
Si aucune différence ne peut ainsi être établie sur l'effet rétroactif ou non-rétroactif de la constatation de caducité en fonction de son auteur, il apparaît en revanche que cette autorité est le fondement d'une autre distinction portant également sur l'effet de cette modalité de fin : elle oppose l'autorité de la chose jugée et l'autorité de la chose décidée[431]. La décision juridictionnelle a un effet *erga omnes* contrairement à la décision administrative, même si ces deux décisions visent à constater la caducité d'un acte[432]. Une même décision, dont l'objet est de constater l'état caduc d'un acte administratif unilatéral, aura donc une portée différente selon qu'elle émane de l'autorité administrative ou bien du juge administratif. L'autorité d'une décision dépend donc vraisemblablement plus de son auteur que de son contenu. Il faut tenir compte de l'autorité à l'origine de la décision et non de cette décision elle-même.

L'acte juridictionnel définitif est revêtu de la force de vérité légale, c'est un acte incontestable et irréprochable. Mais il est également intangible, « l'autorité formelle de chose jugée s'ajoute à l'autorité matérielle, l'immutabilité à l'incontestabilité »[433]. Contrairement à l'annulation, jugement qui possède l'autorité absolue de la chose jugée, la constatation de caducité n'a que l'autorité relative de la chose jugée. En effet, il est admis que le jugement d'annulation pour

[430] Voir *supra.*, Section 1.
[431] Voir R-G. Schwartzenberg, *L'autorité de chose décidée*, Thèse, LGDJ, 1969.
[432] Sur cette question, voir *supra.*, Titre 1.
[433] R-G. Schwartzenberg, *op.cit.*, p. 7.

excès de pouvoir est l'un des rares[434] possédant une telle autorité. Il faut dès lors en déduire que le jugement de constatation de caducité n'a que l'autorité relative de la chose jugée. Mais bien que relative, cette autorité reste supérieure à celle que possède la décision administrative revêtue seulement de l'autorité de chose décidée.

La qualité de l'auteur détermine l'autorité de la décision prise. Le juge administratif reste, dans toutes les décisions d'annulation qu'il prend, le censeur de l'administration, le gardien de la légalité administrative. Cette fonction suprême justifie l'autorité de ses décisions pour excès de pouvoir, une autorité toujours supérieure à celle reconnue aux décisions émanant d'une autorité administrative. Même lorsqu'il n'agit pas en tant que censeur de l'administration, le juge administratif reste son supérieur, le jugement de constatation de caducité illustre parfaitement cette situation. L'autorité de la chose jugée, relative ou absolue, est inhérente à toute décision juridictionnelle et la fait bénéficier d'une certaine intangibilité.
En revanche, l'autorité de chose décidée est doublement limitée : l'acte administratif peut être contesté et il peut être retiré, abrogé ou modifié par son auteur. « Même définitif, l'acte administratif demeure, par essence, contestable et précaire »[435]. Il peut être remis en cause soit par son auteur, l'autorité administrative, soit par ses destinataires, les administrés. Dès lors, l'administration ou le juge administratif peut intervenir à l'encontre de cet acte.

R-G. Schwartzenberg conclut : « Ce statut d'acte en perpétuel procès et en éventuel devenir traduit les limites de l'autorité définitive de chose décidée »[436].
Si la dualité d'auteurs de la constatation de caducité n'emporte aucune différence sur l'effet de l'acte de fin, il y aura toujours une différence quant à la portée : l'acte administratif de fin possède l'autorité de la chose décidée alors que l'acte juridictionnel de fin est revêtu de l'autorité de la chose jugée[437].

---

[434] Revêtent une telle autorité les jugements et arrêts rendus en matière pénale par les tribunaux judiciaires (Conseil d'Etat, Sect., 28 juill. 2000, *Préfet de police c/ Diagola*, DA 2000, n° 228), ainsi que les jugements et arrêts prononcés par les juridictions administratives en matière contraventions de grande voirie (Conseil d'Etat, 27 juill. 1988, *Bellay*, Leb. p. 301).
[435] *Ibid.*, p. 11.
[436] *Ibid.*, p. 12.
[437] Sur cette question, voir P. Lewalle, *Contribution à l'étude de l'application des actes administratifs unilatéraux dans le temps*, Thèse, Liège, 1975, p. 291 et s.

# Chapitre 2 :

# Les effets produits par la fin de l'acte administratif unilatéral.

L'effet produit par la fin de l'acte administratif unilatéral ne se résume pas aux effets de chaque modalité dont on a pu constater qu'elles dépendent largement de l'acte de fin. Au-delà de l'effet rétroactif ou non-rétroactif de ce dernier, il apparaît que la fin en tant que telle a deux effets distincts : elle peut entraîner la sortie de vigueur de l'acte administratif unilatéral, elle peut également provoquer la fin de ses effets, sans atteindre sa vigueur. La sortie de vigueur et la fin des effets de l'acte sont les deux formes que peut prendre la fin de l'acte administratif unilatéral. Elles se révèleront être ses deux apparences. Les deux effets permettent ainsi d'opérer une systématisation selon laquelle chaque modalité correspond à l'une des deux formes de fin : la sortie de vigueur ou la fin des effets de l'acte.
Ces considérations peuvent être à l'origine d'une classification des modalités de fin, d'abord selon leur effet rétroactif ou non-rétroactif, ensuite selon qu'elles correspondent à l'une ou l'autre forme de fin. Mais aucun lien ne peut cependant être établi entre ces divers effets : la rétroactivité et la sortie de vigueur ne vont pas de pair, pas plus que la non-rétroactivité et la fin des effets de l'acte.

La fin peut donc, selon les cas, avoir un effet sur la vigueur de l'acte ou, au contraire, ne pas en avoir ; il est alors maintenu dans l'ordonnancement juridique. Pourtant, cette hypothèse dans laquelle l'acte ne sort pas de vigueur, ne paraît pas, *a priori*, faire partie de l'étude de la fin de l'acte administratif unilatéral. Il peut en effet sembler contestable de parler de fin alors que l'acte reste en vigueur. Pourtant, l'analyse confirme que bien que maintenu dans l'ordonnancement juridique, l'acte ne produit plus aucun effet. Il y a donc véritablement une fin : la fin des effets de l'acte.
Elle se distingue inéluctablement de la fin de l'acte lui-même, qui entraîne sa sortie de l'ordonnancement juridique. L'existence de deux formes de fin se confirme : la sortie de vigueur et la fin des effets. La dualité d'effets de la fin de l'acte administratif unilatéral sera présentée dans une première section (Section 1).

La dualité d'effets de la fin de l'acte se révèle être d'un grand intérêt à un double point de vue : d'abord quant à la mise en lumière de deux formes de fin, et ensuite quant à l'identification de la fin elle-même. Ainsi, en mettant en lumière l'existence de deux formes de fin, la dualité d'effets a donné une explication de la complexité de la procédure. La dualité ainsi établie confirme le caractère protéiforme de la fin de l'acte, composée de différentes manifestations et dont les effets sont divers. Il apparaît également qu'un certain nombre d'éléments permanents se dégagent de cette analyse, ils composent la fin, certains en sont même une condition d'existence.
De ces considérations, il faut déduire la possibilité d'identifier la fin, d'en définir le champ d'application. Dès lors, les prémisses d'une définition de la fin de l'acte administratif unilatéral apparaissent. Le double intérêt de la dualité sera présenté dans une seconde section (Section 2).

## Section 1 : La fin de l'acte : une dualité d'effets.

Une dualité se dégage de l'étude des effets de la fin, permettant ainsi de distinguer deux formes de fin : la sortie de vigueur et la fin des effets de l'acte administratif unilatéral. La sortie de vigueur, expression employée par R. Chapus qui l'oppose ainsi directement à l'entrée en vigueur, signifie que l'acte sort de l'ordonnancement juridique[438]. L'acte disparaît, il n'existe plus. En revanche, la fin des effets de l'acte n'entraîne pas la disparition de l'acte, celui-ci est maintenu dans l'ordonnancement juridique. Il ne produit néanmoins plus les effets pour lesquels il avait été édicté, qu'il s'agisse de tous les effets ou d'une partie seulement d'entre eux.
Si la sortie de vigueur est indéniablement une forme de fin, la reconnaissance de la fin des effets de l'acte comme forme de fin doit être démontrée et précisée : comment les effets de l'acte sont-ils atteints, quelles sont les manifestations de cette forme de fin, sont autant d'interrogations qui appellent l'analyse.
Il s'avère que parfois, l'administration ou le juge administratif, anéantit un acte administratif, sans pour autant qu'il disparaisse. C'est le cas lorsque l'autorité administrative modifie un acte administratif unilatéral : à aucun moment il ne sort de vigueur. Parfois, au contraire, cette opération se fait indépendamment de toute décision, autrement dit de manière automatique. C'est l'hypothèse de la caducité dans laquelle l'acte caduc est maintenu dans l'ordonnancement juridique. Bien que l'acte ne disparaisse pas, il ne produit plus d'effet (ou seulement une partie de ses effets). Dès lors, il y a véritablement une fin, bien qu'elle soit différente de la sortie

[438] R. Chapus, *Droit administratif général*, tome 1, Montchrestien, 2001, p. 1151.

de vigueur : la fin des effets de l'acte. Il existe donc deux formes de fin radicalement distinctes.

Si le retrait, l'abrogation, l'annulation et la constatation de caducité ont pour effet la sortie de l'acte de l'ordonnancement juridique, la modification et la caducité tant qu'elle n'a pas été constatée n'entraînent pas sa sortie de vigueur mais seulement la fin de ses effets. Cette dichotomie justifie l'étude de la sortie de vigueur de l'acte administratif unilatéral dans un premier paragraphe (§1), et celle de la fin de ses effets dans un second paragraphe (§2).

**§1 : La sortie de vigueur de l'acte administratif unilatéral.**

La sortie de vigueur de l'acte administratif unilatéral provoque sa disparition pure et simple de l'ordonnancement juridique. La sortie de vigueur peut avoir pour origine un acte administratif ou juridictionnel, elle peut par ailleurs avoir un effet rétroactif ou non-rétroactif. Ce n'est ni la nature de l'acte qui met fin à la décision, ni l'effet de l'acte de fin qui justifient que l'acte sorte de vigueur ou cesse simplement de produire effet.
L'acte ayant disparu, la sortie de vigueur doit être considérée comme une première forme de fin. L'acte n'existe plus, il a donc pris fin. Cette forme de fin se manifeste dans les modalités que sont le retrait, l'abrogation, l'annulation et la caducité constatée. La sortie de vigueur de l'acte est d'ailleurs le seul point commun à ces modalités. Dans toutes ces hypothèses, l'acte cesse de produire effet et il disparaît de l'ordonnancement juridique. Pour cela, l'intervention d'une autorité compétente est nécessaire, la sortie de vigueur de l'acte suppose qu'elle en ait exprimé la volonté.

Après avoir étudié le phénomène de sortie de vigueur (A), nous en analyserons les deux conditions (B).

**A/ La sortie de vigueur ou disparition de l'acte.**

Pour définir la sortie de vigueur de l'acte administratif unilatéral, et pour la distinguer de la fin des effets, M. Stassinopoulos utilise le critère de la rétroactivité. Ainsi, dans le *Traité des actes administratifs,* M. Stassinopoulos distingue sans ambiguïté la fin des effets et la disparition de l'acte : « L'acte administratif peut cesser de produire des effets juridiques pour des raisons diverses qui sont : (…) la désuétude de l'acte, son retrait sans effet rétroactif, et le renversement de l'acte par un autre. D'autre part, l'acte administratif peut disparaître, c'est-à-dire être annulé avec force rétroactive »[439]. Et l'auteur ajoute : « L'acte administratif, qui a cessé de produire ses effets juridiques, est considéré comme ayant existé légalement jusqu'à ce moment. Au contraire, dans les cas de disparition, l'acte est mis en marge des rapports juridiques, et il est considéré comme n'ayant jamais existé. La fin des effets juridiques concerne le présent et l'avenir tandis que la disparition s'étend aussi au passé »[440].

M. Stassinopoulos utilise comme critère de distinction la rétroactivité, or ce critère ne semble pas vraiment approprié. Il convient ainsi d'admettre qu'un acte peut disparaître sans pour autant être rétroactif, c'est l'exemple précis de l'abrogation. Cette modalité de fin provoque la sortie de l'acte de l'ordre juridique, ses effets ne sont cependant qu'à venir.
L'abrogation d'un décret a pour effet sa disparition de l'ordre juridique, seulement pour l'avenir[441]. La distinction entre la fin des effets et la sortie de vigueur (ou disparition) de l'acte ne peut donc pas se fonder sur un critère de rétroactivité. La rétroactivité ne permet pas de justifier la manière dont l'acte administratif va disparaître.

En revanche, l'existence de l'acte, c'est-à-dire sa présence dans l'ordonnancement juridique nous paraît être un critère bien plus pertinent. L'acte qui cesse de produire des effets n'a pas disparu, il est maintenu dans l'ordonnancement juridique : il existe et fait partie de l'ordre juridique. C'est l'exemple de l'acte caduc qui ne produit plus d'effet tout en faisant partie de l'ordonnancement juridique. L'acte qui a disparu, quant à lui, ne produit plus d'effet, mais il n'en produira plus jamais car il n'existe plus. Il est sorti de l'ordonnancement juridique, ce n'est donc plus un acte juridique. L'acte retiré a ainsi disparu, il n'existe plus et il est censé n'avoir jamais existé. L'acte abrogé est également sorti de vigueur, ses effets passés ne sont cependant pas anéantis, contrairement au retrait.
L'acte administratif unilatéral qui sort de vigueur disparaît, alors que l'acte qui cesse simplement de produire des effets est maintenu dans l'ordonnancement juridique. Le critère permettant de distinguer ces deux formes de fin est réellement celui de l'existence de l'acte, autrement dit de sa présence dans l'ordre juridique.

---

[439] M. Stassinopoulos, *Traité des actes administratifs*, Coll. de l'Institut français d'Athènes, 1954, p. 237.
Dans sa thèse G. Chavrier utilise une autre terminologie, elle oppose la sortie de vigueur et la disparition de l'acte : « (...) la caducité est une sortie de vigueur, elle n'est pas une disparition de l'acte », *La caducité des actes juridiques en droit public français*, Thèse, Paris, 1997, p. 32. Nous admettons au contraire que la caducité n'a pas plus pour effet la disparition que la sortie de vigueur de l'acte, elle provoque seulement la fin de ses effets. Seule la constatation de l'état caduc de l'acte permet sa sortie de vigueur.
[440] M. Stassinopoulos, *op. cit.*, p. 237.
[441] Conseil d'Etat, Sect., 19 déc. 1980, *Revillod,* précité.

La sortie de vigueur, la disparition, la sortie de l'ordonnancement juridique ont la même signification : l'acte ne fait plus partie de l'ordonnancement juridique. Ces différents termes et expressions sont tout à fait synonymes. Cette mise au point terminologique est nécessaire. L'imprécision ne doit pas, en effet, conduire à des confusions encore nombreuses sur cette question.

Quatre modalités de fin ont pour effet la sortie de vigueur de l'acte : le retrait, l'abrogation, l'annulation et la caducité lorsqu'elle est constatée. A l'origine de chacune, l'acte de fin est la manifestation de volonté de son auteur.
Alors que le retrait et l'annulation ont un effet rétroactif, l'abrogation et la constatation de caducité n'ont d'effet qu'à venir. Mais, contrairement aux deux modalités de fin précitées, pour lesquelles la sortie de vigueur allait de pair avec la rétroactivité, l'une expliquant l'autre, l'abrogation n'a pas d'effet rétroactif. Pourtant, l'acte abrogé sort toujours de vigueur, sans que cette règle ne connaisse d'exception. J-M. Auby confirme : « L'abrogation se traduit par la disparition d'un acte administratif. Effacé de l'ordonnancement juridique, l'acte n'est plus susceptible d'aucun effet de droit et ce d'une manière définitive. L'abrogation se distingue ainsi de la modification ou de la suspension d'exécution qui supposent toutes deux le maintien de l'acte »[442].
Enfin, la constatation de caducité par l'autorité compétente a pour effet la sortie de vigueur de l'acte caduc. L'acte ne produisait déjà plus d'effet, contrairement aux trois modalités de fin précitées, la constatation lui permet seulement de sortir de vigueur.

**B/ Les conditions de la sortie de vigueur de l'acte.**

Le retrait, l'abrogation et la constatation de caducité ont donc en commun l'effet produit par la fin : la sortie de vigueur de l'acte. Mais ce point commun en appelle un autre car la sortie de vigueur suppose une manifestation de volonté. Un acte administratif unilatéral ne peut sortir de l'ordonnancement juridique que si une autorité en a exprimé la volonté. Elle doit de plus motiver sa décision, cette obligation est une exigence législative qui n'est cependant pas générale.

Deux conditions s'imposent ainsi à la sortie de vigueur de l'acte administratif unilatéral : l'autorité qui met fin à l'acte doit en exprimer la volonté d'une part (1°), et toute sortie de vigueur doit être motivée d'autre part (2°). Ces conditions trouvent leur fondement dans le principe de sécurité juridique et dans la volonté d'améliorer la protection des administrés.

---

[442] J-M. Auby, « L'abrogation des actes administratifs », AJDA 1967, p. 131.

**1°/ La nécessaire manifestation de volonté.**

La sortie de vigueur de l'acte administratif unilatéral suppose une manifestation de volonté de l'autorité compétente. Un acte administratif unilatéral n'est pas susceptible de disparaître sans cette manifestation de volonté. De la même façon que l'autorité éditrice manifeste sa volonté lorsque l'acte entre en vigueur, l'auteur de la fin doit faire de même pour que l'acte prenne fin. Il s'agit d'une application du principe du parallélisme des formes et des procédures, selon lequel les règles de compétence et de procédure doivent être identiques au moment de l'édiction de l'acte et au moment de sa fin, quelle qu'elle soit. Ce principe n'est cependant pas absolu, par exemple l'auteur de la fin n'est pas uniquement l'auteur même de l'acte[443].

La condition qui exige la présence d'une manifestation de volonté s'oppose cependant fondamentalement à l'automaticité de la fin, or la caducité est automatique. Paradoxalement, la caducité vient encore une fois expliquer une règle qui ne lui est pas applicable. Cette apparente contradiction trouve un fondement dans la dualité d'effets opposant la sortie de vigueur et la fin des effets de l'acte. En effet, si une manifestation de volonté s'impose en ce qui concerne la sortie de vigueur, il en va différemment s'agissant de la fin des effets de l'acte. L'absence de sortie de vigueur justifie également l'absence d'une manifestation de volonté expresse. Or, la caducité est une forme de fin n'atteignant que les effets de l'acte, contrairement à la constatation de caducité qui provoque sa sortie de vigueur, mais qui est, quant à elle, l'expression d'une manifestation de volonté. La caducité illustre clairement la nécessité que l'autorité manifeste sa volonté quand il y a sortie de vigueur, et l'absence d'une telle condition quand l'acte cesse simplement de produire effets.

Le parallélisme des formes ne s'applique que lorsque l'acte produit l'effet inverse de l'acte initial, c'est-à-dire lorsqu'il est un acte contraire. Or, l'opération exactement inverse de l'entrée en vigueur est la sortie de vigueur et non la fin des effets de l'acte. La caducité met fin aux effets d'un acte administratif unilatéral, seule la constatation de caducité permet sa sortie de vigueur. En constatant l'état caduc d'un acte, l'autorité compétente manifeste la volonté qu'il prenne fin en sortant de l'ordre juridique.

L'arrêt du Conseil d'Etat, *Ville de Louveciennes*, illustre cette différence et permet à la Haute Assemblée d'affirmer que la caducité ne suppose pas une manifestation de volonté. Dans cette décision, le juge administratif précise « que la péremption instituée par ces dispositions est acquise par le seul laps de temps

[443] Voir *supra.*, Titre I.

qu'elle prévoie (...) sans que soit nécessaire l'intervention d'une décision de l'autorité qui a délivré le permis »[444].
Si la caducité frappe un texte sans qu'un acte de l'autorité administrative ne soit nécessaire, c'est donc uniquement parce que la caducité échappe totalement à celle-ci. Elle n'est pas le produit d'une volonté administrative, mais seulement d'un changement de circonstances de fait ou de droit, ou encore de l'inaction du bénéficiaire d'un droit.

La caducité, en raison des particularités qui la caractérisent, remet alors en cause la conception formelle de la fonction normative de l'autorité administrative qui fait prévaloir les procédures d'édiction du droit sur son contenu. En d'autres termes, cette modalité de fin fait intervenir des considérations matérielles et factuelles qui sont le plus souvent occultées au profit de considérations plus procédurales, plus normatives. Comme le souligne G. Chavrier, « La validité d'un texte se détermine donc à partir de considérations formelles liées à l'acte »[445]. C. Yannakopoulos explique cette évolution par la représentation logico-formelle du temps juridique : « Selon cette représentation, l'effet obligatoire de l'acte juridique est réduit à un moment unique (...). Il s'agit d'une représentation du temps juridique purement logico-formelle qui exclut toute relation entre le temps juridique et le temps vécu des faits sociaux, et qui favorise l'idée de la validité formelle au détriment de l'effectivité et de la légitimité de la norme juridique. (...) La représentation logico-formelle du temps juridique fait ainsi prévaloir l'identification du moment de l'entrée en vigueur des actes juridiques comme l'unique question importante en matière d'études des effets dans le temps de la fonction normative »[446]. En effet, selon cette conception, les effets de la fonction normative sont examinés en fonction du moment de leur entrée en vigueur, ils ne connaissent aucune évolution dans le temps vécu des faits sociaux et n'ont aucune autonomie par rapport à ce moment. Or, la caducité s'oppose incontestablement à cette représentation. A cet égard, G. Chavrier souligne précisément que la caducité s'inscrit en faux avec une théorie qui pose que les effets de la fonction normative sont considérés exclusivement comme des valeurs incluses dans les normes posées par les actes juridiques, toute considération matérielle ou factuelle étant exclue. S'il apparaît que dans la caducité planifiée les effets juridiques sont effectivement inscrits dans la norme, la reconnaissance d'une caducité naturelle supposerait que la manifestation de volonté de l'administration cède devant des considérations extérieures à l'acte. Ces affirmations ne sont cependant que postulées puisque la caducité naturelle n'est pas encore reconnue dans notre droit.

---

444 Conseil d'Etat, 16 avril 1975, *Ville de Louveciennes*, Leb. p. 240.
445 G. Chavrier, *op. cit.*, p. 51.
446 C. Yannakopoulos, *op. cit.*, p. 145.

**2°/ L'exigence de la motivation.**

Il existe une autre condition à la sortie de vigueur lorsqu'elle porte sur un acte administratif unilatéral créateur de droits acquis : l'exigence que la décision qui y met fin soit motivée. Cette exigence prévoit que l'auteur de la décision est tenu d'exposer de façon complète et précise les raisons de fait et de droit pour lesquelles elle est prise.

Cette obligation trouve son fondement dans l'article 3 de la loi du 11 juillet 1979 qui prévoit ainsi que la motivation écrite doit « comporter l'énoncé des considérations de droit et de fait qui constituent le fondement de la décision »[447].

Cette loi vise deux catégories de décisions : la première catégorie est celle des décisions administratives défavorables aux personnes qu'elles « concernent directement », la seconde catégorie comprend les « décisions administratives individuelles qui dérogent aux règles générales fixées par la loi ou le règlement ». Or, parmi les décisions défavorables sont celles qui mettent fin à une décision administrative créatrice de droits acquis, par exemple en la retirant ou en l'abrogeant. La loi du 17 janvier 1986 a ajouté les décisions qui refusent une autorisation[448].

La jurisprudence administrative formule également de telles obligations de motiver une décision administrative, reprenant et précisant ainsi la volonté du législateur. Dans l'arrêt du 25 avril 1990, *Mme Figuereo*, le Conseil d'Etat juge que l'administration est tenue de motiver le retrait d'une décision créatrice de droits, alors même que cette décision a été obtenue par fraude[449].

L'interprétation stricte de la loi permet de relever que certaines décisions défavorables n'ont pas à être motivées si elles n'entrent pas dans les catégories déterminées par la loi. Ainsi la décision mettant fin, dans l'intérêt du service, aux fonctions d'une autorité occupant un emploi « à la discrétion du gouvernement », et qui n'abroge pas une décision créatrice de droits acquis[450].

Une telle interprétation stricte permet de penser que l'obligation de motivation des décisions créatrices de droits acquis ne s'applique qu'au retrait et à l'abrogation. Pourtant les rapprochements entre les régimes juridiques de l'abrogation et de la modification permettent d'y associer cette dernière.

---

[447] Loi du 11 juill. 1979 relative à la motivation des actes administratifs et à l'amélioration des relations entre l'administration et le public.

[448] Article 26 de la loi du 17 janv. 1986 portant dispositions diverses d'ordre social.

[449] Conseil d'Etat, 25 avril 1990, *Mme Figuereo*, Leb. p. 546 : le Conseil d'Etat a jugé que la fraude « ne dispensait pas l'Agence nationale pour l'amélioration de l'habitat de motiver sa décision ».

[450] Conseil d'Etat, Ass., 22 déc. 1989, *Morin*, Leb. p. 279.

Quant à la constatation administrative de caducité, le juge administratif a décidé qu'elle ne fait pas partie des décisions devant être motivées[451]. Cette affirmation est des plus surprenantes, d'abord parce que la loi de 1979 vise alors toutes les modalités administratives de fin exceptée celle-là. Ensuite, car l'automaticité de la caducité aurait dû l'assimiler à une sanction. En effet, la loi de 1979 s'applique expressément aux décisions qui abrogent ou qui retirent ainsi qu'aux mesures qui infligent une sanction. Or, la caducité entraîne, par définition, une sanction automatique qui s'effectue au moment où l'inobservation des conditions a eu lieu. Par exemple, du fait de l'automaticité qui la caractérise, l'administration ne peut donner à un exploitant ou au titulaire d'une autorisation l'occasion de s'expliquer.
Malgré cela, le Conseil d'Etat juge « que la décision par laquelle le préfet a constaté que l'autorisation était caduque, ne constituait pas le retrait d'une décision individuelle créatrice de droits ; qu'ainsi n'étant pas au nombre des décisions qui doivent être motivées en application de la loi du 11 juillet 1979, (...) »[452].
Cette solution a été confirmée par la suite, notamment par un arrêt de 1996, *Sté NRJ SA*[453]. La caducité n'est donc pas selon le Conseil d'Etat une sanction, elle ne suppose donc ni motivation, ni soumission au principe du contradictoire, ni respect des droits de la défense. De ce point de vue, la caducité constitue une exception, une particularité comparée aux autres modalités de fin de l'acte administratif unilatéral.

**§2 : La fin des effets de l'acte administratif unilatéral.**

Contrairement à la disparition de l'acte administratif unilatéral, la fin de ses effets n'atteint pas sa vigueur. L'acte est maintenu dans l'ordonnancement juridique mais il ne produit plus les effets pour lesquels il a été édicté. Dans certains cas tous les effets de l'acte administratif unilatéral cessent d'être, parfois en revanche certains effets seulement prennent fin. Mais dans tous les cas, la vigueur même de l'acte n'est pas affectée par cette forme de fin. En effet, l'acte existe, il fait partie de l'ordonnancement juridique. La distinction kelsénienne entre la validité et l'efficacité de l'acte explique très clairement cette idée[454], elle postule que la fin des effets de l'acte n'affecte que son efficacité.
Il s'agit véritablement d'une fin qui anéantit soit tous les effets de l'acte, soit seulement certains d'entre eux ; ces effets ont disparu, ils n'existent plus. En cela, la fin des effets est une forme de fin incontestable, différente de la sortie de vigueur.

---

451 Conseil d'Etat, 15 déc. 1995, *Assoc. du centre antillo-guyanais pour la promotion sanitaire et sociale de l'enfant*, n° 133281.
452 *Ibid.*.
453 Conseil d'Etat, Sect., 22 mars 1996, *Sté NRJ SA*, AJDA 1996, p. 471.
454 Sur cette distinction, voir *infra.*, § 2.

La fin des effets de l'acte étant relativement méconnue, il s'agit d'une idée qui doit être définie et précisée. Dans quelle mesure peut-on affirmer qu'un acte ne produit plus d'effet ? Cette forme de fin comprend-elle uniquement la cessation des effets de l'acte ou est-elle également le changement de ses effets ? Il semble que le changement des effets d'un acte suppose logiquement leur cessation préalable. Ces questions méritent de retenir l'attention.
Il faudra également étudier ses manifestations, c'est-à-dire les modalités qui n'entraînent que la fin des effets de l'acte administratif unilatéral. Cette seconde forme de fin trouve une illustration dans la caducité, qui entraîne la fin des effets de l'acte[455], et dans la modification, qui provoque le changement des effets de l'acte[456].

La fin des effets de l'acte administratif unilatéral sera d'abord définie, selon ses deux aspects potentiels : la cessation des effets et le changement de ceux-ci (A). Ensuite, nous en étudierons la portée, notamment quant à l'efficacité de l'acte (B).

**A/ La fin des effets : cessation ou changement des effets de l'acte.**

La fin des effets de l'acte administratif unilatéral n'a pas d'incidence sur sa vigueur, il est maintenu dans l'ordonnancement juridique. Mais il ne produit plus tous les effets pour lesquels il a été édicté, parfois même il ne produit plus aucun effet. Cette forme de fin agit sur tout ou partie des effets d'un acte administratif unilatéral, mais uniquement sur ceux-ci. Dès lors, cette forme de fin ne peut pas être occultée et doit être distinguée de la sortie de vigueur. Si la sortie de vigueur suppose toujours et nécessairement la fin des effets, parce qu'un acte qui n'existe plus ne peut en aucun cas produire d'effet, la réciproque n'est en revanche pas vraie.

Bien que n'atteignant que les effets d'un acte administratif unilatéral, cette forme de fin peut agir sur eux de deux façons différentes : elle peut être la cessation des effets de l'acte administratif unilatéral (1°) ou bien le changement de ceux-ci (2°).

---

[455] Les articles R. 12-1 et R. 12-3 du Code de l'expropriation prévoient que les arrêtés de cessibilité (désignant les parcelles à exproprier et les ayants droit à indemnité) non transmis au juge de l'expropriation dans un délai de six mois sont caducs. Un tel acte non transmis dans ce délai cesse automatiquement de produire tout effet.

[456] La modification suppose en premier lieu la fin et en second lieu la réfection : l'autorité administrative met fin à certains effets d'un acte et elle remplace ensuite cet acte. En cela, elle est le changement ; par exemple Conseil d'Etat, Sect., 30 nov. 1990, *Les verts*, RFDA 1991, p. 571 : l'association Les verts demande au Premier ministre de mettre fin au découpage actuel des cantons pour y substituer un principe conforme au principe d'égalité.

**1°/ La cessation des effets de l'acte.**

La cessation totale des effets d'un acte administratif unilatéral suppose que, sans sortir de vigueur, l'acte ne produit plus aucun effet. L'acte est anéanti et pourtant maintenu dans l'ordonnancement juridique. Cette hypothèse correspond exactement à la caducité, modalité entraînant la fin de tous les effets de l'acte mais non sa disparition.

Lorsque les conditions qui prévoient la caducité d'un acte sont réunies, celui-ci cesse automatiquement de produire tout effet. Ce peut être soit parce qu'un délai est arrivé à terme (c'est la péremption), soit parce qu'une condition d'extinction est intervenue[457]. Le juge administratif met expressément en évidence cet effet dans ses arrêts mêmes : « ladite promesse est devenue caduque et a cessé de produire ses effets »[458].

L'effet ainsi produit tend à rapprocher la caducité de l'inopposabilité d'un acte, sans pour autant que ces deux idées ne soient confondues. L'inopposabilité est le plus souvent le fait d'un manquement à une obligation : obligation de publicité ou de notification, obligation d'approbation pour un plan d'occupation des sols. L'acte inopposable ne peut pas être opposé à un sujet de droit qui n'est pas partie à cet acte.

Des rapprochements peuvent être établis entre ces deux notions : comme la caducité, l'inopposabilité intervient de manière automatique. De plus, G. Chavrier remarque que ces deux notions ont un autre trait commun du fait du maintien de l'acte inopposable dans l'ordre juridique alors qu'il a perdu sa force obligatoire[459]. Pourtant ces deux notions doivent être distinguées car la norme caduque tombe et, bien qu'elle se maintienne en vigueur, elle ne ressuscitera pas. Au contraire, l'acte inopposable est susceptible de reprendre vigueur quand les formalités nécessaires à son opposabilité seront effectuées. De plus, entre le moment où l'acte devient inopposable et celui où il ne l'est plus, il pourra être appliqué par l'administration à la condition qu'il ne produise aucun effet à l'égard des administrés. L'acte caduc ne peut, en revanche, pas être appliqué. La norme caduque l'est de manière irréversible.

Etudiant la cessation des effets, une question se pose immédiatement : elle est celle de savoir si une telle cessation d'effets peut n'être que partielle. En effet, d'autres modalités présentent ce caractère de n'être que partielles, l'abrogation ou l'annulation par exemple. La cessation partielle des effets supposerait que seuls

---

[457] Conseil d'Etat, 28 juin 1957, *Commune d'Aïn-Tagrout*, Leb. p. 425 : le refus d'approbation d'une délibération par l'autorité de tutelle entraîne la caducité de la délibération.

[458] Cour administrative d'appel de Paris, 19 nov. 1991, *SCI du « 17, rue Peclet »*, n° 89PA01463.

[459] G. Chavrier, *op. cit.*, p. 112.

certains effets sont annihilés laissant les autres agir, tout en excluant la sortie de vigueur de l'acte. Ce serait le cas d'un acte administratif devenant partiellement caduc. Si la caducité est toujours planifiée, c'est-à-dire prévue par un texte, elle ne peut être partielle que si le texte prévoit explicitement la caducité de certaines dispositions d'une décision uniquement.
Cette hypothèse paraît cependant marginale. En effet, lorsqu'un texte prévoit la caducité d'un acte, c'est l'acte dans son ensemble qui cesse de produire tout effet, non certaines de ses dispositions[460]. A notre connaissance, aucun texte ne pose la caducité partielle d'un acte administratif unilatéral. Et aucune autre hypothèse de cessation partielle des effets ne semble pouvoir être envisagée.

**2°/ Le changement des effets de l'acte.**

Le changement des effets de l'acte administratif unilatéral a suscité quant à lui plus d'interrogations. D'abord car le changement ne signifie pas toujours la fin, le changement peut être par exemple un simple apport nouveau. Le fait d'ajouter une disposition à un acte pourrait être qualifié de modification. Or, ajouter une disposition à un acte n'est, par définition, pas une modalité de fin de l'acte. Il convient donc de distinguer la modification-fin de la modification-ajout[461].

Pour que le changement des effets de l'acte soit une manifestation de fin de l'acte, il faut avant tout qu'il ait cet effet : l'anéantissement d'un ou plusieurs effets d'un acte. Ensuite seulement, le changement se manifestera par la réfection de cet acte. Cette condition est nécessaire parce que sans elle le changement n'est pas la fin. Le changement des effets de l'acte administratif est dans un premier temps la fin de tout ou partie de ses effets, dans un second temps seulement ces effets peuvent être remplacés.
Ces deux conditions remplies, le changement des effets de l'acte correspond parfaitement à l'hypothèse de la modification-fin, qui suppose la cessation de certains effets d'un acte et leur remplacement immédiat par de nouvelles dispositions[462]. La modification n'atteint certainement pas la vigueur de l'acte.

---

[460] L'article R. 421-32 du Code de l'urbanisme prévoit la caducité des permis de construire, l'article R. 422-10 du même Code prévoit la caducité des déclarations de construire, l'article 18 de la loi du 10 mars 1927 prévoit la caducité des décrets d'extradition, l'article L. 6122-11 du Code de la santé publique prévoit la caducité des autorisations de créer ou d'étendre des établissements de santé. Aucun ne prévoit que la caducité puisse n'être que partielle, l'acte dans son ensemble est anéanti.
[461] Voir *supra.*, Titre 1, Chapitre 2.
[462] Conseil d'Etat, Sect., 29 déc. 2000, *Régie immobilière de la ville de Paris,* n° 209443 : en demandant la modification de l'arrêté interministériel du 19 décembre 1989, les requérants souhaitent que l'autorité administrative adapte ce texte et non l'abroge par exemple.

La fin des effets de l'acte administratif unilatéral ne se manifeste pas d'une autre manière que par la cessation ou le changement des effets. Ainsi, la caducité et la modification entrent dans cette classification. Il semble dès lors se confirmer que la sortie de vigueur et la fin des effets sont les deux seules formes de fin de l'acte administratif unilatéral[463].
De ces considérations, il faut déduire que la fin de l'acte administratif unilatéral peut être précisée quant à son champ d'application : elle est une procédure, composée de cinq modalités (le retrait, l'abrogation, la modification, l'annulation et la caducité), émanant de l'autorité administrative ou du juge administratif et qui provoque la sortie de vigueur de l'acte administratif unilatéral, ou encore la fin de tout ou partie de ses effets.

**B/ La fin des effets de l'acte affecte son efficacité.**

La caducité d'un acte administratif unilatéral est une modalité de fin n'atteignant que les effets de l'acte, et tous ses effets. Cette modalité illustre clairement l'incidence de la fin des effets de l'acte administratif unilatéral sur celui-ci : elle annihile tous ses effets.
La modification, en revanche, est une opération plus complexe dans la mesure où elle n'atteint que certains effets de l'acte et, de plus, elle les remplace par d'autres.
Etudiant la caducité d'un acte administratif unilatéral, G. Gonzalez évoque la « perte de vigueur », la « perte d'efficacité » : l'acte périmé est « frappé d'anéantissement »[464]. Il sépare la perte de vigueur et la sortie de vigueur, montrant ainsi que lorsqu'un acte administratif unilatéral perd sa vigueur, il n'est pas nécessairement sorti de vigueur. La caducité illustre clairement cette situation : l'acte caduc a perdu sa vigueur sans être pour autant sorti de l'ordonnancement juridique.

Cette modalité de fin porte, selon G. Chavrier, sur l'efficacité de la norme et non sur la validité de l'acte. La caducité est une modalité de fin provoquant la chute de la norme et non celle de l'acte. « Il y a cessation des effets de la norme mais pas disparition de l'acte », précise-t-elle[465].

---

463 Voir *infra.*, Titre 1, Chapitre 2.
464 G. Gonzalez, *op. cit.*, p. 1676 et 1681.
465 G. Chavrier, *op. cit.*, p. 32 et 49.
L'auteur cite M. Waline selon lequel, la disposition caduque « formera dans l'arbre législatif une branche morte mais non détachée du tronc », *op.cit.*, p. 49.

La distinction opérée par G. Chavrier opposant l'acte et la norme de l'acte trouve son fondement dans la distinction kelsénienne entre validité et efficacité[466]. H. Kelsen distingue effectivement l'acte (dont une norme est la signification objective), de sa signification, la norme. La norme doit être distinguée de l'acte de volonté qui la pose : elle est la signification spécifique de cet acte qui vise, en intention, la conduite d'autrui ; elle est cependant autre chose que cet acte. Alors que l'acte est un être (*Sein*), il qualifie la norme de devoir-être (*Sollen*)[467]. Il précise : « La différence entre *Sein* et *Sollen*, « être » et « devoir » ou « devoir être », ne peut pas être expliquée davantage. Elle est donnée à notre conscience de façon immédiate »[468].

Le rapport entre validité et efficacité est, selon H. Kelsen, « un des problèmes essentiels d'une théorie positiviste du droit, mais aussi l'un des plus difficile »[469]. En effet, on ne peut pas admettre qu'entre la validité, qui est un *Sollen*, et l'efficacité, qui est un *Sein*, aucun rapport n'existe, c'est-à-dire que la validité est complètement indépendante de l'efficacité ; et pas davantage admettre que ces deux notions sont confondues. Dès lors, c'est un juste équilibre qu'il convient de rechercher. Afin de résoudre ce problème, l'éminent juriste est amené à distinguer la norme de *Sollen* posée par l'acte de *Sein*, et l'acte lui-même : « La validité normative d'une norme juridique ne se confond pas avec son efficacité réelle »[470].

H. Kelsen définit la validité par « l'existence spécifique des normes. Lorsque nous disons qu'une norme est valide, nous admettons qu'elle existe ou, ce qui revient au même, qu'elle a « force d'obligation » pour ceux dont elle régit la conduite »[471]. L'efficacité, quant à elle, signifie que « les hommes se conduisent effectivement comme ils le doivent, conformément aux normes juridiques, que les normes sont effectivement observées et appliquées »[472]. La validité et l'efficacité de l'acte sont donc deux idées distinctes, et pourtant étroitement liées. Le lien incontestable entre elles est mis en lumière par l'auteur qui affirme que l'efficacité est une condition de la validité, sans pour autant en être le fondement. « Une norme est tenue pour

---

[466] H. Kelsen : « Puisque la validité d'une norme constitue un *Sollen*, et non un *Sein*, elle est quelque chose de différent de son efficacité, c'est-à-dire du fait de *Sein* que la norme est effectivement appliquée et obéie ou suivie », *Théorie pure du droit*, LGDJ, 1999, p. 19.

[467] Sur cette question, voir H. Kelsen, *Théorie générale du droit et de l'Etat suivi de La doctrine du droit naturel et le positivisme juridique*, Bruylant, LGDJ, 1997 ; *Théorie pure du droit*, LGDJ, 1999 ; *Théorie générale des normes*, PUF, 1996.

[468] H. Kelsen, *Théorie pure du droit*, précité, p. 14.

[469] H. Kelsen, *Théorie pure du droit*, précité, p. 281.

[470] *Ibid.*, p. 286.

[471] H. Kelsen, *Théorie générale du droit et de l'Etat*, LGDJ, 1997, p. 81.

[472] *Ibid.*, p. 90.

valide à la seule condition d'appartenir à un système de normes, à un ordre globalement efficace »[473].

Le lien entre l'efficacité d'une norme et sa validité apparaît dans le fait qu'une norme non valable cesse d'être efficace. « L'efficacité de la norme - qui est un être - est la condition de la validité d'une norme - qui est un devoir-être, dans le sens où une norme perd sa validité avec la perte de son efficacité ou de la possibilité d'une efficacité, mais pas dans le sens où une norme, pour être valide, doit nécessairement être efficace puisqu'elle devient valide avant d'être efficace et puisqu'elle peut devenir efficace seulement après être devenue valide »[474]. L'efficacité n'est en revanche pas le fondement de la validité.

H. Kelsen affirme ainsi : « Les normes d'un ordre juridique positif sont valables parce que la norme fondamentale qui forme la règle fondamentale de leur création est supposée valable, non parce qu'elles sont efficaces ; mais elles ne sont valables que si, et par conséquent tant que cet ordre juridique est efficace »[475].

L'efficacité est une condition de la validité, mais elle ne se confond pas avec elle. Ces deux notions ne peuvent en aucun cas être assimilées.

Cette distinction entre la validité et l'efficacité de l'acte permet d'expliquer l'effet de la caducité qui ne porte que sur les effets de l'acte et non sur l'acte lui-même, elle explique également et nécessairement l'effet de la modification. L'acte frappé de caducité reste valable. En revanche, il est inefficace puisqu'il ne produit plus d'effet. La caducité atteint le *Sein* et non le *Sollen*. De même l'acte modifié est valable mais les dispositions modifiées sont inefficaces.

L'ensemble des hypothèses de fin des effets atteint le *Sein* et non le *Sollen* : cette distinction kelsénienne explique finalement la fin des effets de l'acte administratif unilatéral dans son ensemble. Cette seconde forme de fin atteint le *Sein*, jamais le *Sollen*. La sortie de vigueur de l'acte administratif unilatéral, au contraire, atteint par définition le *Sein* et le *Sollen*. En sortant de l'ordonnancement juridique, l'acte administratif unilatéral cesse nécessairement et conjointement d'être valable et efficace. Dans cette forme de fin, validité et efficacité vont toujours de pair[476].

Ainsi lorsque l'état caduc d'un acte administratif unilatéral est constaté par l'autorité compétente, cet acte sort de vigueur ; tant sa validité que son efficacité sont alors anéanties. En effet, la constatation de caducité atteint la validité de l'acte qui est une condition nécessaire de son efficacité. C'est la volonté de l'autorité compétente qui permet de mettre un terme à la validité de l'acte caduc, elle n'intervient que dans un deuxième temps, alors que l'efficacité de l'acte est déjà anéantie

---

[473] *Ibid.*, p. 91.

[474] H. Kelsen, *Théorie générale des normes*, précité, p. 185.

[475] H. Kelsen, *Théorie pure du droit*, précité, p. 287.

[476] Sur cette question, voir *infra.*, Section 2 à propos précisément de la fusion possible entre les deux formes de fin de l'acte administratif unilatéral.

La modification d'un acte administratif unilatéral n'a, contrairement à la caducité, jamais pour effet la sortie de vigueur de l'acte. Cette modalité de fin anéantit pour l'avenir certaines dispositions de l'acte et les remplace immédiatement par d'autres. Alors que l'efficacité de l'acte est atteinte, au moins partiellement, sa validité ne l'est en revanche jamais parce que jamais cette modalité n'a pour effet la sortie de vigueur de l'acte.

La distinction kelsénienne trouve une autre illustration en droit administratif en permettant de surcroît d'affirmer que parfois un parallèle peut être établi entre l'édiction et la fin de l'acte administratif unilatéral. La distinction entre la validité et l'efficacité se pose en effet dans des termes presque identiques s'agissant de l'entrée en vigueur des décisions administratives qui doivent être distinguées de leur existence. Un acte administratif, faute de publication ou notification adéquate, n'est pas encore entré en vigueur. Pourtant ayant été signé par son auteur, il existe. Selon la formule jurisprudentielle, « l'existence d'un acte administratif n'est pas subordonnée à sa publication ou à sa notification »[477].

L'existence d'un acte administratif, distincte de son entrée en vigueur, se manifeste à trois points de vue. D'abord, le recours pour excès de pouvoir dirigé contre lui est recevable, en cas d'illégalité l'acte sera donc annulé[478]. Précisons que l'acte non entré en vigueur peut faire l'objet d'une abrogation, et la légalité de cette dernière pourra être contrôlée[479]. Ensuite, la légalité de l'acte est appréciée à la date de sa signature[480].

Enfin, l'acte administratif peut servir de fondement à l'édiction d'autres décisions destinées à en assurer la mise en œuvre. La jurisprudence administrative est constante, elle reconnaît la légalité des mesures réglementaires prises sur le fondement d'un règlement initial non publié. Mais alors même qu'elles sont publiées, elles n'entreront en vigueur qu'à partir de la date où le texte de base sera lui-même entré en vigueur[481].

Cette jurisprudence s'applique aux décisions d'espèce : ainsi l'autorisation de mise sur le marché d'une spécialité pharmaceutique a pu servir de base à un arrêté réglementant sa distribution ; mais il ne prendra effet qu'à la date d'entrée en vigueur de l'autorisation[482].

---

[477] Conseil d'Etat, Ass., 21 déc. 1990, *Confédération nationale des associations familiales catholiques*, Leb. p. 368.

[478] Conseil d'Etat, Sect., 26 juin 1959, *Syndicat général des ingénieurs conseils*, Leb. p. 394.

[479] Conseil d'Etat, Sect., 29 mars 2000, *Confédération nationale des syndicats dentaires*, RDP 2001, p. 362.

[480] Conseil d'Etat, 6 mars 1989, *Sté de bourse Buisson*, Leb. p. 83.

[481] Conseil d'Etat, 18 juill. 1913, *Syndicat national des chemins de fer*, Leb. p. 875.

[482] Conseil d'Etat, Ass., 21 déc. 1990, *Confédération nationale des associations familiales catholiques*, précité.

En revanche, lorsque ce sont des décisions individuelles qui sont édictées, alors que l'acte dont elles procèdent n'est pas encore entré en vigueur, elles sont considérées comme privées de base légale. L'entrée en vigueur ultérieure de l'acte dont elles procèdent n'aura pas pour effet de les régulariser[483].

Cette démonstration, outre qu'elle rappelle que la distinction kelsénienne entre la validité et l'efficacité de l'acte s'applique également à d'autres domaines du droit administratif que la fin, illustre par ailleurs la possibilité d'établir un parallèle entre l'entrée en vigueur et la fin de l'acte. En d'autres termes, si la distinction entre validité et efficacité permet d'expliquer l'existence de deux formes de fin, elle est aussi une explication des deux moments de l'entrée en vigueur.
Mais elle suppose dès lors une nouvelle interrogation, sur laquelle nous reviendrons ultérieurement, tenant aux liens susceptibles d'être établis entre les deux formes de fin et les deux moments de l'entrée en vigueur[484].

## Section 2 : La dualité d'effets : un double intérêt.

La dualité d'effets présente l'intérêt premier de distinguer deux formes de fin, qui en sont l'expression même : la sortie de vigueur et la fin des effets de l'acte. La fin de l'acte peut alors être appréhendée sous un autre aspect, autrement dit, il convient de l'envisager de manière plus globale, à partir de ses deux expressions. La sortie de vigueur et la fin des effets de l'acte regroupent donc logiquement l'ensemble des modalités, c'est-à-dire le retrait, l'abrogation, la modification, l'annulation et la caducité. Ce constat permet d'affirmer la cohérence de la procédure, postulant que la diversité n'est pas hétérogénéité.
Elle ne serait alors peut-être qu'une apparence. Apparaît en effet la logique du régime juridique qui met en évidence la clarté de la fin.
Les formes de fin, instruments d'identification de la fin de l'acte, seront étudiées dans un premier paragraphe (§1).

La reconnaissance de la dualité opposant la sortie de vigueur et la fin des effets de l'acte présente un second intérêt, tout aussi important que le premier, qui apparaît dans la recherche d'une définition. La dualité d'effets a ainsi permis de mettre en évidence les éléments qui composent la fin de l'acte et qui sont à l'origine d'une définition de celle-ci.

---

[483] Conseil d'Etat, 7 janv. 1970, *Chaze et Buissière*, Leb. p. 6.
[484] Voir *infra.*, Seconde partie, Titre 1.

Le caractère protéiforme de la procédure rend *a priori* difficile l'élaboration d'une définition du fait de la multiplicité et de la diversité qui la caractérise. Pourtant cette spécificité, si elle est avérée, ne doit pas être envisagée comme un obstacle. Elle rend, néanmoins, nécessaire la mise en lumière d'une logique, un fil conducteur qui révèle l'unité de la fin de l'acte.
La dualité d'effets clarifie la fin de l'acte dans son ensemble et permet d'en avoir une vision globale. Dès lors, l'existence et la mise en évidence des critères de la fin permettront, semble-t-il, de définir celle-ci.
Les prémisses d'une définition de la fin feront l'objet d'un second paragraphe (§2).

**§1 : Les formes de fin : instruments d'identification de la fin de l'acte.**

L'étude des effets de la fin de l'acte a révélé l'existence d'une dualité qui présente un intérêt dans le cadre d'une étude de la fin et précisément de ses effets parce qu'elle en montre la logique. L'intérêt va au-delà de l'étude des effets proprement dits puisque la dualité révélée permet de qualifier la fin de l'acte en tant que telle.
Il est cependant rapidement apparu que cette dualité n'est pas figée, c'est-à-dire inéluctable ; elle n'est pas une condition inhérente à la fin. Il apparaît ainsi comme une évidence que dans certaines hypothèses la fin des effets de l'acte s'efface, et cela toujours au profit de la sortie de vigueur. La fin des effets de l'acte disparaît parfois lorsque la fin se manifeste par la sortie de vigueur car cette dernière est toujours, et avant tout, la fin des effets de l'acte.
Lorsqu'un acte sort de vigueur, il cesse nécessairement de produire tout effet ; il ne peut logiquement en être autrement. Dans cette hypothèse, les deux formes de fin fusionnent.

Nous étudierons d'abord l'existence de deux formes de fin : la sortie de vigueur distincte de la fin des effets (A), et ensuite la fusion possible de celles-ci : la sortie de vigueur suppose alors la fin des effets (B).

**A/ L'existence de deux formes de fin : la sortie de vigueur distincte de la fin des effets.**

La mise en évidence de deux formes de fin découle de la dualité d'effets, elle en est la conséquence directe. La dualité d'effets ne doit néanmoins pas apparaître comme un aboutissement inéluctable, elle n'implique peut-être pas nécessairement qu'il n'existe que deux formes de fin. De fait, l'existence de celles-ci mérite d'être confirmée. Autrement dit, qu'il ne faudrait pas que la dualité d'effets ait pour conséquence d'occulter l'existence d'autres formes de fin. Cette interrogation peut trouver une réponse dans l'étude des différentes modalités, dont chacune doit correspondre soit à la sortie de vigueur, soit à la fin des effets. Dans le cas contraire, on devra admettre qu'il en existe d'autres.

Les deux formes de fin apparaissent de ce point de vue comme une limite à la complexité dans la mesure où chaque modalité doit correspondre à l'une d'elles. En d'autres termes, chacune des manifestations de la fin de l'acte administratif unilatéral doit se retrouver dans la sortie de vigueur ou dans la fin des effets. La confirmation de l'existence de deux formes de fin, et deux seulement, sera donc déterminée par cette systématisation.
La sortie de vigueur, qui est la disparition pure et simple de l'acte, est illustrée par les modalités que sont le retrait, l'annulation, l'abrogation et la constatation de caducité. Tant la jurisprudence administrative que la doctrine sont d'accord sur ce point, ces quatre modalités atteignent tant les effets de l'acte administratif unilatéral que sa vigueur. La fin des effets de l'acte, qui n'atteint au contraire pas sa vigueur, trouve une illustration dans la modification et dans la caducité de l'acte administratif unilatéral. Dans ces deux hypothèses, l'acte ne sort pas de vigueur, il est maintenu dans l'ordonnancement juridique.
Chaque modalité trouve donc sa place dans l'une des deux formes de fin. Il n'existe pas d'autre modalité, c'est-à-dire qu'il n'existe pas d'autre procédé permettant de mettre fin à un acte administratif unilatéral. De ce fait, l'existence de deux seules formes de fin se confirme : la sortie de vigueur et la fin des effets de l'acte administratif unilatéral.

Leur existence étant établie, il convient de les distinguer, sans que les modalités qui les composent ne soient un critère unique, autrement dit sans s'attacher à leur seul contenu. Il faut pour cela rechercher un critère de distinction qui soit inhérent à la fin, envisagée dans sa globalité et non dans la diversité de ses manifestations. Comme nous l'avons vu précédemment, il apparaît que la présence, dans l'ordonnancement juridique, de l'acte administratif unilatéral initial est un critère pertinent de distinction. En effet, lorsque l'acte sort de vigueur, il disparaît nécessairement de l'ordonnancement juridique. En revanche, quand seuls ses effets sont atteints, il reste en vigueur, il est maintenu dans l'ordonnancement juridique. Ce critère de distinction ne connaît pas d'exception : la présence ou au contraire l'absence de l'acte dans l'ordonnancement juridique permet de distinguer la sortie de vigueur de la fin des effets de l'acte.

Le critère de distinction, dégagé pour distinguer les deux formes de fin de l'acte, invite à s'interroger sur la pertinence d'un second critère, découlant du premier. Il tient au caractère réversible ou au contraire irréversible de la fin, qui pourrait différer selon qu'elle se matérialise par la fin des effets de l'acte ou par sa sortie de vigueur. Une impression se dégage en effet selon laquelle lorsque l'acte sort de

vigueur, et perd donc toute validité, la fin serait irréversible. Au contraire, la fin des effets n'affectant que son efficacité, il serait possible de revenir en arrière pour lui redonner l'efficacité perdue. La fin ne serait alors plus irréversible.
Lorsque l'acte est sorti de l'ordonnancement juridique, il n'existe plus. L'autorité administrative a la faculté d'édicter un autre acte qui a le même contenu que celui qui a disparu, elle ne peut néanmoins pas faire revivre l'acte annihilé en le réintégrant dans l'ordonnancement juridique. En effet, l'acte qui n'est plus en vigueur n'est plus un acte en tant que tel ; il ne peut plus être qualifié ni d'acte administratif unilatéral, ni d'acte juridique. La sortie de vigueur de l'acte administratif unilatéral a de ce point de vue un caractère incontestablement irréversible.

Le caractère irréversible se retrouve-t-il dans toute fin de l'acte administratif unilatéral ou tient-il au fait que la sortie de vigueur met fin à la validité de l'acte ? Cette question, pour être résolue, suppose que soit étudiée la fin des effets de l'acte. Dans cette seconde hypothèse, l'acte ne produit plus d'effet mais il est maintenu dans l'ordonnancement juridique. Il s'agit alors de savoir si cet acte est susceptible de reproduire tous ses effets. Les cas de la modification et de la caducité sont les deux exemples qui permettent de concrétiser le problème posé. Lorsqu'un acte est modifié par l'administration, ce sont certaines dispositions de l'acte qui disparaissent et qui sont remplacées. L'acte ne sort pas de vigueur en tant que tel, mais les dispositions annihilées ont disparu, et elles ont ensuite été remplacées. Ces mesures ne peuvent donc pas reprendre vigueur, de ce fait la modification a un caractère irréversible.
S'agissant de l'acte caduc, tous les effets de l'acte sont anéantis par cette modalité. La question est alors de savoir si l'acte peut, puisqu'il est maintenu dans l'ordonnancement juridique, produire à nouveau tous ses effets. Il apparaît que la caducité est toujours prévue par un texte qui prévoit un délai au terme duquel l'acte cesse de produire effet, du fait de l'inaction du bénéficiaire. L'article L. 712-17 du Code de la Santé publique prévoit, par exemple, que « toute autorisation est réputée caduque si l'opération autorisée n'a pas fait l'objet d'un commencement d'exécution dans un délai de trois ans ». Dès lors que le délai est écoulé et que les conditions de la caducité sont remplies, il n'est pas possible d'y faire échec. Quand bien même le bénéficiaire remplirait les conditions, alors que le délai est expiré, la caducité a déjà produit tous ses effets. Le bénéficiaire de l'autorisation caduque pourra faire une nouvelle demande en ce sens, mais l'autorisation étant caduque, elle ne peut en aucun cas retrouver son efficacité perdue. La caducité a également un caractère irréversible, ce qui permet notamment de la distinguer de l'inopposabilité de l'acte.

Toute fin de l'acte administratif unilatéral a incontestablement un caractère irréversible dans la mesure où l'acte ne peut ni retrouver sa validité, ni son efficacité lorsque celles-ci ont disparu. La fin est donc toujours irréversible. Par conséquent, ce caractère ne peut pas être un critère de distinction des deux formes de fin.

La distinction entre les deux formes de fin demeure cependant subtile, elle ne doit pas maquer une caractéristique commune : il s'agit toujours de mettre un terme aux effets d'un acte administratif unilatéral ou à l'acte lui-même. Le but est toujours que l'acte cesse de produire tout ou partie de ses effets, et parfois qu'il sorte de vigueur. L'acte de fin peut revêtir différents aspects en fonction de ses spécificités, il vise néanmoins toujours un même dessein, qu'il s'agisse de l'acte de retrait, de l'acte d'abrogation ou de modification, de l'acte d'annulation ou de l'acte de constatation de caducité. Le point commun à tous ces actes est leur but, un but général de mettre fin à un autre acte, qui peut être plus précis si l'on tient compte des deux formes de fin. Tous ces actes ont donc un caractère négatif qui tient à leur fonction d'annihiler un autre acte ou les dispositions d'un autre acte administratif. C'est une particularité commune à tous les actes de fin.
Comme le souligne H. Kelsen, « Une norme peut non seulement commander un certain comportement, elle peut aussi habiliter un certain comportement, et finalement, elle peut supprimer la validité d'une autre norme, c'est-à-dire abroger une autre norme. Mais permettre est également considéré comme une fonction normative »[485]. H. Kelsen ne prend comme exemple que l'abrogation et affirme que cette norme a pour caractéristique de supprimer la validité d'une autre norme ; et « une fois qu'elle a remplit sa fonction, c'est-à-dire une fois que la norme à laquelle elle se rapporte a perdu sa validité, la norme abrogatoire perd sa validité à l'égard de la norme dont elle a supprimé la validité »[486].
Il apparaît cependant que la suppression de la validité d'un acte administratif unilatéral peut intervenir par d'autres moyens que l'abrogation. Il existe d'autres modalités qui visent à mettre un terme à un acte administratif unilatéral. Mais toutes les modalités de fin n'agissent pas sur la validité d'un acte administratif unilatéral. Ainsi, lorsque seuls les effets de l'acte sont atteints, la validité ne l'est, en revanche, pas. La fin n'a d'effet sur la validité de l'acte que lorsqu'elle affecte sa vigueur. Quand seuls les effets de l'acte sont annihilés, il est toujours valide.

---

[485] H. Kelsen, *Théorie générale des normes*, PUF, 1996, p. 126.
[486] H. Kelsen, *op. cit.*, p. 140.

La distinction entre sortie de vigueur et fin des effets réapparaît et met en lumière une autre distinction, précédemment évoquée[487], qui pourrait en être une explication : la distinction entre la validité et l'efficacité de l'acte. Cette autre distinction, dégagée par H. Kelsen qui la rattache à la différence entre l'être et le devoir-être, illustre clairement la différence existant entre la sortie de vigueur et la fin des effets de l'acte administratif unilatéral[488]. De la même façon que la validité et l'efficacité de la norme doivent être séparées, il convient de distinguer la sortie de vigueur et la fin des effets. Il semble intéressant de revenir sur cette distinction, appréhendée sous un autre aspect.
Lorsqu'un acte administratif unilatéral cesse de produire effet, c'est finalement son efficacité qui est affectée. Mais dès le moment où l'acte sort de l'ordonnancement juridique, plus que son efficacité, c'est sa validité qui est atteinte. Ainsi les actes de retrait, d'abrogation, d'annulation et de constatation de caducité affectent la validité de l'acte auquel ils mettent un terme, alors que les actes de modification et de caducité n'atteignent que son efficacité.

Il faut dès lors admettre que lorsque la validité de l'acte est atteinte, son efficacité l'est aussi nécessairement. Lorsqu'un acte disparaît de l'ordonnancement juridique et qu'il perd donc toute validité, il ne produit nécessairement plus d'effet et n'a donc plus d'efficacité. En revanche, l'inverse ne se vérifie pas. Dès lors, existe incontestablement une limite à la dualité établie qui se traduit dans la possibilité d'une fusion des deux formes de fin. C'est l'hypothèse précisément de la sortie de vigueur qui suppose toujours la fin des effets de l'acte. Mais cette affirmation ne remet pas pour autant en cause la différence établie entre ces deux formes de fin dans la mesure où la réciproque n'est pas vraie : un acte ne produisant pas d'effet ne sort pas nécessairement de vigueur.

### B/ La fusion des deux formes de fin : la sortie de vigueur suppose la fin des effets.

La dualité d'effets n'est pas figée et elle s'estompe parfois. En d'autres termes, il peut arriver que les deux formes de fin se confondent en une seule, la distinction établie s'efface alors. Il convient néanmoins de remarquer que la fusion des deux formes de fin se fait toujours et nécessairement au profit de la sortie de vigueur. Deux interrogations méritent alors de retenir l'attention : il convient d'abord d'expliquer le phénomène ainsi décrit de fusion, et ensuite de se demander pourquoi celle-ci se fait au détriment de la fin des effets. Ce phénomène trouve encore une fois une explication dans la distinction kelsénienne entre la validité et

[487] Voir *supra.*, Section 1.
[488] Voir les propos sur la caducité de l'acte administratif unilatéral, *supra.*, Titre 1, Chapitre 2.

l'efficacité de l'acte précédemment évoquée[489], dont les rapprochements avec la distinction entre la sortie de vigueur et la fin des effets de l'acte paraissent évidents.
Rappelons que la perte de validité de l'acte suppose nécessairement sa perte d'efficacité, dans la mesure où dès lors que l'acte n'est plus valide, il ne peut plus être efficace. La perte d'efficacité est toujours et nécessairement la conséquence de la perte de validité de l'acte. En revanche, la perte d'efficacité ne peut pas être la cause, ou tout au moins pas l'unique cause, de la perte de validité d'un acte. Ainsi, ce n'est pas parce qu'un acte cesse, à un moment, d'être efficace qu'il perd toute validité. La perte d'efficacité de l'acte est donc toujours la conséquence de sa perte de validité, mais elle ne peut pas être considérée comme sa cause.

Il faut dès lors en conclure que la fin des effets de l'acte est toujours la conséquence de la sortie de vigueur de cet acte, mais elle n'en est, en revanche, pas la cause. Lorsqu'un acte sort de l'ordonnancement juridique, il cesse nécessairement de produire tout effet. Les actes retirés, abrogés, annulés et dont la caducité a été constatée, sortent de vigueur et ils ne produisent, par conséquent, plus les effets pour lesquels ils ont été édictés. Un acte qui n'existe plus ne peut logiquement pas produire d'effet. Au contraire, l'acte qui ne produit plus d'effet ne va pas, pour autant, nécessairement sortir de vigueur. La fin des effets de l'acte n'est pas une cause de sortie de vigueur.
Les exemples de la modification et de la caducité illustrent ces propos, l'acte caduc ne produit plus d'effet sans pour autant sortir de vigueur.

Dans ces différentes hypothèses, la distinction entre la fin des effets de l'acte et sa sortie de vigueur s'estompe, les deux formes de fin fusionnent pour ne devenir qu'une. Lorsque l'acte sort de vigueur, il cesse nécessairement de produire tout effet, la sortie de vigueur suppose la fin des effets de l'acte. L'acte retiré, l'acte abrogé, l'acte annulé et l'acte dont la caducité a été constatée illustrent donc, dans le même temps, les deux formes de fin : la sortie de vigueur et la fin des effets de l'acte. La distinction disparaît inévitablement dans ces hypothèses, les deux formes de fin n'en sont plus qu'une ; elles se confondent.

Il faut alors se demander à quel moment intervient la fusion de ces deux phénomènes. La fin des effets de l'acte est-elle antérieure, concomitante ou postérieure à la sortie de vigueur ? Les différentes modalités de fin ayant pour effet la sortie de vigueur de l'acte doivent être envisagées, c'est-à-dire la constatation de caducité, l'annulation, le retrait et l'abrogation.

[489] Voir *supra.*, Section 1.

Le cas de la constatation de caducité est particulier dans la mesure où cette modalité ne vise que les actes déjà caducs, autrement dit des actes qui ne produisent plus d'effet. Lorsque l'autorité compétente constate la caducité d'un acte, l'acte est déjà préalablement caduc. La fin des effets de l'acte est donc nécessairement préalable à sa sortie de vigueur.

S'agissant de l'annulation de l'acte administratif unilatéral la situation est différente. Le juge administratif annule un acte, entaché d'illégalité, quand il est saisi d'un recours pour excès de pouvoir. Mais au moment où il annule l'acte, celui-ci produit encore les effets pour lesquels il a été édicté. Cela s'explique par une règle primordiale du droit administratif, qualifiée par le doyen Hauriou de « privilège du préalable », selon laquelle l'acte administratif a, dès son entrée en vigueur, une autorité immédiate préalable à toute vérification juridictionnelle. Cette règle a été qualifiée par le Conseil d'Etat de « règle fondamentale du droit public » dans l'arrêt *Huglo* de 1982[490].
Elle suppose que l'administration n'a pas à se faire délivrer par le juge un titre exécutoire pour donner force obligatoire à ses décisions car celles-ci sont directement exécutoires. Les actes administratifs sont donc présumés réguliers dès leur entrée en vigueur, cette présomption de légalité est un privilège de l'administration, le privilège du préalable. En d'autres termes, toute décision administrative est introduite dans l'ordonnancement juridique sans vérification de sa légalité. Il n'y aura intervention du juge *qu'a posteriori*, en conséquence des recours exercés contre la décision, présumée légale. Lorsque la régularité d'une décision administrative est contestée devant le juge administratif, elle conserve sa valeur juridique pleine, elle demeure obligatoire. L'introduction d'une instance contre un acte administratif ne suspend pas l'exécution des normes qu'il édicte, comme le précisent notamment l'ordonnance du 31 juillet 1945 et le décret du 30 septembre 1953[491]. De plus, grâce au privilège du préalable, l'administration contraint l'administré à prendre dans le procès la position défavorable de demandeur. L'absence d'effet suspensif de la saisine du juge administratif comporte cependant un certain nombre d'exceptions dont peut faire usage le juge administratif. S'agissant du sursis à exécution, le Conseil constitutionnel a, quant à lui, évoqué « une garantie essentielle des droits de la défense »[492]. Si le sursis à exécution a disparu dans la loi du 30 juin 2000[493], c'est au bénéfice d'une nouvelle

[490] Conseil d'Etat, 2 juill. 1982, *Huglo*, Leb. p. 257 ; AJDA 1982, p. 657, Concl. Biancarelli.

[491] Dans sa section IV, du chapitre II, du titre III, l'ordonnance de 1945 dispose que : « sauf dispositions législatives spéciales, la requête du Conseil d'Etat n'a point d'effet suspensif, s'il n'en est autrement ordonné par la section du contentieux ou par l'Assemblée plénière ».

[492] Conseil constitutionnel, 23 janv. 1987, *Conseil de la concurrence*, DC 86-224, RFDA 1987, p. 287.

[493] Voir notamment G. Darcy et M. Paillet, *Contentieux administratif*, Dalloz, A. Colin, 2000.

procédure, le référé-suspension. Le législateur a entendu « modifier substantiellement le régime de droit commun en intégrant le sursis dans le cadre du référé administratif sous le nom de référé-suspension »[494].
Le privilège du préalable suppose donc que lorsque l'administré saisit le juge d'un recours pour excès de pouvoir, la décision est pleinement en vigueur, autrement dit, elle produit tous les effets en vue desquels elle a été édictée.
Dans cette hypothèse, et contrairement à la caducité, la fin des effets de l'acte n'est pas antérieure à sa sortie de vigueur. Elle se produit au moment où l'acte sort de vigueur car une fois que l'acte n'existe plus, il ne peut plus produire d'effet. La rétroactivité de l'annulation suppose que tous les effets de l'acte disparaissent, tant ceux passés que ceux à venir. De ce fait, la fin des effets ne peut que se produire en même temps que sa sortie de vigueur. La fin des effets de l'acte et la sortie de vigueur de cet acte sont, dans cette hypothèse qu'est l'annulation, concomitantes.

Quant au retrait, il semble également que la fin des effets de l'acte intervienne en même temps que sa sortie de vigueur. En effet, l'autorité administrative agit alors que l'acte est en vigueur en vue d'éviter la saisine du juge administratif. L'autorité administrative qui retire un acte fait la même chose que le juge lorsqu'il l'annule. La rétroactivité du retrait, suppose, comme dans le cas de l'annulation, que la fin des effets de l'acte et sa sortie de vigueur soient concomitantes.

Enfin, la dernière modalité ayant pour effet la sortie de vigueur de l'acte administratif unilatéral est l'abrogation, elle permet à l'autorité administrative d'y mettre fin pour l'avenir. Dans cette hypothèse, l'administration agit alors que l'acte est pleinement en vigueur. La fin des effets ne peut donc logiquement pas être antérieure à la sortie de vigueur. Ces deux phénomènes se produisent donc en même temps, la sortie de vigueur provoquant nécessairement la fin des effets de l'acte.

Dans tous les cas, la fin des effets de l'acte administratif unilatéral ne peut pas se produire après sa sortie de vigueur car à compter du moment où l'acte n'existe plus, il ne peut matériellement pas produire d'effet. Un acte qui est sorti de l'ordonnancement juridique n'est plus un acte juridique, il ne produit donc plus d'effet de droit. Dès lors, la fin des effets de l'acte se produit soit au moment de la sortie de vigueur, soit avant celle-ci dans la seule hypothèse de la constatation de caducité.

[494] G. Darcy et M. Paillet, *op. cit.*, p. 259.

### §2 : Les prémisses d'une définition de la fin.

Le second intérêt qui découle de la mise en évidence de la dualité d'effets de la fin de l'acte se manifeste dans la recherche et dans l'élaboration d'une définition de celle-ci.
Il apparaît ainsi que la dualité d'effets, qui se traduit par la sortie de vigueur d'une part et par la fin des effets de l'acte d'autre part, met en lumière la cohérence et la logique de la procédure. Elle montre que la diversité qui caractérise la fin dans son ensemble peut se fondre dans une dualité. De fait, elle en révèle la cohérence. Ainsi, on peut affirmer la logique de la procédure, tout entière guidée par un certain nombre de grands principes du droit administratif français.
Pour définir la fin de l'acte administratif unilatéral, il faut en dégager les éléments clés. Ce sont les éléments qui la composent. Or, la diversité qui la caractérise pourrait apparaître comme un obstacle dans la recherche d'éléments communs. C'est pourquoi, dans cette perspective, la reconnaissance de deux formes de fin présente encore une fois un intérêt notable. Elle permet en effet de préciser l'idée de fin de l'acte et ainsi de dégager un certain nombre d'éléments qui apparaissent comme des conditions de celle-ci. Ainsi, c'est dans la dualité d'effets que sont englobés les différents éléments constitutifs de la fin de l'acte administratif unilatéral.

En vue d'élaborer une définition de la fin de l'acte, voire d'en déterminer les prémisses, nous démontrerons d'abord la cohérence de la procédure (A) et ensuite nous présenterons les éléments déterminants de celle-ci (B).

#### A/ La cohérence de la procédure.

La fin de l'acte administratif unilatéral se caractérise par une importante diversité, qui se manifeste tant dans les modalités que dans les effets produits par elle. La diversité des modalités s'explique par la pluralité d'auteurs susceptibles de mettre fin à un acte administratif unilatéral et par les spécificités qui s'attachent à chacune de ces modalités.
Quant aux effets produits, leur diversité est due à la dichotomie établie entre les effets de l'acte de fin et ceux de la fin proprement dite ; elle est accentuée par l'absence de lien entre chacun d'eux (c'est-à-dire que la question de la rétroactivité ou de la non-rétroactivité de l'acte de fin n'a aucune incidence sur la dualité opposant la sortie de vigueur et la fin des effets de l'acte).
La diversité est donc une caractéristique de la fin, elle est inhérente à cette procédure dont la spécificité est principalement due à sa fonction. Elle s'explique également par les nécessités de l'action administrative et par les règles générales établies en matière de contentieux administratif, autrement dit par la structure du

contentieux administratif français. Les nécessités de la bonne administration supposent en effet que l'autorité administrative puisse mettre un terme à un acte administratif unilatéral, ce pouvoir étant plus ou moins limité selon la forme qu'il prend et les conditions dans lesquelles il s'exerce. De la même façon, le recours pour excès de pouvoir est une voie de droit, ouverte contre les actes administratifs unilatéraux décisoires, à tout administré justifiant d'un intérêt personnel, afin qu'il puisse en obtenir l'annulation[495].

Si la diversité trouve dans ces considérations une explication satisfaisante, il semble intéressant de montrer qu'elle ne s'oppose pas à l'existence d'un fil conducteur de la fin, c'est-à-dire d'une logique et d'une cohérence qui en dévoile un autre aspect permettant par la suite de l'appréhender différemment.
C'est l'influence de la diversité sur la fin elle-même qu'il s'agit alors d'étudier. Elle peut en effet apparaître comme un obstacle à l'existence d'une notion dans la mesure ou elle en révèlerait l'absence d'unité. Il convient néanmoins d'admettre que la diversité ne postule pas toujours l'incohérence, autrement dit que la diversité ne s'oppose pas à l'existence d'une logique, que les analyses précédentes, notamment celles portant sur la dualité d'effets, ont pu déjà mettre en lumière. Si la procédure de fin de l'acte administratif unilatéral est incontestablement très diverse, son étude révèle cependant une réelle cohérence qui se manifeste par la présence d'éléments récurrents, constants, et qui apparaissent quelle que soit la modalité de fin envisagée. Ces éléments dévoilent la logique de la procédure, ils sont le fil conducteur de la fin de l'acte administratif unilatéral[496]. Il s'agit notamment de la manifestation de volonté qui est à l'origine de toute fin, et qui s'exprime le plus souvent dans l'acte de fin. Quelle que soit la modalité envisagée, elle comprend l'expression de la volonté de l'auteur de la fin. C'est ainsi une condition *sine qua non* de la fin : un acte administratif unilatéral ne peut pas disparaître sans, qu'au préalable, une autorité compétente n'en ait manifesté la volonté[497].

La logique de la procédure apparaît également dans les grands principes du droit administratif qui la sous-tendent, et précisément les principes de légalité et de sécurité juridique. Une fois encore, la fin peut être appréhendée de manière globale, ce qui met en lumière l'unité de la procédure. Car la logique ici évoquée

[495] Voir F. Melleray, *Essai sur la structure du contentieux administratif français (pour un renouvellement de la classification des principales voies de droit ouvertes devant les juridictions à compétence générale)*, Thèse, LGDJ, 2001.
[496] Voir les développements, *infra.*, Seconde partie.
[497] Le cas particulier de la caducité, qui a pu dans un premier temps apparaître comme une exception à cette règle, la confirme finalement. Voir *supra.*, Titre 1, Chapitre 2.

s'applique à toute fin. Cette nouvelle manière d'envisager la fin est permise par la systématisation qui découle notamment de la dualité d'effets.
Le caractère plurivoque de la sécurité juridique permet d'y englober plusieurs idées, cette exigence peut aussi bien signifier le souci de garantir l'efficacité de l'action administrative que la stabilité des situations individuelles. Il est dès lors possible d'affirmer que la finalité de la sécurité juridique peut être aussi bien holiste, qu'individualiste[498]. Si le principe de légalité apparaît comme l'un des plus importants du droit administratif français, la pression du droit européen, et spécialement du droit communautaire, provoque un mouvement doctrinal et jurisprudentiel visant à assurer un nouvel équilibre entre l'exigence de légalité et celle de « sûreté des relations sociales », selon l'expression du doyen Hauriou[499], plus favorable à cette dernière.
Cette orientation jurisprudentielle, et l'évolution qu'elle suscite en droit administratif français, a des conséquences indéniables sur la fin de l'acte administratif unilatéral. Celles-ci se manifestent non seulement quand elle est prononcée par l'autorité administrative, comme le montre notamment l'arrêt *Ternon* rendu par la Haute Assemblée le 26 octobre 2001[500], mais également quand elle émane du juge administratif, comme le montre l'évolution des conditions du recours pour excès de pouvoir.

L'évolution du régime juridique du recours pour excès de pouvoir illustre en effet nettement la tendance actuelle visant à améliorer la protection des situations juridiques dans le domaine de la fin de l'acte administratif unilatéral. Cela peut sembler contradictoire dans la mesure où le recours pour excès de pouvoir suppose, de par son essence même, que le principe de légalité soit prioritairement valorisé. Pourtant, l'évolution qu'il subit révèle une nette évolution, notamment quant aux annulations prononcées par la juridiction administrative du fait des nouveaux pouvoirs d'injonction du juge établis par la loi du 8 février 1995[501].

---

[498] F. Melleray, *op. cit.*, p. 385.

[499] M. Hauriou, note sous Conseil d'Etat, 3 nov. 1922, *Dame Cachet*, Sirey 1922, III, p. 9.

[500] Conseil d'Etat, Ass., 26 oct. 2001, *Ternon*, précité. Le revirement de jurisprudence qu'opère cet arrêt quant aux conditions du retrait des actes administratifs unilatéraux créateurs de droits est, pour une part, dû à l'influence des cours européenne et communautaire. Pour une autre part, il s'explique par les nécessités administratives et la volonté du juge français d'en améliorer les conditions. Les nouvelles conditions du retrait qui s'en dégagent (un nouveau délai de quatre mois et un nouveau point de départ de ce délai courant à compter de l'édiction de la décision) tendent à améliorer la protection des administrés, comme le montrent les conclusions du commissaire du gouvernement Séners, bien que la Haute Assemblée ne mentionne à aucun moment le principe de sécurité juridique. Voir *supra.*, Titre 1, Chapitre 2.

[501] Articles L. 911-1 et 2 du Code de justice administrative qui reprennent les articles 62 et 77 de la loi du 8 févr. 1995 laquelle a institué et organisé le pouvoir, pour les tribunaux administratifs et Cours administratives d'appel et pour le Conseil d'Etat, de prononcer les injonctions préventives.

Ce texte pose le principe que le juge administratif peut assortir les annulations et condamnations qu'il prononce d'une injonction préventive, dans le moment même où il les prononce, et dont le but est d'expliciter et concrétiser ce que doit être le comportement de la partie qui en est destinataire pour que les obligations que la chose jugée lui impose soient respectées[502].
La loi de 1995 subordonne le pouvoir de prononcer des injonctions à deux conditions : d'abord, son exercice est subordonné à des conclusions en ce sens. Ensuite, elles peuvent être prononcées dans deux cas : d'abord lorsque le jugement « implique nécessairement » qu'une « mesure d'exécution » soit prise « dans un sens déterminé »[503] ; et ensuite lorsque le jugement « implique nécessairement » que, « de nouveau », une décision soit prise « après une nouvelle instruction »[504]. En dehors de ces cas, la demande d'injonction est considérée comme irrecevable[505]. Il convient de préciser que l'article L. 911-3 de la même loi accorde au juge la faculté d'assortir l'injonction d'une astreinte.

La loi de 1995 institue donc un pouvoir d'injonction au juge, et ce pouvoir apparaît en ce qui concerne la fin comme un droit à l'injonction au profit des bénéficiaires potentiels d'annulations. C'est de ce point de vue que l'injonction est pleinement dans la tendance actuelle visant à favoriser la sécurité des administrés, notamment celle des bénéficiaires d'un acte qui disparaît. Il s'agit certes d'une nouvelle prérogative reconnue au juge administratif qui peut désormais aller au-delà d'une simple annulation, dans les limites imposées par le principe selon lequel le juge administratif ne peut faire œuvre d'administrateur. Mais, pour exercer ce pouvoir, le juge doit avoir été saisi par un administré qui souhaite que l'administration applique une décision. Cet aspect du pouvoir d'injonction met en lumière qu'il est aussi un droit pour l'administré, plus précisément un droit à l'exécution d'une décision. Le principe selon lequel l'injonction suppose que le juge soit saisi par un administré en affirme le caractère nécessairement favorable pour ce dernier.

---

Sur cette question, voir notamment, parmi de nombreuses études : « La loi du 8 févr. 1995 et la réforme du contentieux administratif », RFDA 1996, p. 1 (6 contributions) ; D. Chabanol, « Commentaire de la loi », Revue française de décentralisation 1995, n° 2 ; « Un printemps procédural pour la juridiction administrative ? », AJDA 1995, p. 388 ; P. Fraissex, « La réforme de la justice administrative par la loi du 8 févr. 1995 », RDP 1995, p. 1053 ; P. Jan, « La modernisation de la procédure administrative contentieuse », ALD 1995, p. 77 ; E. Picard, « La loi du 8 février 1995 », JCP 1995-I, n° 3840 ; O. Sachs, « La réforme du contentieux administratif issue de la loi du 8 févr. 1995 », CJEG 1995, p. 175.

[502] L'injonction préventive se distingue de l'injonction *a posteriori* qui permet à une partie de solliciter le juge après le procès lorsqu'elle se heurte à un refus d'exécution de la chose jugée.

[503] Article L. 911-1 du Code de justice administrative.

[504] Article L. 911-2 du Code de justice administrative.

[505] Conseil d'Etat, 7 avril 1995, *Surry*, Leb. p. 158.

De nombreuses illustrations apparaissent dans le domaine de la fin, en conséquence de l'annulation d'actes de refus principalement. Le contentieux de la fonction publique en est une claire représentation, ainsi l'annulation de la révocation ou du licenciement d'un agent justifie que soient prescrites sa réintégration et la reconstitution de sa carrière[506]. Egalement, l'annulation du refus de nommer un candidat inscrit par le jury sur la liste d'admission peut justifier une injonction en vue de sa nomination[507]. Une autre illustration est donnée par le contentieux de la police des étrangers dans lequel le juge prononce des injonctions prescrivant l'octroi de visas d'entrée[508], la délivrance de titres de séjour[509] ou l'abrogation d'arrêtés d'expulsion[510], par exemple. Ce même pouvoir d'injonction se manifeste lorsque le juge administratif enjoint l'autorité administrative d'abroger un règlement illégal[511].
De nombreuses illustrations concernent donc le domaine de la fin de l'acte dans lequel la garantie des droits des administrés est fondamentale, l'injonction reconnue au juge va dans ce sens. Cela montre aussi que le législateur, comme le juge administratif français, s'aligne sur la tendance des juges européens et communautaires visant à favoriser la sécurité juridique[512]. Et l'ensemble de la procédure de fin de l'acte administratif unilatéral, qu'elle émane de l'administration ou du juge administratif, est sous-tendu par cette idée, autrement dit cette recherche d'établir un équilibre entre les principes de légalité et de sécurité juridique.

La logique et la cohérence de la procédure sont donc incontestables, elles permettent de nier toute hétérogénéité de la fin de l'acte administratif unilatéral, sans pour autant que l'on puisse la qualifier d'homogène. La logique et la cohérence confirment en revanche le caractère protéiforme de la fin, qui n'exclue dès lors plus d'envisager l'unité de la procédure.
La distinction entre ces deux qualificatifs, hétérogène et protéiforme, sera intéressante à analyser afin de préciser la notion de fin de l'acte.

Affirmer le caractère protéiforme de la procédure de fin signifie qu'elle peut revêtir plusieurs formes, et même en changer. Ce caractère suppose le mouvement, parfois l'inconstance. Cette caractéristique semble tout à fait

[506] Conseil d'Etat, 10 janv. 2000, *Boualaoui*, RFDA 2000, p. 462.
[507] Conseil d'Etat, 11 mai 1998, *Melle Aldige*, RFDA 1998, p. 1011.
[508] Conseil d'Etat, 4 juill. 1997, *Epx Bouarezac*, Leb. p. 278.
[509] Cour administrative d'appel de Paris, 27 oct. 1998, *Nkouakoua*, AJDA 1999, p. 221.
[510] Cour administrative d'appel de Paris, 23 janv. 1997, *Hamlaoui*, AJDA 1997, p. 278.
[511] Conseil d'Etat, 20 mars 2000, *GISTI*, AJDA 2001, p. 188.
[512] Cette tendance législative sera confirmée par la loi du 12 avril 2000, dite loi DCRA, notamment quant à son article 23 qui porte sur le retrait des décisions implicites d'acceptation ; voir, *supra.*, Titre 1.

s'appliquer à la procédure de fin puisqu'elle se manifeste par diverses modalités : le retrait, l'abrogation, la modification, l'annulation et la caducité. D'autant plus que la fin peut se traduire par la sortie de vigueur et la fin des effets de l'acte. Cette dualité illustre, elle aussi, parfaitement le caractère protéiforme de la fin.
Dès lors, la diversité qui caractérise la fin ne s'explique pas par des considérations liées à son hétérogénéité. Car si cette dernière s'oppose par définition à l'homogénéité[513], elle se distingue également fondamentalement du caractère protéiforme. Ces deux notions ont un sens subtilement différent, l'hétérogénéité implique en effet l'incohérence, la confusion. Elle est une manifestation de désordre. Or, la disparité qui caractérise la procédure de fin n'a pas cette connotation.

La reconnaissance du caractère protéiforme de la procédure, qui suppose au contraire une certaine cohérence, permet d'en envisager l'unité. En effet, si l'hétérogénéité s'oppose à toute unité, il n'en est pas ainsi s'agissant du caractère protéiforme. Dès lors, la fin de l'acte pourra être envisagée de manière différente, c'est-à-dire en tant que procédure à part entière. En d'autres termes, elle pourra être appréhendée de manière plus globale, la fin étant envisagée sous l'aspect d'unité qui se dégage de cette étude et non d'après les diverses modalités qui la compose. Pour cela, il est nécessaire, auparavant, de mettre en lumière les éléments déterminants de la fin de l'acte, ceux qui permettront d'en donner une définition. Ils sont incontestablement présents dans la dualité d'effets.

## B/ Les éléments déterminants de la fin.

Les éléments déterminants de la fin de l'acte sont les éléments essentiels qui se dégagent de sa procédure et qui se retrouvent dans toute fin, qu'elle qu'en soit la manifestation. C'est parce qu'ils sont communs à toute fin qu'ils peuvent éventuellement permettre d'en donner une définition. Le caractère protéiforme de la fin rend difficile, au premier abord, leur mise en évidence du fait de la diversité qui la caractérise. La dualité d'effets précédemment analysée, et surtout la systématisation qui en découle, permet néanmoins de les identifier clairement, révélant ainsi ses multiples intérêts pour notre recherche. Ces éléments ne sont pas nécessairement constants, ils peuvent s'avérer facultatifs. Ils ont en commun de caractériser et de qualifier la fin de l'acte en tant que telle.

---

513 Lalande, *vocabulaire technique et critique de la philosophie*, PUF, 1997, voir « hétérogène » : « Opposé à *homogène*. (…) Un tout est *homogène* lorsque toutes ses parties présentent les mêmes propriétés ; il est *hétérogène* lorsque ses diverses parties présentent des différences de quelque nature qu'elles soient, et spécialement des différences de structure et de fonction ».

Le premier élément qui nous paraît important est à l'origine de la fin, il s'agit de l'expression de la volonté de l'auteur de la fin. Toute fin suppose que son auteur en ait manifesté la volonté, le plus souvent dans un acte de fin. La caducité apparaît de ce point de vue comme une exception, due à son automaticité, mais cela ne signifie pas qu'il n'y a aucune manifestation de volonté. En effet, celle-ci a été exprimée, non dans un acte de fin, mais dans l'acte lui-même. Un acte administratif unilatéral ne peut donc disparaître qu'à la condition que l'autorité compétente ait exprimé la volonté qu'il en soit ainsi. La nécessité d'une manifestation de volonté a deux fondements : l'impératif de sécurité juridique et le principe du parallélisme des formes. Commun à toutes les modalités de fin, cet élément peut être considéré comme le plus important[514].

Le deuxième élément à considérer est le but poursuivi par les auteurs de la fin : il s'agit toujours de mettre fin à tout ou partie des effets d'un acte administratif unilatéral, parfois d'agir également sur sa vigueur. L'auteur de la fin vise ainsi toujours à annihiler les effets d'un acte administratif unilatéral, il ne vise cependant pas toujours à affecter la vigueur de cet acte. Dans tous les cas, l'acte administratif unilatéral ne produit plus les effets pour lesquels il a été édicté. L'auteur de la fin agit toujours dans ce but, c'est l'objet même de la fin : annihiler les effets d'un acte administratif unilatéral ou cet acte lui-même. Si la fin des effets de l'acte est un élément constant, il n'en va de même de la sortie de vigueur qui n'apparaît pas dans toute fin. Ces deux effets de la fin en sont également les deux formes.

Quant au troisième élément, il consiste dans les moyens mis en œuvre en vue de mettre fin à l'acte. Autrement dit, son auteur peut mettre un terme à l'acte administratif unilatéral de manière rétroactive ou non-rétroactive, agissant ainsi dans le passé ou uniquement pour l'avenir. Or, la question de la rétroactivité de la fin dépend directement de la nature rétroactive ou non-rétroactive de l'acte de fin. Le principe de la non-rétroactivité des actes administratifs suppose que soit largement encadré le pouvoir de l'autorité administrative de mettre fin rétroactivement à un acte administratif unilatéral. Certaines modalités de fin de l'acte sont rétroactives, telles le retrait et l'annulation, les autres ne le sont pas. La rétroactivité de la fin est aléatoire puisqu'elle dépend de chaque modalité.

Ces trois éléments sont donc à prendre en considération lorsqu'il s'agit d'envisager les éléments déterminants de la fin. Ce sont ses caractères essentiels : la volonté de son auteur, le but qu'il poursuit (la fin des effets de l'acte ou sa sortie de vigueur) et enfin les procédés qu'il met en œuvre et qui affectent chaque modalité de fin (la rétroactivité ou non-rétroactivité de l'acte de fin).

[514] Pour de plus amples développements, voir *infra.*, Seconde partie.

Toute modalité inclut ces éléments puisque ce sont les caractéristiques de la fin. La nécessaire présence de ces éléments a permis d'exclure du champ de notre étude certaines hypothèses qui ne sont pas des modalités de fin. Il en est ainsi de la désuétude, pour laquelle l'absence de toute manifestation de volonté apparaît comme un obstacle à sa reconnaissance. C'est précisément à cet égard que la caducité se distingue de la désuétude et que le critère de distinction qui permet d'opposer la caducité naturelle et la caducité planifiée révèle toute son importance. La fin de l'acte administratif unilatéral est tout ce qui correspond à ces caractères essentiels.

Dès lors, se confirme l'existence des cinq modalités révélée par cette étude : le retrait, l'abrogation, l'annulation, la modification et la constatation de caducité. Dans ces cinq hypothèses, la procédure est permise par la manifestation de volonté de l'auteur de la fin en vue de mettre un terme à un acte administratif unilatéral ou à ses effets, soit de manière rétroactive, soit uniquement pour le futur.

Il existe entre ces trois éléments une cohérence qui permet une réelle adéquation entre les modalités de fin et la finalité de la procédure, établissant entre elles un lien primordial quant à la mise en évidence du caractère rationnel de la fin. En d'autres termes, ces éléments ne sont pas isolés, autrement dit, ils ne sont pas, par nature, indépendants. Ils sont l'expression de l'unité même de la fin dans la mesure où ils sont le lien entre chaque modalité et la finalité unique recherchée.

La rationalité des éléments déterminants et essentiels apparaît à trois points de vue : quant à la raison d'être de la fin d'abord, qui apparaît dans l'adaptation de l'ordre juridique et la protection de l'administré. Quant à son rôle pratique ensuite, qui se manifeste par l'anéantissement d'un acte administratif unilatéral illégal ou inadapté. Et quant à ses manifestations enfin, la fin se compose ainsi de cinq modalités. Le caractère rationnel de la fin de l'acte administratif unilatéral est également présent, et de manière permanente, dans la nécessaire manifestation de volonté de l'autorité compétente.

La cohérence et la logique de la fin apparaissent tant dans son rôle que dans ses manifestations concrètes, effaçant ainsi de manière illusoire toute la diversité qui a pu apparaître comme un obstacle insurmontable.

Le caractère protéiforme de la procédure se confirme. Il y a certes une diversité dans la procédure mais il se dégage aussi une cohérence incontestable dans la mise en lumière de la dualité d'effets.

La fin peut dès lors être appréhendée en tant que telle, en tant que procédure ayant pour origine l'expression de la volonté de son auteur et visant à annihiler un acte administratif unilatéral ou ses effets, de manière rétroactive ou uniquement pour l'avenir. L'unité paraît, à ce stade de la recherche, être une réalité, qui ne l'a pas toujours été.

C'est une autre image qui est ainsi révélée, une image dégageant une idée d'unité que la diversité avait, jusqu'alors, occultée. Dès lors, la fin de l'acte administratif unilatéral peut être appréhendée sous un autre aspect que celui des différentes modalités qui la composent et des effets qu'elle produit, c'est-à-dire dans le cadre d'une procédure à part entière. En d'autres termes, une étude globale de celle-ci peut désormais être envisagée. Elle s'attachera non à la diversité qui semblait la caractériser, mais plus précisément aux éléments qui en font l'unité.

## Conclusion du second titre.

La diversité des effets de la fin de l'acte administratif unilatéral révèle une dichotomie essentielle qui suppose que soient distingués les effets de l'acte de fin et les effets de la fin de l'acte. Mais cette distinction ne doit pas faire oublier le lien existant entre eux, inhérent à la procédure, puisque l'acte de fin est, en principe, à l'origine de la fin de l'acte. La diversité d'effets se manifeste par l'effet rétroactif ou non-rétroactif de l'acte de fin d'une part, et par la dualité entre la sortie de vigueur et la fin des effets de l'acte d'autre part. Cette seconde dualité a permis de mettre en lumière la cohérence de la procédure, qui peut dès lors être qualifiée de protéiforme.
Il existe en effet au sein de cette diversité caractéristique, une logique qui unit les composantes de la fin, autrement dit, un fil conducteur qui dévoile l'unité d'une procédure *a priori* très complexe. C'est d'abord le but de son auteur qui vise toujours à mettre fin aux effets d'un acte administratif unilatéral. C'est également l'expression de sa volonté, élément constant dans la procédure. La fin de l'acte administratif unilatéral suppose nécessairement que son auteur en ait exprimé la volonté, soit préalablement, soit au moment même de la fin. La manifestation de volonté est souvent exprimée dans l'acte de fin, acte à l'origine de la fin. Cela explique en partie son importance et l'influence qu'il peut avoir sur la procédure. Il faut néanmoins admettre que ce n'est pas toujours le cas, parfois l'expression de la volonté de l'auteur est dans l'acte lui-même. C'est l'hypothèse de la caducité planifiée, toujours prévue dans l'acte d'origine. La caducité est cependant la seule exception à la règle selon laquelle l'auteur de la fin exprime la volonté qu'il en soit ainsi dans l'acte de fin. En revanche, lorsque l'autorité compétente constate la caducité d'un acte administratif unilatéral, le principe est de nouveau appliqué : la constatation de caducité est un acte de fin.

La manifestation de volonté de l'autorité compétente est l'élément permettant d'établir un lien, une harmonie entre les éléments composant la fin car il est commun à toute fin. Il explique la raison d'être de la fin, qui est d'adapter l'ordonnancement juridique aux évolutions de la société, et ses limites liées à la protection des administrés, et notamment de leurs droits.

Une cohérence se dégage de la diversité des modalités de fin. En effet, la clarté de la procédure est mise en lumière, et elle se manifeste de deux façons : la sortie de vigueur et la fin des effets. En outre, elle compte cinq modalités : le retrait, l'abrogation, la modification, l'annulation et la constatation de caducité. C'est un autre aspect de la fin que révèle cette étude. Elle n'est plus l'association de différentes modalités mais une procédure à part entière. Dès lors, elle pourra être appréhendée de manière plus globale, autrement dit, en tenant particulièrement compte de l'idée d'unité qui en ressort.

# Conclusion de la première partie.

La fin de l'acte administratif unilatéral s'est d'abord caractérisée par sa diversité et sa complexité. Ses manifestations sont multiples du fait de la pluralité des auteurs susceptibles de mettre fin à un acte administratif unilatéral et, également, de la variété de leurs procédés d'action. L'étude a néanmoins révélé une inéluctable cohérence, distinguant deux types d'auteurs : l'autorité administrative et le juge administratif. Elle compte aussi cinq modalités de fin : le retrait, l'abrogation, la modification, l'annulation et la constatation de caducité. La diversité d'effets s'est trouvée largement relativisée par la mise en évidence d'une double dualité opposant la sortie de vigueur et la fin des effets d'une part et le caractère rétroactif ou non-rétroactif de l'acte de fin d'autre part.
Il résulte de ces considérations une relative atténuation de la complexité de la fin de l'acte administratif unilatéral. Si la diversité est véritablement une caractéristique de celle-ci, la cohérence et la logique qui se dégagent de la procédure effacent l'idée d'hétérogénéité. Elle est plus précisément protéiforme.

La fin peut désormais être appréhendée différemment puisqu'une définition pertinente peut être envisagée : la fin de l'acte administratif unilatéral est une procédure, protéiforme dans ses manifestations, par laquelle l'autorité administrative ou le juge administratif anéantit un acte administratif unilatéral ou tout ou partie de ses effets, soit rétroactivement soit uniquement pour l'avenir.

# Seconde partie :

# La notion de fin

# de l'acte administratif unilatéral.

Si, d'une manière générale, les éléments qui composent la fin de l'acte administratif unilatéral diffèrent largement en fonction de chaque modalité, au contraire, la volonté de son auteur, ainsi que son expression, apparaissent comme une constante. Deux éléments semblent donc être essentiels : d'abord le but poursuivi par son auteur, c'est-à-dire précisément la volonté de mettre fin à un acte ou à ses effets. Ensuite, la nécessité que l'auteur de la fin en affirme expressément la volonté. En tant qu'élément commun à chaque modalité de fin, la manifestation de volonté de son auteur apparaît *a priori* comme l'élément unificateur de la fin. Ces éléments apparaissent comme l'expression de la constance de la fin, et d'une certaine pérennité.
Il faut alors se demander si la présence de tels éléments communs conduit à analyser la fin comme une notion. Autrement dit, l'idée d'unité qui se dégage permet-elle d'évoquer la notion de fin ?

Pour répondre à cette question, la manifestation de volonté de l'auteur de la fin est déterminante, ainsi que l'acte qui l'exprime : l'acte de fin, acte à l'origine de celle-ci. Cela suppose que ce dernier fasse l'objet d'une étude précise. Il est alors apparu que, tant sa nature que sa fonction, sont révélatrices de la cohérence et de la logique de la fin. De ce point de vue, le régime juridique de l'acte de fin révèle le caractère rationnel de celle-ci. Il permet ainsi de démontrer l'existence d'une notion de fin. L'acte de fin, élément explicatif de la notion sera étudié dans un titre premier (Titre 1).

La mise en évidence de la notion de fin de l'acte administratif unilatéral permet dès lors d'en envisager l'étude sous un angle différent, c'est-à-dire privilégiant l'unité de la fin et non la diversité de ses cinq composantes. Cela suppose qu'elle soit analysée de manière plus globale afin que soit démontrée la pertinence de la notion. L'étude structurale de la notion devra également être menée, elle portera sur son régime juridique et sur ses conséquences propres. La fin peut ainsi être appréhendée non pas seulement d'après son contenu, mais dans un système cohérent qui exprime un réel équilibre et une évidente autonomie. L'étude structurale de la notion fera l'objet d'un titre second (Titre 2).

# Titre premier :

# L'acte de fin, élément explicatif de la notion.

La mise en lumière de la notion de fin de l'acte administratif unilatéral semble devoir être recherchée dans le rôle joué par l'acte de fin au sein de cette procédure. Celui-ci doit être distingué de la fin de l'acte proprement dite. La fin est le moment où l'acte cesse de produire tout ou partie des effets pour lesquels il a été édicté. L'acte de fin est un élément primordial notamment de par sa fonction : il est l'expression de la manifestation de volonté de son auteur. Cette manifestation de volonté est une condition de la fin, autrement dit, il n'y a pas de fin possible sans que l'autorité compétente n'en ait exprimé la volonté.
Apparaît alors de manière tout à fait flagrante la singularité de la relation ainsi établie entre l'acte de fin et la fin de l'acte : bien que distinctes, ces deux idées sont étroitement liées. En d'autres termes, ces deux notions se distinguent nécessairement, de fait l'acte de fin est une composante de la fin, il est un élément de celle-ci. Elles sont aussi incontestablement liées parce que l'une ne va pas sans l'autre : en effet, l'acte de fin est toujours à l'origine de la fin. Les rapports entretenus par ces deux idées devront être analysés, ils sont susceptibles de jouer un rôle important dans la démonstration de l'existence d'une notion.

L'acte de fin étant une condition de la fin, il en est donc un élément permanent. L'auteur de la fin doit édicter un tel acte pour annihiler un autre acte administratif unilatéral ou seulement ses effets. L'acte de fin est donc nécessaire à celle-ci, c'est l'élément *a priori* irréductible de la notion. La caducité illustre cette affirmation : elle révèle en effet que c'est précisément la manifestation de volonté qu'il exprime qui est une condition préalable à la fin.
La fonction de l'acte de fin apparaît alors déterminante dans la perspective qui est la nôtre puisqu'elle affirme la logique et l'unité de celle-ci. Le régime juridique de l'acte de fin sera étudié dans un premier chapitre (Chapitre premier).

L'acte de fin a le mérite de mettre en lumière la singularité de la fin au regard des autres moments de la vie de l'acte, c'est-à-dire son entrée en vigueur et son exécution. Par sa présence, est affirmée l'impossibilité d'établir un quelconque rapprochement entre la fin de l'acte et son entrée en vigueur, malgré les points communs qui les rassemblent. La recherche d'un éventuel parallèle présente cependant l'intérêt de mettre en évidence les spécificités propres à la fin. Ce sont ces dernières, et notamment l'acte de fin, qui ont permis d'en donner une définition précise. Mais elles révèlent également que la fin est une entité propre, pouvant être catégorisée. Elle est en effet plus qu'une association d'éléments divers, la cohérence et la logique qui l'animent permettent de la qualifier de notion.

Dès lors, il apparaît opportun de l'analyser dans cette nouvelle perspective. Le caractère primordial manifesté par sa fonction permet de qualifier la fin de notion fonctionnelle, par opposition à la notion conceptuelle[515]. L'émergence de la notion, déduite de l'acte de l'acte de fin, sera analysée dans un second chapitre (Chapitre second).

[515] La distinction entre la notion fonctionnelle et la notion conceptuelle a été systématisée par G. Vedel, voir *infra.*, Chapitre 2.

# Chapitre premier :

# Le régime juridique de l'acte de fin.

L'acte de fin est celui par lequel l'auteur de la fin affirme la volonté qu'un autre acte administratif unilatéral, ou seulement ses effets, disparaisse. La fin suppose que son auteur en ait manifesté expressément la volonté, qui est le plus souvent exprimée dans cet acte spécifique. L'expression de la volonté de son auteur étant une exigence, l'acte de fin est lui-même par essence une condition de celle-ci. Cette première condition s'avère cependant insuffisante : d'autres règles doivent être respectées, elles dépendent de chaque modalité et sont imposées tant par la réglementation en vigueur (lois ou décrets) que par la jurisprudence administrative ; elles régissent la procédure de fin.
D'un point de vue chronologique, l'acte de fin est le premier élément de la procédure et cela explique l'importante influence qu'il peut exercer sur la fin proprement dite. Pourtant, il est un acte à part entière, autrement dit, distinct à la fois de l'acte qui disparaît et également de la fin elle-même. Finalement, l'acte de fin se révèle être largement ambivalent : il est à la fois inclus dans la fin car élément de celle-ci, et à la fois extérieur à elle puisque condition de la fin.
C'est précisément la relation qu'il entretient avec la fin qui est singulière. Elle sera étudiée dans une première section (Section 1).

La fonction de l'acte de fin, qui traduit quant à elle une plus grande clarté, comprend deux aspects : il exprime la volonté de l'auteur de la fin d'une part, et il détermine largement la procédure, tant la modalité que les effets produits, d'autre part. La manifestation de volonté de son auteur peut ainsi être qualifiée d'élément irréductible de la fin en ce sens que c'est un élément toujours présent et nécessaire. Sans que soit occultée sa complexité, l'acte de fin dévoile ainsi l'harmonie et l'unité de la procédure, conditions de l'existence d'une notion. La fonction de l'acte de fin sera étudiée dans une seconde section (Section 2).

**Section 1 : Les relations entre l'acte de fin et la fin de l'acte.**

L'étude de l'acte de fin présente une difficulté initiale qui est due au particularisme de la relation existant entre l'acte de fin et la fin. L'acte de fin est en effet à la fois un élément de la fin et une condition de celle-ci. Il est un élément de la fin parce qu'il est le premier moment de la procédure, il est un préalable nécessaire à toute fin. Il fait donc partie de la procédure de fin, il en est une composante. Il est également une condition car un acte administratif unilatéral ne peut pas prendre fin, qu'il s'agisse de sa vigueur ou de tout ou partie de ses effets, sans que son auteur n'en ait manifesté la volonté, en édictant un acte à cet effet. Il apparaît dès lors que les deux caractères de l'acte de fin, élément et condition, ne s'opposent pas par essence, révélant ainsi l'ambivalence de cet acte.

L'acte de fin ne se confond pas avec la fin de l'acte, même s'il s'avère qu'ils dépendent l'un de l'autre. La relation particulière qui s'est instaurée entre l'acte de fin et la fin de l'acte sera étudiée dans un premier paragraphe (§1).
L'existence d'une manifestation de volonté apparaît comme la seule condition nécessaire à toute fin, mais elle n'est cependant pas une condition suffisante. Dans un second paragraphe, nous analyserons l'acte de fin en tant qu'élément condition de la fin (§2).

**§1 : L'acte de fin et la fin de l'acte, une relation particulière.**

L'acte de fin est un acte, administratif ou juridictionnel, par lequel son auteur exprime la volonté qu'il soit mis fin à un acte administratif unilatéral ou à ses effets. La fin de l'acte, quant à elle, est le moment où l'acte administratif unilatéral soit cesse de produire tout ou partie des effets pour lesquels il a été édicté, soit disparaît purement et simplement de l'ordonnancement juridique.

La relation entre ces deux éléments présente des particularités qui méritent d'être analysées à deux points de vue : d'abord, quant à l'étendue des liens qui unissent l'acte de fin et la fin de l'acte, ainsi qu'à leur fondement. La relation étroite permettant d'établir un lien entre l'acte de fin et la fin de l'acte fera l'objet d'un premier développement (A).
Ensuite, parce qu'il apparaît nécessaire de distinguer ces deux éléments, ce qui a pour conséquence inévitable l'affirmation de l'autonomie de l'acte de fin et de ses règles d'application. Les limites de cette relation et la distinction nécessaire entre l'acte de fin et la fin de l'acte seront ensuite présentées (B).

**A/ Une relation étroite : les liens existants entre l'acte de fin et la fin de l'acte.**

L'acte de fin est un acte qui est soit administratif, soit juridictionnel selon son auteur. Il exprime la volonté de cette autorité de mettre fin à un acte administratif unilatéral ou à ses effets, d'où sa nécessité. L'acte de fin doit donc être édicté au commencement de la procédure. Cette exigence s'impose afin qu'un acte administratif unilatéral ne puisse pas disparaître de l'ordonnancement juridique au détriment des droits des administrés, voire hors de toute volonté de l'autorité administrative. L'exigence d'une telle manifestation de volonté est notamment une garantie procédurale, elle se révèle être d'une grande importance pour des raisons de sécurité juridique tant du point de vue des administrés que de l'administration[516]. L'acte de fin est donc à l'origine de la procédure, il est un préalable à sa mise en œuvre.
De tout cela il résulte que l'acte de fin se distingue clairement de la fin de l'acte et ne peut pas, de ce point de vue, lui être assimilé.

Au sein de la procédure, l'acte de fin est par ailleurs irréductible. Le caractère protéiforme de la procédure n'altère pas l'exigence que l'auteur de la fin en exprime la volonté, il s'agit d'une constante quelle que soit la modalité envisagée. Le retrait, l'abrogation, la modification, l'annulation et la constatation de caducité ont pour origine un acte de fin, qui permet d'engager la procédure.

Si cet acte a toujours la même fonction, c'est-à-dire exprimer la volonté de son auteur, sa nature est en revanche variable : il peut notamment être administratif ou juridictionnel, rétroactif ou non-rétroactif. Or, la nature de cet acte a une influence considérable sur l'ensemble de la procédure de fin de l'acte administratif unilatéral. En effet, la situation qui le place nécessairement au commencement de la procédure suppose qu'il va l'influencer. Cela permet de donner une explication de la complexité de la procédure qui serait dès lors due aux spécificités propres à chaque acte de fin. Ce sont finalement les caractéristiques de celui-ci qui se retrouvent de manière plus ou moins importante dans chacune des modalités. La nature administrative ou juridictionnelle de l'acte de fin, mais aussi son effet rétroactif ou non-rétroactif, déterminent ainsi les particularités qui caractérisent chaque modalité de fin.
Et de ce point de vue, l'acte de fin et la fin sont incontestablement liés. Ainsi, par exemple, l'acte de retrait est administratif et il a un effet rétroactif. Or, les règles gouvernant la procédure du retrait sont déterminées par la nature de l'acte qui en est à l'origine[517]. Cela explique que les diverses règles qui régissent le retrait,

---

[516] Voir *infra.*, Section 2.

[517] La rétroactivité du retrait a largement influencé le juge administratif lorsqu'il a mis en place les règles qui en régissent la procédure, voir Concl. Rivet sur Conseil d'Etat, 3 nov. 1922, *Dame Cachet*, RDP 1922, p. 552.

posées tant par la jurisprudence que par les textes, ont toujours eu pour objectif de concilier la possibilité pour l'administration de mettre fin à un acte illégal d'une part, tout en préservant au mieux les droits acquis par les administrés, susceptibles d'être mis à mal par la rétroactivité du retrait, d'autre part[518].
L'acte d'abrogation, quant à lui, est de nature administrative mais il n'est pas rétroactif. L'absence de tout effet rétroactif limite les atteintes aux droits des administrés et la procédure de l'abrogation est dès lors plus souple que celle du retrait, bien que dans certaines hypothèses elle constitue une obligation vis à vis de l'autorité administrative. L'acte de modification obéit aux mêmes règles que celles qui régissent l'abrogation justement parce que les similitudes existant entre ces deux modalités, notamment quant à la nature de l'acte de fin, justifient l'identité de leurs régimes juridiques.
La caducité elle-même ne déroge pas à la règle qui impose une manifestation de volonté préalablement à la fin : supposée toujours planifiée, la caducité prévoit et exprime la volonté de son auteur dans le texte qui la pose. L'acte de fin proprement dit intervient ensuite au moment de la constatation de l'état caduc de l'acte par l'autorité compétente, c'est-à-dire au moment où l'acte sort de l'ordonnancement juridique[519]. La caducité proprement dite est une exception à l'exigence de l'acte de fin, mais non à celle d'une manifestation de volonté. La constatation de caducité, en revanche, ne déroge pas au principe selon lequel la volonté de son auteur est exprimée dans l'acte de fin[520].
L'absence d'acte de fin et l'automaticité de la caducité (non constatée) sont incontestablement liées et s'expliquent mutuellement. Par conséquent, pour que l'acte caduc sorte de vigueur, un acte de fin doit être édicté.

La nature variable de l'acte de fin explique la diversité des manifestations de celle-ci car l'acte de fin est spécifique à chaque modalité. D'autant plus que cet acte intervient toujours dans un premier temps, au commencement de la procédure. Ensuite seulement intervient l'ensemble des règles de droit qui régissent la fin de l'acte, et qui sont également fonction de chaque modalité. La procédure proprement dite comprend dès lors, de manière figurée, deux temps : d'abord l'édiction de l'acte de fin, et ensuite la mise en œuvre des règles gouvernant ce

---

[518] Ces exigences justifient la solution nouvelle donnée par le Conseil d'Etat dans l'arrêt *Ternon* du 26 octobre 2001 et selon laquelle un acte administratif unilatéral créateur de droits ne peut faire l'objet d'un retrait que dans un délai de quatre mois à compter de l'édiction de la décision ; RFDA 2002, p. 77, Concl. Séners.
[519] L'article R. 421-32 du Code de l'urbanisme prévoit la caducité du permis de construire si la construction autorisée n'a pas été entreprise dans un délai de deux ans. L'auteur de ce texte exprime incontestablement la volonté qu'un tel acte devienne caduc, à cette condition. C'est en constatant l'état de caducité du permis de construire qu'il édicte un acte de fin.
[520] Voir *infra.*, § 2.

domaine[521]. Par exemple, l'autorité administrative qui retire un permis de construire doit d'abord édicter un acte de retrait (administratif et rétroactif), elle doit ensuite respecter les règles du retrait des actes administratifs unilatéraux créateurs de droits acquis[522]. L'abrogation d'une autorisation d'occupation du domaine public se matérialise en premier lieu par l'édiction d'un acte d'abrogation (par nature administratif et non-rétroactif).
L'autorité compétente doit ensuite respecter les règles de la légalité, tant externe qu'interne, sous peine d'annulation de l'acte[523]. Enfin, l'annulation de la délibération, entachée d'illégalité, d'un jury de concours est d'abord un acte d'annulation (juridictionnel et rétroactif). Le juge administratif est ensuite tenu au respect des règles du contentieux administratif.

De ce point de vue, l'acte de fin se distingue donc de la fin proprement dite ; il est un acte à part entière, un acte spécifique. Cette situation engendre une conséquence inéluctable selon laquelle l'acte de fin est soumis à des règles propres, indépendantes de celles qui s'appliquent à la fin.

**B/ Les limites de la relation : l'acte de fin est distinct de la fin de l'acte.**

Alors que les modalités d'entrée en vigueur d'un acte administratif unilatéral sont prévues par l'acte lui-même, les modalités de sa sortie de vigueur ne lui sont, en revanche, pas intrinsèques. Un acte nouveau s'impose : l'acte de fin[524]. Celui-ci est édicté dans le but spécifique de mettre fin à un autre acte. Sa présence caractérise incontestablement la fin et permet notamment de la distinguer de l'entrée en vigueur.
A l'origine de la fin, l'acte de fin en est une composante et pourtant il s'en distingue. C'est en effet un acte nouveau, spécifique qui vise à entraîner la disparition d'un acte administratif unilatéral ou de ses effets. Cela justifie qu'il soit soumis à un régime juridique autonome, autrement dit, à des règles indépendantes de celles qui gouvernent la fin elle-même.

---

521 Ces deux temps ne se distinguent que dans le cadre d'une analyse détaillée de la procédure, dans la réalité des faits ils sont concomitants.

522 Ces règles ont été initialement dégagées par la jurisprudence du Conseil d'Etat du 3 novembre 1922, *Dame Cachet*, précité, et ont ensuite été précisées. Voir *supra.*, Première partie.

523 Conseil d'Etat, 5 mai 1944, *Dame Trompier-Gravier*, Leb. p. 113 : annulation de l'abrogation de l'autorisation de vendre des journaux dans un kiosque du boulevard Saint-Denis à Paris, la décision ayant été prise sans que la titulaire de l'autorisation ait été mise à même de discuter les griefs formulés contre elle.

524 S'il n'existe pas de dérogation à l'exigence de l'acte de fin, un tempérament peut être posé s'agissant de la caducité non encore constatée : la fin des effets de l'acte est, dans cette hypothèse, organisée par l'acte lui-même. Sur cette question, ainsi que sur la comparaison avec l'entrée en vigueur, voir *infra.*, § 2.

Le régime d'entrée en vigueur de l'acte de fin mérite de retenir l'attention afin d'établir une comparaison avec les règles gouvernant sa fin ou tout au moins d'en comprendre certains aspects particuliers.
Dans cette perspective, il faudra d'abord s'interroger sur la nature individuelle ou réglementaire de l'acte de fin (1°), pour ensuite pouvoir en déterminer et analyser les règles d'entrée en vigueur (2°).

**1°/ La nature individuelle ou réglementaire de l'acte de fin.**

Il apparaît que les règles auxquelles l'acte de fin est soumis sont les mêmes que celles qui s'imposent pour tout acte juridique : elles dépendent par conséquent de sa nature, administrative ou juridictionnelle. C'est la nature intrinsèque de l'acte de fin, c'est-à-dire son caractère d'acte juridique qui permet d'abord d'en déterminer les règles. L'acte administratif de fin est assujetti aux règles d'entrée en vigueur de tout acte administratif, l'acte juridictionnel de fin est soumis aux règles de tout jugement administratif. Les actes de retrait, d'abrogation et de modification sont administratifs, s'imposent alors à eux les règles d'édiction de tout acte administratif. L'acte d'annulation est un acte juridictionnel pour lequel le juge administratif est tenu également au respect de certaines règles. Quant à l'acte de constatation de caducité, les règles d'édiction qu'il doit respecter dépendent de son auteur.

La question de la nature individuelle ou réglementaire de l'acte de fin se pose nécessairement en des termes différents selon que l'acte émane de l'autorité administrative (a) ou bien du juge administratif (b).

**a) Lorsque l'acte de fin est un acte administratif.**

Les règles d'entrée en vigueur des décisions administratives dépendent de la nature individuelle ou réglementaire de l'acte. Il en va donc de même s'agissant des règles auxquelles est assujetti l'acte administratif de fin. Si l'entrée en vigueur des règlements est subordonnée à leur publicité officielle, la question de l'entrée en vigueur des décisions non réglementaires a soulevé un certain nombre de difficultés liées à une distinction fondamentale à établir entre les décisions favorables à leurs destinataires et celles qui ne le sont pas.
Il convient donc dans un premier temps de déterminer la nature individuelle ou réglementaire de l'acte de fin. A cet égard, il apparaît que si l'acte de fin semble être généralement une décision individuelle, par exemple le retrait d'un permis de construire, d'une autorisation de séjour ou encore l'abrogation d'une autorisation d'occupation du domaine public, il n'est pas exclu qu'il puisse aussi être une

décision réglementaire, c'est-à-dire générale et impersonnelle. Cette acception doit cependant être démontrée, elle soulève en effet un certain nombre d'interrogations. Ce sont principalement les actes d'abrogation et de modification qui amènent cette question, car ces deux modalités de fin s'appliquent le plus souvent à des actes réglementaires. Dès lors, il faut se demander si l'acte qui abroge ou modifie un acte administratif réglementaire est lui-même réglementaire ou s'il peut être un acte individuel. Peut-on établir un lien irréductible entre la nature de l'acte initial et la nature de l'acte qui met fin ? Ou au contraire, n'y a-t-il aucune relation pertinente entre la nature de ces deux actes ? Pour répondre à ces questions, il semble nécessaire au préalable de déterminer précisément les caractéristiques de la distinction opposant la décision individuelle à la décision réglementaire.

La distinction classique oppose l'acte individuel à l'acte réglementaire[525], mais ayant montré ses limites, le droit administratif français a été amené à distinguer plus précisément les décisions réglementaires et les décisions non réglementaires. Cette seconde catégorie se subdivise, regroupant à la fois les décisions individuelles et les décisions d'espèce[526], et laissant finalement apparaître trois types de décisions administratives.

Pour qu'une décision puisse être qualifiée d'individuelle, il est nécessaire que la norme qu'elle édicte ait pour destinataires une ou plusieurs personnes nominativement désignées. C'est le cas de la décision de nomination ou de révocation d'un fonctionnaire, de la décision accordant ou refusant un permis de construire ou une permission de voirie par exemple.

Le nombre des destinataires de la décision individuelle est indifférent du moment qu'ils sont désignés par leur nom : l'annulation du tableau d'avancement d'un corps de fonctionnaires est une décision individuelle au même titre que la liste des candidats reçus à un concours.

La décision réglementaire édicte en revanche une norme générale qui s'adresse à une ou plusieurs personnes désignées de façon abstraite. C'est le cas d'un arrêté ministériel fixant la composition d'un organisme collégial. M. Waline insiste, dans sa définition, sur le fait que la qualification dépend vraiment des destinataires de l'acte : « Le caractère réglementaire d'un acte ne peut logiquement dépendre du nombre des personnes qu'il concerne, mais du caractère déterminé ou indéterminé de ce nombre. Un acte peut avoir le caractère réglementaire, même s'il se trouve ne concerner actuellement qu'une seule personne, pourvu que, de par son caractère

[525] H. Kelsen : « Une norme a un caractère individuel si elle pose comme obligatoire un comportement déterminé pour un individu dans une circonstance particulière et unique. Une norme a un caractère général si elle pose comme obligatoire un comportement en général », *Théorie générale des normes*, PUF, 1996, p. 9.

[526] Voir M-C. Bergerès, « Les actes non réglementaires », AJDA 1980, p. 3 ; M. Hecquard-Théron, *Essai sur la notion de réglementation*, Thèse, LGDJ, 1977 ; J-M. Rainaud, *La distinction de l'acte réglementaire et de l'acte individuel*, Thèse, LGDJ, 1966 ; I. Poirot-Mazères, « Les décisions d'espèce », RDP 1992, p. 443.

permanent, joint au caractère impersonnel de sa rédaction, il soit susceptible de s'appliquer dans l'avenir, à d'autres personnes, actuellement indéterminées, même si cette application reste éventuelle au moment où il est pris. Mais à l'inverse un acte n'a pas le caractère réglementaire, mais au contraire constitue une collection de décisions particulières, si le nombre de ses destinataires, si élevé qu'il soit, demeure cependant limité, de sorte qu'il ne soit pas impossible de les identifier tous »[527].

Enfin, les décisions d'espèce ne sont ni individuelles, ni générales, elles se rapportent à une situation ou à une opération particulière[528]. Est une décision d'espèce le décret convoquant les électeurs en vue d'une élection déterminée, également l'arrêté décidant l'ouverture d'un concours[529]. Les déclarations d'utilité publique sont une très claire illustration de la décision d'espèce : une décision qui n'est ni individuelle, ni réglementaire[530].

Cette règle connaît cependant une réserve dégagée par la jurisprudence administrative : lorsque la déclaration d'utilité publique emporte approbation ou modification d'un plan d'urbanisme, elle emprunte au plan son caractère réglementaire[531]. Le juge administratif a estimé que la décision d'espèce ne fait qu'appliquer à une espèce particulière une réglementation préalable, qui n'est pas modifiée. La règle précitée ne s'applique donc pas seulement aux déclarations d'utilité publique : dès lors qu'il y a un changement dans une réglementation, la décision modificatrice est réglementaire[532].

Il ne faut cependant pas déduire de cette affirmation que toute modification d'un acte administratif unilatéral est réglementaire, parce que le terme n'est pas employé au sens où nous l'entendons ; en effet, ce type de changement n'est pas une modification de l'acte administratif unilatéral au sens de modalité de fin (modification-fin). Cette hypothèse s'applique en effet à des changements de réglementation qui ne supposent pas au préalable la suppression d'une partie de cette réglementation. Or, la modification telle que nous l'entendons, c'est-à-dire modalité de fin de l'acte administratif unilatéral, suppose la cessation des effets de tout ou partie d'un acte, suivie de leur remplacement immédiat. Cette jurisprudence

---

[527] M. Waline, Note sous Conseil d'Etat, 10 mai 1968, *Commune de Brovès,* RDP 1968, p. 1085.

[528] Le Conseil d'Etat rappelle qu'une décision qui ne constitue pas une décision réglementaire n'a « pas pour autant le caractère d'une décision individuelle » : Conseil d'Etat, 11 oct. 1985, *Fédération nationale des syndicats de cadre des industries chimiques,* Leb. p. 455.

[529] Conseil d'Etat, 17 juin 1988, *Commune de Garches-les-Gonesses,* Leb. p. 658.

[530] Conseil d'Etat, 6 mars 1987, *Commune de Saint-Egrève,* RDP 1988, p. 564 ; Conseil d'Etat, 7 mars 1994, *Assoc. pour le tracé ouest du contournement de Carling,* Leb. p. 114.

[531] Conseil d'Etat, 28 avril 1993, *Commune de Royan,* Leb. p. 139.

[532] Conseil d'Etat, 16 juin 1995, *Assoc. de défense de la Corniche basque,* Leb. p. 612 ; Conseil d'Etat, 28 juill. 1993, *SARL Linck,* Leb. p. 229 : « ... modifiant les règles d'urbanisme applicables dans la commune », l'arrêté préfectoral « présente un caractère réglementaire ».

ne permet donc pas d'éclaircir la question de la nature réglementaire ou individuelle de l'acte de fin.

La classification des actes administratifs en fonction de leur caractère individuel ou réglementaire dépend donc uniquement des destinataires de la norme : il faut tenir compte des personnes auxquelles s'applique l'acte de fin et non de l'acte auquel il s'applique. La doctrine est unanime sur ce point, la qualité des destinataires est le critère exclusif et déterminant de qualification.
Il convient ici d'éviter toute confusion : un acte de fin s'applique toujours à un acte administratif unilatéral déterminé, et de ce point de vue il peut sembler être toujours un acte individuel.
Pourtant, le principe précité ne souffre aucune exception : il ne faut tenir compte que des destinataires de l'acte.
Or, il apparaît évident que l'acte de fin n'est pas toujours un acte individuel, et qu'il a de plus une nature identique à l'acte auquel il s'applique, l'acte initial. En effet, les destinataires de l'acte de fin sont nécessairement ceux de l'acte initial, puisque l'acte de fin est, par définition, un acte contraire[533]. L'acte de fin, quel qu'il soit, a toujours pour effet l'inverse de l'acte initial. Il défait ce que l'acte initial a lui-même fait. Ainsi, par exemple, le retrait d'un permis de construire s'adresse à la personne à laquelle il avait été accordé ; de même que l'abrogation d'un règlement vise les personnes concernées par cet acte. Par conséquent, l'acte de fin est réglementaire si l'acte auquel il s'applique est lui-même réglementaire et il est individuel dans le cas où l'acte qui disparaît est individuel.

La règle du parallélisme des formes et des procédures explique clairement ce que nous venons d'énoncer : elle prévoit que la décision qui met fin à un acte réglementaire doit également être réglementaire, et que la décision mettant fin à un acte individuel soit aussi une décision individuelle. La théorie de l'acte contraire est une seconde explication puisqu'elle suppose que l'acte qui met fin soit exactement l'inverse de l'acte initial et qu'il s'adresse par conséquent aux mêmes personnes.
La nature réglementaire ou individuelle de l'acte de fin dépend donc exclusivement de la nature de l'acte auquel il s'applique, c'est-à-dire de la nature de l'acte auquel il met un terme. La règle est donc simple : l'acte de fin est réglementaire s'il vise un acte réglementaire, il est individuel s'il s'applique à un acte individuel.

Cette affirmation pourrait cependant susciter une difficulté si elle était conjuguée avec le caractère créateur de droits de l'acte. La jurisprudence administrative a en effet quelquefois admis que le caractère créateur de droits est propre aux décisions

---

[533] Sur cette question, voir *supra.*, Première partie.

individuelles. Le juge administratif détermine ainsi parfois la nature individuelle d'une décision à partir de son caractère créateur de droits[534].
Autrement dit, il arrive que ce soit le caractère créateur de droits de la décision qui permette au juge administratif de la qualifier d'individuelle, et non l'inverse. Or, l'acte de fin peut être créateur de droits, qu'il s'agisse d'un acte réglementaire ou individuel[535]. Et ce, même si d'après une jurisprudence constante, nul n'a de droit acquis au maintien d'un règlement[536]. En effet, cela ne signifie pas qu'un règlement ne crée pas de droit, il ne crée simplement pas de droit acquis à son maintien[537].
Cette confusion rappelle l'importance de toujours distinguer le simple droit du droit acquis. Et la difficulté n'a en fait pas lieu d'être : son explication réside dans la subtile distinction qu'il convient d'établir entre l'acte créateur de droits et l'acte créateur de droits acquis. Il faut reconnaître que l'acte individuel est susceptible de créer des droits, de la même façon que l'acte réglementaire. Mais alors que ces droits sont protégés par le principe d'intangibilité lorsque la décision est individuelle, il est de règle que l'acte réglementaire ne crée pas de droits à son maintien, du fait de l'existence du principe de mutabilité.
Dès lors, si la décision individuelle peut créer des droits que le principe d'intangibilité permettra de qualifier d'acquis, les droits créés par la décision réglementaire ne sont en revanche jamais acquis, du fait de l'application du principe de mutabilité. Les difficultés entrevues précédemment sont désormais dissipées : l'acte individuel de fin peut créer des droits acquis alors que l'acte réglementaire de fin peut être créateur de droits mais ceux-ci ne sont pas acquis.
Ainsi, lorsque le juge administratif affirme la nature individuelle d'une décision à partir des droits créés par elle, c'est parce que ces droits sont acquis, et c'est uniquement dans cette hypothèse.
L'interprétation jurisprudentielle, ainsi précisée, est largement fondée.

Il convient donc d'admettre, pour conclure, que le caractère créateur de droits n'est pas propre aux décisions individuelles, en revanche le caractère créateur de droits acquis leur est, quant à lui, propre. Finalement, cette démonstration ne s'oppose donc pas à ce que l'acte de fin soit individuel lorsque l'acte qui disparaît est lui-même individuel, et réglementaire lorsque l'acte qui prend fin est réglementaire. La

[534] Conseil d'Etat, Sect., 4 mars 1977, *SA Constructions Simottel*, Leb. p. 122 ; Conseil d'Etat, 26 févr. 1996, *Land de Sarre*, Leb. p. 667 et 914.
[535] Par exemple, la décision de retrait d'une sanction disciplinaire crée des droits : Conseil d'Etat, Sect., 18 déc. 1953, *Welter*, Leb. p. 564.
[536] Conseil d'Etat, 10 mars 1995, *Assoc. des pilotes professionnels*, Leb. p. 645.
[537] Comme le rappelle G. Vedel : « Pour simplifier, l'on dit parfois que les règlements ne confèrent jamais de droits et que seules les décisions individuelles peuvent (mais non nécessairement) en conférer. C'est inexact. Ce qu'on veut dire, c'est que nul n'a droit au maintien d'un règlement (…) ; mais des règlements peuvent conférer des droits pour le passé (…) et leur retrait obéit alors aux règles relatives aux actes ayant conféré des droits », *Droit administratif*, PUF, 1973, p. 198.

question de la création des droits, acquis ou non, n'entre pas en jeu dans cette démonstration.

**b) La distinction appliquée à l'acte juridictionnel de fin.**

Alors que l'acte de fin est susceptible d'être juridictionnel, la distinction opposant l'acte individuel à l'acte réglementaire ne concerne *a priori* que les actes administratifs. Pourtant, le professeur Eisenmann a démontré le contraire, affirmant ainsi que la distinction peut être appliquée à un acte juridictionnel[538]. La théorie élaborée par Ch. Eisenmann ne doit cependant pas occulter l'idée que la classification n'a pas la même portée lorsqu'elle s'applique à un acte juridictionnel. En effet, l'entrée en vigueur de l'acte juridictionnel, c'est-à-dire de l'acte d'annulation et de celui de constatation de caducité, dépend exclusivement du prononcé et de la notification du jugement. Par ailleurs, leur autorité est également fondamentalement différente.

Ch. Eisenmann admet que la nature individuelle ou réglementaire de l'acte qui met fin à un autre dépend précisément de la nature de la norme qui disparaît. Le professeur Eisenmann s'est pour cela interrogé sur la question du « caractère des normes portant annulation de normes générales, au regard de la distinction des normes générales et des normes individuelles : sont-elles elles-mêmes normes générales ou bien normes individuelles ? »[539].

Si la réponse ne fait selon lui aucun doute s'agissant de l'abrogation des règles législatives (les règles d'abrogation des règles législatives sont des règles législatives au même titre que celles qu'elles abrogent), les décisions d'annulation, juridictionnelles, ont, selon l'éminent juriste, suscité des doutes, notamment parce que la décision juridictionnelle est une décision d'espèce particulière. Or, c'est précisément la question des décisions juridictionnelles qui nous intéresse particulièrement.

Afin de démontrer le lien entre la nature de ces deux normes (celle qui met fin et celle à laquelle il est mis fin), Ch. Eisenmann s'appuie sur la même démonstration que celle concernant les règles législatives : « la norme qui annule une norme générale a valeur de norme générale ; celle qui annule une norme individuelle a valeur de norme individuelle »[540]. Selon Ch. Eisenmann, les spécificités de l'acte juridictionnel n'ont pas d'influence particulière dans cette hypothèse.

Cela le conduit à affirmer que l'acte d'annulation est un acte réglementaire lorsque l'acte annulé est lui-même réglementaire et que l'acte d'annulation est individuel quand l'acte annulé est lui-même individuel. La nature de l'acte juridictionnel de

[538] Ch. Eisenmann, *Cours de droit administratif 1956-57*, Tome II, LGDJ, 1983.

[539] Ch. Eisenmann, *Cours de droit administratif 1956-57*, précité, p. 419.

[540] *Ibid.*, p. 419.

fin dépend donc de la nature de la norme annulée ou dont la caducité a été constatée. Finalement, la théorie exposée précédemment selon laquelle la nature individuelle ou réglementaire de l'acte de fin dépend exclusivement de la nature de l'acte initial s'applique également et incontestablement aux décisions juridictionnelles.

Mais si cette solution s'applique de manière identique aux actes administratifs et aux décisions juridictionnelles de fin, elle n'a pas dans les deux hypothèses la même portée : la nature individuelle ou réglementaire de l'acte administratif influence directement son entrée en vigueur, en revanche cette classification n'a aucune incidence s'agissant de l'entrée en vigueur du jugement administratif. Les règles d'application du jugement administratif ne dépendent aucunement de la question de savoir s'il est un acte individuel ou réglementaire. La décision juridictionnelle étant, selon les termes de Ch. Eisenmann « une décision d'espèce particulière », cette classification a sur elle une portée plus relative que celle qu'elle possède sur les décisions administratives.

**2°/ Les règles d'entrée en vigueur de l'acte de fin.**

Les modalités de l'entrée en vigueur des décisions administratives sont donc différentes selon que la décision a une nature réglementaire ou individuelle. Or, l'étude a montré que l'acte de fin peut revêtir l'une ou l'autre nature. Quant à l'entrée en vigueur du jugement administratif, elle est spécifique aux décisions juridictionnelles. Ce sont ces procédés qu'il convient de mettre en évidence afin d'expliquer précisément les règles de l'entrée en vigueur de l'acte de fin. L'intérêt d'une telle analyse trouve son fondement dans l'établissement d'un éventuel parallèle avec la fin, ainsi que dans la mise en lumière et l'analyse de certains mécanismes spécifiques.

**a) L'acte réglementaire de fin.**

L'entrée en vigueur des règlements administratifs est subordonnée à leur publicité officielle, par le moyen de la publication ou de l'affichage. Il convient de préciser que les décrets doivent être publiés au Journal officiel[541], alors que pour certains arrêtés ministériels, leur publication dans les bulletins officiels des divers ministères intéressés peut suffire à assurer leur entrée en vigueur. Quant aux décisions des autorités locales, elles sont soit publiées dans les recueils appropriés, soit affichées sur les panneaux disposés à cet effet.

---

[541] Décret-loi du 5 nov. 1870 relatif à la promulgation des lois et des décrets.

Tant que les règlements n'ont pas reçu la publicité requise, ils n'emportent pas plus d'effets à l'égard de l'administration elle-même qu'à l'égard des administrés[542]. Cela signifie que lorsque l'acte de fin est un acte réglementaire, seule la publicité reçue lui permet de recevoir application, c'est-à-dire de produire les effets en vue desquels il a été édicté.

Mais la publication ou l'affichage ne suffit pas toujours à provoquer l'entrée en vigueur des règlements, parfois une autre mesure doit avoir été accomplie : ainsi les règlements des autorités décentralisées doivent être transmis au représentant de l'Etat (en plus de leur publication ou affichage) pour entrer en vigueur, en vertu de la loi du 2 mars 1982. De la même façon, en vertu de l'article R. 411-25 du Code de la route, les règlements de police doivent non seulement être publiés ou affichés, mais également concrétisés sur le terrain par une signalisation adéquate pour être opposables aux usagers de la route[543].

L'entrée en vigueur du règlement peut également être reportée à une date postérieure à celle de sa publication ou de son affichage. Aux termes du décret-loi du 5 novembre 1870, les règlements publiés au Journal officiel entrent en vigueur un jour franc après la publication à Paris, dans les différents arrondissements un jour franc après que le numéro du Journal officiel est parvenu à leurs chefs-lieux.

**b) L'acte non réglementaire de fin.**

S'agissant des actes administratifs individuels, les règles de l'entrée en vigueur sont jurisprudentielles, il n'y a cependant pas d'arrêt explicite de portée générale. La jurisprudence consacre une distinction qui est conforme aux intérêts légitimes des destinataires de ces décisions et qui oppose les décisions favorables à leurs destinataires et celles qui leur sont défavorables. Or, il apparaît que l'acte de fin peut être favorable à son destinataire, notamment lorsque ce dernier a lui-même demandé la fin de l'acte initial. Il peut également s'avérer défavorable, c'est d'ailleurs ce qui justifie que le pouvoir de retrait de l'administration soit strictement encadré par le droit. Dès lors, cette distinction mérite de retenir l'attention.

S'agissant des décisions favorables à leurs destinataires, notamment quand elles sont créatrices de droits acquis, l'entrée en vigueur a lieu sans qu'aucune mesure d'information officielle ne soit nécessaire, autrement dit dès la signature de ces décisions[544]. Cette règle vaut même si sont prévues certaines formalités comme la publication de la nomination[545] ou encore la réception dans l'ordre[546].

---

[542] Conseil d'Etat, Sect., 25 janv. 1974, *Jean et autres*, Leb. p. 60.
[543] Tribunal de police de Nancy, 18 oct. 1978, JCP 1979, n° 19252.
[544] Conseil d'Etat, Sect., 19 déc. 1952, *Delle Mattéi*, Leb. p. 594.
[545] Conseil d'Etat, Sect., 10 janv. 1958, *Deville*, Leb. p. 27.
[546] Conseil d'Etat, Sect., 24 févr. 1967, *de Maistre*, Leb. p. 91.

Au contraire, les décisions qui sont défavorables à leurs destinataires, telle que la révocation d'un fonctionnaire, n'entrent en vigueur que par la notification qui en est faite[547].
Mais cette seconde règle semble connaître des exceptions dans la mesure où de telles décisions peuvent parfois créer des droits acquis dès leur signature ; « il n'est alors pas facile de comprendre comment de telles décisions sont susceptibles de créer des droits au profit des tiers dès leur signature »[548]. Le Conseil d'Etat a en effet jugé que les décisions refusant la titularisation de certains agents dans un corps de la fonction publique créent, dès leur signature, des droits acquis au profit des membres de ce corps[549].
L'explication de cette apparente contradiction réside dans la nécessité de distinguer selon que l'acte crée des droits acquis au profit de son destinataire ou au profit de tiers, afin d'éviter toute confusion. Un acte défavorable pour son destinataire peut créer des droits acquis au profit d'un tiers sans que cela ne suscite aucune contradiction.

Ces considérations supposent dès lors de distinguer le moment de la signature de l'acte et le moment de sa publication. Il apparaît alors que cette distinction repose sur une autre différence : celle établie entre l'existence d'un acte et sa vigueur, c'est-à-dire entre la validité et l'efficacité de l'acte selon l'expression kelsénienne[550]. L'existence d'un acte administratif unilatéral et son entrée en vigueur sont deux moments en principe concomitants mais dont on doit admettre qu'ils peuvent ne pas coïncider. L'existence de l'acte peut précéder son entrée en vigueur, l'acte est alors efficace sans pour autant être valide[551]. Lorsque l'acte est signé mais qu'il n'a pas reçu la publicité requise, il existe mais il n'est pas entré en vigueur, il n'est donc pas valide bien qu'il puisse créer des droits. Cette distinction opposant l'existence et la vigueur, la validité et l'efficacité de l'acte, est d'autant plus intéressante qu'elle se retrouve incontestablement dans le domaine de la fin. En effet, la fin d'un acte administratif unilatéral peut consister dans sa disparition pure et simple ou dans la fin de ses effets, c'est-à-dire finalement dans sa perte de validité ou dans sa perte d'efficacité. Ces deux distinctions mériteront d'être l'objet d'une comparaison plus précise[552].
Une autre règle régit l'entrée en vigueur des décisions administratives : le principe général du droit de non-rétroactivité prohibe la rétroactivité de l'entrée en vigueur des décisions administratives. Cette règle connaît cependant un certain nombre

[547] Conseil d'Etat, 28 nov. 1952, *Dame Lefranc*, Leb. p. 534.
[548] R. Chapus, *Droit administratif général*, Tome 1, Montchrestien, 15ème éd., 2001, p. 1144.
[549] Conseil d'Etat, Sect., 12 juin 1959, *Syndicat chrétien du ministère de l'industrie et du commerce*, Leb. p. 360.
[550] Sur cette distinction et ses conséquence sur la fin, voir *supra.*, Première partie.
[551] Sur cette question, voir les développements *infra.*, Chapitre 2.
[552] Voir *infra.*, Chapitre 2.

d'exceptions reconnues nécessaires, dont une dans le domaine de la fin puisque le retrait est un acte administratif par essence rétroactif. La rétroactivité de l'acte de retrait est en effet tolérée parce que les nécessités administratives l'imposent.

**c) L'acte juridictionnel de fin.**

S'agissant des règles régissant l'entrée en vigueur des décisions juridictionnelles de fin, précisément de l'annulation et de la constatation de caducité, deux dates sont importantes : celle du prononcé du jugement et celle de la notification (ou signification) de celui-ci.
Le prononcé du jugement correspond à sa lecture, sa date est importante à trois points de vue. En premier lieu, elle est la date à laquelle le tribunal est dessaisi du litige qu'il a jugé. Il ne peut y revenir sauf en conséquence de l'exercice d'une voie de recours. En deuxième lieu, la date de la lecture du jugement est celle à laquelle il acquiert l'autorité de la chose jugée. La reconnaissance d'une telle autorité est importante dans la mesure où elle peut permettre d'établir une hiérarchie des actes de fin en fonction de celle-ci. Seules l'annulation et la constatation juridictionnelle de caducité ont l'autorité de la chose jugée, les autres modalités de fin étant revêtues de l'autorité de la chose décidée[553]. Enfin, le régime des voies de recours ouvertes contre le jugement est fixé à la date de son prononcé, c'est la date à laquelle il faudra apprécier les conséquences d'un changement de législation (la suppression d'une voie de recours, l'institution d'une voie de recours nouvelle ou la modification du délai d'exercice d'une voie de recours n'intéresseront pas le jugement si elles sont intervenues postérieurement à son prononcé).

La seconde date importante est la notification du jugement. Elle a pour effet de déclencher le cours des délais dont disposent les parties pour exercer, contre le jugement, les diverses voies de recours. Il en est de même de la signification qui est faite par les soins d'une partie, et qui déclenche donc le délai aussi bien à son égard qu'à celui de ses destinataires.
Il faut préciser qu'en matière de contravention de grande voirie le délai d'appel court, à l'égard de l'administration, à compter de la lecture même du jugement[554]. Il convient également de rappeler que la jurisprudence exclut que la connaissance acquise puisse provoquer le déclenchement du délai d'une voie de recours[555]. Enfin, c'est le premier employé des modes d'information qui déclenche le délai. Ainsi, une signification postérieure à une notification n'a pas pour effet de déclencher un nouveau délai[556].

---

[553] Sur cette question, voir *supra.*, Première partie, Titre 2.
[554] Conseil d'Etat, 24 nov. 1954, *Huger,* Leb. p. 864.
[555] Cour administrative de Lyon, 20 oct. 1992, *Commune de Lamanon,* Leb. p. 577.
[556] Conseil d'Etat, 30 déc. 1998, *Assoc. syndicale du Nevon,* RFDA 1999, p. 763.

Une seconde fonction importante est remplie par la notification : elle rend le jugement exécutoire puisque les voies de recours n'ont pas en principe d'effet suspensif. Dès le jugement notifié, les mesures d'exécution doivent être prises. C'est seulement si l'appel est, par exception, doté d'un effet suspensif que la notification ne donnera pas au jugement de premier ressort sa force exécutoire.

### §2 : L'acte de fin, condition de la fin.

La fin d'un acte administratif unilatéral ne se réalise qu'à la suite de l'édiction d'un acte de fin par l'autorité compétente. Cet acte est un préalable à la fin, il en est à l'origine. Distinct de la fin proprement dite, l'acte de fin en est une condition puisqu'il permet à l'autorité compétente de mettre un terme à un autre acte.

Affirmer que l'acte de fin est une condition de celle-ci amène à se poser la question de savoir si l'acte de fin est de ce fait un acte-condition, autrement dit, selon R. Bonnard, un acte à portée individuelle ou spéciale qui n'établit, ni ne modifie, ni ne supprime aucune situation juridique. L'auteur précise que l'acte-condition « ne fait qu'attribuer ou retirer à un individu déterminé une situation générale et impersonnelle déjà établie par un acte-règle »[557]. Le seul fait que l'acte de fin soit une condition de celle-ci n'en fait pas nécessairement un acte-condition, il faut néanmoins admettre que cette hypothèse n'est pas exclue. L'acte de fin, acte-condition fera l'objet d'un premier développement (A).

La présence nécessaire et constante de l'acte de fin permet par ailleurs de le qualifier d'élément irréductible de la notion, bien que l'exigence d'autres règles, propres à chaque modalité, n'en fasse pas une condition suffisante. Il est cependant l'élément rationnel de la fin, nécessaire, unificateur, révélant sa cohérence. L'acte de fin, élément irréductible de la notion sera ensuite présenté (B).

#### A/ L'acte de fin, acte-condition.

L'acte de fin est une condition de celle-ci, c'est-à-dire qu'il permet l'accomplissement de la fin, la mise en œuvre de sa procédure. A l'origine de la fin, il est non seulement un préalable mais également un préalable nécessaire à celle-ci. Ce caractère nécessaire en fait une condition de la fin.

L'acte de fin étant une condition de la fin, certains auteurs se sont demandés s'il pouvait être compris dans la catégorie des actes-condition. En s'appuyant sur

---

[557] R. Bonnard, *Précis élémentaire de droit administratif*, Sirey, 1926, p. 38.

l'objet des actes administratifs, la doctrine a en effet élaboré une classification de ceux-ci, en distinguant les actes-règle, les actes subjectifs et les actes-condition[558]. L'acte de fin est certainement un acte permettant l'accomplissement de la fin, cela suffit-il pour le qualifier d'acte-condition ? Il semble que la question soit plus subtile et, de fait toute condition n'est pas nécessairement un acte-condition.

Afin de déterminer les liens existants entre l'acte de fin et l'acte-condition, il convient au préalable de définir ce dernier au regard des deux autres catégories d'actes. L'acte-règle est celui qui établit les situations juridiques générales et impersonnelles. Le type de l'acte-règle est la loi ou le règlement. Il a un effet essentiellement objectif et n'affecte en rien la situation des individus.

L'acte subjectif est celui qui établit, modifie ou supprime une situation juridique individuelle. Il est essentiellement un acte à portée individuelle ou spéciale. Il crée une obligation concrète pour un individu qui n'existait pas dans le cadre d'une application de la règle objective ; c'est l'exemple du contrat.

La singularité de l'acte-condition est qu'il tient des deux précédents : il est un acte à portée individuelle ou spéciale mais il n'établit, ni ne modifie, ni ne supprime une situation juridique. C'est l'exemple de la nomination ou révocation d'un fonctionnaire. Cet acte, ainsi que le précise L. Duguit, « détermine un individu de telle manière qu'une norme juridique qui ne lui était pas antérieurement applicable lui devienne applicable »[559].

L. Duguit situe ainsi l'acte-condition aux frontières de l'acte-règle et de l'acte subjectif : « L'acte est objectif en ce sens qu'il n'a d'autre résultat que de conditionner l'application de certaines dispositions du droit objectif. Mais il a quelque chose de subjectif, puisqu'il conditionne l'application à un sujet déterminé de la norme considérée »[560]. Ces décisions ne sont pas autonomes puisque leur accomplissement se résout dans l'application d'une règle antérieure, dans la simple attribution à une personne ou une situation d'un droit préexistant.

L'acte de fin peut être rapproché de l'acte-condition dans la mesure où il pourrait effectivement constituer l'attribution à une personne d'un droit préexistant. Pourtant, il n'a pas cette connotation positive d'attribution. Il correspond plus

---

[558] Voir R. Bonnard, *op. cit.* ; L. Duguit, « Théorie générale de l'acte juridique », RDP 1919, p. 322 ; L. Duguit, *Traité de droit constitutionnel*, Paris, de Boccard, 1927 ; G. Jèze, « Du retrait des actes juridiques réguliers », RDP 1914, p. 321. Voir également C. Lavialle, *L'évolution de la conception de la décision exécutoire en droit public français*, Thèse, LGDJ, 1974 ; P. Le Mire, « La stabilité des situations juridiques (et l'évolution de la jurisprudence relative au retrait et à l'abrogation) », AJDA 1980, p. 203 ; F. Linditch, *Recherche sur la personnalité morale en droit administratif*, Thèse, LGDJ, 1997 ; M. Stassinopoulos, *Traité des actes administratifs*, Athènes, 1954 ; S. Théron, *La notion de condition. Contribution à l'étude de l'acte administratif*, Thèse, L'Harmattan, 2002.

[559] L. Duguit, « Théorie générale de l'acte juridique », RDP 1919, p. 322.

[560] L. Duguit, *Traité de droit constitutionnel*, Paris, de Boccard, 1927, p. 328.

précisément à la cessation, autrement dit à la perte d'une attribution ou d'un droit à un ou plusieurs individus déterminés. En effet, il provoque, de par son essence même, la fin d'une situation. L'acte de fin possède alors les caractéristiques de l'acte-condition : un caractère objectif et subjectif à la fois, car dans tous les cas il permet l'application d'une règle objective à des individus déterminés. C'est ainsi par exemple qu'un acte de retrait permet de mettre en œuvre la procédure existante et objective, afin qu'un acte administratif unilatéral disparaisse rétroactivement de l'ordonnancement juridique. L'acte de retrait d'un permis de construire vise, par ailleurs, exclusivement son bénéficiaire montrant le caractère subjectif de cet acte.
De même que l'acte d'abrogation d'une autorisation précaire permet la mise en œuvre de la nouvelle situation objective à des personnes déterminées. La nouvelle situation, le plus souvent négative, va dès lors s'appliquer aux individus qui étaient visés par l'acte initial : elle est à la fois objective et subjective, tout comme l'acte qui la pose. L'acte de fin est lui-même la condition de l'application de la nouvelle situation.
En permettant la concrétisation de la fin, son déploiement et son application à des individus déterminés, ceux visés par l'acte initial, l'acte de fin peut donc être qualifié d'acte-condition. Il permet la mise en œuvre d'une nouvelle situation, autrement dit, il permet à un acte administratif unilatéral ou à ses effets de disparaître.

G. Jèze approfondit l'analyse et distingue deux catégories d'actes-condition : d'une part ceux qui investissent, ou ici désinvestissent, les individus d'un statut (nomination, révocation, permission et autorisation), c'est-à-dire les décisions nécessaires pour qu'une activité puisse légalement s'exercer. D'autre part ceux qui appartiennent à la catégorie des opérations complexes, par exemple la délibération du conseil municipal autorisant le maire à passer un contrat[561]. De manière plus générale, il y a opération complexe lorsqu'une décision finale ne peut être prise qu'après intervention d'une ou plusieurs décisions successives spécialement édictées pour permettre la réalisation de l'opération dont la décision finale sera l'aboutissement[562]. La théorie des opérations complexes trouve à s'appliquer dans le cadre du régime de la recevabilité des recours puisqu'elle suppose que, tant que la décision finale n'est pas définitive, l'exception tirée de l'illégalité de la décision initiale ou des décisions intermédiaires est recevable à l'appui du recours exercé dans le délai contre la décision finale.
L'acte de fin ne peut pas être qualifié d'opération complexe, il ne dépend en effet pas de l'intervention de décisions antérieures. Il est donc un acte-condition appartenant à la première catégorie, dans la classification de G. Jèze. Ainsi, l'acte de fin vise à désinvestir les individus d'un statut, comme l'illustre parfaitement la

[561] G. Jèze, « Du retrait des actes juridiques réguliers », RDP 1914, p. 321.
[562] Par exemple, Conseil d'Etat, 10 févr. 1992, *Roques*, Leb. p. 54.

révocation, mais aussi le retrait d'un permis de construire ou l'abrogation d'une autorisation.
La distinction établie par G. Jèze amène, pat ailleurs, à s'interroger sur la question de savoir si la fin proprement dite est une opération complexe.
Elle suppose en effet l'intervention d'autres décisions pour pouvoir s'accomplir, dont la principale est l'expression de la volonté de son auteur, le plus souvent dans un acte de fin. Pourtant elle présente une différence fondamentale résidant dans l'instantanéité de sa mise en œuvre, c'est-à-dire que si la procédure de fin peut être scindée dans le cadre d'une étude, elle ne peut pas l'être chronologiquement car il n'y a en fait qu'un seul moment. En d'autres termes, si nous nous permettons de distinguer la manifestation de volonté du reste de la procédure pour la clarté de l'exposé, ces deux moments de la fin sont en réalité concomitants. La manifestation de volonté fait partie de la procédure.

Cette classification des actes administratifs en fonction de leur contenu et de leur portée est cependant rejetée par de nombreux auteurs, qui jugent la catégorie des actes-condition injustifiée. Ils estiment qu'en étant la condition d'application de la règle, l'acte-condition est finalement à la jonction de l'acte-règle et de l'acte subjectif, ce que L. Duguit affirme clairement dès le commencement de son analyse[563]. Or, remarque M. Stassinopoulos, « Toute concrétisation de la règle crée ou modifie nécessairement une situation individuelle. (...) L'acte-condition n'étant en réalité qu'un acte individuel, cette notion devient inutile pour la classification des actes administratifs »[564].
De nombreux auteurs ont, par la suite, admis que l'acte-condition est une forme d'acte individuel, considérant que la distinction entre ces deux catégories traduit une simple différence de degrés[565]. Cette distinction n'est pour eux que théorique, et d'après F-P. Bénoit, la catégorie de l'acte-condition a disparu en jurisprudence en se fondant dans celle des actes particuliers, parce qu'elle entraîne les mêmes conséquences et l'application du même régime juridique[566].
Ces considérations présentent un intérêt évident dans le cadre de notre étude dans la mesure où l'acte de fin étant parfois un acte individuel et parfois un acte réglementaire, cette dualité peut apparaître comme un obstacle majeur à sa classification dans la catégorie des actes-condition.
Pourtant le rapprochement ainsi établi entre l'acte-condition et l'acte individuel ne peut être généralisé. Il faut, en effet, admettre que parfois l'acte-condition est plus

[563] Voir *supra*.
[564] M. Stassinopoulos, *op. cit.*, p. 82.
[565] Notamment, L. Delbez, « La révocation des actes administratifs », RDP 1928, p. 463 ; A. de Laubadère, *Traité de droit administratif*, 1976, n° 560 ; M. Waline, *L'individualisme et le droit*, Domat-Montchrestien, 1945, p. 218.
[566] F-P. Bénoit, *Le droit administratif français*, Dalloz, 1968, n° 901.

proche de l'acte réglementaire. C'est ainsi que même s'il assimile le plus souvent l'acte-condition à un acte individuel, C. Lavialle reconnaît qu'il peut avoir une portée réglementaire. L'explication de cette affirmation doit être recherchée dans la conception de l'acte individuel retenue par le professeur Lavialle qui est amené à distinguer deux catégories de décisions individuelles : la décision exécutoire créant une situation juridique pour une personne déterminée et celle davantage liée à l'acte réglementaire lorsqu'elle rend applicable un texte préexistant. Ainsi, C. Lavialle affirme : « En quelque sorte son objet est de reconnaître un élément comme appartenant à une catégorie juridique donnée, on parlera alors d'acte-condition. Il peut être à portée réglementaire mais il est le plus souvent à portée individuelle »[567].

Cette démonstration permet d'abord de conclure que la catégorie des actes-condition ne peut se fondre dans celle des actes individuels, parce qu'elle ne peut finalement pas être incorporée aux définitions traditionnelles. Elle permet ensuite d'affirmer qu'elle ne peut pas devenir une catégorie propre, car elle ne comprend pas non plus de caractère spécifique qui permettrait de faire entrer ce type d'acte dans une catégorie propre.
Certains auteurs ont alors tenté de rapprocher l'acte-condition de décisions *sui generis*, telles que les décisions non réglementaires ou les décisions d'espèce[568]. Mais l'acte-condition ne peut y être rattaché, ce n'est pas une catégorie à part de décisions.
Finalement, il apparaît que certains actes individuels sont des actes-condition, au même titre que certains actes réglementaires. La notion d'acte-condition existe certainement mais elle est hétérogène, elle regroupe des actes qui n'ont pas de spécificités propres, si ce n'est de conditionner l'application de certaines dispositions du droit à un ou plusieurs individus. Le fait que l'acte de fin soit tantôt un acte individuel, tantôt un acte réglementaire n'apparaît donc pas comme un obstacle à ce qu'il soit qualifié d'acte-condition, puisque ce dernier peut être de l'une ou de l'autre nature. C'est d'ailleurs ce qui explique que la notion d'acte-condition ne peut pas être la source de la création d'une catégorie particulière d'actes juridiques.
A tel point que, certains auteurs affirment que tout acte serait, à un moment donné, un acte-condition, c'est-à-dire un acte qui ne se suffit pas, pour se concrétiser, à lui-même. La condition a dès lors sa place au stade de l'application de l'acte juridique, c'est ce que précise S. Théron : « C'est la condition qui est la notion

[567] C. Lavialle, *op. cit.*, p. 32-33.
[568] M-C. Bergerès, « Les actes non réglementaires », précité ; I. Poirot-Mazères, « Les décisions d'espèce », précité.

explicative de la nature du déploiement de l'acte juridique dans les faits, et non pas un acte considéré en particulier »[569].

Un autre élément vient confirmer l'association ainsi faite entre l'acte de fin et l'acte-condition : le rôle de la volonté tenu par chacun d'eux. L'acte de fin se caractérise par une évidente diversité, notamment quant à sa nature. Mais au sein de celle-ci, une constante inéluctable apparaît : l'acte de fin est un acte spécifique, qui exprime la volonté de son auteur. Or, l'acte-condition est aussi celui dans lequel « la volonté se borne à opérer le déclenchement de la norme légale »[570], ce qui confirme que l'acte de fin peut être qualifié d'acte-condition. Même si parfois la volonté qu'un acte prenne fin peut émaner du bénéficiaire de cet acte, l'auteur de la fin doit quand même et toujours exprimer sa propre volonté, c'est une condition nécessaire. L'acte de fin est par conséquent une condition de celle-ci, du fait de sa fonction, et c'est également un acte-condition.

**B/ L'acte de fin est l'élément irréductible de la notion.**

L'acte de fin est nécessaire à la fin, mais sans pour autant que cette condition ne soit suffisante : d'autres règles s'imposent qui varient en fonction de chaque modalité. L'existence de telles règles n'ôte cependant pas à l'acte de fin son caractère principal : il demeure l'élément irréductible de la notion. Ce caractère irréductible est la conséquence directe de la nature de l'acte de fin, un acte-condition.

Nous analyserons l'acte de fin, condition nécessaire (1°) avant d'étudier son encadrement juridique (2°).

**1°/ L'acte de fin, condition nécessaire.**

Le caractère primordial et principal de l'acte de fin, comme condition de celle-ci, est dû au fait qu'il exprime la volonté de son auteur. C'est l'importance de la manifestation de volonté dans la procédure qui justifie la nécessité de cette condition et l'importance de cet acte[571].
En effet, dans la procédure, seul l'acte de fin est constant et toujours présent, c'est pour cette raison l'élément irréductible de la fin. L'acte de fin est à l'origine de chacune des cinq modalités, dont il détermine largement le régime juridique.

---

[569] S. Théron, *op. cit.*, p. 552.
[570] J. Dabin, *Le droit subjectif*, Dalloz, 1952, p.28.
[571] Voir *infra.*, Section 2.

Au-delà, l'acte de fin révèle la logique de la fin dans sa globalité en montrant que, malgré une grande diversité, elle présente une réelle unité dans sa raison d'être et dans le but qu'elle poursuit. La fin vise en effet toujours la meilleure adaptation de l'ordonnancement juridique, en conciliant l'intérêt de l'administré et celui, le plus souvent divergent, de l'administration. De plus, elle vise toujours à l'anéantissement d'un acte, voire seulement de ses effets. L'acte de fin met ainsi en lumière l'unité de la fin, notamment parce qu'il en est le fil conducteur. Il apparaît comme l'élément rationnel de la fin, autrement dit l'élément qui en dévoile l'harmonie et la cohérence. Sa présence a ainsi permis d'en dégager les éléments importants, c'est-à-dire ceux qui sont à l'origine de sa définition.
Envisagée ainsi, la fin apparaît sous un autre aspect, elle n'est plus une association d'éléments divers mais une procédure dont la logique ne fait plus de doute. La procédure comprend un élément spécifique, irréductible : l'expression de la volonté de son auteur, affirmée dans l'acte de fin précisément.

La constance de l'acte de fin, son importance dans la procédure, s'expliquent en effet largement par sa fonction : exprimer la volonté de son auteur. C'est cet aspect de l'acte de fin qui doit être souligné : comme tout acte administratif, tout acte juridique plus largement, il est d'abord un acte de volonté[572]. Il ne revêt l'importance ainsi soulignée que parce qu'il est l'expression de la volonté de son auteur, en d'autres termes c'est plus son contenu qui mérite de retenir l'attention que l'acte lui-même.

La manifestation de volonté de l'auteur de la fin a une portée spécifique de protection, autrement dit son importance s'explique aussi par les dangers potentiels que peut représenter la fin d'un acte administratif unilatéral. Ceux-ci se manifestent à deux points de vue : d'une part au regard des administrés, d'autre part au regard de l'administration. D'abord, quant aux administrés, le danger vient du caractère éventuellement créateur de droits acquis de l'acte qui disparaît. En effet, la disparition ou la cessation des effets d'un acte favorable à son destinataire peut représenter un danger, une atteinte à sa sécurité juridique d'autant plus importante lorsque ces droits sont considérés comme acquis.

Parfois, ce sont les droits acquis des tiers qui sont affectés par la fin. Il est pour cette raison nécessaire de veiller à encadrer une telle procédure qui tend à affecter l'ordonnancement juridique. Il faut en effet admettre que les évolutions de l'état du droit sont davantage susceptibles d'affecter la sécurité juridique de l'administré lorsqu'elles se traduisent par la disparition d'une situation que quand elles constituent une création juridique, autrement dit quand elles apparaissent comme

[572] Voir *infra.*, Section 2.

une situation juridique nouvelle. Pourtant cette affirmation doit être nuancée au motif que tout acte juridique n'est pas nécessairement favorable à son destinataire, ni aux tiers. En d'autres termes, une situation juridique nouvelle ne constitue pas nécessairement une amélioration pour son destinataire ou pour les tiers.

Ensuite, quant à l'administration, le danger vient de la perte de contrôle des évolutions de l'ordonnancement juridique qui pourrait être la conséquence du développement croissant de l'automaticité. L'administration doit rester maître des évolutions de l'ordre juridique en évitant que celui-ci puisse être modifié indépendamment de sa propre action. Cela explique par exemple que le droit administratif se refuse à reconnaître la caducité naturelle, une modalité de fin qui atteindrait les actes devenus obsolètes et de manière exclusivement automatique[573]. La caducité naturelle n'est pas une modalité de fin parce qu'elle ne suppose pas d'acte de fin, autrement dit elle ne prévoit pas au préalable l'intervention d'une manifestation de volonté. Or, la fin est toujours et nécessairement la conséquence de l'expression de la volonté de son auteur, si par certains aspects elle peut être automatique, elle ne peut en aucun cas l'être exclusivement.
Si la nature et les effets de l'acte de fin sont plus ou moins variables, sa fonction d'expression de volonté, qui en fait une condition primordiale de la fin, et sa présence à un moment précis de la procédure de fin sont, en revanche, systématiques. Les autres conditions qui s'imposent à la procédure de fin sont secondaires comparées à l'importance de la manifestation de volonté de son auteur et elles sont plus diverses parce qu'elles dépendent de chaque modalité.

**2°/ L'encadrement juridique de l'acte de fin.**

L'acte de fin, expression de la volonté de son auteur, est une condition nécessaire mais non suffisante de la fin. D'autres règles s'imposent et encadrent la procédure, elles sont spécifiques à chaque modalité.
L'auteur de la fin est ainsi tenu de se conformer à la réglementation existante qui vise à encadrer plus ou moins strictement la fin. L'importance de la réglementation dépend de la modalité envisagée et des conditions de sa mise en œuvre, mais aussi et surtout des atteintes susceptibles d'être portées à la sécurité juridique des administrés. Ainsi, l'auteur doit tenir compte des règles qui régissent précisément la fin des actes administratifs unilatéraux. En effet, tant le législateur que le pouvoir réglementaire sont intervenus pour encadrer la procédure de fin de l'acte administratif unilatéral. Ils ont prévu, pour chaque modalité, des règles de droit qui en limitent ou en déterminent l'exercice[574]. C'est le cas de la loi du 12 avril 2000,

[573] Sur cette question, voir *supra.*, Première partie.
[574] Voir *supra.*, Première partie.

dite DCRA, qui régit principalement le retrait des décisions implicites d'acceptation. La situation est également illustrée par le décret du 28 novembre 1983, qui porte tant sur le retrait que sur l'abrogation ou la modification Enfin, de nombreux jugements et arrêts en témoignent, notamment l'arrêt *Ternon* rendu récemment par le Conseil d'Etat, qui modifie les conditions du retrait des décisions explicites créatrices de droits acquis[575].

L'autorité publique est toujours intervenue en matière de fin, du fait des incidences éventuelles de celle-ci sur la sécurité juridique des administrés. C'est ainsi que l'auteur du retrait d'un acte administratif unilatéral est tenu au respect des règles imposées tant par la jurisprudence que par les textes, et qui sont sous-tendues par la volonté de limiter les effets néfastes qui sont la conséquence de la rétroactivité de cette opération. L'auteur d'une abrogation ou d'une modification est également tenu de respecter les règles qui en encadrent la procédure, et qui lui imposent dans certains cas d'agir en ce sens afin d'adapter au mieux l'action administrative aux évolutions inhérentes de la société. Pour les mêmes raisons, le juge administratif ne peut annuler un acte que s'il est entaché d'illégalité.

## Section 2 : La fonction de l'acte de fin.

L'acte de fin, quelle que soit sa nature exacte, exerce toujours deux fonctions : d'une part il exprime la volonté de son auteur et, d'autre part, il détermine les manifestations précises de la fin.
Par l'acte de fin, son auteur énonce explicitement la volonté d'annihiler un acte administratif unilatéral ou de mettre un terme à ses effets. L'acte de fin est également l'élément qui va déterminer tant la modalité mise en œuvre que les effets produits, du fait de son influence importante. Son auteur décide des conditions de la fin : qu'il s'agisse de sa forme (sortie de vigueur ou fin des effets de l'acte), que de sa modalité (retrait, abrogation, modification, annulation ou constatation de caducité) ou encore de ses effets (rétroactif ou non-rétroactif), ces paramètres sont posés par l'acte de fin. Mais d'autres éléments sont à prendre en considération, l'acte de fin n'est pas seul déterminant. Il faut notamment tenir compte de l'acte auquel il est mis fin. La nature de ce dernier, ainsi que ses caractéristiques, influencent et orientent également l'auteur de la fin dans son action. Il faut donc admettre que si l'influence de l'acte de fin est toujours déterminante, sa portée peut se révéler variable.

[575] Conseil d'Etat, Ass., 26 oct. 2001, *Ternon*, DA 2001, p. 14.

Nous étudierons les deux fonctions exercées par l'acte de fin : dans un premier paragraphe, l'acte de fin en tant qu'expression de la volonté de son auteur (§1) et dans un second paragraphe, l'influence qu'il exerce sur la fin proprement dite (§2).

**§1 : L'acte de fin est l'expression de la volonté de son auteur.**

Toute fin suppose, préalablement à sa mise en œuvre, que son auteur ait exprimé la volonté qu'il en soit ainsi. Un acte administratif unilatéral ne peut prendre fin, qu'il s'agisse de sa vigueur ou simplement de ses effets, sans que l'autorité compétente n'en ait manifesté la volonté.

« L'auteur de l'acte, après avoir pris conscience du motif, de l'objet et du but, prend une décision, qui consiste à vouloir la réalisation de l'objet en considération du motif et du but »[576] ; c'est la manifestation de volonté, telle qu'elle est définie par R. Bonnard.

Le fondement de cette exigence est à rechercher dans la nature même de l'acte, un acte juridique autrement dit, par définition, un acte de volonté. Pourtant, cette explication n'est pas la seule, la manifestation de volonté a également pour fondement des considérations qui tiennent au principe de sécurité juridique.

Au sein de la procédure de fin, la manifestation de volonté de son auteur mérite de retenir l'attention à deux égards : d'une part, quant à son fondement qui serait susceptible d'expliquer certains aspects, et d'autre part, quant au moment où elle intervient. Un premier développement sera consacré à la recherche d'un fondement à l'exigence d'une manifestation de volonté (A) et un second au moment où celle-ci intervient (B).

**A/ La recherche d'un fondement à l'exigence d'une manifestation de volonté.**

Si le rôle de la volonté est prépondérant dans l'acte de fin, c'est du fait de la qualité première de cet acte, c'est-à-dire de son caractère d'acte juridique. C'est dans la définition même de l'acte juridique qu'est révélée l'importance de la volonté, or l'acte de fin est toujours un acte juridique.

La définition duguiste de l'acte juridique, largement admise, pose qu'est acte juridique « tout acte de volonté intervenant avec l'intention qu'il se produise une modification dans l'ordonnancement juridique tel qu'il existe au moment où il se produit, ou tel qu'il existera à un moment futur donné »[577].

---

[576] R. Bonnard, *Précis élémentaire de droit administratif*, Sirey, 1926, p. 35.

[577] L. Duguit, « Théorie générale de l'acte juridique », RDP 1919, p. 320.

Il est essentiel que l'autorité compétente ait l'intention qu'il se produise une modification dans l'ordonnancement juridique. L'agent, en édictant l'acte, doit avoir cette volonté initiale.

En tant qu'acte juridique, administratif ou juridictionnel, l'acte de fin est l'expression de la volonté de son auteur dans le but précis d'anéantir un acte administratif unilatéral. La modification de l'ordonnancement juridique intervient chaque fois qu'une règle nouvelle apparaît, mais également lorsqu'une règle existante est transformée ou supprimée. La disparition d'un acte a nécessairement pour conséquence de provoquer une modification de l'ordonnancement juridique. Et un acte ne disparaît que lorsque l'autorité compétente en a manifesté la volonté, le plus souvent en édictant un acte de fin. C'est véritablement parce que l'acte de fin est toujours un acte juridique que la manifestation de volonté de son auteur apparaît comme une nécessité.

Cette explication ne vaut que parce que nous admettons la définition duguiste de l'acte juridique, que certains auteurs ont qualifié de définition subjective. Il faut en effet reconnaître qu'en mettant la volonté de l'individu au premier plan, L. Duguit définit l'acte juridique de manière plutôt subjective. Mais cet élément psychologique ne peut en aucun cas être occulté, et par conséquent cet argument ne peut qu'être rejeté. En effet, les auteurs qui ont critiqué cette définition parce qu'elle attachait trop d'importance à la volonté de l'auteur de l'acte ont dû, eux aussi, nécessairement s'y référer.
C'est ainsi que H. Kelsen énonce que « l'acte dont la signification est que quelque chose est ordonné ou prescrit, est un acte de volonté. Le devoir-être, la norme est la signification d'une volonté, d'un acte de volonté »[578]. Quant à Ch. Eisenmann, il définit l'acte juridique comme « un vouloir manifesté qui tend à provoquer des conséquences de droit, c'est-à-dire à agir sur des situations juridiques, sur des obligations, des droits, des pouvoirs »[579]. Pour qu'il y ait acte juridique, Ch. Eisenmann pose comme condition première la nécessité d'un « vouloir manifesté ». Selon lui, cette expression met en lumière la volonté en tant qu'élément psychologique, et non pas l'élément extérieur qui correspond à la notion de manifestation.
Il reconnaît néanmoins dans le même temps que ce vouloir ne doit pas rester purement interne à son sujet, il faut au contraire qu'il soit manifesté. La seconde condition postule que ce vouloir manifesté tende à certaines conséquences de droit, voulues précisément par son auteur. Ces deux éléments sont suffisants en même temps que nécessaires. Dès lors, Ch. Eisenmann se réfère incontestablement à la volonté de l'auteur de l'acte, autrement dit à cet élément subjectif qu'il rejette par

[578] H. Kelsen, *Théorie générale des normes*, PUF, 1996, p. 2.
[579] Ch. Eisenmann, *Cours de droit administratif 1949-1950*, Tome II, LGDJ, 1983, p. 104.

ailleurs. Il ne peut pas faire différemment, la volonté est inhérente à l'acte juridique.

L'importance ainsi affirmée de la volonté dans l'acte de fin engendre une autre conséquence soulevée par P. Py dans sa thèse qui distingue les actes « exécution d'une obligation de vouloir » et ceux « exercice d'un pouvoir de vouloir ». Cette distinction pourrait également expliquer l'importance de la volonté dans l'acte de fin, elle en serait alors un autre fondement.
P. Py distingue en effet les actes administratifs d'après le rôle de la volonté de l'auteur de l'acte : certains actes administratifs ne sont que l'exécution d'une obligation déterminée imposée par la loi. D'autres, au contraire, sont l'expression d'une volonté autonome. Dans les premiers le rôle de la volonté de l'auteur de l'acte est réduit au minimum puisque, d'une part le contenu de l'acte est déterminé par la loi, d'autre part l'acte doit être obligatoirement pris. Pour ces actes, « le rôle de la volonté, s'il subsiste est uniquement formel : c'est la raison pour laquelle on peut qualifier ces actes d'actes exécution d'une obligation de vouloir »[580].
Dans les seconds, au contraire, le rôle de la volonté de l'auteur de l'acte est déterminant en ce que, soit l'auteur fixe librement le contenu de l'effet de droit, soit, le contenu de l'effet de droit étant prédéterminé, l'auteur décide librement qu'il se produira. « Les actes appartenant à cette seconde catégorie peuvent être appelés actes exercice d'un pouvoir de vouloir car ils sont toujours l'expression d'un pouvoir octroyé par une norme juridique à une volonté »[581].

Le rôle de la volonté est prépondérant ce qui laisse penser que l'acte de fin pourrait être qualifié, selon l'expression de P. Py, d'acte « exercice d'un pouvoir de vouloir ».
Pourtant cette affirmation présente l'inconvénient majeur de se fonder exclusivement sur la volonté de l'auteur de l'acte. Or, il apparaît que la liberté qui lui est reconnue dans son action doit également être prise en compte. En d'autres termes, la distinction élaborée par P. Py ne paraît pas pouvoir être adaptée à l'acte de fin parce que la seule considération de la volonté de son auteur est insuffisante. Par ailleurs, si la liberté de l'auteur de la fin était prise en compte, la distinction élaborée par P. Py tendrait alors à se rapprocher d'une autre distinction, bien plus utilisée, qui oppose quant à elle le pouvoir discrétionnaire et la compétence liée.
La classification de P. Py reprend en effet largement la classification classique des actes discrétionnaires et des actes pris alors que la compétence de leur auteur est liée par le droit, tout en mettant en avant le rôle primordial de la volonté dans l'élaboration de l'acte juridique. D'ailleurs le résultat est sensiblement le même : l'acte « exécution d'un pouvoir de vouloir » résulte d'un pouvoir discrétionnaire,

[580] P. Py, *Le rôle de la volonté dans les actes administratifs unilatéraux*, Thèse, LGDJ, 1976, p. 38.
[581] *Ibid.*

au contraire l'acte « exécution d'une obligation de vouloir » est la manifestation d'une compétence liée. Or, il apparaît que l'acte de fin peut relever de l'une ou l'autre catégorie. De fait, il est parfois édicté alors que son auteur dispose d'un pouvoir discrétionnaire, c'est le cas lorsque l'auteur de la fin a la faculté de mettre un terme à un acte administratif unilatéral mais n'en a pas l'obligation (abrogation d'un règlement illégal alors qu'aucune demande ne lui a été faite). Parfois, en revanche, la compétence de l'auteur de la fin est liée par les textes : il est tenu de retirer un acte individuel illégal non définitif lorsqu'une telle demande lui a été faite.

L'acte de fin est de ce point de vue variable, et dès lors aucune systématisation quant à l'étendue du pouvoir de son auteur ne paraît pertinente. En d'autres termes, cette dichotomie ne peut pas permettre d'élaborer une classification des actes de fin. Cela explique que l'on ne peut pas non plus affirmer que l'acte de fin est un acte « exercice d'un pouvoir de vouloir » ou un acte « exercice d'une obligation de vouloir », car il faut tenir compte de chaque cas d'espèce. Dès lors, la distinction de P. Py ne peut pas être l'explication de l'importance de la volonté de l'auteur de la fin, elle ne peut pas en être non plus le fondement.

**B/ Le moment d'intervention de l'expression de la volonté.**

D'après L. Duguit, « la manifestation de volonté a (...) un caractère double : elle est acte juridique et, par là créatrice d'une situation subjective ; elle est un fait conditionnant l'application d'une règle objective »[582]. La manifestation de volonté de l'auteur de la fin est une condition de celle-ci.
Si l'acte de fin conditionne la procédure du fait de sa fonction première, il doit nécessairement lui être antérieur. Pourtant cette affirmation, et l'ensemble de la question du moment de l'intervention de l'acte de fin, suscitent un certain nombre d'interrogations. En effet, il s'agit de déterminer si la manifestation de volonté doit intervenir préalablement à la fin ou si elle peut intervenir au moment même où l'acte prend fin.

Le principe de l'antériorité de la manifestation de volonté par rapport à la fin peut trouver une explication dans la nature et la fonction de l'acte de fin. Condition de la fin, il est alors nécessairement un préalable à celle-ci.
Un parallèle avec l'entrée en vigueur pourrait, à ce stade de la recherche, s'avérer intéressant. Il apparaît en effet que l'acte administratif unilatéral prévoit lui-même

[582] L. Duguit, *Etudes de droit public. L'Etat, le droit objectif et la loi positive*, Paris, Fontemoing, 1901, p. 197.

les conditions de son entrée en vigueur, ce qui suppose que la manifestation de volonté de son auteur lui est nécessairement intrinsèque, et donc concomitante. En d'autres termes, l'absence d'acte spécifique suppose que le moment où l'auteur de l'acte exprime sa volonté et celui où l'acte entre en vigueur sont simultanés. Lorsque l'acte administratif unilatéral entre en vigueur, la volonté de l'autorité éditrice s'exprime dans l'acte lui-même, c'est-à-dire en même temps. Si l'expression de la volonté et toutes les conditions de l'entrée en vigueur sont dans l'acte même, elles interviennent forcément en même temps.

Ces considérations permettent d'affirmer que, s'agissant de la fin de l'acte, il y a, au contraire, antériorité puisqu'un acte de fin est nécessaire pour que soit engagée la procédure. C'est par cet acte que son auteur manifeste sa volonté, or cet acte est un préalable à l'engagement de la procédure. La volonté de l'auteur est donc, en principe, exprimée antérieurement à la fin.
Le cas de la caducité aurait pu susciter quelques doutes : il apparaît que l'acte de fin en tant que tel ainsi qu'une manifestation de volonté interviennent expressément au moment où l'état caduc de l'acte fait l'objet d'une constatation par l'autorité compétente. La constatation de caducité est l'expression de la volonté de son auteur, elle permet à l'acte caduc de sortir de vigueur. Elle suppose l'édiction d'un acte de fin, nécessairement antérieur.
Les deux temps de la caducité pourrait néanmoins s'opposer quant à cette question en raison du caractère automatique du premier d'entre eux. De fait, l'absence d'acte de fin pourrait traduire la concomitance de l'expression de volonté et de la fin. Ce serait alors une exception, traduite dans la simultanéité de l'expression de la volonté et de la fin. Un rapprochement serait ainsi établi entre l'entrée en vigueur et la fin de l'acte administratif unilatéral. Pourtant cette hypothèse ne peut pas être retenue. En effet, l'automaticité suppose l'absence d'action de l'administration, et de fait l'absence d'édiction d'acte de fin.
R. Chapus énonce clairement que : « La sortie de vigueur non rétroactive d'une décision peut [également] se produire sans nouvelle manifestation de volonté, la loi ou le règlement ayant, par avance, disposé que des décisions cesseraient d'être applicables à une date déterminée ou en conséquence de certains événements. La sortie de vigueur sera alors la conséquence de sa caducité ... »[583]. Il ne faut néanmoins pas se méprendre sur l'intention de R. Chapus qui précise explicitement qu'il n'y a pas de « nouvelle » manifestation de volonté montrant ainsi qu'une telle manifestation n'est pas absente mais qu'elle est, plus précisément, déjà intervenue.
Si la caducité n'est pas une exception radicale au principe selon lequel une manifestation de volonté est nécessaire à la fin, elle en est quand même une dans la

[583] R. Chapus, *op. cit.*, p. 1153.

mesure où cette manifestation de volonté n'est pas exprimée dans un acte spécifique et extérieur, l'acte de fin.

Dès lors, la question du moment auquel la manifestation de volonté s'exprime reste posée. En effet, dans cette hypothèse, l'absence d'acte de fin empêche d'affirmer et de démontrer que la volonté est antérieure à la fin.
Par ailleurs, la caducité est toujours planifiée, c'est-à-dire prévue par un texte, excluant ainsi toute idée de caducité naturelle ou désuétude. Or, le texte qui prévoit la caducité d'un acte administratif unilatéral comprend, en lui-même, l'expression de la volonté de son auteur.
Ainsi par exemple le législateur, auteur de la loi du 10 mars 1927, exprime dans l'article 18 de celle-ci, la volonté qu'un décret d'extradition devienne caduc si l'extradé n'a pas été reçu par l'Etat requérant dans le mois de la notification du décret à cet Etat. La caducité n'intervient jamais sans qu'une autorité compétente n'en ait exprimé la volonté, préalablement à toute mise en œuvre de la procédure.
La manifestation de volonté de l'auteur a, dans l'hypothèse de la caducité, la particularité d'être intrinsèque à l'acte qui la pose, elle n'est pas un nouvel acte contrairement aux autres modalités de fin. Cela ne suppose néanmoins pas une concomitance entre la manifestation de volonté de son auteur et la fin proprement dite. Car la volonté est exprimée dans l'acte lui-même, autrement dit, elle est exprimée dès l'édiction de celui-ci. Par conséquent, elle est forcément antérieure à la fin.
Ainsi, la caducité illustre toujours la situation dans laquelle la manifestation de volonté de son auteur est antérieure à la fin. Si la constatation de caducité suppose un acte de fin, la caducité proprement dite se rapproche de ce point de vue de l'entrée en vigueur de l'acte administratif unilatéral pour laquelle il n'existe pas d'acte d'entrée en vigueur spécifique. Mais dans tous les cas, l'expression de la volonté de son auteur est antérieure à la fin.

**§2 : L'acte de fin exerce sur celle-ci une influence déterminante.**

L'acte de fin est l'élément qui détermine celle-ci dans la mesure où de lui dépendent tant la modalité de fin que ses effets. Il influence la représentation concrète de la fin, c'est-à-dire ses manifestations. Il la caractérise et il la spécifie. La fin proprement dite est fonction de l'auteur de l'acte de fin, de ses procédés d'action et du but qu'il souhaite atteindre. C'est la seconde fonction de l'acte de fin : après avoir exprimé la volonté de l'auteur de la fin, il influence largement la fin proprement dite.
Il apparaît que cette seconde fonction tend, par certains aspects, à relativiser l'importance de l'acte de fin. En effet, il n'est pas le seul élément déterminant, la fin ne dépend pas uniquement de l'acte de fin. Elle est aussi largement fonction de

l'acte qui disparaît. Car la nature de cet acte, ses caractères propres, les règles qui le régissent peuvent être un obstacle à la volonté de l'auteur de la fin qui devra se conformer à la réglementation existante.

L influence réelle exercée par l'acte de fin sur la fin elle-même sera d'abord étudiée (A). Ses limites, précisément sa portée variable, seront ensuite présentées (B).

**A/ Une influence réelle …**

La fin proprement dite est susceptible de plusieurs représentations, ce sont les modalités de fin. Elle peut également produire divers effets, d'une part selon que l'acte disparaîtra de manière rétroactive ou non rétroactive et d'autre part selon qu'il sortira de vigueur ou cessera seulement de produire tout effet (cette seconde distinction représente les deux formes de fin).
Chacun de ces facteurs permet d'identifier la fin et surtout de la caractériser dans la diversité de ses manifestations. Et chacun d'eux dépend pour une large part de l'acte de fin : son auteur exprime en effet la volonté qu'il soit mis fin à un acte administratif unilatéral et il en précise les spécificités.
C'est ainsi par exemple que lorsque l'autorité administrative décide de retirer un acte administratif, elle pose comme principe sa sortie rétroactive de l'ordonnancement juridique. En revanche, quand elle abroge un acte administratif unilatéral, elle postule l'absence de toute rétroactivité lors de sa disparition. C'est dans l'acte de fin qu'est prévue la modalité mise en œuvre ainsi que ses effets.
L'acte de fin détermine ainsi la fin puisque, dès son édiction, ses conditions d'intervention sont posées. Celles-ci ne sont cependant pas exclusives dans la mesure où elles devront être adaptées à la réglementation existante.

L'acte de fin prévoit la modalité qui sera appliquée, et pour mettre la procédure en œuvre, l'auteur de la fin devra également tenir compte de l'acte qui disparaît. L'acte de fin prévoit également les effets produits puisqu'ils sont propres à chaque modalité : la rétroactivité ou non-rétroactivité ainsi que la fin des effets ou la sortie de vigueur de l'acte administratif unilatéral.
Ces éléments sont postulés par l'auteur de la fin. Pourtant il ne peut pas toujours agir quand il le veut et comme il le veut. Son action ne dépend pas uniquement de sa volonté, sa liberté d'action n'est pas totale. Elle est souvent limitée, elle est parfois strictement encadrée.
La fin dépend certes de l'acte de fin, mais également de l'acte initial et des règles qui l'encadrent.

**B/ ... à portée variable.**

L'acte de fin est un élément déterminant, mais la fin n'est pas seulement fonction de cet acte. En effet, l'auteur de la fin doit tenir compte d'autres facteurs tenant principalement à l'acte initial. L'acte de fin ne conditionne qu'une partie de celle-ci, l'autre partie dépendant largement de l'acte qui disparaît. Toutes les caractéristiques de cet acte sont à prendre en considération, mais trois d'entre elles nous paraissent devoir retenir l'attention car elles ont une importance particulière dans la mesure où elles exercent une grande influence sur le pouvoir reconnu à l'auteur de la fin. Les trois facteurs principaux que nous mentionnerons sont la nature réglementaire de l'acte (1°), son caractère créateur de droits acquis (2°) ainsi que son irrégularité (3°). L'auteur de la fin devra tenir compte de ces éléments avant d'agir, ils vont conditionner son action, autrement dit, la diriger, l'orienter, parfois la limiter, voire l'interdire.

Ces trois facteurs seront appréhendés d'une manière radicalement différente des développements précédents. Ils seront étudiés dans la perspective précise d'une analyse de la fonction de l'acte de fin. En d'autres termes, l'étude se limitera à l'influence exercée sur les règles propres à la fin.

**1°/ Le caractère réglementaire de l'acte.**

Le caractère réglementaire de l'acte se révèle être important s'agissant du retrait parce qu'un acte réglementaire ne peut être retiré que tant qu'il n'est pas définitif. En effet, un règlement définitif ne peut qu'être abrogé[584](voire annulé, s'il est illégal). L'auteur de la fin ne peut alors plus envisager une disparition rétroactive, les effets passés de l'acte, et par conséquent l'acte lui-même, seront toujours considérés comme ayant existé, à un moment donné.
C'est l'intérêt de la rétroactivité que de permettre à un acte de disparaître de telle manière qu'il est censé n'avoir jamais existé, il n'y a alors plus de trace de cet acte. Dès lors, un acte réglementaire définitif sera toujours considéré comme ayant existé. Même si cet acte disparaît ce ne sera jamais avec effet rétroactif.

Le caractère réglementaire de l'acte est également important parce qu'un règlement est souvent considéré comme non créateur de droits, bien qu'il soit plus juste d'affirmer que le règlement ne crée pas de droit acquis à son maintien. Nous avons souligné à plusieurs reprises le caractère erroné de cette affirmation : s'il est avéré que le règlement ne crée pas de droit acquis à son maintien, il peut en revanche créer un droit à un destinataire ou à des tiers. Mais cette affirmation, quelle que soit sa signification exacte, a conduit à admettre que ces actes (ainsi que

---

[584] Conseil d'Etat, Sect., 14 nov. 1958, *Ponard*, Leb. p. 554.

certains actes non réglementaires) peuvent être abrogés à toute époque par l'autorité administrative agissant spontanément[585]. L'auteur de l'abrogation est alors complètement libre, son action n'est pas limitée par les textes. Le fondement du pouvoir d'abrogation des actes réglementaires ne peut cependant pas reposer uniquement sur cette affirmation, le principe de mutabilité joue, quant à lui, un rôle prépondérant dans la recherche d'une explication.

**2°/ Le caractère créateur de droits acquis de l'acte.**

Selon que l'acte initial est créateur de droits acquis ou, au contraire, non créateur de droits acquis, les modalités de fin envisagées seront différentes notamment parce que l'existence de droits acquis limite largement les possibilités pour l'autorité compétente de mettre un terme à un acte. Les droits acquis par les administrés sont la limite la plus importante à la fin, et notamment au retrait. En effet, ils sont un obstacle à la fin des décisions non réglementaires, puisqu'il n'y pas, en principe, de droit acquis au maintien d'un règlement. Ce sont donc les décisions individuelles qui font le plus souvent l'objet d'un retrait. Alors que de nombreux textes limitent les possibilités de retrait des décisions créatrices de droits acquis, celles qui ne le sont pas peuvent faire l'objet d'un retrait à toute époque et pour tout motif[586].

Si l'absence de droits acquis tient parfois à la nature de la décision (une décision recognitive est par exemple insusceptible de créer des droits acquis[587]), elle est aussi parfois le fait de son bénéficiaire notamment lorsque la décision a été obtenue à la suite d'une fraude, notamment par déclarations mensongères ou production de documents falsifiés. Il y a, disait le président Odent, fraude à la loi lorsque, « à seule fin d'obtenir les avantages attachés à une situation qui, en vertu d'un texte y donne droit, les administrés se placent dans cette situation et en revendiquent le bénéfice, tout en refusant la contrepartie que le législateur avait en vue lorsqu'il a prévu les avantages correspondants »[588]. En cas de fraude dûment établie[589], le bénéficiaire ne peut revendiquer aucun droit acquis quant à cette décision qui peut dès lors faire l'objet d'un retrait à tout moment[590].

La jurisprudence est très peu restrictive en matière de retrait pour fraude, mais dans certains cas, la fraude ne pourra pas ouvrir la possibilité de retrait. C'est

[585] Conseil d'Etat, 8 déc. 1961, *Commune de Brovès*, Leb. p. 297.
[586] Conseil d'Etat, 30 juin 1950, *Quéralt*, Leb. p. 413.
[587] Conseil d'Etat, Sect., 15 oct. 1976, *Buissière*, Leb. p. 419.
[588] R. Odent, *Contentieux administratif*, Les cours de droit 1976-81, p. 1921.
[589] Cour administrative d'appel de Nantes, 29 juin 2001, *Zoubairi*, AJDA 2001, p. 950.
[590] Conseil d'Etat, 19 janv. 1996, *Mme Diallo*, Leb. p. 6 : carte de séjour obtenue par production d'un certificat de scolarité frauduleux.

notamment le cas dans lequel la fraude est postérieure à la décision, elle ne pourra dès lors pas en justifier le retrait[591]. Egalement lorsque les droits invoqués procèdent d'une décision juridictionnelle, le retrait est, en dépit de la fraude, exclu[592].

### 3°/ Le caractère irrégulier de l'acte.

Le caractère irrégulier de l'acte présente une grande importance puisque l'irrégularité de l'acte administratif unilatéral peut avoir comme conséquence l'obligation pour l'administration d'y mettre fin. En effet, saisie d'un recours tendant à l'abrogation ou à la modification d'un règlement illégal, l'autorité compétente est tenue de l'abroger ou de le modifier en vertu du décret du 28 novembre 1983 repris par la jurisprudence *Compagnie Alitalia*[593]. Est ainsi consacré un cas de compétence liée quant à l'abrogation ou la modification d'un règlement administratif.
De même, saisie d'un recours tendant au retrait d'une décision illégale et encore susceptible de retrait, l'administration est tenue d'y déférer[594]. La compétence de l'auteur du retrait est liée par le droit, il n'a pas le pouvoir de décider de l'opportunité de son action. Dans cette situation, il est tenu d'agir de manière déterminée.

Le caractère illégal de l'acte initial tend à créer des cas de compétence liée, des hypothèses dans lesquelles l'administration est tenue de mettre un terme à l'acte administratif unilatéral. La liberté de décision de l'auteur de la fin est alors réduite, strictement encadrée par les textes qui gouvernent la disparition des actes administratifs unilatéraux.
La question de l'illégalité de l'acte est également primordiale en ce qui concerne l'annulation. Le juge administratif, saisi d'un recours pour excès de pouvoir, fonde

---

[591] Conseil d'Etat, 4 mars 1998, *Kamara*, n° 183263, non publié.
[592] Conseil d'Etat, Sect., 5 déc. 1997, *Ovet*, Leb. p. 459 : titre de réfugié accordé par une décision juridictionnelle de la Commission de recours des réfugiés.
[593] Conseil d'Etat, Ass., 3 févr. 1989, *Cie Alitalia*, Leb. p. 44.
[594] Conseil d'Etat, 10 févr. 1992, *Roques*, Leb. p. 55 : à propos de la délibération d'un jury universitaire.

son appréciation exclusivement sur la légalité de l'acte. L'annulation ne sera dès lors prononcée que si l'acte est illégal car l'objet et le fondement du recours est précisément le respect de la légalité[595].

[595] Cour administrative d'appel de Paris, 30 déc. 1996, *Boyer*, Leb. p. 1073.

# Chapitre second :

## L'émergence de la notion, déduite de l'acte de fin.

La manifestation de volonté de l'auteur de la fin et son expression la plus fréquente, l'acte de fin, ont pu être qualifiées d'élément rationnel de celle-ci. Leur présence, au sein d'une procédure complexe et diverse par essence, a mis en lumière un autre aspect de la fin, montrant ainsi non seulement une réelle cohérence mais encore une incontestable unité.
Le principe du parallélisme des formes tendrait à laisser penser que le premier moment de la vie de l'acte, autrement dit son entrée en vigueur, influence par certains aspects le dernier moment, qui est sa fin. Ainsi, le principe selon lequel l'auteur d'un acte doit exprimer sa volonté au moment de l'édiction, notamment en le signant, pourrait justifier l'exigence d'une manifestation de volonté de l'auteur de la fin. Certains aspects de la procédure, dont l'exigence d'une telle manifestation de volonté à son origine, pourraient ainsi être expliqués par la mise en parallèle de ces deux moments de la vie de l'acte. Il s'avère cependant que l'influence exercée par l'entrée en vigueur sur la fin semble très limitée, notamment parce que la volonté de l'auteur de la fin s'exprime le plus souvent par un acte de fin. Or, il n'existe jamais d'équivalent en matière d'entrée en vigueur. La singularité de la fin est de ce point de vue évidente. Pourtant, afin de dégager l'existence d'une notion de fin, il apparaît nécessaire de tenir compte des moments qui la précèdent, l'entrée en vigueur et l'exécution, et qui peuvent par certains aspects l'influencer et la caractériser. Leur prise en compte montre l'autonomie du régime juridique de la fin qui sera étudiée dans une première section (Section 1).

Par ailleurs, l'acte de fin révèle la logique de la procédure, montrant, de fait, sa cohérence effective. Au-delà de la diversité de ses manifestations, l'acte de fin met ainsi en lumière l'existence d'une notion. Il existe une cohérence qui unit les éléments composant la fin. Elle se manifeste notamment dans la logique qui la sous-tend et se traduit largement par la volonté de protection des droits des administrés.

L'affirmation de l'existence d'une notion suppose de porter à celle-ci une attention nouvelle et permet de considérer qu'elle peut faire l'objet d'une étude orientée dans une nouvelle perspective, favorisant son unité et sa globalité.

Par ailleurs, l'existence de la notion étant démontrée, il convient par la suite de l'étudier précisément afin de la qualifier. L'étude a rapidement montré qu'un seul critère était pertinent : la notion de fin se définit exclusivement par sa fonction. On peut dès lors, en s'appuyant sur les travaux de G. Vedel, la qualifier de notion fonctionnelle, notion qu'il oppose à la notion conceptuelle[596].
Par la suite, se pose la question de l'évolution de la notion. Le doyen Vedel affirme en effet que toute notion fonctionnelle est vouée à évoluer soit vers sa conceptualisation, soit vers sa disparition pure et simple. La dichotomie ainsi élaborée par G. Vedel semble cependant très radicale et de fait difficilement applicable à la fin.
La démonstration de l'existence d'une notion et la question de son évolution feront l'objet d'une seconde section (Section 2).

## Section 1 : L'autonomie du régime juridique de la fin.

Le processus normal d'un acte administratif est d'entrer en vigueur, d'être ensuite exécuté et enfin de disparaître ; ce sont les trois moments de la vie l'acte. La fin est donc un moment de la vie de l'acte, qui intervient après qu'il a été exécuté. Pourtant, il faut reconnaître qu'un acte qui entre en vigueur n'est pas toujours exécuté. La fin est, en revanche, toujours le dernier moment de la vie de l'acte administratif unilatéral.
L'exécution apparaît donc comme le seul moment « facultatif » de la vie de l'acte administratif unilatéral qui doit obligatoirement entrer en vigueur pour être qualifié ainsi et qui prend nécessairement fin à un moment ou à un autre. L'étude des moments qui précèdent la fin ne peut être occultée, bien qu'elle ne fasse pas *a priori* partie du champ de notre recherche, car elle peut être la source de l'explication de certains aspects ou caractères de la fin elle-même. La fin, moment de la vie de l'acte sera présentée dans un premier paragraphe (§1).

L'antériorité de l'entrée en vigueur par rapport à la fin de l'acte justifie qu'elle soit susceptible de l'influencer. De fait, par certains aspects, il apparaît que des rapprochements sont possibles, notamment car l'entrée en vigueur ne coïncide pas nécessairement avec le commencement des effets de l'acte administratif unilatéral, rappelant que la sortie de vigueur n'est pas toujours la fin des effets de l'acte. La fin connaît néanmoins des spécificités qui constituent une limite à un tel rapprochement. L'étude de la fin ne peut se passer d'une approche comparative de celle-ci, notamment avec son entrée en vigueur. C'est en effet à la lumière de ces

[596] G. Vedel, « De l'arrêt *Septfonds* à l'arrêt *Barenstein* (La légalité des actes administratifs devant les tribunaux judiciaires) », JCP 1948, I, 682 ; « La juridiction compétente pour prévenir, faire cesser ou réparer la voie de fait administrative », JCP 1950, I, 851.

développements qu'apparaît vraiment la singularité de la procédure. Les spécificités de la procédure de fin au regard de celle d'entrée en vigueur seront ensuite envisagées (§2).

**§1 : La fin, moment de la vie de l'acte.**

Les trois moments de la vie de l'acte administratif unilatéral sont d'abord l'entrée en vigueur, qui lui permet d'être effectif. Ensuite, l'exécution, qui le matérialise dans les faits. Enfin, la fin, qui traduit la cessation de ses effets. Ces trois moments interviennent, en principe, successivement. L'acte administratif unilatéral ne peut être ainsi qualifié que si les formalités concernant son entrée en vigueur sont accomplies, et ce n'est qu'à partir de ce moment qu'il pourra être exécuté. En revanche, l'exécution ne précède pas nécessairement la fin : un acte non exécuté peut en effet cesser de produire effet ou sortir de vigueur. La fin est toujours le dernier moment de la vie de l'acte.

Il convient de déterminer dans quelle mesure les moments qui précèdent la fin ont pu en influencer la procédure, et également de quelle façon ils peuvent en expliquer certains aspects. L'intérêt de l'étude de ces trois moments réside donc dans l'analyse précise de la fin proprement dite. Dans ce contexte, il convient d'abord d'analyser et de bien comprendre les moments de la vie de l'acte qui précèdent la fin, l'entrée en vigueur et l'exécution (A), avant de l'étudier elle-même, dernier moment, à la lumière de ces considérations (B).

**A/ L'entrée en vigueur et l'exécution, facteurs d'influence ?**

La vie de l'acte administratif unilatéral se compose de trois moments, mais seuls les deux premiers, l'entrée en vigueur et l'exécution, retiendront d'abord notre attention. Cela peut sembler paradoxal dans la mesure où le sujet de la recherche porte uniquement sur la fin de l'acte, et non sur les autres moments. Pourtant il semble qu'en occultant de tels éléments, en apparence extérieurs au champ d'application de l'étude, il serait très difficile d'appréhender la fin dans tous ses aspects.
De fait, une connaissance précise de ces deux moments est nécessaire si l'on veut déterminer l'influence qu'ils sont susceptibles d'exercer sur la fin. Nous analyserons l'entrée en vigueur (1°) avant de présenter l'exécution (2°).

**1°/ L'entrée en vigueur.**

D'après le *Vocabulaire juridique* de G. Cornu, l'entrée en vigueur est le « point de départ de l'application d'un texte, correspondant au moment à partir duquel il doit être observé par les justiciables et appliqué par les tribunaux »[597]. R. Chapus définit, quant à lui, l'entrée en vigueur comme le moment où l'acte administratif se trouve applicable, c'est-à-dire tout autant opposable aux administrés qu'invocable par eux[598]. Un acte administratif unilatéral entre donc en principe en vigueur lorsque toutes les formalités concernant son édiction et sa publicité ont été accomplies[599].

La concordance notable entre ces deux définitions reflète correctement l'état général du droit. Néanmoins, elle ne doit pas occulter l'existence d'une divergence doctrinale quant à ce sujet précis. Il apparaît en effet que deux conceptions de l'entrée en vigueur s'opposent : celle qui associe à la signature, à l'émission de l'acte, son entrée en vigueur et celle qui la détermine à la publication ou à la notification de l'acte, autrement dit, à l'accomplissement des procédés de publicité qui y sont relatifs[600]. A cet égard, R. Hostiou résume ainsi la situation : « L'acte unilatéral, en droit administratif français, peut être envisagé à deux moments successifs dans le temps : celui de son émission et celui de son entrée en vigueur. Ce dernier étant, en règle générale, postérieur à celui-là »[601]. L'entrée en vigueur comprend dès lors deux temps : l'émission de l'acte d'une part, et son effectivité, son accomplissement d'autre part. L'acte administratif unilatéral est véritablement entré en vigueur lorsque, à ces deux points de vue, l'ensemble des formalités a été accompli. Les formalités de publicité postérieures à l'émission de l'acte sont en effet nécessaires pour conférer à l'acte ses effets normateurs. Cette dichotomie opposant deux moments de l'entrée en vigueur est intéressante dans la perspective d'une comparaison avec la fin parce qu'elle rappelle une autre distinction opposant la fin de l'acte et celle de ses effets, sur laquelle nous reviendrons.

L'entrée en vigueur marque toujours le premier moment de la vie de l'acte car avant cette date, ce dernier n'est pas un acte juridique, il n'existe pas et il ne produit donc aucun effet. L'acte juridique vise par définition à produire des effets de droit, il affecte l'ordonnancement juridique. Cette affirmation vaut pour tout acte juridique, et donc pour tout acte administratif.
Cette définition pourrait cependant être relativisée. De fait, il est admis que la notion d'acte juridique peut être appréhendée de deux façons : elle comprend en effet le contenu de l'acte, la norme juridique posée, mais également l'opération

---

[597] G. Cornu, *Vocabulaire juridique*, Association H. Capitant, PUF, 2001, p. 339.
[598] R. Chapus, *Droit administratif général*, Tome I, Montchrestien, 2001, p. 1141.
[599] Sur cette question, voir R. Hostiou, *Procédure et formes de l'acte administratif unilatéral en droit français*, Thèse, LGDJ, 1975.
[600] Voir *infra.*, § 2.
[601] R. Hostiou, *op. cit.*, p. 113.

grâce à laquelle ces dispositions acquièrent valeur juridique. Ch. Eisenmann distingue ainsi le *negotium* et l'*instrumentum* : « En premier lieu, on appelle acte juridique une action humaine, une opération, une œuvre de l'homme ; en second lieu, on dénomme acte juridique une chose, une chose matérielle, à savoir un écrit, un document. Ce qui vient d'être rappelé, c'est la très classique, et très banale, distinction du *negotium* et de l'*instrumentum* »[602].
Mais cette distinction ne remet pas en cause le but normatif de l'acte administratif, l'effet juridique qu'il poursuit : sa vocation à modifier l'ordonnancement juridique. Or, il est évident que l'acte n'est susceptible de produire ses effets de droit que lorsque toutes les formalités concernant son édiction ont été accomplies. Avant cela, il ne produit pas d'effet ou il ne produit pas tous les effets pour lesquels il a été édicté. Tant que les formalités concernant l'édiction de l'acte n'ont pas été effectuées, on ne peut pas utiliser le terme d'acte administratif, car l'acte n'est pas susceptible de modifier l'ordonnancement juridique.
L'acte juridique, et par conséquent l'acte administratif, n'existe en tant que tel qu'à partir du moment où il peut produire les effets pour lesquels il a été édicté, autrement dit, à partir du moment où il est entré en vigueur. C'est également à compter de son entrée en vigueur que l'acte est susceptible d'être exécuté puisque l'exécution matérialise les effets de celui-ci. L'entrée en vigueur marque, de ce point de vue, le début de l'exécution de l'acte.

**2°/ L'exécution.**

L'exécution de l'acte administratif unilatéral est plus difficile à définir que l'entrée en vigueur. En effet, elle est généralement appréhendée sous un aspect négatif, celui de la non-exécution de l'acte[603]. Elle renvoie alors à la force contraignant à l'obéissance ou assurant l'efficience des moyens. Pourtant, la sanction est « un des moyens de l'exécution mais non l'exécution elle-même »[604].
L'exécution proprement dite peut être définie, selon un critère finaliste, comme « le passage de l'abstrait du contenu de l'acte juridique au concret adapté au réel »[605]. C'est le passage dans les faits de la volonté abstraitement exprimée.
L'exécution est le moment où l'acte produit les effets pour lesquels il a été édicté. Une définition de l'exécution ne peut cependant pas occulter la force contraignante

[602] Ch. Eisenmann, *Cours de droit administratif* 1959-60, Tome II, LGDJ, 1983, p. 679.
[603] Dans son *Traité de droit administratif*, Y. Gaudemet n'étudie pas l'exécution de l'acte mais plutôt sa non-exécution, c'est-à-dire les moyens dont dispose l'administration pour contraindre les administrés à exécuter leurs obligations (les sanctions et l'exécution forcée), Tome 1, 16ème éd., LGDJ, 2001, p. 763 et s.
[604] H. Gineste, *La notion d'exécution des actes administratifs unilatéraux*, Thèse, Toulouse, 1987, p. 31.
[605] *Ibid.*, p. 171.

qui en émane et qui donne à cette notion un sens juridique qui n'apparaissait pas nécessairement.

Son étude retiendra notre attention à deux égards : quant à la distinction opposant l'exécution et la non-exécution (a), quant à la question portant sur l'exécution, moment de l'acquisition des droits (b).

**a) Exécution et non-exécution.**

Si l'exécution est toujours précédée de l'entrée en vigueur de l'acte, il n'est pas établi, en revanche, que l'exécution succède toujours à l'entrée en vigueur. En effet, certains actes qui font partie de l'ordonnancement juridique (et qui sont donc nécessairement entrés en vigueur) ne reçoivent pas exécution. Il en est notamment ainsi s'agissant de certains actes administratifs qui n'ont jamais été exécutés, et qui pourtant prennent fin. La jurisprudence administrative assimile par exemple la caducité d'un acte n'ayant reçu aucun commencement d'exécution à un retrait pur et simple[606]. Un autre exemple est remarquable s'agissant des divers textes qui prévoient les causes de caducité, et selon lesquels la caducité intervient du fait de la non-exécution de l'acte[607].

Dans ces hypothèses, l'acte administratif unilatéral prend fin précisément parce qu'il n'a pas fait l'objet d'une exécution. La non-exécution apparaît alors comme la cause directe de la fin. Or, s'agissant de décisions individuelles telles qu'un permis de construire ou une demande d'autorisation dont l'octroi crée des droits, la non-exécution est le fait du bénéficiaire, qui a lui-même sollicité l'acte. Il faut donc admettre que certains actes administratifs unilatéraux ne reçoivent pas exécution, bien que les formalités administratives d'édiction aient été accomplies. L'entrée en vigueur n'est pas nécessairement suivie de l'exécution de l'acte, pourtant on peut affirmer qu'elle vise toujours cela. L'entrée en vigueur est alors, dans ces hypothèses, directement suivie de la fin de l'acte.

La particularité de l'exécution, moment où l'acte produit ses effets de droit, vient de son caractère principalement a-juridique ; elle fait, pour cette raison, l'objet de peu d'étude. En revanche, l'absence d'exécution et les moyens dont dispose l'autorité administrative pour y remédier, la sanction et la contrainte, revêtent un

[606] Conseil d'Etat, Sect., 17 févr. 1978, *Syndicat national des établissements de rééducation fonctionnelle*, Leb. p. 95.

[607] Le Code de l'urbanisme prévoit la caducité d'un permis de construire si aucune construction n'a été entreprise dans les deux ans (article R. 421-32) ; également, le Code de la santé publique prévoit la caducité des autorisations de créer ou d'étendre des établissements de santé quand il n'y a pas eu de commencement d'exécution dans le délai de trois ans (article L. 6122-11).

plus grand intérêt juridique et sont largement plus développés. Cela explique que la doctrine accorde peu d'importance à l'exécution et traite plus facilement de la non-exécution. C'est ainsi que R. Chapus, qui aborde l'entrée en vigueur d'une part et la sortie de vigueur des décisions administratives d'autre part, n'évoque en revanche pas l'exécution mais uniquement le « devoir d'obéissance aux décisions administratives et ses sanctions », ce qui revient à étudier la non-exécution[608]. De la même façon, les professeurs Rivero et Waline s'attachent à l'exécution forcée[609]. Enfin, dans le *Traité de droit administratif*, A. de Laubadère, J-C. Vénézia et Y. Gaudemet évoquent dans un chapitre intitulé « L'exécution de l'acte administratif » d'une part les sanctions administratives et d'autre part l'exécution par voie administrative et par voie de justice[610].

Il faut pourtant reconnaître que l'exécution d'un acte est sa réalisation. « Elle ne doit donc pas être confondue avec les diverses mesures d'application qui peuvent intervenir à partir de cet élément de l'ordre juridique (...). Elle est également distincte des sanctions qui en sont même, d'une certaine manière, la négation : celles-ci sont prononcées, à défaut précisément d'une véritable exécution »[611].
Ce moment de la vie de l'acte correspond à sa concrétisation, à sa matérialisation dans les faits. L'exécution présente l'intérêt principal de l'acte, instrument d'action sur l'ordonnancement juridique. C'est parce que l'acte est qualifiable d'exécutoire qu'il modifie immédiatement l'ordonnancement juridique.
A cet égard, J. Mourgeon affirme : « Pouvoir de modifier immédiatement l'ordonnancement juridique et d'imposer immédiatement l'obligation qu'il formule, telles sont les deux caractéristiques de l'acte exécutoire. Appliquées aux actes administratifs, elles sont réunies sous la dénomination de privilège du préalable »[612].
L'acte exécuté produit désormais les effets qu'il est censé produire, il a une utilité très concrète. Il s'applique à un ou plusieurs individus leur octroyant ou refusant un droit ou bien les obligeant à une certaine conduite, par exemple. Mais la force exécutoire de l'acte n'évite pas toute difficulté d'exécution, obligeant alors la puissance publique à recourir à des procédés permettant de surmonter l'inexécution de la règle.

L'intérêt d'édicter un acte est qu'il soit exécuté, autrement dit, qu'il produise des effets de droit. L'auteur de la décision recherche en effet toujours l'efficacité de l'acte administratif unilatéral qui se traduit par l'exécution de la décision. En

---

608 R. Chapus, *op. cit.*, p. 1171.
609 J. Rivero et J. Waline, *Droit administratif*, Dalloz, 1998, p. 107.
610 A. de Laubadère, J-C. Vénézia, Y. Gaudemet, *Traité de droit administratif*, précité, p. 763.
611 G. Dupuis, M-J. Guédon et P. Chrétien, *Droit administratif*, A. Colin, 2000, p. 444-445.
612 J. Mourgeon, *La répression administrative*, Thèse, LGDJ, 1967, p. 206.

d'autres termes, « il n'y a pas d'efficacité possible quand l'exécution n'est pas garantie et tant que subsiste, *a priori,* une possibilité d'inexécution »[613].
L'exécution et les effets de l'acte sont, par cet aspect, très proches. Les effets de l'acte apparaissent comme une composante de l'exécution, ils en font partie intégrante. La distinction semble ainsi des plus subtiles et l'exécution se confond par certains aspects avec les effets de l'acte.

**b) Exécution et droits acquis.**

De ces considérations, résulte une conséquence : c'est au moment de l'exécution de l'acte administratif unilatéral que sont créés, s'il y a lieu, les droits acquis. Cette affirmation revêt une importance certaine dans le cadre de notre étude, dans la mesure où les droits acquis conditionnent eux-mêmes la fin et ses règles d'application.
Le caractère créateur de droits acquis d'un acte apparaît, semble-t-il, avec son exécution, bien qu'il s'agisse d'un effet de l'acte, pouvant donc intervenir *a priori* avec son entrée en vigueur.
Comme le souligne H. Gineste, « la création de droits est rattachée aux effets de l'acte, alors qu'en elle-même, elle relève du plan de l'exécution »[614].
Les effets de l'acte sont permis par son exécution, ils en sont la concrétisation. Mais le principe selon lequel un acte crée des droits acquis par son exécution et donc lors de celle-ci suscite une interrogation parce qu'il implique qu'un acte non exécuté ne peut pas être créateur de droits acquis. Or, il apparaît qu'un acte administratif unilatéral peut créer des droits acquis au bénéfice de son destinataire à partir du moment où il est signé par son auteur, même si les mesures de publicité n'ont pas été entièrement effectuées[615]. Cela suppose donc que l'acte n'est pas complètement entré en vigueur et qu'il ne peut donc pas être exécuté. C'est une période de la vie de l'acte pendant laquelle ce dernier n'est pas encore réellement en vigueur, il est seulement invocable par les administrés mais il ne leur est pas opposable[616] ; et pourtant il peut déjà créer des droits acquis.

Deux explications sont susceptibles de comprendre ce phénomène. Selon la première, l'acte pourrait être exécuté sans être encore en vigueur, expliquant ainsi l'acquisition des droits. En effet, si l'acte n'est pas en vigueur, alors il n'est pas exécuté, ou tout au moins il n'est pas entièrement exécuté, puisqu'il n'est pas

613 J. Mourgeon, *op. cit.*, p. 218.
614 H. Gineste, *op. cit.*, p. 338.
615 Conseil d'Etat, Sect., 19 déc. 1952, *Delle Mattéi*, Leb. p. 594 : à propos de la nomination d'un fonctionnaire ; voir aussi Conseil d'Etat, Sect., 24 févr. 1967, *de Maistre*, Leb. p. 91 : à propos d'une promotion dans l'ordre de la Légion d'honneur.
616 Sur cette question, voir *infra.*, § 2.

susceptible de produire l'ensemble des effets pour lesquels il a été édicté. L'exécution est en effet le moment où l'acte produit ses effets de droit. Il faut dès lors admettre que l'exécution peut débuter alors que l'acte n'est pas encore complètement en vigueur parce que toutes les formalités correspondant à celle-ci n'ont pas été accomplies. Cela signifie que ces deux périodes (l'entrée en vigueur et l'exécution de l'acte) ne se succèdent pas nécessairement dans le temps, elles peuvent être concomitantes.

L'entrée en vigueur est toujours le premier moment de la vie de l'acte, mais parfois, bien que celle-ci ne soit pas achevée, l'exécution se superpose à elle, c'est-à-dire qu'elle a lieu dans le même temps. Cela n'occulte ni l'une, ni l'autre, ces deux moments de la vie de l'acte sont en effet toujours distincts. Lorsque l'exécution de l'acte administratif unilatéral intervient alors que l'acte n'est pas encore entré en vigueur, cela ne remet pas en cause ce premier moment de la vie de l'acte. L'exécution ne peut cependant intervenir que lorsque l'acte est émis, autrement dit, lorsqu'il a été signé par son auteur parce qu'avant cela il est un simple projet. La création des droits intervient dès lors toujours au moment de l'exécution de l'acte administratif unilatéral.

C. Yannakopoulos donne une seconde explication de ce phénomène selon lequel un acte peut créer des droits acquis bien qu'il ne soit pas encore intégré complètement à l'ordonnancement juridique, autrement dit bien qu'il ne soit pas encore complètement entré en vigueur. Il admet que « l'existence et la nature d'une obligation ou d'un droit, sont identifiées et fixées à ce moment là, sans qu'on doive prendre en considération leur évolution dans le temps vécu des faits sociaux »[617]. Selon lui, ce serait donc au moment de l'entrée en vigueur que les droits sont acquis. Cette conception réduit cependant la création de droit à un instant créateur de droit : le moment de l'édiction de l'acte. Elle s'oppose à l'idée précédente selon laquelle la création des droits acquis a lieu au moment de l'exécution de l'acte. C'est une conception « à la fois instantanée et élitiste de la liberté dans l'acte juridique : la volonté se ramène à l'instant vécu par celui qui ayant préalablement appréhendé tous les éléments est capable d'opter, seul moment dont le droit tiendra véritablement compte »[618].

Cette conception selon laquelle les droits sont acquis dès l'entrée en vigueur de l'acte administratif unilatéral est cependant trop restrictive. De fait, elle a pour conséquence d'ignorer toute exécution de l'acte, toute période ultérieure à l'entrée en vigueur et susceptible de faire acquérir des droits. Son auteur même, C. Yannakopoulos, admet qu'elle ne prend ni en considération l'assise factuelle du

[617] C. Yannakopoulos, *La notion de droits acquis en droit administratif français*, Thèse, LGDJ, 1997, p. 146.

[618] J. Hauser, « Temps et liberté dans la théorie de l'acte juridique » *in Religion, société et politique. Mélanges en hommage à J. Ellul*, PUF, 1983, p. 503.

phénomène d'acquisition, ni le caractère temporel que recèle le phénomène des droits acquis[619].

Au contraire, une conception dynamique, temporelle, envisagerait les droits dans leur évolution dans le temps. L'acquisition du droit est un phénomène de matérialisation des droits dans le temps, les droits deviennent acquis par leur mise en œuvre telle que l'édiction d'un autre acte ou l'accomplissement d'une condition prévue par l'acte[620]. C'est la période de concrétisation des droits. Or, qu'est-ce que cette période si elle n'est pas celle de l'exécution de l'acte ? C'est en effet la période pendant laquelle l'acte administratif reçoit exécution qui marque en principe le moment où intervient l'acquisition des droits, bien que certains droits soient acquis dès l'entrée en vigueur de l'acte, lorsque celle-ci se superpose à l'exécution.
Autrement dit, l'acquisition des droits se fait, en principe, au moment de l'exécution de l'acte. Si cette dernière est le plus souvent ultérieure et séparée de l'entrée en vigueur, il peut néanmoins arriver que ces deux moments se superposent. Dans ce cas particulier, l'acquisition des droits se produit au moment même où l'acte entre en vigueur et où il reçoit un commencement d'exécution.

**B/ La fin, dernier moment de la vie de l'acte.**

La fin est indéniablement le dernier moment de la vie de l'acte administratif unilatéral. De fait, elle provoque soit la cessation de ses effets, c'est-à-dire qu'il cesse simplement d'être exécuté, soit sa sortie de vigueur, c'est-à-dire qu'il disparaît de l'ordonnancement juridique. Dans tous les cas, l'acte ne produira pas ou plus d'effet, parce que la fin peut aussi survenir alors que l'acte n'a pas reçu exécution. Un arrêté peut ainsi être abrogé quand bien même il n'aurait pas reçu exécution[621].
Le moment qu'est la fin mérite d'être envisagé dans le cadre d'une étude comparative avec celui de l'entrée en vigueur (1°)[622], et avec celui de l'exécution de l'acte (2°).

---

619 C. Yannakopoulos, *op. cit.*, p. 147.

620 Conseil d'Etat, Sect., 7 juill. 1957, *Sieur Anglade*, Leb. p. 452 : le droit à être nommé dans la fonction publique reste dans un état de possibilité tant que les conditions imposées n'ont pas été remplies.

621 Conseil d'Etat, Sect., 23 juin 2000, *Simao*, n° 205645 : « … cette dernière décision doit être regardée comme ayant abrogé l'arrêté du 29 janv. 1999 qui n'a pas reçu d'exécution ».

622 Quant aux spécificités de la procédure de fin au regard de celle d'entrée en vigueur, voir *infra*, § 2.

**1°/ Entrée en vigueur et fin de l'acte, la succession des moments.**

Lorsqu'il entre en vigueur, l'acte administratif unilatéral fait partie de l'ordonnancement juridique. Il n'en sortira que si l'autorité compétente édicte un acte à cet effet. Si les formalités d'entrée en vigueur de l'acte administratif sont, pour une large part, intrinsèques à celui-ci, celles concernant sa sortie de vigueur supposent au contraire que soit édicté un acte à cet effet, un acte de fin.

Si l'acte qui prend fin n'a pas toujours reçu exécution, il est en revanche nécessairement entré en vigueur. Pour qu'un acte soit exécuté, il est nécessaire qu'au préalable les formalités concernant son entrée en vigueur aient été accomplies[623]. Même s'il n'a produit aucun effet, il pourra quand même disparaître. La fin suppose donc que l'acte administratif est entré en vigueur, mais elle ne suppose pas au contraire qu'il a été exécuté. La jurisprudence administrative abonde en ce sens, comme le montre un arrêt de la Cour administrative d'appel de Lyon du 27 février 2001, *Commune de Morestel,* dans lequel le juge affirme : « l'arrêté litigieux n'avait reçu aucun commencement d'exécution (...) ; dans ces conditions, l'arrêté du 15 février 1995 doit être regardé comme étant devenu caduc et ayant cessé de produire effet à la date de la présente décision »[624]. La fin d'un acte peut donc intervenir en l'absence de toute exécution, à la seule condition qu'il soit entré en vigueur. L'entrée en vigueur est de ce point de vue toujours le premier moment de la vie de l'acte et la fin est toujours le dernier moment, le caractère contingent de l'exécution explique que la comparaison soit moins patente. De plus, l'entrée en vigueur précède nécessairement et par définition la fin de l'acte, cet ordre de succession ne peut pas être remis en cause.

**2°/ L'éventuelle remise en cause de l'exécution par la fin de l'acte.**

Si l'exécution de l'acte ne peut en aucun cas remettre en cause son entrée en vigueur, bien que dans certaines circonstances elles se produisent en même temps, la question s'est posée de la remise en cause de l'exécution par la fin, précisément par l'annulation, mais aussi par toute autre modalité rétroactive. On s'est ainsi demandé si la rétroactivité de l'annulation, comme celle du retrait, était susceptible de remettre en cause l'exécution de l'acte. L'acte est en effet considéré n'être jamais intervenu, et il est de fait censé n'avoir jamais été exécuté.

---

[623] L'étymologie du terme exécution est significative : *ex-sequor* présente comme essentielle l'idée que l'exécution est une chose qui survient « après », qui « suit » quelque chose qui précède nécessairement. « L'exécution n'est jamais seule, isolée, elle se relie toujours implicitement à ce qui a précédé, qui est ce qui est exécuté et qui en est à l'origine », (H. Gineste, *op. cit.*, p. 18).

[624] Cour administrative d'appel de Lyon, 27 févr. 2001, *Commune de Morestel,* n° 97LY02529.

Il apparaît nécessaire de distinguer, dans cette perspective, les deux modalités rétroactives que sont le retrait et l'annulation. En effet, l'annulation d'un acte est prononcée par le juge et elle intervient toujours à titre de sanction du non-respect de la légalité administrative. Le juge administratif fonde uniquement son appréciation sur l'illégalité de l'acte lorsqu'il en prononce l'annulation. Les autres caractéristiques de l'acte ne sont nullement prises en considération, notamment son exécution. Au contraire, lorsqu'il s'agit du retrait par l'autorité administrative, le principe d'intangibilité des situations individuelles vient s'opposer au pouvoir de retrait de l'administration. Les droits acquis sont également un obstacle au pouvoir de l'administration d'annihiler l'acte. « L'exécution se traduit par une situation où des droits sont créés. Elle est intégrée à l'acte dans l'acte créateur de droits », affirme H. Gineste[625].

Alors qu'il apparaît que la procédure encadrant l'annulation d'un acte administratif occulte complètement son exécution, il en va différemment s'agissant du retrait dont l'auteur doit notamment tenir compte des droits acquis créés par l'acte, s'il y a lieu.
La rétroactivité de l'annulation remet en cause l'exécution de l'acte, elle l'anéantit. L'acte annulé est censé n'avoir jamais existé, il est également censé n'avoir jamais reçu exécution. Tout acte entaché d'illégalité peut être annulé par le juge administratif saisi d'un recours pour excès de pouvoir.
La situation est différente s'agissant du retrait, bien que par de nombreux aspects elle s'en rapproche : l'acte retiré est, comme l'acte annulé, censé n'avoir jamais existé.
Mais contrairement à l'annulation, il existe un obstacle au retrait et à la négation de l'exécution : la présence éventuelle de droits acquis. L'illégalité seule n'est pas une justification suffisante, encore faut-il que l'acte n'ait pas créé de droits acquis. En prenant en compte la présence de droits acquis, le retrait tient compte de l'exécution de l'acte. En cela, le retrait se distingue radicalement de l'annulation de l'acte.
La fin de l'acte administratif unilatéral peut donc, dans certains cas, anéantir le moment qui la précède, c'est-à-dire son exécution. Mais cela ne se produit que quand la fin est rétroactive et uniquement lorsqu'elle procède d'une annulation, le retrait n'ayant, au contraire, pas cet effet (sauf si l'acte initial n'avait créé aucun droit acquis).

[625] H. Gineste, *op. cit.*, p. 335.

### §2 : Les spécificités de la procédure de fin au regard de celle d'entrée en vigueur.

Les développements précédents ont mis en lumière les éventuels rapprochements pouvant être établis entre l'entrée en vigueur de l'acte et sa fin, ainsi que leurs limites dues aux spécificités de chacune.
Au sein même de leurs procédures, une question mérite de retenir l'attention car elle semble se retrouver de manière presque identique tant dans l'entrée en vigueur que dans la fin. L'entrée en vigueur se caractérise en effet par une distinction qui a largement alimenté les controverses doctrinales et qui oppose la validité et l'effectivité de l'acte, son opposabilité aux administrés et son invocabilité par eux. Elle amène précisément à distinguer l'entrée en vigueur et le commencement des effets de l'acte administratif unilatéral. Or, l'étude a révélé que la fin de l'acte administratif unilatéral peut, quant à elle, revêtir deux formes : la sortie de vigueur et la fin des effets de l'acte.
Il faut alors se demander si la première distinction a pu influencer de quelque manière que ce soit la seconde, autrement dit, si la seconde ne procède finalement pas de la première. Si l'entrée en vigueur paraît être en parfaite opposition avec la sortie de vigueur quant à leurs procédures propres, la mise en parallèle du commencement des effets de l'acte et de la fin de ceux-ci suscite davantage de doutes et mérite pour ces raisons d'être prise en considération.

La distinction opposant l'entrée en vigueur et le commencement des effets de l'acte sera d'abord présentée (A). Nous démontrerons ensuite qu'aucun parallèle ne peut être établi avec la seconde parce que la distinction entre la sortie de vigueur et la fin des effets de l'acte est spécifique (B).

#### A/ La distinction opposant l'entrée en vigueur et le commencement des effets de l'acte.

L'entrée en vigueur marque en principe le moment où l'acte administratif unilatéral commence à produire les effets pour lesquels il a été édicté. L'entrée en vigueur et le commencement des effets de l'acte sont donc, en règle générale, concomitants.
Pourtant des exceptions à ce principe sont manifestes à deux égards : d'une part, un acte administratif unilatéral entré en vigueur peut produire des effets dans le passé, lorsque l'acte est rétroactif, mais aussi dans l'avenir, en présence d'une condition suspensive par exemple. D'autre part, au sein même de l'entrée en vigueur, le commencement des effets est susceptible de se produire à deux moments, dès la signature de l'acte ou seulement à compter de sa publicité. Cette distinction, qui impose finalement de distinguer l'entrée en vigueur et le commencement des effets

de l'acte, a fait l'objet d'une controverse doctrinale opposant les auteurs pour lesquels le commencement des effets a lieu au moment de la signature de l'acte et ceux qui considèrent que c'est la publicité faite à l'acte qui lui permet de produire effet. Ces deux théories, opposant les tenants de la signature à ceux de la publication, ont fait l'objet d'une critique commune de Ch. Eisenmann qui a, de son côté, élaboré une théorie différente[626]. Mais la solution finalement retenue par le juge administratif est encore différente, elle est plus nuancée que ces trois théories : le juge administratif considère que l'entrée en vigueur et le commencement des effets d'un acte dépendent précisément de la nature de cet acte.

Si l'entrée en vigueur exerce une influence, même minime, sur la fin de l'acte, il semble que ce soit dans le cadre de la comparaison entre ces deux dichotomies. Il y a donc un intérêt manifeste à analyser la dichotomie opposant l'entrée en vigueur et le commencement des effets de l'acte, dans la perspective de comprendre certains aspects de la fin. En d'autres termes, il apparaît que la fin possède des spécificités qui empêchent toute comparaison avec son entrée en vigueur, excepté, peut-être, s'agissant de ces deux distinctions.
Nous présenterons les thèses en présence (1°), avant d'exposer la solution, plus nuancée, du juge administratif (2°).

**1°/ Les thèses en présence.**

La thèse de la signature prévoit que les actes administratifs unilatéraux entrent en vigueur par le fait de leur signature, c'est-à-dire à la date de celle-ci. Les auteurs évoquent l'émission de l'acte. Cette thèse est défendue par les tenants de l'école de Duguit, notamment A. de Laubadère, qui se réclame d'une approche matérielle de l'acte[627]. Une telle approche suppose que la vigueur se confond avec l'existence.
Selon la seconde théorie, c'est seulement la publication qui opère entrée en vigueur des actes administratifs unilatéraux. La publicité conditionne l'applicabilité de la norme, elle « confère à la norme son attribut essentiel, le caractère obligatoire : elle est la condition de l'entrée en vigueur de la norme »[628].

Ces théories présentent toutes deux un caractère très radical, elles ne souffrent *a priori* aucune exception. Pourtant, bien que fondamentalement opposées, elles se rejoignent sur un point : elles admettent toutes deux l'importance

---

[626] Ch. Eisenmann, « Sur l'entrée en vigueur des normes administratives unilatérales », *Mélanges Stassinopoulos*, LGDJ, 1974, p. 201 ; *Cours de droit administratif 1959-1960,* Tome II, LGDJ, 1983, p. 723.
[627] A. de Laubadère, *Traité élémentaire de droit administratif*, LGDJ, 2ème éd., 1957, n° 319.
[628] R. Hostiou, *op. cit.*, p. 135.

de la distinction entre la validité et l'opposabilité de l'acte. C'est ce que souligne clairement H. Gineste : « Les deux conceptions classiques de l'entrée en vigueur, qui s'opposent par ailleurs, s'accordent sur l'importance de la publicité qui même lorsqu'elle est précédée d'une vigueur de l'acte pour les signaturistes marque cependant le point de départ crucial de l'exécutabilité de l'acte, de son opposabilité aux administrés »[629].
La doctrine française admet ainsi que l'acte est valable, autrement dit, a force exécutoire, dès qu'il est signé, même s'il n'est encore ni publié, ni notifié. Elle admet ainsi que c'est seulement son opposabilité qui dépend de la publicité faite à l'acte[630].
L'acte a force juridique de par son émission, c'est-à-dire dès que la décision est prise, bien qu'il ne soit pas encore opposable aux tiers.
Une explication est donnée par le doyen Hauriou, qui écrit : « Il y a un moment où l'acte est considéré comme conclu, c'est celui où il réunit tous les éléments de la force exécutoire »[631].

Ces deux conceptions de l'entrée en vigueur ne sont cependant pas satisfaisantes parce qu'elles ne considèrent pas toutes les situations du droit positif. Cela explique que Ch. Eisenmann a, de son côté, élaboré une théorie différente, plus en conformité avec l'état du droit. Selon cet auteur, la norme existe matériellement dans l'ordre juridique dès son émission, elle y est « inscrite » ; mais pour un moment, elle n'y est présente qu'avec une valeur latente, suspendue avec la quasi-certitude d'une prochaine valeur actuelle[632]. La norme non publiée est sans force, elle est « lettre morte », en « sommeil » ; l'acte n'a pas encore valeur ou vigueur de norme[633].
L'auteur admet donc que l'entrée en vigueur de l'acte administratif unilatéral ne se produit généralement qu'au moment de sa notification ou publication. Il n'admet pas pour autant la théorie retenue par les tenants de la publicité, qu'il juge trop absolue parce qu'elle ne prend pas en compte un certain nombre d'exceptions[634]. Force est en effet de reconnaître que dans certaines hypothèses, l'acte entre pour

[629] H. Gineste, *op. cit.*, p. 146.
[630] Voir notamment M. Stassinopoulos, *Traité des actes administratifs*, Athènes, 1954 ; J. Rivero et J. Waline, *Droit administratif*, Dalloz, 2000 ; M. Waline, *Droit administratif*, Sirey, 1963.
[631] M. Hauriou, note sous Conseil d'Etat, 27 mars 1914, *Laroche*, Sirey 1914, III, 97.
[632] Ch. Eisenmann, *op. cit.*, p. 725.
[633] *Ibid.* Voir également la distinction kelsénienne entre la validité et l'efficacité de la norme qui est à rapprocher des développements du professeur Ch. Eisenmann *in* H. Kelsen, *Théorie générale des normes*, PUF, 1996, p. 184.
[634] Ch. Eisenmann, « Sur l'entrée en vigueur des normes administratives unilatérales », *Mélanges Stassinopoulos*, LGDJ, 1974, p. 215. Ch. Eisenmann prend notamment comme exemple le décret du 5 novembre 1870 dont l'article 2 dispose que « les lois et les décrets seront obligatoires, à Paris, un jour franc après la promulgation, et partout ailleurs, dans l'étendue de chaque arrondissement, un jour franc après que le Journal Officiel qui les contient sera parvenu au chef-lieu de cet arrondissement ».

une part en vigueur dès sa signature, notamment s'agissant d'un acte individuel, de surcroît s'il est créateur de droits acquis.

**2°/ La solution nuancée du juge administratif.**

Lorsqu'il s'agit d'apprécier la légalité d'un acte administratif unilatéral, le Conseil d'Etat fait référence à sa signature, supposant que l'acte administratif unilatéral existe dès cette date[635]. Mais cette solution ne reflète pas l'exactitude de l'état du droit jurisprudentiel, dont l'étude montre que le Conseil d'Etat attache des effets juridiques différents à la signature selon qu'elle concerne un acte réglementaire ou un acte individuel, conférant ainsi une très large importance à la nature de l'acte. L'étude de la jurisprudence montre ainsi que l'acte réglementaire non publié n'est pas opposable aux administrés, qui ne peuvent pas non plus s'en prévaloir[636]. Tant que les règlements n'ont pas reçu la publicité requise, ils n'emportent donc aucun effet, ni à l'égard des administrés, ni à l'égard de l'administration. Ce principe connaît cependant une exception en cas de circonstances exceptionnelles[637].

Quant à l'acte individuel, il faut distinguer selon qu'il est ou non créateur de droits acquis : si l'acte ne crée pas de droit acquis, la règle est la même que celle qui s'applique aux règlements, autrement dit, la publicité s'avère primordiale. Dès lors, une décision défavorable à son destinataire n'entre en vigueur que par la notification qui lui en est faite[638]. En revanche, si l'acte crée des droits acquis, ceux-ci le sont à compter de la signature de l'acte depuis l'arrêt du Conseil d'Etat *Delle Mattéi* de 1952[639]. Un acte individuel crée donc des droits acquis dès sa signature, sans qu'aucune mesure d'information officielle ne soit nécessaire.
Mais cette solution doit être précisée à deux égards : d'une part, l'acte administratif unilatéral ne crée des droits acquis à compter de sa signature que si un texte n'en dispose pas autrement. D'autre part, un acte simplement signé est opposable à l'administration, mais il n'est pas opposable aux tiers.

L'entrée en vigueur des décisions administratives n'est donc pas soumise à un régime juridique uniforme. De fait ni la théorie « signaturiste », ni celle de la publication, ne permettent d'apporter une explication globale quant aux conditions

---

[635] Voir Conseil d'Etat, 9 mai 1947, *Fabre*, Leb. p. 187.
[636] Conseil d'Etat, 26 nov. 1954, *Delle Balthazard*, Leb. p. 724.
[637] Conseil d'Etat, Sect., 26 juill. 1935, *Dugas*, Leb. p. 835.
[638] Conseil d'Etat, 28 nov. 1952, *Dame Lefranc*, Leb. p. 534.
[639] Conseil d'Etat, Sect., 19 déc. 1952, *Delle Mattéi*, Leb. p. 594 ; voir également la confirmation de cette jurisprudence : Conseil d'Etat, Sect., 18 mai 1973, *Ville de Cayenne*, AJDA 1973, p. 538.

d'opposabilité des décisions administratives. « La jurisprudence offre une image plus nuancée du droit positif »[640].
Récemment, le juge administratif s'est prononcé sur cette question de manière incidente, alors qu'il élaborait les nouvelles conditions du retrait des actes administratifs unilatéraux créateurs de droits acquis. C'est ainsi que dans l'arrêt *Ternon* du 26 octobre 2001, la Haute Assemblée a affirmé que l'autorité administrative est susceptible de retirer un acte administratif créateur de droits acquis illégal dans un délai de quatre mois à compter de l'émission de l'acte[641]. Les effets produits par l'acte de retrait le seront donc à compter de la signature de l'acte, c'est-à-dire de son émission, sans tenir compte des formalités de publicité. C'était d'ailleurs l'objectif du juge administratif qui visait à mettre un terme aux inconvénients liés à la fixation du délai de retrait à la date à laquelle l'acte reçoit la publicité requise. En effet, lorsque l'acte ne reçoit aucune publicité ou lorsque celle-ci est incomplète, le délai ne commence pas à courir ; et cela se produit toujours au détriment de l'administré.
Cette jurisprudence ne peut cependant pas être généralisée, et il serait abusif d'affirmer que le Conseil d'Etat se prononce désormais en faveur de la théorie de la signature. Pourtant, il faut reconnaître que l'évolution jurisprudentielle va dans ce sens, et nous ne pouvons qu'en tenir compte.

Le commencement des effets de l'acte peut donc se produire soit au moment de l'émission de l'acte, c'est-à-dire de sa signature, soit aussi au moment de sa publicité. Parfois certains effets se produisent à la signature, les autres à la publication (il en est ainsi lorsque l'acte individuel crée des droits acquis pour son bénéficiaire dès la signature, mais ne produira effet à l'égard des tiers qu'à compter de la publication). Dans toutes les hypothèses, l'acte n'est pleinement en vigueur que lorsque toutes les formalités ont été accomplies, autrement dit, lorsqu'il a été signé par son auteur et qu'il a reçu toutes les mesures de publicité imposées. J-Y. Vincent, s'appuyant sur l'état du droit, conclut : « En définitive, il est vain de vouloir ramener à l'unité, derrière la bannière tantôt de la signature, tantôt de la publicité, une réalité juridique complexe et qui ne se plie pas à semblable simplification. Le droit positif échappant à l'esprit de systématisation, admet un pluralisme de solutions »[642].

L'absence remarquable de coïncidence entre le moment où l'acte entre en vigueur et celui où il commence à produire les effets qui s'y attachent rappelle que la fin se manifeste de deux façons : la sortie de vigueur de l'acte et la fin de ses effets. Dès

---

[640] J. Carbajo, *L'application dans le temps des décisions administratives exécutoires*, Thèse, LGDJ, 1980, p. 56.
[641] Conseil d'Etat, Ass., 26 oct. 2001, *Ternon*, précité.
[642] J-Y. Vincent, Obs. sous Conseil d'Etat, 4 juill. 1975, *Sieur Delfini*, JCP 1977, II, 18666.

lors, il faut se demander dans quelle mesure un lien peut être établi entre le commencement des effets de l'acte et la fin de ceux-ci d'une part, entre l'entrée en vigueur et la sortie de vigueur de l'acte d'autre part.

**B/ La sortie de vigueur et la fin des effets de l'acte, une distinction propre.**

La perspective d'une comparaison entre les deux dichotomies, portant l'une sur l'entrée en vigueur et l'autre sur la fin de l'acte, fondée sur une étude précise de chacune, semble délicate. D'un point de vue formel, ces deux distinctions semblent incontestablement liées de par leurs similitudes.
Pourtant deux arguments tendent à affirmer l'inverse : d'abord, le commencement des effets de l'acte précède par essence son entrée en vigueur alors que la fin des effets n'implique pas la sortie de vigueur de l'acte. Ensuite, la distinction relative à l'entrée en vigueur porte sur sa nature même, c'est-à-dire sur ses propres conditions d'application, alors que celle relative à la fin porte sur les effets de celle-ci en fonction de la nature de l'acte. Le critère de distinction est dès lors fondamentalement différent. Il y a une réelle distinction à établir, ces deux dichotomies sont radicalement différentes et surtout complètement indépendantes, l'une ne justifiant ni n'influençant l'autre d'une quelconque manière.
Les deux critères de distinction justifiant cette affirmation, l'indépendance des termes (1°) et la nature de l'acte (2°), seront successivement analysés.

**1°/ Le critère fondé sur l'indépendance des termes.**

Le commencement des effets d'un acte postule que cet acte entrera en vigueur, à plus ou moins long terme. En d'autres termes, lorsqu'une décision administrative produit certains effets avant que toutes les formalités de publicité n'aient été accomplies, c'est parce que ces formalités inaccomplies sont supposées l'être par la suite, afin que l'acte puisse produire l'ensemble de ses effets. Une décision individuelle qui crée des droits acquis à compter de sa signature, bien qu'elle ne soit pas encore notifiée, est vouée à l'être et donc à entrer pleinement en vigueur dès ce moment. L'acte étant invocable par les administrés, il vise toujours par essence à leur être opposable.
Le commencement des effets de l'acte est de ce point de vue un stade intermédiaire, une période toujours provisoire pendant laquelle l'effectivité de l'acte n'est que relative. Cette période n'est cependant jamais une fin en soi, l'acte vise nécessairement à atteindre une effectivité totale, à produire l'ensemble des effets pour lesquels il a été édicté. Par conséquent, si le juge administratif a admis qu'un acte peut commencer à produire certains effets avant d'être pleinement en vigueur, c'est pour la seule raison que cet acte vise, à terme, à entrer en vigueur. Le juge administratif est dans cette entreprise guidé par un souci de sécurité juridique.

La distinction entre le commencement des effets de l'acte et l'entrée en vigueur est sous-tendue par une seule question de temps : en principe concomitants, ces deux moments peuvent être successifs, en revanche ils ne sont jamais indépendants l'un de l'autre. Or, l'indépendance des propositions se révèle un critère déterminant : en effet la fin des effets de l'acte ne suppose pas toujours qu'il sorte de vigueur. Pourtant cette hypothèse reste fréquente, notamment lorsque l'acte devenu caduc fait l'objet d'une constatation de caducité.
Mais le principe veut que la fin des effets de l'acte puisse être complètement indépendante de sa sortie de l'ordonnancement juridique. En d'autres termes, la fin des effets de l'acte ne conduit pas toujours à sa sortie de vigueur. Ainsi, un acte caduc ne fera pas nécessairement l'objet d'une constatation de la part de l'autorité compétente. Par ailleurs, la modification de l'acte ne vise pas sa sortie de vigueur. De ce point de vue, la distinction opposant l'entrée en vigueur et le commencement des effets de l'acte et celle opposant la sortie de vigueur et la fin des effets de l'acte sont manifestement différentes.

Par ailleurs, la fin des effets d'un acte administratif unilatéral n'est pas nécessairement une période provisoire, elle a un statut propre, elle constitue une fin en soi. La cessation des effets ne suppose pas nécessairement que l'acte sorte de vigueur, elle se suffit parfois à elle-même. Par exemple, un acte modifié ne sort pas de l'ordonnancement juridique, seuls certains de ses effets ont pris fin sans que la vigueur même de l'acte ne soit atteinte[643]. Cela n'exclut cependant pas que la fin des effets conduise à la sortie de vigueur de l'acte comme l'illustre la constatation de caducité.
Dans cette hypothèse, la fin des effets précède (pour un moment plus ou moins long) la sortie de vigueur de l'acte, et elle la précède nécessairement lorsque la compétence de l'auteur de la constatation est liée par le droit[644].

Le commencement des effets de l'acte conduit nécessairement à l'entrée en vigueur, il est toujours provisoire, il n'a en effet pas de signification propre en lui-même. Il est toujours un moment de l'accomplissement de l'entrée en vigueur, un moment qui doit être suivi de la mise en œuvre des formalités de publicité. L'arrêt

---

[643] Conseil d'Etat, Sect., 17 nov. 2000, *URSSAF de la Haute-Garonne*, n° 198288 : la modification du statut national du personnel des industries électriques et gazières ne met pas fin à ce statut, mais uniquement à certaines de ses dispositions.

[644] Voir, par exemple, Cour administrative d'appel de Marseille, 20 juill. 1999, *SNC Bartolotta Développement*, n° 98MA00454 ; Cour administrative d'appel de Lyon, 14 juin 1999, *Boissier*, n° 96LY01915 : la loi du 30 juin 1975 dispose que les autorisations de création d'un établissement privé destiné à héberger des personnes âgées sont réputées caduques si les travaux nécessaires n'ont pas reçu un commencement d'exécution dans un délai de trois ans à compter de la date de leur délivrance ; le juge administratif admet que le président du Conseil général était tenu de constater la caducité de l'autorisation.

*Sieur de Maistre* rendu par le Conseil d'Etat en 1967, illustre clairement ce propos : la Haute Assemblée juge en effet que les dispositions de l'article R. 48 du Code de la légion d'honneur annexé au décret du 28 novembre 1962[645] « ne sauraient être interprétées comme assortissant les nominations dans l'Ordre de la légion d'honneur d'une condition suspensive » et que « dès leur signature, les décrets de nomination ou de promotion créent, par eux-mêmes, des droits au profit de leurs bénéficiaires sous la seule réserve des dispositions de l'article R. 49 relatives aux conditions dans lesquelles il ne peut pas être procédé à la réception dans l'Ordre ».

Au contraire, la fin des effets de l'acte est un moment qui se suffit à lui-même, il n'a pas besoin d'être suivi de la sortie de vigueur pour exister. La fin des effets de l'acte et la sortie de vigueur sont les deux formes de fin de l'acte administratif unilatéral, chacune ayant une existence propre, donc chacune étant indépendante de l'autre. Aucune comparaison ne peut de ce point de vue être établie, ils sont intrinsèquement différents.

**2°/ Le critère fondé sur la nature de l'acte.**

Un second critère de distinction mérite d'être pris en considération. Ce critère est manifeste si l'on tient compte précisément des décisions créatrices de droits acquis. Le commencement des effets de l'acte ne peut en effet avoir lieu avant son entrée en vigueur que pour les décisions individuelles créatrices de droits acquis. Cette situation est clairement illustrée par la théorie du retrait : considérer que les droits acquis créés ne le sont qu'à compter de la publicité donnée à l'acte aurait abouti à permettre le retrait dans le secret des administrations. C'est pourquoi le Conseil d'Etat a abandonné le régime unique d'entrée en vigueur et a fait bénéficier les destinataires des actes particuliers créateurs de droits d'une protection particulière[646]. Cette distinction se fonde donc sur la protection des administrés, c'est la sécurité juridique qui la justifie. Elle ne vaut que pour les actes administratifs unilatéraux créateurs de droits acquis. Elle reste donc une exception dans le régime de l'entrée en vigueur de l'acte administratif unilatéral. Alors que la fin des effets de l'acte ne concerne absolument pas de manière exclusive les actes individuels créateurs de droits acquis, elle concerne tous les actes parce qu'elle n'est pas fondée sur le principe de sécurité juridique et qu'elle n'est pas non plus une exception au régime de la fin.

[645] L'article 28 du Code de la légion d'honneur dispose que « Nul n'est membre de la légion d'honneur avant qu'il n'ait été procédé à sa réception dans l'Ordre » et que « Les décrets portant nomination ou promotion précisent qu'ils ne prennent effet qu'à compter de la réception ».

[646] Conseil d'Etat, Sect., 19 déc. 1952, *Delle Mattéi*, précité.

L'affirmation selon laquelle aucun lien ne peut être établi entre les deux distinctions précitées est ainsi confirmée lorsque l'on s'attache à ce second critère selon lequel seuls les actes administratifs unilatéraux créateurs de droits acquis sont susceptibles de produire effet avant l'accomplissement des formalités de publicité. Ce serait alors la nature de l'acte qui justifierait le commencement de ses effets : acte individuel et créateur de droits acquis. Alors que la fin des effets de l'acte ne dépend pas de sa nature, elle ne vise pas certains actes de manière spécifique. Il est en effet impossible d'établir une systématisation des actes modifiés ou caducs.

L'absence totale de relation et d'influence entre ces deux distinctions apparaît d'autant plus qu'aucun lien pertinent de cause à effet ne peut être établi : si l'acte administratif individuel créateur de droits acquis commence à produire effet avant d'être notifié, cela ne suppose pas qu'il cesse de produire effet avant de sortir de vigueur, c'est-à-dire qu'il devienne caduc. Il n'y a donc aucune relation entre ces deux hypothèses. Tout acte est susceptible de cesser de produire effet, de la même façon que tout acte peut sortir de vigueur. Ce n'est pas de la nature de l'acte que dépend la forme de fin mise en œuvre par son auteur, mais plus précisément des effets qu'il souhaite atteindre.

La sortie de vigueur de l'acte et la fin de ses effets sont deux formes de fin ayant des effets radicalement différents tenant à la vigueur de l'acte, à sa présence dans l'ordonnancement juridique. Elles se distinguent donc par leurs effets, mais non par l'acte sur lequel elles portent dont la nature est complètement indépendante de la fin. De ce point de vue également, la distinction entre la sortie de vigueur et la fin des effets de l'acte est différente de celle établie entre le commencement des effets et l'entrée en vigueur de l'acte. La forme de fin ne dépend ni de la nature individuelle ou réglementaire de l'acte, ni de son caractère créateur ou non créateur de droits acquis. Elle ne dépend que des effets que l'auteur de la fin souhaite atteindre, et également de la nature de l'acte qui disparaît.

L'entrée en vigueur n'exerce définitivement pas d'influence sur la fin de l'acte administratif unilatéral, la fin est effectivement une procédure singulière.

## Section 2 : L'existence d'une notion de fin de l'acte administratif unilatéral.

L'acte de fin, qui fait la singularité de celle-ci, a mis en évidence la cohérence et l'unité de la procédure. Il tend ainsi à affirmer l'existence d'une notion de fin de l'acte administratif unilatéral, en montrant que cette dernière est une entité à part entière, elle est autre chose qu'une association d'éléments divers. En d'autres termes, il contribue à montrer que la fin a une existence propre, et que malgré une évidente complexité tenant tant à ses manifestations qu'à ses effets, elle est véritablement une notion.

La notion de fin de l'acte doit par ailleurs être précisément définie. Il est apparu que seule sa fonction, c'est-à-dire le rôle joué par celle-ci, permettait d'unifier les éléments divers qui la composent : elle est de ce fait et incontestablement une notion fonctionnelle. C'est l'objet de la fin qui permet d'en donner une définition, dont le fondement se situe donc dans la fonction. Après avoir défini la notion même, il sera intéressant d'apprécier son évolution éventuelle.

La démonstration de l'existence d'une notion de fin et sa mise en évidence par l'acte de fin seront d'abord étudiées. Un premier paragraphe sera ainsi consacré à la mise en évidence de la notion (§1). Sa définition précise et son évolution potentielle seront ensuite présentées. Un second paragraphe portera sur le caractère fonctionnel de la notion (§2).

**§1 : La mise en évidence de la notion.**

La singularité de la procédure de fin trouve sa source principale dans la présence d'un acte spécifique à l'origine de la procédure : l'acte de fin. Elle permet par ailleurs de montrer l'existence de la notion en mettant en lumière l'unité et la cohérence de la procédure, au regard de la complexité qui la caractérise.
Le rôle joué par l'acte de fin, sa fonction au sein de la procédure expliquent son importance dans la mise en lumière de la notion. Il exprime en effet la volonté de son auteur. Or, il est admis qu'un acte administratif unilatéral ne peut prendre fin que si une manifestation de volonté est intervenue en ce sens.
Au-delà de ces considérations, il est apparu que l'acte de fin permet et exprime la raison d'être de la fin : c'est-à-dire l'adaptation constante de l'ordre juridique tout en assurant la meilleure protection des administrés. Il est de ce point de vue le fil conducteur de la fin. Ce sont ces éléments qui permettent d'évoquer l'existence d'une notion de fin de l'acte administratif unilatéral.

Nous étudierons successivement le rôle joué par l'acte de fin dans la mise en lumière de la notion d'abord, en tant que révélateur de celle-ci (A), et ensuite la raison d'être de la notion, qui se traduit dans la protection des administrés (B).

**A/ L'acte de fin révèle la notion de fin.**

Le dictionnaire de Lalande définit ainsi la notion : « Se dit surtout, mais pas exclusivement, des objets abstraits de connaissance (...) ; plus spécialement encore, il s'applique aux concepts »[647]. Une notion est une définition des caractères essentiels d'un objet, elle permet d'identifier un objet dans sa réalité. Le critère de

[647] Lalande, *Vocabulaire technique et critique de la philosophie*, Vol. I, PUF, 1997, p. 160.

la réalité permet à H. Kelsen de distinguer la notion et la norme : « La notion de quelque chose, d'un objet, énonce que, si quelque chose a les qualités fixées par la définition de la notion, cet objet tombe sous la notion, c'est-à-dire qu'il est ce que la notion désigne »[648].
La notion permet d'avoir une connaissance approfondie d'un objet, elle en révèle la réalité et la part de rationnel. Cette idée de rationalité est primordiale, elle est en effet le critère permettant de passer de la définition pure et simple à la notion en tant que telle. En d'autres termes, la définition permet de décrire l'objet, de le qualifier, de l'identifier. La notion va au-delà, elle permet de le faire entrer dans une catégorie répertoriée à laquelle sera applicable un régime juridique dès lors que cet objet est l'expression d'une logique, c'est-à-dire possède un caractère rationnel qui permet de dépasser le stade de la simple description.

La distinction ainsi établie entre la définition et la notion mérite de retenir l'attention en raison des liens existant entre elles. Les éléments qui ont permis de définir la fin en sont les éléments essentiels, ceux qui la caractérisent. Trois d'entre eux ont semblé devoir être retenus[649], dans la perspective d'aller au-delà de la définition pour mettre en lumière la notion : d'abord l'expression de la volonté de l'auteur de la fin, ensuite le but poursuivi par l'auteur de la fin (il s'agit toujours de mettre fin à tout ou partie des effets d'un acte administratif unilatéral, parfois d'agir également sur sa vigueur), enfin les moyens mis en œuvre (ce sont les différentes modalités de fin). Ces trois éléments qualifient la fin, ils sont les éléments d'une définition de la fin. Mais ils ne permettent pas d'affirmer l'existence d'une notion de fin, car cette dernière ne se confond pas avec la définition. La démonstration de l'existence de la notion suppose dès lors de dépasser ce premier stade.
L'affirmation de l'existence d'une notion de fin ne peut être que la conséquence du lien qui unit ces trois éléments, un lien qui exprime une réelle cohérence entre les modalités et la finalité de la procédure. Il faut donc, au sein de ce que nous connaissons de la fin, rechercher ce lien qui en fait l'unité, un élément qui traduit la cohérence de celle-ci. Il convient donc d'étudier de manière approfondie l'ensemble des éléments qui se dégagent de la définition.

Il résulte de ces considérations que la manifestation de volonté de son auteur constitue le trait d'union de toutes les composantes de la fin, elle est en effet une constante de la procédure. L'expression de la volonté de l'auteur de la fin peut ainsi s'analyser comme le lien qui fait l'union de ses éléments, elle les rassemble ainsi autour d'une idée commune. De ce point de vue, elle apparaît non seulement comme l'élément rationnel de la fin, mais elle révèle également la logique de la procédure.

---

[648] H. Kelsen, *Théorie pure du droit*, Dalloz, 1962, p. 24.
[649] Voir *supra.*, Première partie.

Par la suite, c'est l'unité de la fin qui est établie, dans la mesure où chacune de ses composantes n'est plus isolée mais peut être appréhendée dans une perspective nouvelle, une perspective d'ensemble, d'unité. Par ailleurs, la manifestation de volonté de son auteur étant le plus souvent exprimée dans l'acte de fin, ce dernier est, pour cette raison, l'expression de l'unité réelle de celle-ci.

Son importance, au sein de la procédure, trouve un fondement dans la théorie de l'acte contraire : « En doctrine juridique, on admet que l'Acte juridique et les situations qui en résultent peuvent être modifiés ou anéantis de la même façon qu'ils ont été faits, c'est-à-dire par un acte essentiellement inverse, dans lequel la volonté est inverse de ce qu'elle était dans l'acte précédent »[650]. La volonté exprimée au moment de l'édiction doit apparaître à nouveau au moment de la fin de l'acte, en vertu du parallélisme des formes. C'est l'acte de fin lui-même qui remplit cette fonction.

Mais cette théorie ne reflète pas l'ampleur du rôle joué par l'acte de fin dans la mise en lumière de la notion. En effet, l'acte de fin confère à celle-ci une logique et une unité que ne permettaient d'envisager ni sa nature, ni sa fonction.

Il existe véritablement un lien, un trait d'union entre les différentes composantes de la fin qui en affirme la logique. L'acte de fin et la manifestation de volonté qu'il exprime constituent la part de rationalité qui permet de passer de la simple définition à la notion de fin.

**B/ La raison d'être de la notion : la protection des administrés.**

La notion de fin trouve sa raison d'être dans une orientation générale visant à garantir la sécurité juridique des administrés. Cette volonté de protection des administrés sous-tend l'ensemble des règles qui régissent la fin de l'acte administratif unilatéral. Au-delà de ces règles, la présence de l'acte de fin dans la procédure réaffirme ce dessein. De fait, le principe de l'exigence de l'acte de fin s'oppose au développement de l'automaticité, qui serait largement préjudiciable aux droits des administrés. La nécessité d'une volonté exprimée dans un acte spécifique tend en effet à instaurer une procédure formelle, dès lors nécessairement plus protectrice des administrés. L'analyse de la caducité pourrait remettre ces propos quelque peu en cause.

Le rôle de l'acte de fin dans la protection des administrés (1°), ainsi que ses limites, qui se traduisent dans l'existence d'autres protections (2°), seront successivement étudiés.

---

[650] M. Basset, *Le principe dit de « l'acte contraire » en droit administratif français*, Thèse, Paris, 1967, p. 43.

**2°/ La protection des administrés par l'acte de fin.**

La caducité révèle, par certains aspects, que l'exigence d'un acte de fin est une source indéniable de sécurité juridique. Cela peut paraître paradoxal dans la mesure où la caducité ne comprend pas d'acte de fin. Pourtant, cela permet de remarquer que la protection des administrés en est affectée. Ainsi, *a contrario,* ce raisonnement conduit à affirmer que la présence de l'acte de fin est une source de protection des administrés. En d'autres termes, c'est justement sa présence lorsque l'autorité compétente constate la caducité que cette affirmation se justifie. Lorsqu'il est absent, c'est-à-dire avant que la caducité ne soit constatée, les garanties sont largement moindres.

La logique de la caducité est ainsi souvent refusée au profit d'une meilleure protection de la sécurité juridique des administrés, comme le souligne notamment G. Chavrier[651]. Pour cela, le juge fait en sorte que les clauses de caducité ne se révèlent pas dangereuses pour la sécurité juridique des administrés. C'est ainsi par exemple que les clauses extinctives implicites, dites résolutoires, ne sont pas analysées comme étant source de caducité mais comme permettant le retrait ou l'abrogation[652].

Le juge administratif vise ainsi à limiter les effets pervers de la caducité qui est exonérée du respect des droits de la défense, alors que ce n'est pas le cas s'agissant du retrait et de l'abrogation. Le Conseil d'Etat a affirmé, à plusieurs reprises, que la caducité ne constitue pas une décision individuelle créatrice de droits acquis. Il a précisément jugé « qu'ainsi n'étant pas au nombre des décisions qui doivent être motivées en application de la loi du 11 juillet 1979, elle n'avait pas à être précédée, en application de l'article 8 du décret du 28 novembre 1983, d'une invitation faite à l'association de présenter ses observations écrites »[653].

Cette solution est surprenante si l'on considère celle retenue en 1978, dans l'arrêt *Syndicat national des établissements de rééducation fonctionnelle*, en vertu de laquelle la caducité d'une décision individuelle n'ayant produit aucun effet est équivalente au retrait[654]. En effet, elle amène à s'interroger sur la logique d'un raisonnement qui, dans certains cas, assimile la caducité à d'autres modalités de fin et qui, dans d'autres cas, la distingue radicalement de celles-ci en affirmant son caractère non créateur de droits.

---

651 G. Chavrier, *La caducité des actes juridiques en droit public français*, Thèse, Paris II, 1997, p. 338 et s.

652 Conseil d'Etat, 8 févr. 1985, *Syndicat intercommunal de la Marana*, AJDA 1985, p. 293 : la condition n'ayant pas été remplie, « le préfet de Corse a pu (...) procéder à un retrait partiel (...) ». Dans le même sens, Conseil d'Etat, Sect., 25 oct. 1985, *Sté des plastiques d'Alsace*, Leb. p. 300.

653 Conseil d'Etat, 15 déc. 1995, *Assoc. du centre antillo-guyanais pour la promotion sanitaire et sociale de l'enfant*, n° 133281.

654 Conseil d'Etat, 17 févr. 1978, *Synd. National des établissements de rééducation fonctionnelle*, RDP 1978, p. 1461, précité.

L'assimilation établie par la Haute Assemblée, dans l'espèce précitée, entre le retrait et la caducité est abusive parce que ces deux modalités de fin se distinguent à de nombreux égards. Mais pas à un point tel qu'il faille isoler radicalement la caducité, d'autant plus que rien ne justifie l'inapplication des droits de la défense à la caducité. En effet, la loi de 1979 et le décret de 1983, dont le champ d'application a été élargi par la loi du 12 avril 2000[655], tirent notamment leur raison d'être des effets de la fin des actes dont le caractère défavorable pour l'administré implique des garanties. Or, la caducité est précisément une modalité de fin des actes administratifs unilatéraux. Elle a, en principe, au même titre que le retrait ou l'abrogation, un caractère défavorable et devrait donc être soumise par essence au respect des droits de la défense. Non seulement la caducité est susceptible d'entraîner la perte d'un droit, mais, de plus, de nombreux actes sujets à péremption sont eux-mêmes créateurs de droits acquis.
Malgré toutes ces considérations, le Conseil d'Etat nie toujours l'applicabilité des droits de la défense à la caducité sous le prétexte qu'elle ne constitue pas une sanction[656]. Le juge administratif définit la sanction comme « une décision unilatérale prise par une autorité administrative agissant dans le cadre de prérogatives de puissance publique »[657]. Selon le Conseil d'Etat, si la caducité sanctionne un comportement fautif (l'inaction de l'intéressé), la décision la constatant ne comporte pas cette finalité répressive ; elle n'est qu'un constat.

Pourtant, le commissaire du gouvernement M. Fratacci avait admis, dans ses conclusions sur l'arrêt *Société NRJ SA*, que « comportant par ailleurs des conséquences d'une réelle gravité pour le bénéficiaire, elle entrerait donc si ce n'est dans la catégorie des mesures individuelles défavorables justifiant du contradictoire en vertu du décret du 28 novembre 1983, tout au moins dans les critères jurisprudentiels d'application du principe des droits de la défense »[658]. Les juges ne l'ont cependant pas suivi, et n'ont pas reconnu à la caducité le caractère défavorable justifiant l'application des droits de la défense.

Cette situation laisse perplexe car elle situe la caducité à une place différente, elle l'isole complètement des autres modalités de fin. D'une part, c'est l'unique modalité de fin automatique et à cet égard les droits des administrés peuvent sembler moins protégés. D'autre part, la Haute Assemblée refuse de lui reconnaître un caractère défavorable, un caractère de sanction qui justifierait l'application des droits de la défense. L'attitude du Conseil d'Etat à l'égard de la caducité est

---

[655] Voir notamment l'article 24 de la loi du 12 avril 2000.
[656] Conseil d'Etat, Sect., 22 mars 1996, *Sté NRJ SA*, RFDA 1996, p. 628.
[657] « Les pouvoirs de l'administration dans le domaine des sanctions », *Les études du Conseil d'Etat*, La documentation française, 1995, p. 35.
[658] Concl. sur Conseil d'Etat, 22 mars 1996, *Sté NRJ SA*, RDP 1996, p. 1773.

d'autant plus inexplicable que depuis l'arrêt *Lafon*, la décision par laquelle l'autorité compétente constate l'état caduc d'un acte est une décision faisant grief[659]. Or, la constatation de caducité supposant l'édiction d'un acte de fin, l'administré retrouve alors l'ensemble des garanties offertes à toute modalité de fin. Nous ne trouvons pas d'explication à la logique du raisonnement du Conseil d'Etat. La seule explication tangible résiderait dans le refus de reconnaître et de développer la caducité planifiée. Or, il semble difficile pour la Haute Assemblée de revenir en arrière et surtout d'aller contre une évolution inévitable.

Cette démonstration permet de dégager les avantages et garanties qu'offre, pour les administrés et pour l'administration elle-même, la présence de l'acte de fin, donc d'une manifestation de volonté dans la procédure. Si la sécurité juridique des administrés n'explique pas toujours la présence de l'acte de fin, elle apparaît en revanche comme une conséquence inévitable de celle-ci. La formalité de la procédure de fin tend en effet à limiter l'arbitraire de l'administration au regard de la situation des administrés.

**2°/ L'existence d'autres protections.**

L'existence d'autres protections se manifeste encore une fois à la lumière de la caducité dont les spécificités présentent des intérêts renouvelés. De ce qui précède, il résulte que l'absence d'acte de fin pourrait signifier l'absence de toute garantie. La reconnaissance de la caducité suppose en effet que soit admise l'automaticité de la fin, bien que ce soit dans des limites très strictes : la caducité n'est ainsi admise que lorsqu'elle est prévue par un texte, toute idée de désuétude ou caducité naturelle étant rejetée par le droit administratif français[660]. La non-reconnaissance globale de la caducité s'explique par le danger qu'elle représente tant pour la situation de l'administré, dont les règles pourraient être modifiées brutalement et de manière inexpliquée, que pour l'administration qui doit rester maître des évolutions de l'ordonnancement juridique.

La reconnaissance de la caducité planifiée n'est pourtant pas exclusive de toute garantie, c'est-à-dire de toute protection des administrés[661]. Il faut dès lors conclure que les garanties de sécurité juridique, de respect des droits des administrés, de

---

[659] Conseil d'Etat, 12 oct. 1984, *Lafon*, AJDA 1985, p. 52 ; sur cette question, voir *supra.*, Première partie, Titre 1.

[660] Conseil d'Etat, 24 mai 1948, *Jacquemet*, Leb. p. 562.

[661] Tant le législateur et les auteurs de décrets que le juge administratif encadrent la procédure de caducité en imposant de plus en plus fréquemment sa constatation, mais aucun texte général n'est intervenu, cette obligation apparaît toujours dans des cas isolés ; pour de plus amples développements, voir *supra.*, Première partie.

préservation de l'ordonnancement juridique n'émanent pas exclusivement de la présence de l'acte de fin, donc de la nécessité d'un acte nouveau qui exprime la volonté de l'auteur de la fin.
La reconnaissance de cette forme de caducité amène nécessairement à admettre que la protection des administrés trouve sa source ailleurs, notamment dans les limites procédurales qui s'imposent aux auteurs de la fin et qui dépendent de chaque modalité. Si la présence d'un acte nouveau constitue une évidente garantie dans la protection des administrés, elle n'est pas la seule : les règles de droit législatives, réglementaires et jurisprudentielles constituent également une source de protection des administrés.
Les règles propres à chaque modalité garantissent donc la sécurité juridique de l'administré, elles représentent les limites imposées aux auteurs de la fin. Concernant le retrait, ces règles imposent deux conditions relatives à l'illégalité de l'acte et au délai de retrait, en vue de garantir le respect des droits acquis, l'intangibilité des décisions individuelles et d'amoindrir les effets néfastes de la rétroactivité. Quant à l'abrogation ou la modification, les règles qui les régissent sont sous-tendues par la volonté de mieux adapter l'ordonnancement juridique aux évolutions de la société. Le principe de mutabilité qui justifie la fin dans ces hypothèses trouve une limite dans la non-rétroactivité qui l'anime. La caducité n'est admise que lorsqu'un texte l'organise, à défaut un acte ne peut pas cesser de produire effet. L'annulation constitue une exception à cette règle dans la mesure où elle émane du juge administratif et ne vise qu'à ôter tout acte illégal de l'ordonnancement juridique, en fonction de considérations de légalité et non d'opportunité[662].

Quelle que soit la modalité de fin envisagée, elle est le plus souvent une décision défavorable pour son destinataire, même si elle peut se révéler favorable aux tiers. Or, des textes ont été édictés afin de garantir les droits des administrés de manière plus importante lorsqu'une décision défavorable est en jeu : il s'agit notamment de la loi du 18 juillet 1979 ou le décret du 28 novembre 1983 précités, et plus récemment de la loi du 12 avril 2000. Malgré cela, le législateur, l'autorité réglementaire et le juge administratif ont jugé bon d'aller au-delà, et de garantir plus précisément les droits des administrés lorsqu'une décision administrative prend fin.

De telles formalités représentent par ailleurs un inconvénient pour l'administration dont les exigences précitées tendent à ralentir l'action. Elles sont une contrainte dans la mesure où elles limitent la liberté d'action de l'autorité administrative qui ne peut pas le plus souvent agir pour des raisons d'opportunité, sa compétence

[662] Pour des développements plus importants, voir *supra.*, Première partie.

étant généralement liée par le droit. L'autorité administrative est ainsi tenue, dans certains cas, de constater la caducité d'un acte, parfois également d'en prononcer le retrait ou l'abrogation. Les hypothèses de compétence liée de l'autorité administrative dans le domaine de la fin sont nombreuses et tendent incontestablement à se développer[663].
Mais ces contraintes sont aussi pour l'administration une source de garantie quant à l'évolution des règles qui fondent son action. Elle n'a, en effet, pas intérêt à ce que les évolutions de l'ordonnancement juridique se fassent à ses dépens. Elle n'a, par conséquent, pas intérêt au développement de l'automaticité.

**§2 : La fin de l'acte administratif unilatéral, une notion fonctionnelle.**

Pour définir une notion, deux éléments méritent d'être considérés : son contenu et sa fonction. La volonté d'approfondir la notion de fin en vue de la définir précisément a montré la difficulté de baser celle-ci sur son contenu, extrêmement complexe et très divers. Il a donc semblé nécessaire de s'attacher à sa fonction même. En effet, seul le rôle joué par la fin met en lumière son unité et montre la logique de l'ensemble des éléments qui la composent. La fonction de la notion permet d'en présenter l'aspect global.
C'est ce qui justifie que la fin de l'acte administratif unilatéral soit qualifiée de notion fonctionnelle, par opposition à la notion dite conceptuelle[664]. Cette distinction entre deux catégories de notions a été systématisée par le doyen Vedel, qui précise : « Tandis que la notion conceptuelle peut recevoir une définition complète selon des critères logiques habituels (son contenu est abstraitement déterminé une fois pour toutes), la notion fonctionnelle procède directement d'une fonction qui lui confère seule sa véritable unité »[665].
Se pose par la suite la question de l'évolutivité de la notion, déjà envisagée dans les travaux du doyen Vedel.
Ce dernier admet en effet que la notion fonctionnelle est, par essence, vouée à évoluer, soit dans le sens de sa conceptualisation, soit au contraire vers sa disparition. Si une notion fonctionnelle est susceptible d'évoluer et de devenir

---

[663] Sur cette question, voir *supra.*, Première partie.
[664] Sur cette distinction voir T. Fortsakis, *Conceptualisme et empirisme en droit administratif français*, Thèse, LGDJ, 1987 ; Ch. Perelman et R. Vander Elst (Etudes publiées par), *Les notions à contenu variable en droit*, Travaux du centre national de recherches de logique, Bruxelles, 1984 ; N. Reboul, « Remarques sur une notion conceptuelle et fonctionnelle : l'*affectio societatis* », Revue des sociétés 2000, p. 425 ; G. Vedel, « De l'arrêt *Septfonds* à l'arrêt *Barenstein* (La légalité des actes administratifs devant les tribunaux judiciaires) », JCP 1948, I, 682 ; « La juridiction compétente pour prévenir, faire cesser ou réparer la voie de fait administrative », JCP 1950, I, 851.
[665] G. Vedel, *op. cit.*, JCP 1950, I, 851.

conceptuelle, N. Reboul affirme quant à elle qu'une « notion conceptuelle pourrait toujours dégénérer en notion fonctionnelle »[666].

La définition de la notion de fin par sa fonction sera étudiée (A) avant de s'interroger sur son évolution (B).

### A/ La définition de la notion de fin par sa fonction.

G. Vedel affirme : « Toutes les branches du droit et particulièrement le droit administratif possèdent ou ont possédé des catégories que l'on est en peine de définir logiquement. En tant que concepts elles sont vagues, contradictoires et sans unité. (...) Pourtant si on les envisage non au point de vue de leur pur contenu logique, mais à celui de la fonction qu'elles jouent, on s'aperçoit que leur unité est réelle »[667]. Cette définition de la notion fonctionnelle montre que c'est la fonction qui donne à la notion son unité, et non son contenu.
Au contraire, la notion conceptuelle dépend de son contenu, de telle façon que l'« on pourrait dire ce qu'elles sont indépendamment de ce à quoi elles servent »[668]. L'utilisation de la notion conceptuelle dépend de son contenu, le contenu ne dépend en revanche pas de l'utilisation.

Après avoir présenté le critère de définition de la notion fonctionnelle (1°), nous la distinguerons de la notion à contenu variable (2°).

#### 1°/ Le critère de définition.

Une définition purement conceptuelle de la notion de fin supposerait une unité qui fait *a priori* défaut. En effet, les éléments qui la composent ne forment pas un ensemble définissable en tant que tel, en tant qu'entité abstraite, parce qu'ils sont eux-mêmes très spécifiques et différents.
Si une unité se dégage véritablement de la fin permettant d'évoquer la notion, elle ne permet en revanche pas de lier précisément chacune de ses composantes. Dès lors, la perspective d'élaborer une définition fondée sur son contenu paraît extrêmement périlleuse.
La disparité de ce dernier, due à la diversité de ses manifestations et de ses effets, est un obstacle certain à l'élaboration d'une définition purement conceptuelle.

---

[666] N. Reboul, *op. cit.*, p. 429.
[667] G. Vedel, *op. cit.*, JCP 1948, I, 682.
[668] G. Vedel, *op. cit.*, JCP 1950, I, 851.

Si la diversité du contenu même de la fin ne permet pas de la définir de manière abstraite, celle-ci se définit au contraire par sa fonction, qui est un lien essentiel entre ses composantes. Celles-ci n'ont, en effet, d'autre point commun que le but qu'elles poursuivent. Le retrait, l'abrogation, la modification, l'annulation et la constatation de caducité ont ce lien qui les unit : elles visent à mettre fin à un acte administratif unilatéral ou à ses effets. La raison d'être de la fin est un autre élément d'unité qui se rapproche par ailleurs incontestablement de sa fonction : adapter l'ordonnancement juridique en garantissant la sécurité juridique des administrés.

De ces considérations il résulte que la fin de l'acte administratif unilatéral est une notion fonctionnelle car seule la fonction remplie confère à cet ensemble protéiforme l'unité permettant de la définir. C'est la fonction qui fait la notion, et non le contenu de celle-ci qui se caractérise par une grande diversité.

Une autre observation suppose d'être prise en considération afin de préciser la notion de fin : toute notion serait plus ou moins fonctionnelle, ou plutôt, comprendrait une part de fonctionnel. C'est exactement ce que veut souligner A. Laquièze lorsqu'il affirme que « l'élaboration d'une notion implique une prise de parti sur la fonction qui lui est assignée. De sorte que toute notion juridique issue de la doctrine et de la jurisprudence serait par nature fonctionnelle car forger une notion purement conceptuelle, abstraitement déterminée sans souci d'effectivité réelle, n'aurait guère de signification »[669].

Dès lors, la notion de fin peut être qualifiée de fonctionnelle, mais la portée de cette affirmation suscite un certain nombre d'interrogations.

Si toute notion comporte une part de fonctionnel, il faut déterminer la frontière qui la sépare de la notion conceptuelle. Or, celle-ci se situe nécessairement dans le critère de définition mis en œuvre : nous admettons ainsi qu'une notion fonctionnelle ne peut pas être définie à partir de son contenu. C'est ainsi un critère négatif de distinction que nous pensons devoir retenir.

Si toute notion est pour une part fonctionnelle, alors toute notion conceptuelle comprend aussi nécessairement une part de caractère fonctionnel. En revanche l'inverse ne se vérifie pas et toute notion fonctionnelle n'est pas conceptuelle. En d'autres termes, si pour définir une notion, le critère tiré de sa fonction entre toujours plus ou moins en jeu, celui tiré de son contenu n'a, au contraire, pas cette portée. Il convient donc de se référer plus au contenu qu'à la fonction pour distinguer la notion fonctionnelle de la notion conceptuelle.

Quant à la fin, le contenu ne peut permettre de définir la notion parce qu'il ne semble pas complètement retenu, déterminé, c'est-à-dire que dans certains

---

[669] A. Laquièze, « Remarques sur une notion multiforme et fonctionnelle : l'indépendance des législations et des procédures dans la jurisprudence administrative », RA, spéc., p. 262.

domaines précis il serait susceptible d'évoluer. Par conséquent, la fin de l'acte est une notion fonctionnelle et non pas une notion conceptuelle.

Précisons cependant que les critères de la notion de fin semblent avoir été largement définis, ses conditions de mise en œuvre également, supposant ainsi de limiter ses possibilités d'évolution. D'autant plus que les dangers inhérents à la fin nécessitent des garanties tenant à la sécurité juridique des administrés, principe largement reconnu et donc extrêmement protégé.

**2°/ Notion fonctionnelle et notion à contenu variable.**

Le qualificatif de notion fonctionnelle engendre une conséquence, exprimée par T. Fortsakis, selon laquelle, « la notion conceptuelle est une notion statique alors que la notion fonctionnelle est une notion mobile »[670]. L'explication se trouve dans le critère de définition appliqué : la notion conceptuelle étant définie par son contenu, elle n'est pas supposée évoluer. Alors que la notion fonctionnelle n'est pas figée par une définition dont le critère essentiel se situerait dans ses manifestations.

La fin, notion fonctionnelle, est donc supposée varier, c'est-à-dire évoluer.

Une évolution de la fin envisagée quant à son contenu ne paraît pas impossible, dans la mesure où celui-ci n'est peut-être pas encore précisément déterminé, par définition. Il semble que la fin soit, quant à certains de ses aspects, une notion ouverte, voire inachevée, parce qu'elle est en pleine maturation. Mais cette éventuelle évolution ne concerne qu'une infime partie de la fin, elle se situe dans des domaines extrêmement précis. C'est encore une fois l'hypothèse de la caducité qui illustre cette situation car la question de la caducité naturelle ne semble pas définitivement tranchée par notre droit. Mais, par ailleurs, les autres aspects de la fin lui confèrent au contraire une précision incontestable qui suppose une stabilité, jusque dans son contenu même. Par exemple, les hypothèses du retrait, de l'abrogation et de l'annulation ne sont pas vouées à évoluer de la même façon.

Une question mérite ici d'être posée : dans quelle mesure la notion fonctionnelle, dont le contenu est susceptible d'évolution, se distingue-t-elle de la notion à contenu variable ? Si la fin est fonctionnelle, par essence, cela ne signifie cependant pas qu'elle soit une notion à contenu variable.

Une notion à contenu variable est « une notion dont la dénomination, le signifiant restent constants, mais dont le domaine, le champ, le signifié sont mouvants, évoluent, plus spécialement en fonction de facteurs spatio-temporels »[671]. La notion à contenu variable est une idée complexe que deux exemples illustrent clairement :

---

[670] T. Fortsakis, *op. cit.*, p. 318.

[671] R. Legros, « Les notions à contenu variable en droit pénal » *in Les notions à contenu variable en droit*, précité, p. 21.

la notion de bonnes mœurs ainsi que celle d'ordre public[672]. C'est précisément leur caractère évolutif dans le temps et dans l'espace qui en explique la dénomination : leur définition a évolué constamment en fonction de ces considérations extérieures.
Si la notion fonctionnelle est par définition mobile puisqu'elle n'est pas identifiée par son contenu, elle n'est pas pour autant une notion à contenu variable car elle n'est pas soumise à de tels aléas extérieurs à elle.
Il apparaît en effet évident que toute évolution des éléments composant la fin n'est pas exclue, que certains se rajoutent ou au contraire qu'ils disparaissent : une autre modalité de fin pourrait apparaître, par exemple la caducité naturelle pourrait faire l'objet d'une reconnaissance. De la même façon, une modalité pourrait sortir du champ de la fin, par exemple la modification disparaîtrait au profit de l'abrogation. Ces évolutions ne peuvent pas être exclues, mais elles restent limitées dans la mesure où elles ne concernent pas tout le champ d'application de la fin, désormais largement établi. Le caractère protéiforme de la fin suppose qu'elle soit qualifiée de fonctionnelle, mais la précision de ses composantes rejette toute idée de variabilité de son contenu.
Il semble en fait que la notion de fin ait atteint un degré de maturation qui exclut le qualificatif de notion à contenu variable. Une autre explication réside dans la reconnaissance du caractère fonctionnel de la notion, qui suppose qu'elle est commandée par sa fonction. Or, cela affirme une certaine cohérence de son ensemble même, obstacle à un contenu variable.

### B/ La question de l'évolution de la notion.

La question de l'évolution de la notion de fin se pose à la lumière de l'analyse précitée de G. Vedel portant sur la distinction entre la notion fonctionnelle et la notion conceptuelle.
L'évolution concerne, dans la perspective de l'auteur, la notion elle-même indépendamment de ses composantes. L'évolution portant sur l'essence même de la notion est susceptible de revêtir deux aspects : soit la notion se conceptualise, soit alors elle disparaît purement et simplement. Dans ces deux hypothèses, une idée est commune : la notion fonctionnelle n'est pas supposée perdurer. Il apparaît en effet d'après G. Vedel que « les notions fonctionnelles sont appelées en général

[672] La notion de bonnes mœurs recouvre en effet des faits bien différents selon les époques et les endroits (comme le montre l'évolution de la censure cinématographique) ; il en est de même de la notion d'ordre public dont la moralité publique est une composante qui illustre parfaitement nos propos : voir par exemple, Conseil d'Etat, 8 déc. 1997, *Commune d'Arcueil*, Leb. p. 482 ; Sect., 18 déc. 1959, *Sté Les films Lutetia*, Leb. p. 693 ; Ass, 27 oct. 1995, *Commune de Morsang-sur-Orge* et *Ville d'Aix-en-Provence*, Leb. p. 372.

à disparaître en se résorbant au moins en partie dans une synthèse supérieure de nature conceptuelle »[673].

En d'autres termes, la notion fonctionnelle n'est pas supposée demeurer telle quelle : soit la catégorie est à un point de maturité qui permet d'en faire une théorie cohérente, soit elle se résorbe dans une ou plusieurs catégories logiques et ensuite elle disparaît.

G. Vedel appuie sa démonstration sur l'exemple de l'ancienne catégorie des actes discrétionnaires qui a disparu lorsqu'il a été admis que tout acte administratif comprend une part plus ou moins grande de discrétionnalité. En revanche, deux exemples illustrent l'effet inverse : la catégorie des actes de gouvernement ainsi que celle des mesures d'ordre intérieur existent toujours. Elles répondent désormais plus à une fonction qu'à une notion[674]. Il existe une théorie de la mesure d'ordre intérieur dont la cohérence ne fait pas de doute, et cela malgré une constante évolution[675].

Ces deux situations sont donc celles envisageables quant à l'évolution que connaîtra la notion de fin. Celle-ci n'est pas figée : l'évolution de cette notion est constante comme l'illustrent les jurisprudences les plus récentes, par exemple s'agissant du retrait des décisions administratives créatrices de droits[676]. Mais la capacité d'évolution de la notion de fin est encadrée par des limites qui tiennent à la précision du contenu, à la définition acquise de la fin de l'acte, et aussi à sa fonction qui est, quant à elle, immuable. Ces limites montrent que l'évolution de la fin ne va pas vers une disparition pure et simple de la notion.

Dès lors, selon l'affirmation du doyen Vedel (c'est-à-dire s'il fallait choisir entre deux types d'évolutions possibles), ce serait plutôt vers la conceptualisation de la notion que se dirige la fin. En d'autres termes, l'évolution tendrait vers l'élaboration d'une théorie cohérente permettant de qualifier la fin en tant qu'entité abstraite pour qu'elle puisse être qualifiée de notion conceptuelle. G. Vedel précise à cet égard : « Cette disparition des notions fonctionnelles par résorption dans une

[673] G. Vedel, *op. cit.*, JCP 1950, I, 851.

[674] G. Vedel, *op. cit.*, JCP 1948, I, 682.

[675] Les mesures d'ordre intérieur sont des décisions qui sont insusceptibles de recours contentieux ; l'évolution jurisprudentielle va dans le sens d'une limitation de leur nombre : Conseil d'Etat, Ass., 17 févr. 1995, *Marie* et *Hardouin*, RFDA 1995, p. 353, Concl. Frydman. Mais le juge administratif ne vise pas à faire disparaître ces mesures, il en précise le contenu : Conseil d'Etat, Sect., 8 mars 1999, *Butler*, n° 171341, à publier au recueil Lebon : « … elle présente donc le caractère d'une simple mesure d'ordre intérieur, qui n'est pas susceptible de faire l'objet d'un recours pour excès de pouvoir » ; voir également, dans le même sens : Cour administrative d'appel de Paris, 29 juin 2001, *Frerot*, DA 2001, n° 236 : « Qu'ainsi et nonobstant la circonstance qu'une telle mesure devait répondre aux conditions d'urgence et de gravité, elle constituait une mesure d'ordre intérieur insusceptible d'être déférée au juge de l'excès de pouvoir … ».

[676] Conseil d'Etat, Sect., 26 oct. 2001, *Ternon*, AJDA 2001, p. 1034.

théorie conceptuelle à la fois plus large, plus précise et plus complexe ne se produit pas à volonté.
Elle suppose une maturation des problèmes qui elle-même ne dépend pas de facteurs exclusivement juridiques »[677].

Pourtant, cette affirmation occulte toute l'utilité de la notion purement fonctionnelle, une notion toujours supplétive qui sert à obtenir des résultats auxquels ne conduit pas une autre notion de nature conceptuelle et peut-être plus précise. Or, cette utilité est évidente dans la perspective de dégager des catégories cohérentes mais dont le contenu ne peut être un critère d'identification. C'est notamment la perspective qui est la notre de dégager et d'expliquer la fin. En effet, il apparaît clairement que celle-ci ne peut faire l'objet d'une définition notionnelle que par sa fonction, c'est en effet exclusivement le rôle joué par la fin qui permet de mettre en lumière l'existence de cette notion. Si la fonction exercée n'avait pas créé le lien unissant les composantes de la fin, aucun caractère rationnel n'aurait permis le passage de la définition à la notion. Et, par conséquent, la fin n'aurait pas pu être qualifiée de notion. L'utilité de la notion fonctionnelle est dans ce cas évidente, elle permet d'identifier une catégorie juridique. L'approche fonctionnelle de la notion a le mérite d'affirmer l'existence de cette dernière, et par la suite d'en faire une analyse précise.

La théorie du doyen Vedel nie par essence toute l'utilité et tout l'intérêt que l'on peut reconnaître à une notion fonctionnelle puisqu'il affirme sa propension à disparaître. Or, ce postulat est contestable et l'utilité propre que nous reconnaissons à la notion fonctionnelle suppose que l'évolutivité de la notion soit secondaire d'une part, et surtout d'autre part qu'elle puisse être différente de la dichotomie précitée.
La notion de fin est par essence fonctionnelle, et cette caractéristique ne suppose pas nécessairement qu'elle disparaisse ou au contraire qu'elle se conceptualise. Au-delà de ces deux extrêmes, un juste milieu permet d'envisager la notion de fin comme pouvant se préciser dans la perspective de conciliation permanente qui la guide par essence. En d'autres termes, la notion fonctionnelle de fin présente un intérêt indéniable au sein du droit administratif puisqu'elle permet la mise à jour d'une catégorie qui n'aurait pas lieu d'être autrement.

---

[677] G. Vedel, *op. cit.*, JCP 1950, I, 851.

# Conclusion du titre premier.

L'étude de la notion de fin de l'acte administratif unilatéral révèle le caractère prépondérant de l'acte qui a permis sa reconnaissance : l'acte de fin. Sa nature et sa fonction ont montré le rôle primordial qu'il a joué dans la reconnaissance de la fin. En effet, cet élément permet de la distinguer des autres moments de la vie de l'acte, ainsi que d'en comprendre et d'en analyser les singularités. Par la suite, l'acte de fin a révélé que celle-ci pouvait être appréhendée dans une autre perspective qui privilégierait son unité. Il apparaît ainsi que la fin exprime une logique d'ensemble, traduit une réelle harmonie qui justifie d'aller au-delà de la simple définition, vers la notion même de fin. A cet égard, c'est encore l'acte de fin qui est apparu comme l'élément unificateur. De plus, il a mis en évidence la logique et la cohérence d'une procédure *a priori* très complexe.
Si l'importance de l'acte de fin est indéniable, elle doit néanmoins être relativisée car le régime juridique de la fin tient également largement compte de l'acte qui disparaît. La nature de ce dernier, ses caractéristiques propres limitent le pouvoir reconnu à son auteur.

Dans la recherche d'une définition de la notion, il est rapidement apparu que son contenu ne pouvait pas être retenu comme critère d'identification. Le caractère protéiforme de la fin, qui suppose qu'elle se manifeste de différentes façons et qu'elle produise des effets divers, est en effet apparu comme un obstacle à la recherche d'une unité. La fonction exercée par la fin a, en revanche, semblé être un critère pertinent, qui a par la suite permis de la qualifier de notion fonctionnelle. Ce qualificatif suppose dès lors d'en envisager l'évolution, d'autant plus si l'on s'appuie sur la systématisation du doyen Vedel.
Si des limites concrètes existent s'agissant de son évolutivité, elles n'impliquent cependant pas que la notion soit radicalement figée, bien qu'elle ait atteint un degré de précision et de cohérence notable.
On peut dès lors affirmer l'intérêt de la reconnaissance du caractère fonctionnel de la notion de fin et l'utilité de celle-ci dans la mise en œuvre de catégories propres à la fin de l'acte administratif unilatéral.

# Titre second :

# L'étude structurale de la notion[678].

L'intérêt et la cohérence de la notion de fin de l'acte administratif unilatéral supposent d'être confirmés par une analyse explicative de celle-ci. L'étude structurale de la fin suppose l'analyse des règles de droit qui gouvernent ce moment de la vie de l'acte et celle de ses conséquences. Une étude structurale est analytique : elle suppose l'analyse des éléments qui la composent ainsi que l'étude de leur portée. Le dictionnaire de Lalande définit la structure comme la disposition des parties qui forment un tout, par opposition à leurs fonctions[679]. Par ailleurs, en un sens spécial et nouveau, la structure désigne un tout formé de phénomènes solidaires, tels que chacun dépend des autres. L'étude structurale vise ainsi à présenter et analyser les éléments qui composent la notion et leurs conséquences juridiques.

L'étude structurale de la notion et de l'élaboration des règles de droit qui la gouvernent mérite de retenir l'attention parce qu'elle a nécessité la prise en considération d'éléments extérieurs à celle-ci, parfois contradictoires, mais traduisant sa logique interne.

La logique interne de la notion sera étudiée dans un premier chapitre (Chapitre premier).

L'étude structurale de la notion suppose aussi que soient analysées ses conséquences. Celles-ci méritent d'être appréhendées tant à l'égard des administrés qu'à l'égard de l'administration. Les conséquences de la fin sont particulièrement substantielles lorsque cette dernière revêt un caractère rétroactif.

Il s'agit alors de déterminer les conséquences que la fin d'un acte administratif unilatéral est susceptible de produire sur l'ordonnancement juridique, ainsi que les obligations et les responsabilités qui peuvent en découler.

La cohérence des implications de la notion fera l'objet d'un second chapitre (Chapitre second).

---

678 Le terme « structural » est très usuel chez les psychologues américains contemporains qui opposent *structural psychology* à *functional psychology*. La psychologie structurale, appelée aussi « structuralisme », est celle qui a pour méthode de résoudre les phénomènes psychologiques en leurs éléments et d'en déterminer les « dimensions ».

679 A. Lalande, *op. cit.*, Voir « Structure » et « Structural ».

# Chapitre premier :

# La logique interne de la notion.

L'analyse de la logique interne de la notion suppose que soient pris en considération des éléments qui ne se rapportent qu'indirectement à la fin, mais dont l'influence sur le régime juridique dans son ensemble est largement déterminante. La logique interne de la fin de l'acte administratif unilatéral ne peut en effet se comprendre et s'expliquer que par renvoi à des éléments extérieurs qui permettent de l'appréhender et de l'assimiler.
Il conviendra ainsi de tenir compte du temps dont on ne peut nier qu'il affecte l'ensemble des branches du droit, comme de nombreuses études en témoignent[680]. Les relations du temps et du droit sont très complexes, notamment du fait de la puissance de ces deux notions : la puissance du droit est incontestable. Celui-ci tente de maîtriser le temps qu'il s'agisse du temps vécu, du temps présent ou du temps futur. Mais le temps s'affirme également par son action sur le droit, parfois même il faut reconnaître que le temps crée du droit (c'est le cas de la coutume, par exemple). Le temps joue incontestablement un rôle primordial en droit administratif français, et notamment dans le domaine précis de la fin de l'acte administratif unilatéral.
Le second facteur dont il convient de tenir compte concerne les principes qui gouvernent la fin de l'acte administratif unilatéral. Souvent contradictoires, ils supposent une conciliation permanente de la part des auteurs de la fin.
La référence à des éléments extérieurs à la notion sera présentée dans une première section (Section 1).

---

[680] Notamment J. Carbajo, *L'application dans le temps des décisions administratives exécutoires*, Thèse, LGDJ, 1980 ; P. Hébraud, « La notion de temps dans l'œuvre du doyen Maurice Hauriou », Annales de la faculté de droit de Toulouse, 1968, p. 179 ; F. Ost, *Le temps du droit*, O. Jacob, 1999 ; F. Ost, « Les multiples temps du droit », *in Le droit et le futur*, Travaux et recherches de l'Université de droit, d'économie et de sciences sociales de Paris, PUF, 1985, p. 115 ; F. Ost et M. Van Hoecke (sous la direction de), *Temps et droit. Le droit a-t-il vocation pour durer ?*, Bruylant, 1998 ; Ph. Ségur, « Le contrat, le temps et l'institution. Essai sur la mutabilité des contrats de concession de service public », Annales de la faculté de droit de Toulouse, 1994, p. 72 ; C. Yannakopoulos, *La notion de droits acquis en droit administratif français*, Thèse, LGDJ, 1997 ; *Le droit international et le temps*, Société française pour le droit international, Pedone, 2001.

L'étude de la logique propre à la notion suppose, par ailleurs, de s'attacher à la question de son élaboration et de son évolution internes. Il s'agit alors d'en étudier la construction juridique, c'est-à-dire « l'élaboration intellectuelle » de sa création et de son développement[681]. De par son essence même, le contenu de la notion connaît une capacité notable d'évolution pouvant rendre le champ d'application de la fin relativement variable. Pourtant, la fin a acquis une certaine stabilité et une évidente maturité, sous l'impulsion de différentes autorités, législatives et réglementaires mais également par le juge administratif lui-même. Si les règles qui régissent la fin peuvent se voir améliorées ou précisées, il apparaît que son évolution générale tend à s'atténuer. Dès lors, si la notion de fin est par définition vouée à évoluer, il sera intéressant de s'interroger sur les limites d'une telle évolution. La construction juridique de la notion sera étudiée dans une seconde section (Section 2).

## Section 1 : La référence à des éléments extérieurs à la notion.

L'étude de la structure de la notion de fin révèle qu'elle dépend d'éléments qui lui sont, plus ou moins, extérieurs. En d'autres termes, l'analyse de la notion de fin suppose que soient pris en considération certains facteurs qui ne se rapportent qu'indirectement à elle. C'est ainsi que l'analyse ne peut se passer d'une référence au temps dont l'influence sur la fin ne peut être négligée, bien que cela puisse sembler paradoxal.
Le temps affecte nécessairement la fin, de manière plus ou moins importante selon les modalités, mais de manière constante.
Il a dû inévitablement être pris en compte par les auteurs des différents textes législatifs et réglementaires, mais également par le juge administratif, lorsque ceux-ci ont mis en œuvre les règles de droit encadrant la fin de l'acte administratif unilatéral.
Un premier paragraphe présentera la nécessaire prise en considération du temps (§1).

L'étude de la logique interne de la notion et de ses éléments extérieurs suppose également que l'attention soit portée sur une idée récurrente et permanente, selon laquelle la fin est la conciliation d'éléments contradictoires et pourtant d'égale importance. La spécificité des rapports entre l'administration et les administrés, la

[681] Le *Vocabulaire juridique* de G. Cornu donne trois sens au terme construction, dont le troisième : « Se dit aussi, comme élaboration intellectuelle, d'une création prétorienne ou d'un système explicatif », PUF, 2001.

première s'attachant à l'efficacité, les seconds à la protection de leurs droits[682], mais aussi la difficulté sans cesse renouvelée de trouver un juste équilibre entre ces deux idées ont largement contribué à l'émergence et à la spécificité de la notion. L'exigence de conciliation permanente sera ensuite étudiée (§2).

### §1 : La nécessaire prise en considération du temps.

Le temps affecte incontestablement l'ensemble des rapports juridiques, quel que soit le domaine du droit envisagé. S'agissant de la fin, c'est une forme particulière du temps qui semble devoir être étudiée : il s'agit de son écoulement. C'est donc dans une perspective dynamique qu'il faut appréhender la fin, et non en tant que notion statique, figée. H. Kelsen distingue ainsi la théorie statique et la théorie dynamique du droit. Il affirme : « la théorie statique du droit envisage le droit à l'état de repos, comme un système de normes en vigueur ; la théorie dynamique du droit, elle, a pour objet le droit en mouvement, le processus juridique par lequel le droit est créé et appliqué »[683].

Il s'avère que le temps influence largement l'acte administratif unilatéral dans son évolution même, puisque la stabilité de l'acte dépend du temps. Il affecte donc aussi incontestablement le dernier moment de l'acte, sa fin.
Après avoir étudié les relations du temps et du droit, et précisément le rôle du temps dans la notion de fin (A), nous analyserons l'évolution temporelle de l'acte au regard de la création et de l'acquisition des droits (B).

#### A/ Les relations du temps et du droit : le rôle du temps dans la notion de fin.

La difficulté de traiter de l'écoulement du temps dans le cadre d'une étude juridique vient précisément du fait que le temps n'est pas en lui-même un concept juridique[684]. « C'est plutôt une idée dont on voit qu'elle a affaire avec le droit, en

---

[682] M. Waline résume ainsi le problème : « (...) nous sommes en présence d'un conflit entre des intérêts contraires : d'une part un intérêt général qui implique que ne soient pas maintenues des situations fâcheuses, inopportunes et que ne soit pas respectée la légalité. Il y a d'autre part l'intérêt de l'administré qui peut avoir acquis des droits », *in* « Le retrait des actes administratifs », *Mélanges Mestre*, Sirey, 1956, p. 566.
[683] H. Kelsen, *Théorie pure du droit*, Dalloz, 1962, p. 96.
[684] Toute étude se rapportant au temps se heurte d'ailleurs, semble-t-il, à l'impossibilité de le définir précisément. A cet égard, voir Saint-Augustin : « Qu'est-ce que le temps ? Quand personne ne me le demande, je le sais. Qu'on vienne à m'interroger là-dessus, je me propose d'expliquer et je ne sais plus ... Nous parlons constamment du temps, nous disons depuis quand, pendant combien de temps et tout le monde se comprend. Ce sont des formules d'usage courant et cependant si l'on y réfléchit bien, rien n'est plus obscur », *Les confessions, Dialogues philosophiques*, 11ème livre, Gallimard, 1993. Voir J-T. Desanti, *Réflexions sur le temps : conversations avec D-A. Grisoni*, Paris, Librairie

tant que celui-ci se meut dans l'univers du temps, mais pas plus »[685]. Le droit ne peut néanmoins pas se passer du temps. C'est ainsi que M. Hauriou, abordant la question du Continu et du Discontinu lors d'une étude sur la jurisprudence, écrivait : « Le propre de l'obligation est d'utiliser le temps. Si le droit n'utilisait pas le temps et se réduisait à des actes instantanés, il ne serait rien. Sa grandeur est qu'il incorpore le temps à la vie sociale ... »[686].

La temporalité juridique a, selon Ph. Ségur, une nature stabilisatrice qui se manifeste notamment par la volonté de créer des situations durables[687]. La jurisprudence sur le retrait évoque justement la force stabilisatrice de l'écoulement du temps à l'égard des décisions administratives. Le récent arrêt *Ternon* en est une parfaite illustration : l'écoulement d'un délai de quatre mois a pour effet de rendre l'acte administratif créateur de droits acquis intangible[688]. Le temps a permis de le stabiliser. Mais le droit cherche aussi à s'emparer de l'avenir, il cherche à anticiper l'avenir par le contrat par exemple. Parfois, au contraire, le temps prend le dessus, imposant ses propres contraintes au droit. Ces questions visant à envisager la fin dans une perspective diachronique feront l'objet des développements suivants, d'abord la puissance du temps (1°), ensuite la limite que constitue le pouvoir du droit (2°).

**1°/ La puissance du temps.**

L'évolution de l'acte administratif unilatéral dans le temps, et précisément si l'on considère sa fin, est une claire illustration de la puissance du temps sur le droit, précisément de l'aspect dynamique du temps tel qu'il se manifeste dans le délai ou dans la durée. La puissance du temps se manifeste à plusieurs égards dans le domaine de la fin. Trois exemples illustrent ce pouvoir substantiel : le retrait (a), l'abrogation (b), et la caducité (c).

**a) Le temps et le retrait de l'acte.**

S'agissant du retrait, l'écoulement du temps affecte cette modalité de fin dans la mesure où il est un composant de la création des droits acquis puisqu'il

générale française, 1997 ; J-A. Mazères, *Cours de maîtrise de science administrative*, Toulouse, 1995-1996.

[685] J. Combacau, « L'écoulement du temps », *in Le droit international et le temps*, Société française pour le droit international, Pedone, 2001, p. 77.

[686] M. Hauriou, « De la répétition des précédents judiciaires à la règle de droit coutumière », *Aux sources du droit*, Cahiers de la nouvelle journée, p. 195.

[687] Ph. Ségur, *op. cit.*, p. 73-74.

[688] Conseil d'Etat, Ass., 26 oct. 2001, *Ternon*, AJDA 2001, p. 1034.

entraîne la stabilisation des effets créés par l'acte[689]. Ainsi, l'acquisition des droits créés par l'acte est effectuée dans le temps et par le temps, d'où les termes « droits définitivement acquis » ou « droits non définitivement acquis » employés par la jurisprudence[690]. L'écoulement du temps, notamment lors de l'exécution de l'acte, permet la naissance des droits dont on ne peut concevoir qu'ils n'apparaissent qu'avec, et au moment de leur entrée en vigueur[691].
Le temps permet également à ces droits de devenir définitifs. En effet, l'expiration d'un certain délai suppose qu'ils ne soient plus susceptibles d'être remis en question. C'est ainsi que dans l'arrêt fondateur du retrait, l'arrêt *Dame Cachet* de 1922, le Conseil d'Etat juge que le retrait d'un acte administratif créateur de droits acquis ne peut se faire qu'à condition que l'acte soit illégal d'une part, et tant que l'acte n'est pas définitif d'autre part[692]. A l'expiration du délai de deux mois, les droits créés par l'acte sont définitivement acquis, et l'acte est dès lors insusceptible de recours.

Cette jurisprudence, qui rapproche le délai de retrait de celui du recours pour excès de pouvoir, a fait l'objet d'un revirement, précisément quant à ce point de vue, par l'arrêt *Ternon* du 26 octobre 2001[693] qui porte le délai de retrait de deux mois à quatre mois. Néanmoins cette évolution jurisprudentielle n'affecte pas l'effet du temps sur les droits acquis. Le juge administratif prévoit que l'acte administratif unilatéral est susceptible de retrait dans un délai de quatre mois à compter de l'édiction de la décision. Au-delà de ce délai, l'acte ne pourra plus faire l'objet d'un retrait : l'écoulement du temps entraîne inévitablement la définitiveté de l'acte et par conséquent également celle des droits qu'il a créés.

L'ensemble des règles du retrait est sous-tendu par cette volonté de stabiliser la situation juridique des administrés, et le facteur temps joue un rôle primordial dans cette entreprise. C'est un élément extérieur à l'acte, indépendant de

[689] Voir C. Yannakopoulos, *La notion de droits acquis en droit administratif français*, Thèse, LGDJ, 1997.

[690] Par exemple, Conseil d'Etat, 5 mai 1950, *Sieur Richart*, Leb. p. 264 ; également Conseil d'Etat, 18 mai 1973, *Ville de Cayenne*, Leb. p. 359 : « les droits créés n'étaient pas devenus définitifs ».

[691] Voir *supra*.

[692] Conseil d'Etat, 3 nov. 1922, *Dame Cachet*, Leb. p. 790.

[693] Conseil d'Etat, Ass., 26 oct. 2001, *Ternon*, précité. L'alignement du délai de retrait sur le délai de recours contentieux faisait du droit français une exception. La nouvelle solution rejoint celle connue en droit comparé. En droit communautaire, le délai de retrait est en effet un délai raisonnable (CJCE, *D. Algera e.a. c/ Ass. commune de la CECA*, Recueil de la Cour, III, p. 81) ; en droit allemand, l'article 48-IV de la loi sur la procédure administrative prévoit que le retrait d'un acte illégal ne peut intervenir que dans un délai d'un an après la découverte de son illégalité ; quant au Conseil d'Etat hellénique, il admet que le retrait est possible dans un laps de temps raisonnable, dont la durée ne peut être précisée d'avance, mais varie suivant les considérations de chaque cas et qui ne saurait être inférieure à cinq ans : Conseil d'Etat hellénique, 2095/1974, RDP 1975, p. 204.

la volonté tant de son auteur que de celle de son destinataire, et qui permet non seulement la création des droits mais aussi leur acquisition par l'écoulement du temps.

Cette idée est confirmée par les règles régissant les décisions implicites d'acceptation, et notamment leur retrait. La jurisprudence *Eve* a dans un premier temps jugé que ces décisions ne sauraient faire l'objet d'un retrait, car après l'expiration du délai imparti (c'est-à-dire au jour de la formation de la décision implicite), l'administration se trouve « dessaisie »[694]. Il convient de remarquer que le juge administratif accepte dès cette décision de dissocier le délai de retrait et le délai du recours contentieux[695], la solution créant cette symétrie ayant rapidement montré ses limites[696]. La loi DCRA du 12 avril 2000 a largement remis en cause la jurisprudence *Eve* précitée en acceptant le retrait des décisions implicites d'acceptation à certaines conditions : l'article 23 de la loi DCRA énonce que le retrait peut être prononcé pendant la durée de l'instance si un recours a été formé, pendant le délai de recours contentieux si une mesure d'information des tiers a été mise en œuvre[697], et pendant le délai de deux mois à compter de la date à laquelle est intervenue la décision si aucune mesure d'information des tiers n'a été mise en œuvre. Ce sont les trois conditions dans lesquelles le retrait d'une décision implicite d'acceptation est envisageable.
L'écoulement du temps se concrétise donc par l'existence de ce délai au terme duquel la décision n'est pas susceptible de faire l'objet d'un retrait. Il est alors, dans ce cas également, un facteur permettant la définitiveté de l'acte. Le *Vocabulaire juridique* de G. Cornu définit ainsi le délai : « espace de temps à l'écoulement duquel s'attache un effet de droit », mettant l'accent sur son moment crucial, celui où il est expiré.
Comme le souligne J. Combacau, « ce qui est juridiquement pertinent dans ce délai durant lequel le temps s'écoule, c'est moins son écoulement même, que le fait qu'il a fini de s'écouler, l'expiration du délai »[698].
Le retrait suppose, du fait de sa rétroactivité, que soient mis en œuvre des moyens afin d'assurer la stabilité des situations juridiques nécessaire à la sécurité juridique des administrés. Si le juge administratif et les auteurs de textes peuvent agir en ce sens, ils doivent également et nécessairement tenir compte du temps qui seul permettra une réelle consolidation de telles situations.

---

[694] Conseil d'Etat, Sect., 14 nov. 1969, *Eve*, Leb. p. 498.
[695] Cette dissociation est aujourd'hui généralisée en droit administratif français par le biais du juge administratif qui est intervenu à plusieurs reprises, notamment et dernièrement par l'arrêt *Ternon*, précité.
[696] Conseil d'Etat, Ass., 6 mai 1966, *Ville de Bagneux*, Leb. p. 303.
[697] Notamment pour les permis de construire tacites, depuis le décret du 28 mai 1970 (Article R. 421-42 du Code de l'urbanisme).
[698] J. Combacau, *op. cit.*, p. 78.

**b) Le temps et l'abrogation de l'acte.**

Le temps joue également un rôle primordial s'agissant de l'abrogation et plus précisément de la théorie du changement de circonstances. Cette théorie est inséparable de l'évolution dans le temps. Elle suppose la remise en cause possible de la validité des actes administratifs unilatéraux au cours de leur existence, et elle prévoit que l'autorité administrative est tenue d'y remédier. L'acte, légal au moment de son émission, cesse, du fait d'un changement dans les circonstances de droit ou de fait qui l'ont motivé, de correspondre aux exigences de la légalité.
Pour les actes individuels, l'application de la théorie du changement de circonstances se heurte le plus souvent aux droits acquis, insusceptibles d'être remis en cause. Cette règle ne connaît pas d'exception, bien que certains auteurs aient pu penser le contraire à la suite de l'arrêt du Conseil d'Etat, *URSSAF des Alpes-Maritimes*[699]. Dans cette décision, le Conseil d'Etat a jugé que l'approbation donnée par le ministre « qui présentait le caractère d'un acte administratif non réglementaire, a créé des droits au profit de l'Union de recouvrement et que le ministre ne pourrait revenir sur son approbation sauf si des changements dans les circonstances de droit ou de fait ou un changement dans la situation financière de l'Union faisaient obstacle au maintien des dispositions antérieures »[700]. Le Conseil d'Etat édicte ainsi une exception à l'intangibilité des effets individuels d'un acte administratif, précisément un acte de tutelle, guidé par l'impératif de mutabilité qui pourrait concerner tous les actes administratifs.
La portée de cette exception est très incertaine dans la mesure où le juge administratif ne précise pas qu'il s'agit de droits acquis. Or, la différence établie entre de simples droits et des droits acquis est essentielle[701]. Elle est le fondement et l'explication du principe d'intangibilité et permet la distinction avec le principe de mutabilité.

Le principe de mutabilité des règlements illustre, quant à lui, une conception instantanéiste de la création des normes juridiques. Le changement prévaut, nul n'ayant de droits acquis au maintien d'une réglementation. La mutabilité est le principe dès lors que sans cesse se modifient les exigences de l'intérêt général. Dans cette hypothèse, l'écoulement du temps n'a jamais pour effet la définitiveté de l'acte. Au contraire, l'écoulement du temps tend à rappeler l'instabilité de l'acte administratif unilatéral soumis aux évolutions inhérentes à tout système juridique. L'adaptation suppose l'instabilité ; or, la théorie du changement de circonstances vise précisément cet objectif : l'adaptation du système juridique aux évolutions de la société. Cette théorie est une illustration de la puissance du temps, de son action sur le droit. Elle montre la nécessaire

[699] Conseil d'Etat, Ass., 8 janv. 1971, *URSSAF des Alpes-Maritimes*, Leb. p. 10.
[700] *Ibid.*
[701] Sur cette question, voir les développements *infra.*, B.

inscription du droit dans la durée. Celui-ci tente d'exercer sur le temps une action stabilisatrice, mais la puissance du temps le tient parfois en échec, ne lui permettant pas de le figer comme il l'aurait voulu. D'où les contrôles et les limitations dont cette théorie est l'objet et qui tendent à aller à l'encontre d'un mouvement irrépressible de transformation du droit.

**c) Le temps et la caducité de l'acte.**

Enfin, la caducité d'un acte administratif unilatéral rappelle aussi la puissance du temps dont elle est elle-même le fait, puisqu'elle intervient par l'écoulement du temps. Les textes qui prévoient la péremption de certains actes administratifs suivent tous une même logique : un délai est fixé durant lequel le bénéficiaire de l'acte doit faire produire à celui-ci tout ou partie de ses effets. Ce délai écoulé, sa négligence est automatiquement sanctionnée sans qu'aucune intervention de l'administration ne soit théoriquement nécessaire.
Le Code de l'urbanisme fait abondamment référence à la notion de péremption[702]. On la retrouve également dans le Code de l'expropriation[703], le Code minier[704], le Code de la santé publique[705] et l'article 38 de la Constitution de 1958 qui dispose que les ordonnances « entrent en vigueur dès leur publication mais deviennent caduques si le projet de loi de ratification n'est pas déposé devant le Parlement avant la date fixée par la loi d'habilitation »[706]. L'expiration du délai dans lequel le projet de ratification aurait dû être déposé a pour effet la disparition de sa force juridique.

Dans toutes ces hypothèses, l'inaction du bénéficiaire et l'écoulement d'un délai imparti entraînent la péremption de l'autorisation. Le délai est variable, il

---

[702] Voir notamment les articles L. 315-2-1 et R. 315-44-1 qui organisent la disparition des règles d'urbanisme régissant un lotissement dix ans après son autorisation ; l'article R. 421-32 prévoit que le permis de construire est périmé si les constructions n'ont pas été entreprises dans les deux ans de la notification du permis ou de sa délivrance tacite ; l'article R. 311-8 juge que l'acte créant une zone d'aménagement concertée (ZAC) est caduc si le plan d'aménagement de zone (PAZ) n'intervient pas dans les deux ans.

[703] L'article L. 11-5 précise la durée de validité de l'enquête publique et de la déclaration d'utilité publique.

[704] L'article 106 stipule que l'autorisation d'exploitation de carrière est périmée quand elle n'a pas été utilisée dans les trois ans suivant sa notification.

[705] L'article L. 570 prévoit la péremption de l'autorisation d'ouverture d'une pharmacie lorsque cette ouverture n'intervient pas dans le délai d'un an.

[706] Sur cette question, voir L. Favoreu, « Ordonnances ou règlements d'administration publique ? (La destinée singulière de l'article 38 de la Constitution) », RFDA 1987, p. 686 ; A-H. Mesnard, « Ordonnances, lois d'orientation ou lois-cadres », RDP 1982, p. 1073 ; P. Montané de Laroque, « L'article 38 de la Constitution du 4 octobre 1958 et la loi de pouvoirs spéciaux du 4 février 1960 », *Mélanges Maury*, 1960, Tome 2, p. 199.

dépend de son objet. Ainsi, pour une autorisation, dont les effets sont instantanément épuisés en une seule opération, le délai est très bref. En revanche, s'agissant d'opérations longues et complexes, le délai est plus long. C'est ainsi que la réglementation applicable aux déclarations d'utilité publique est relativement souple, et le régime de la péremption a été adapté en conséquence.
Quel que soit le délai fixé, la logique est la même : l'écoulement du temps conjugué avec l'inaction du bénéficiaire a pour effet la caducité de l'acte, indépendamment de toute intervention de l'administration.
Le même effet se produit lorsque l'acte est soumis à une condition d'extinction : l'article L. 480-2 du Code de l'urbanisme prévoit par exemple que l'arrêté municipal prescrivant l'interruption des travaux entrepris en infraction aux règles d'urbanisme cesse d'avoir effet lorsque les poursuites se sont soldées par une décision judiciaire de relaxe ou de non-lieu.
L'écoulement du temps entraîne la perte de vigueur de l'acte. Alors que le retrait illustre la situation dans laquelle l'écoulement du temps conduit à une plus grande stabilité des situations juridiques. Loin de conduire à la définitiveté de l'acte, se produit la fin de ses effets.

**2°/ Une limite à la toute puissance du temps : le pouvoir du droit.**

La fin de l'acte administratif unilatéral démontre également, par d'autres aspects, que le droit tente de s'approprier le temps. La caducité illustre ce phénomène dans lequel, paradoxalement, le temps joue un rôle *a priori* majeur en raison de l'importance reconnue au délai. C'est précisément l'hypothèse de la péremption qui retiendra notre attention, la forme la plus courante de caducité planifiée qui dépend largement de considérations liées au délai qui la met en œuvre.
L'effet du temps sur le droit peut en effet se trouver limité par la survenance de certains évènements provoquant l'interruption ou la suspension du délai de péremption. L'interruption efface le délai écoulé. Elle peut être due à la réalisation de l'objet de l'autorisation ou à son commencement d'exécution par exemple. En d'autres circonstances, le délai n'est pas interrompu mais il est seulement suspendu. Ainsi, l'article R. 421-32 du Code de l'urbanisme prévoit deux cas de suspension du délai de péremption du permis de construire : le sursis à exécution, soit ordonné par le juge administratif, soit par l'administration, et l'appel du jugement annulant le permis. La suspension intervient alors jusqu'à l'arrêt statuant sur cet appel. Un système identique s'applique aux autorisations de création de grandes surfaces[707].

[707] Voir l'article 27-1 de la loi du 28 janvier 1974.

Parfois également, les textes organisent la prorogation du délai de péremption, permettant ainsi à l'acte de subsister. La prorogation repousse les effets de la caducité dans le temps, octroyant ainsi un sursis au titulaire de l'autorisation. Elle n'est possible que si elle est prévue par des dispositions formelles.
L'article L. 570 du Code de la santé publique prévoit par exemple que, dans le cas où la force majeure a empêché l'ouverture de la pharmacie dans le délai prévu, ce délai peut être prorogé pour une durée nouvelle de six mois.

Ces hypothèses d'interruption, de suspension et de prorogation du délai montrent que le droit reprend parfois le dessus sur le temps, les auteurs de textes et le juge administratif tentant de l'apprivoiser afin, semble-t-il, de le maîtriser davantage. Le droit bouscule alors le déroulement normal du temps en anticipant l'avenir et en revenant sur le passé. La rétroactivité et ses divers aménagements en sont un exemple notable. Le droit veut créer des situations durables en mettant en place des cadres juridiques contraignants, parce qu'il s'inscrit, de par son essence même, dans un changement perpétuel.

Si l'écoulement du temps est loin d'être sans prise sur le droit, qui n'est donc pas immuable, des limites existent à la puissance du temps sur le droit, des limites qui démontrent que parfois le droit prévaut : la désuétude refuse ainsi au temps tout effet concret sur l'acte administratif unilatéral. Il convient en effet de reconnaître que l'écoulement du temps, qui peut avoir pour conséquence de rendre un acte obsolète, ne peut en revanche pas être à l'origine de sa fin. L'écoulement du temps ne peut donc pas porter atteinte, altérer l'existence même de l'acte administratif unilatéral, ou tout au moins il ne le peut à lui seul. La non-reconnaissance de la désuétude suppose que le droit refuse de reconnaître à la non-application durable d'un texte un effet quelconque sur son maintien en vigueur. Admettre la caducité naturelle de l'acte réglementaire revient à concevoir qu'à un moment donné mais non connu, déterminé par un changement de circonstances, celui-ci va disparaître automatiquement. G. Gonzalez ajoute : « C'est aussi introduire une insécurité juridique préjudiciable tant à l'administration qu'aux administrés alors que l'acte réglementaire postule la durée, est le symbole d'une certaine stabilité juridique »[708]. L'acte normateur pourra être abrogé ou modifié, mais seulement à la suite de l'intervention active de l'administration. La caducité naturelle doit être bannie car elle participe à une logique dangereuse, une logique exclusive de l'intervention de l'administration et du juge.
Le pouvoir du droit est dans cette hypothèse bien réel : un pouvoir qui apparaît nécessairement comme une limite à la puissance incontestable du temps.

---

[708] G. Gonzalez, « La caducité des actes administratifs unilatéraux », RDP 1991, p. 1722.

**B/ L'évolution temporelle de l'acte au regard de la création et de l'acquisition des droits.**

A propos des relations établies entre le temps et le droit, C. Yannakopoulos affirme : « Une situation juridique, après avoir été créée par un acte juridique, est détachée de l'acte et poursuit sa propre évolution dans le temps »[709]. Parmi ces situations juridiques, certaines dont le temps a permis la concrétisation, acquièrent une stabilité plus ou moins importante pouvant aller jusqu'à l'intangibilité lorsque leur protection l'impose. La stabilité relative de l'acte administratif unilatéral est un phénomène général dont l'influence sur la fin ne peut être négligée et qui dépend véritablement de la nature de l'acte et de ses effets. Cela justifie l'expression de stabilité relative, relative à la nature de l'acte et à son caractère créateur ou non créateur de droits acquis. Or, c'est le temps qui permet la création et l'acquisition des droits.

L'évolution dans le temps de l'acte administratif unilatéral se caractérise donc par une stabilité réelle s'agissant de l'acte administratif individuel créateur de droits acquis (1°). En revanche, cette stabilité est largement relativisée s'agissant de l'acte non créateur de droits acquis, notamment lorsque l'acte est réglementaire (2°).

**1°/ La stabilité effective de l'acte créateur de droits acquis.**

L'acte créateur de droits acquis bénéficie d'une effective stabilité du fait de l'intangibilité qui s'attache aux droits ainsi créés. « Le principe constamment admis par la jurisprudence est celui de l'intangibilité des effets juridiques des actes individuels qui ont créé des droits »[710]. La stabilité ne concerne pas seulement l'acte mais aussi les effets de celui-ci, envisagés sur le plan de leur évolution dans le temps. Elle affecte donc incontestablement la fin de l'acte.

L'acte créateur de droits acquis, du fait de l'intangibilité qui s'attache à ceux-ci, bénéficie ainsi d'une réelle stabilité qui se matérialise par l'impossibilité pour l'autorité administrative d'y mettre fin. Le retrait et l'abrogation sont donc exclus, la protection des administrés prévaut dans cette hypothèse. La concrétisation des droits créés, devenus acquis du fait de l'écoulement du temps, tend donc à limiter les possibilités de mettre fin à l'acte administratif. Tant le retrait que l'abrogation sont largement limités par les droits acquis des administrés. Comme le précise C. Yannakopoulos, « Les droits acquis étant des droits à la situation administrative formée par la mise en œuvre des droits, leur protection peut consister soit dans le maintien de l'acte créateur, soit dans la non-application

---

[709] C. Yannakopoulos, *op. cit.*, p. 27.

[710] J-F. Henry, Concl. sur Conseil d'Etat, 1er avril 1960, *Quériaud*, Leb. p. 245.

d'un nouvel acte juridique à la situation en cause, soit même dans la réparation du préjudice causé par leur atteinte »[711]. Par là même, la reconnaissance de droits acquis s'oppose à la fin de l'acte. En effet, le caractère créateur de droits acquis de l'acte administratif, permis par l'écoulement du temps, justifie sa stabilité effective qui se traduit forcément par d'importantes limites quant à sa fin.

**2°/ La stabilité relative de la norme non créatrice de droits acquis.**

Toute norme connaît un caractère évolutif dans le temps qui est susceptible d'en conditionner la fin. La stabilité relative concerne d'abord l'acte administratif réglementaire qui ne crée pas de droits acquis à son maintien, mais elle n'est pas propre à l'acte administratif unilatéral à portée générale. Il semble, à cet égard, intéressant de considérer auparavant la loi, norme qui, comme le règlement, ne crée, en principe, pas de droit acquis à son maintien[712] (a). Nous analyserons ensuite la question de la stabilité de l'acte administratif au regard de celle de la règle législative (b). Enfin, nous considérerons l'évolution susceptible d'affecter la règle jurisprudentielle (c).

**a) La stabilité relative de la loi.**

Le Conseil constitutionnel a reconnu au législateur un pouvoir général d'abroger à tout moment les lois anciennes : « Aucune règle non plus qu'aucun principe de valeur constitutionnelle ne s'oppose à ce qu'une loi abroge les dispositions législatives antérieures, les lois ordinaires ayant toutes la même valeur juridique »[713]. Le principe de mutabilité des situations générales explique la souplesse du régime d'abrogation des lois par le législateur, comme il explique le pouvoir, reconnu à l'autorité administrative, d'abroger les règlements. Ces dispositions normatives fixent des pouvoirs ou des droits en fonction d'intérêts supérieurs mais n'engendrent jamais de droits acquis à leur maintien.

Pourtant, le pouvoir d'abrogation du législateur connaît des limites affirmées par le Conseil constitutionnel notamment lorsque la loi en question porte sur l'exercice des libertés publiques. Le Conseil constitutionnel considère que le pouvoir discrétionnaire du législateur comporte une compétence large de

---

[711] C. Yannakopoulos, *op. cit.*, p. 277.

[712] P. Auvret, « La notion de droits acquis en droit administratif français », RDP 1985, p. 68 : « la loi comme le règlement sont à l'origine de droits, ils sont même avec la Constitution leur seule et véritable source, mais ce ne sont pas des droits acquis ».

[713] Décision 84-185 DC du 18 janvier 1985, *Loi Chevènement*, Rec. p. 3 ; voir aussi la justification de cette décision dans l'article 28 de la Déclaration des droits de l'homme et du citoyen de 1793 selon lequel « une génération ne peut assujettir à ses lois les générations futures ».

modification et d'abrogation, compétence de principe sur laquelle il n'exerce pas de contrôle. Néanmoins, cela ne signifie pas que cette compétence ne soit pas encadrée par des garanties constitutionnelles. Le Conseil constitutionnel a précisément considéré que la loi nouvelle doit offrir des garanties équivalentes à celles de la législation antérieure et rendre l'exercice des libertés publiques encore plus effectif, mettant en œuvre la jurisprudence dite du « cliquet »[714].
« L'effet cliquet »[715] consiste, pour le Conseil constitutionnel, à déclarer inconstitutionnelle une disposition législative nouvelle au motif qu'elle ne maintient pas les garanties issues des règles constitutionnelles qui existaient dans le texte ancien. L'expression « effet cliquet » montre que les neufs sages n'admettent des modifications à ces garanties constitutionnelles que dans le sens d'une plus grande protection. G. Drago résume la méthode constitutionnelle : « Ainsi la roue des garanties constitutionnelles comporte un cliquet qui l'empêche de revenir en arrière. Ces garanties doivent toujours aller dans le sens d'un renforcement »[716].

Selon cette jurisprudence, lorsqu'une loi abroge les dispositions d'une loi précédente, sans reprendre à son compte les garanties que prévoyait le premier texte, elle est inconstitutionnelle. Le Conseil constitutionnel estime, selon la formule utilisée, qu'une loi peut abroger une autre loi « sauf si cette abrogation avait pour effet de porter atteinte à l'exercice d'un droit ou d'une liberté ayant valeur constitutionnelle »[717]. Le législateur se trouve donc obligé de respecter la protection des libertés publiques mais aussi les situations existantes. Les limites au pouvoir d'abrogation des lois sont évidentes, du fait de l'intangibilité des situations acquises en matière de libertés publiques. Le législateur ne peut abroger les dispositions législatives garantissant des libertés fondamentales sans les remplacer par d'autres, d'efficacité équivalente. Il ne peut donc intervenir que pour renforcer ces garanties. En d'autres termes, l'autorité législative peut diminuer les garanties qu'elle a édictées au profit d'une liberté fondamentale uniquement de deux façons : en abrogeant ces garanties sans les remplacer, ou alors en remplaçant ces garanties par d'autres, moins fortes. C'est-à-dire qu'elle ne pourra mettre en cause une réglementation relative à des situations existantes que si ces dernières ont été illégalement acquises ou si cela est réellement nécessaire pour rendre effectif l'exercice de la liberté considérée.

---

[714] Conseil constitutionnel, 83-165 DC, 20 janvier 1984, *Libertés universitaires*, Rec. p. 30 ; Conseil constitutionnel, 84-181 DC, 10-11 octobre 1984, *Entreprises de presse*, Rec. p. 78 ; Conseil constitutionnel, 93-325 DC, 12-13 août 1993, *Maîtrise de l'immigration*, Rec. p. 224.
Sur cette question voir G. Drago, *Contentieux constitutionnel français*, PUF, 1998 ; D. Rousseau, *Droit du contentieux constitutionnel*, Montchrestien, 1999 ; H. Roussillon, *Le Conseil constitutionnel*, Dalloz, 2000.
[715] G. Pépy, « La réforme du régime juridique de la presse », AJDA 1986, p. 527.
[716] G. Drago, *op. cit.*, p. 319.
[717] Conseil constitutionnel, 18 janv. 1985, *Loi Chevènement*, précitée.

La position du Conseil constitutionnel est claire et constante, elle a été réaffirmée dans une décision du 29 juillet 1986 dans laquelle il affirme : « (...) il est à tout moment loisible au législateur, statuant dans le domaine qui lui est réservé par l'article 34 de la Constitution, de modifier des textes antérieurs ou d'abroger ceux-ci en leur substituant, le cas échéant, d'autres dispositions ; (...) que cependant l'exercice de ce pouvoir ne saurait aboutir à priver de garanties légales les exigences de caractère constitutionnel »[718].

**b) La stabilité de l'acte administratif au regard de celle de la loi.**

La mutabilité de principe de la loi se trouve donc largement limitée par le Conseil constitutionnel, qui limite aussi nécessairement le pouvoir reconnu au législateur en matière d'abrogation ou de modification des lois, lorsque celles-ci portent sur l'exercice d'une liberté publique. Cela montre que la protection des libertés fondamentales prescrit l'intangibilité de certaines situations créées par une loi, sans que cela n'implique que celle-ci soit elle-même intangible. Le Conseil constitutionnel en est le garant. Il pose des limites au législateur afin de protéger ces situations qui sont dès lors considérées comme acquises, bien que cette terminologie ne soit pas utilisée par les neuf sages. Etant acquises, ces situations deviennent intangibles en ce sens que le législateur ne peut porter atteinte à la loi qui les assure que dans la mesure où le nouveau texte les garantira également. La loi n'est en aucun cas devenue intangible, en revanche, les situations qu'elle crée le sont.

De ces considérations, il résulte que certaines distinctions entre les jurisprudences administrative et constitutionnelle se montrent pertinentes s'agissant de l'évolution temporelle des normes générales. La jurisprudence constitutionnelle sur l'évolution dans le temps des lois et sur leur abrogation ou leur modification, se distingue, en effet, de la jurisprudence administrative sur l'abrogation des actes administratifs réglementaires.

Le principe de mutabilité est certes la règle quant à ces textes généraux, qu'il s'agisse de lois ou de règlements. Ce principe connaît cependant une importante atténuation s'agissant de l'abrogation des lois parce que la situation acquise traduit alors toujours l'exercice d'une liberté fondamentale constitutionnellement garantie.

Cette limite est une différence fondamentale : l'autorité administrative ne connaît pas de telle limite quant à l'abrogation des actes administratifs réglementaires. En effet, le juge administratif ne limite pas le pouvoir de l'administration en matière d'abrogation parce que les droits créés par un tel acte ne sont pas considérés comme susceptibles de protection ; ce ne sont pas des droits acquis. Cela ne

[718] Conseil constitutionnel, 29 juill. 1986, *Entreprises de presse*, Rec. p. 110.

signifie pas que le pouvoir de l'administration est totalement discrétionnaire, absent de toute contrainte (autre que celle portant sur des questions de légalité) car l'administration peut être tenue, dans certains cas, d'abroger un acte réglementaire, cette obligation apparaissant alors comme une contrainte. Le régime général de l'abrogation de l'acte administratif permet donc à l'administration d'abroger spontanément un acte à partir du moment où il n'a pas créé de droits acquis. Il peut donc s'agir d'un acte réglementaire ou d'un acte individuel non créateur de droits acquis. L'absence de droits acquis créés apparaît donc comme le principal critère de la faculté, reconnue à l'administration, d'abroger un acte administratif. Le principe de mutabilité de l'acte réglementaire ne connaît donc pas de limites parce que le Conseil d'Etat n'a pas jugé nécessaire d'en poser.

Il faudrait dès lors déduire de ces considérations que l'abrogation d'un acte réglementaire n'affecte jamais les droits des administrés, contrairement à l'abrogation d'une loi qui peut, en revanche, mettre en péril une liberté fondamentale. Cette affirmation est cependant erronée parce que sans fondement : le caractère général de l'acte n'étant pas lié à son caractère créateur de droits acquis. Il faut en conclure que les limites qui existent en matière d'abrogation des lois sont dues à l'importance des droits à protéger, le plus souvent, et en l'occurrence des libertés fondamentales. L'atteinte susceptible d'être portée aux droits des administrés par l'abrogation d'un acte administratif réglementaire se révèle d'une importance toujours moindre.

Une autre explication pourrait résider dans les garanties apportées aux droits, autrement dit dans la nature de leur protection : les libertés fondamentales en cause sont constitutionnellement garanties, contrairement aux droits, quand bien même ils seraient acquis, créés par un acte administratif. De toute évidence, c'est la nature des droits en cause qui justifie la différence existant entre le régime juridique de l'abrogation des lois et celui de l'abrogation des actes réglementaires, justifiant la mutabilité relative de la loi et la mutabilité absolue de l'acte administratif.

**c) La question de l'évolutivité de la règle jurisprudentielle.**

Une autre comparaison semble intéressante : celle concernant l'évolution de l'acte administratif réglementaire par rapport à l'évolution de la règle jurisprudentielle. Si la décision juridictionnelle est incontestablement intangible, une intangibilité garantie par le principe de l'autorité absolue de la chose jugée, la règle jurisprudentielle qui en découle connaît, en revanche, une mutabilité assimilable à celle de toute règle générale. Comme le souligne Y. Gaudemet, le juge administratif « n'a pas la prétention de réaliser une réglementation définitive de la question mais simplement celle qui lui paraît à l'époque la mieux adaptée. Par là même, il s'engage à conserver sur la règle nouvelle une sorte de droit de regard constant, lui permettant éventuellement de lui apporter les modifications qui lui paraîtront s'imposer »[719].

Une exigence de stabilité s'impose à une règle, qui présente pourtant une mutabilité inhérente car les administrés s'attendent légitimement à ce que leurs litiges soient jugés conformément à la jurisprudence. Or, la nature de la jurisprudence suppose sa mutabilité, mutabilité qui ne connaît pas de limite concrète, autres que celles s'imposant au juge pour tout jugement. De ce point de vue, la règle jurisprudentielle est plus proche de l'acte administratif réglementaire que de la loi. C'est au juge administratif lui-même qu'il revient de rechercher un juste équilibre entre ces exigences contradictoires car la mutabilité de la jurisprudence peut être aussi la source de la mise en œuvre d'une réglementation plus favorable aux administrés eux-mêmes.

L'évolution dans le temps des différents actes à portée générale révèle que l'acte lui-même est le plus souvent abrogeable, leurs effets supposant au contraire une intangibilité plus ou moins garantie selon leur nature. Dès lors, la faculté d'abroger ou de modifier l'acte dépend des effets de cet acte. La fin ne doit pas porter atteinte à des effets devenus intangibles, autrement dit à des situations juridiquement protégées.
L'écoulement du temps a donc parfois pour effet de permettre à un acte à portée générale, donc présentant une mutabilité inhérente, de créer des situations intangibles, insusceptibles d'être abrogées ou modifiées lorsque leur importance le justifie.

### §2 : Une exigence de conciliation permanente.

La mise en place des règles gouvernant la fin a supposé que ses auteurs s'attachent à concilier des éléments contradictoires. Les autorités législative et réglementaire, mais aussi le juge administratif, cherchant à élaborer un régime juridique cohérent et stable, ont rencontré un obstacle dû à l'inévitable présence d'éléments antinomiques.
Leur tache a été réellement rendue difficile pour deux raisons principales : d'abord du fait de la spécificité des rapports entre l'administration et les administrés dont les intérêts peuvent être divergents. Ensuite, parce que le principe de légalité est toujours opposé à celui de sécurité juridique. Or, les deux sont déterminants dans la procédure de fin et tous deux sont d'égale importance. Il est donc immédiatement apparu comme une nécessité de concilier l'ensemble de ces éléments qui

---

[719] Y. Gaudemet, *Les méthodes du juge administratif*, Thèse, LGDJ, 1972, p. 254.

s'opposaient. Cette conciliation est devenue le fil conducteur de la fin, autrement dit une perspective permanente en définitive.

Les contradictions propres à la notion de fin seront d'abord étudiées (A), la recherche d'un juste équilibre et la timide reconnaissance de principes nouveaux seront ensuite présentés (B).

**A/ L'existence de contradictions propres à la notion de fin.**

La notion de fin est guidée par une idée récurrente : concilier des principes dont l'égale importance a été reconnue par le droit administratif français et qui sont pourtant contradictoires. Ce problème existe dans tous les domaines de la fin, c'est-à-dire qu'il se pose pour chaque modalité. L'importance quantitative de la jurisprudence portant sur la fin, et ses revirements relativement fréquents, sont une illustration des difficultés dont cette conciliation peut être la cause, notamment lorsque l'acte auquel il est mis fin est créateur de droits acquis.
Notre étude révèle que ce sont le plus souvent les droits acquis des administrés qui vont à l'encontre de la meilleure efficacité de l'action administrative.

Si la constatation de caducité ne laisse que peu apparaître de telles divergences[720], celles-ci sont fréquemment illustrées par la jurisprudence portant sur les autres modalités de fin. Ce sont ces divergences qui retiendront notre attention, apparues dans le retrait (1°), dans l'abrogation (2°) et dans l'annulation (3°).

**1°/ Les divergences d'intérêts en matière de retrait.**

Les règles du retrait de l'acte administratif unilatéral sont sous-tendues par la volonté de concilier deux principes : le respect des droits acquis par les administrés d'une part, et le respect du principe de légalité d'autre part. Alors que les administrés recherchent la protection de leurs droits, l'administration s'attache au respect du principe de légalité. C'est ce dernier qui justifie qu'elle peut mettre fin à un acte administratif unilatéral entaché d'illégalité, cela avant même que le

[720] La constatation de caducité n'est pas une modalité de fin qui laisse apparaître la présence d'intérêts contradictoires dans la mesure où la caducité est le plus souvent la conséquence de l'inapplication d'un texte ou de l'inaction du bénéficiaire ; elle est alors une forme de sanction prononcée par l'administration. L'action de l'administration tend à faire appliquer le droit aux administrés dans un délai déterminé, celui qui leur est imparti par les textes. C'est également l'intérêt de l'administré que d'appliquer les textes avant qu'ils ne deviennent caducs. Par ailleurs, la non-rétroactivité de la caducité justifie l'absence d'atteinte aux droits des administrés.

juge administratif ne soit saisi. Les rapports entre l'administration et les administrés sont alors nécessairement conflictuels parce que leurs intérêts propres sont fondamentalement divergents.

Le retrait est d'autant plus susceptible d'être une atteinte aux droits des administrés qu'il s'agit d'une modalité de fin rétroactive. Dès lors, il revient aux auteurs des règles qui la gouvernent de déterminer la solution la plus juste, celle qui assurera la meilleure application possible de chacun des deux principes sans que ce soit au détriment de l'autre. Cela explique que le retrait d'un acte est admis par le droit administratif qui en limite cependant l'exercice à certaines conditions lorsque cet acte crée des droits acquis en faveur des administrés.
S'agissant d'un acte exprès, deux conditions s'imposent à l'auteur du retrait : une condition d'illégalité et une condition de délai. Le retrait d'un acte administratif illégal est possible dans un délai de quatre mois à compter de l'édiction de la décision, selon l'arrêt *Ternon* rendu par le Conseil d'Etat le 26 octobre 2001[721]. Quant aux décisions implicites, la loi DCRA du 12 avril 2000 soumet leur retrait à une condition de délai qui varie en fonction de la publicité éventuellement faite à l'acte. Le retrait est ainsi permis pendant la durée de l'instance si un recours a été formé, pendant le délai de recours contentieux si une mesure d'information des tiers a été mise en œuvre et, pendant le délai de deux mois à compter de la date à laquelle est intervenue la décision si aucune mesure d'information des tiers n'a été mise en œuvre[722].
La seconde condition au retrait d'un acte par l'administration est l'illégalité de celui-ci. Cette condition est justifiée par le respect du principe de légalité qui guide l'ensemble de l'action administrative.

En voulant assurer à la fois le principe de sécurité juridique et celui de légalité, la règle de droit a favorisé tantôt l'un, tantôt l'autre. La jurisprudence administrative a toujours recherché un équilibre, initialement créé par l'arrêt *Dame Cachet* de 1922, mais sans le trouver réellement. La solution actuelle posée par l'arrêt *Ternon*, dont l'apport majeur est d'accorder à l'administration un délai de quatre mois (et non deux mois) courant à compter de l'édiction de l'acte (et non de sa publicité), va également dans ce sens : le délai de quatre mois étant écoulé, la solution est définitive et les droits acquis par les administrés deviennent intangibles. Le point de départ du délai étant celui de l'édiction de la décision, les difficultés liées à l'absence de notification ou à une notification incomplète n'ont plus lieu d'être[723].

[721] Conseil d'Etat, Ass., 26 oct. 2001, *Ternon*, précité.
[722] Voir *supra*, Première partie, Titre 1.
[723] Ces difficultés et une ébauche de solution sont apparues dans les jurisprudences du Conseil d'Etat, *Ville de Bagneux* en 1966, *Madame de Laubier* en 1997, ainsi que dans la solution de la Cour administrative d'appel de Bordeaux, *Centre communal et social de Saint-Clar* de 1999, précitées.

Cette solution a donc le mérite de simplifier l'état du droit, tout en créant un nouvel et réel équilibre entre les deux principes : le nouveau délai laisse une plus grande marge de manœuvre à l'administration. Néanmoins, une fois qu'il est écoulé, aucune exception ne justifie sa prolongation : les droits acquis par les administrés le sont alors définitivement. Cette avancée est donc significative.

**2°/ L'exigence de conciliation en matière d'abrogation.**

Le régime juridique de l'abrogation de l'acte administratif unilatéral peut également se présenter comme l'illustration d'un problème de conciliation entre des intérêts contradictoires. Il s'avère en effet que, dans certains cas, les droits des administrés se heurtent au principe de mutabilité qui régit l'abrogation des actes administratifs unilatéraux. La jurisprudence précitée de 1971, *URSSAF des Alpes-Maritimes* illustre clairement cette question en admettant que la théorie du changement de circonstances peut s'appliquer à un acte individuel (en l'occurrence, il s'agit d'un acte de tutelle), c'est-à-dire à un acte susceptible de créer des droits aux administrés[724]. Autrement dit, le juge administratif a, dans cette espèce, admis qu'un acte individuel pouvait être abrogé en vertu de la théorie du changement de circonstances. Or, cette théorie s'applique en principe à des actes réglementaires gouvernés par le principe de mutabilité. Le Conseil d'Etat applique donc pour la première fois la jurisprudence *Compagnie Alitalia* à un acte administratif individuel créateur de droits. Ce sont ainsi les règles de l'abrogation et du changement de circonstances qui s'appliquent à un tel acte, et par conséquent la mutabilité se heurte à l'intangibilité.

Pourtant une difficulté apparaît, tant dans le commentaire qu'en fait P. Ferrari que dans celui de R. Chapus dans son ouvrage, car ces auteurs analysent l'arrêt en question dans le cadre du retrait[725]. Or, il s'agit selon nous d'une abrogation, bien que le Conseil d'Etat manque largement de clarté dans sa rédaction : « que l'arrêté du 26 mai 1965 portant approbation des statuts (…) cesserait d'avoir effet en ce qui concerne les dispositions de l'article 4 desdits statuts ». Et il juge : « (…) que le ministre ne pouvait revenir sur son approbation (…) »[726]. Or, « revenir sur » un texte est une expression qui pourrait aussi bien signifier un retrait qu'une abrogation ou une modification : ce terme n'a ni une signification rétroactive, ni une signification non rétroactive. En revanche, lorsqu'un acte cesse d'avoir effet, c'est uniquement pour l'avenir. D'autant plus qu'il s'agit de statuts d'une URSSAF, qui ne peuvent donc pas disparaître rétroactivement. Par ailleurs, l'application de la théorie du changement de circonstances au retrait paraît délicate,

---

[724] Conseil d'Etat, Ass., 8 juill. 1971, *URSSAF des Alpes-Maritimes*, précité.

[725] P. Ferrari, note sous Conseil d'Etat, Ass., 8 juill. 1971, *URSSAF des Alpes-Maritimes*, AJDA 1971, p. 164 ; R. Chapus, *Droit administratif général*, Tome 1, Montchrestien, 2001, p. 1157.

[726] Conseil d'Etat, Ass., 8 juill. 1971, *URSSAF des Alpes-Maritimes*, précité.

car c'est une théorie propre à l'abrogation. En effet, le changement de circonstances justifie un changement de régime juridique à venir mais il ne justifie en aucun cas qu'il soit rétroactif.

De tous ces éléments il résulte que la décision en question est une décision d'abrogation et non de retrait. La confirmation selon laquelle il s'agit effectivement d'une décision d'abrogation est apportée par les conclusions de G. Vught sur cette affaire : « La théorie du retrait des actes administratifs - au sens strict - est sans application en l'espèce. Le ministre n'a pas rapporté, même partiellement, l'arrêté d'approbation de 1965. Il a seulement décidé que cet arrêté cesserait d'avoir effet, pour l'avenir, en tant qu'il concerne un alinéa des statuts. Sa décision s'analyse comme une abrogation partielle »[727]. Finalement, le Conseil d'Etat, suivant les conclusions du Commissaire du gouvernement, décidera que la décision prise par le ministre mettant fin à l'acte ne fait pas partie des pouvoirs de l'autorité de tutelle, admettant ainsi implicitement que la décision était une décision d'abrogation et non de retrait.
La jurisprudence *URSSAF des Alpes-Maritimes* pourrait apparaître comme une exception dans la mesure où l'acte abrogé est un acte non réglementaire créateur de droits, comme l'affirme explicitement le Conseil d'Etat : « que cette approbation, ainsi qu'il a été dit ci-dessus, présentait le caractère d'un acte administratif non réglementaire, a créé des droits au profit de l'union (…) »[728]. Néanmoins une précision s'impose afin de dissiper toute ambiguïté : il s'agit effectivement d'un acte créateur de droits mais ces derniers ne sont pas acquis. Dès lors, cette décision n'est pas une exception, elle reste dans la tendance générale de l'abrogation qui ne suscite généralement pas de divergences entre des principes contradictoires parce qu'elle vise le plus souvent les actes réglementaires. Or, un règlement ne crée pas de droits acquis à son maintien. Elle vise également les actes non réglementaires, mais uniquement quand ils ne créent pas de droits acquis. En admettant l'abrogation d'un acte non réglementaire créateur de droits, au motif d'un changement dans les circonstances, cette décision fait prévaloir le principe de mutabilité sur celui d'intangibilité des effets de l'acte individuel.

La décision fait en revanche figure d'exception dans la mesure où l'abrogation porte rarement sur des actes protégés par le principe d'intangibilité. L'auteur de l'abrogation, appliquant le principe de mutabilité, ne se heurte donc pas en principe aux droits des administrés. Cela ne signifie cependant pas que leurs intérêts sont toujours communs. Le changement de circonstances justifie le pouvoir d'abroger un acte administratif qui pouvait être favorable aux administrés. Même si celui-ci a un intérêt, il ne peut pas aller à l'encontre de l'abrogation. Comme le précise R-G.

---

[727] G. Vught, Concl. sur Conseil d'Etat, Ass., 8 juill. 1971, *URSSAF des Alpes-Maritimes*, Leb. p. 26.
[728] Conseil d'Etat, Ass., 8 juill. 1971, *URSSAF des Alpes-Maritimes*, précité.

Schwartzenberg, « L'impératif de mutabilité, loin de s'appliquer aux seuls actes réglementaires, concerne tous les actes administratifs en général, qui doivent pouvoir être librement abrogés par leur auteur »[729].

**3°/ L'existence d'intérêts contradictoires dans l'hypothèse de l'annulation.**

En revanche, il convient de remarquer que des exigences contradictoires apparaissent dans le domaine de l'annulation de l'acte administratif unilatéral, c'est-à-dire dans les relations entre le juge administratif et les administrés. L'explication réside dans la nature de la règle jurisprudentielle qui est régie par le principe de mutabilité et qui de ce point de vue peut s'opposer à la volonté de l'administré, à son attente de recevoir le même jugement que le précédent. C'est finalement la question des revirements de jurisprudence qui peut susciter une divergence d'intérêts.

Les remèdes aux revirements jurisprudentiels ont été trouvés dans la règle du précédent en Angleterre et aux Etats-Unis mais le droit français n'impose pas cette règle, chère à la *common law*. Selon celle-ci, le juge doit adopter la même solution que dans le passé lorsqu'une affaire ou des circonstances semblables se présentent ; le revirement ne pouvant intervenir que dans des conditions strictes. Pourtant, la nouvelle jurisprudence peut s'avérer plus favorable à l'administré, montrant ainsi que la mutabilité n'est pas nécessairement une règle qui doit être rejetée. La mutabilité de la règle ne va en effet pas toujours à l'encontre des droits des administrés. En revanche, la rétroactivité de la règle constitue le plus souvent une telle atteinte.

Une divergence d'intérêts apparaît donc lorsque les droits acquis des administrés sont susceptibles d'être affectés par la fin de l'acte administratif unilatéral, précisément lorsque la fin est rétroactive.

La rétroactivité de la fin suscite finalement plus de divergences d'intérêts que le principe de mutabilité car elle constitue toujours une atteinte aux droits acquis.

**B/ La recherche d'un juste équilibre et la timide reconnaissance de principes nouveaux.**

Au-delà des divergences d'intérêts précédemment analysés, il apparaît que la notion de fin est sous-tendue par la mise en balance de principes juridiques contradictoires et tout aussi importants, supposant dès lors que soit établi un juste équilibre entre eux.

Pour satisfaire à l'exigence de conciliation, des notions nouvelles sont apparues, émanant des juridictions communautaire et européenne. Elles ont acquis un sens

---

[729] R-G. Schwartzenberg, *L'autorité de chose décidée*, Thèse, LGDJ, 1969, p. 360.

juridique de par leur utilisation par le juge, bien qu'elles n'aient *a priori* pas une telle signification. Elles visent notamment à la protection de la sécurité juridique de l'administré mais toujours dans le respect de la légalité administrative. La soumission au principe de confiance légitime et à celui affirmant l'exigence d'un délai raisonnable, principes généraux du droit communautaire[730], retiendront notre attention (1°). Pourtant, les juridictions françaises se montrent très prudentes quant à l'utilisation de telles notions. La timidité du Conseil d'Etat à leur égard rend difficile l'établissement d'un régime juridique nouveau qui mettrait pertinemment en balance ces principes contradictoires (2°).

**1°/ L'influence communautaire et européenne : le principe de confiance légitime et l'exigence d'un délai raisonnable.**

La jurisprudence de la Cour de justice des communautés européennes, très influencée par les principes du droit allemand[731], va nettement dans le sens d'un accroissement de la protection de la sécurité juridique des administrés. Cette évolution se manifeste notamment dans le domaine de la fin dont la jurisprudence restreint considérablement dans le temps les possibilités de retrait d'un acte administratif créateur de droits acquis. Elle est justifiée par le principe de sécurité juridique auquel est associé le principe de protection de la confiance légitime[732]. Selon la Cour, le retrait d'un acte illégal n'est permis que s'il intervient dans un délai raisonnable, délai dont la durée s'apprécie en examinant dans quelle mesure le destinataire de l'acte a pu se fier à la légalité de celui-ci[733]. L'intérêt de la légalité et l'intérêt du bénéficiaire de la décision sont alors mis en balance.

Les jurisprudences communautaire et européenne ont largement influencé les conclusions de V. Pécresse, commissaire du gouvernement dans l'affaire

---

[730] La Cour de justice des communautés européennes a consacré la sécurité juridique et la confiance légitime parmi les principes généraux du droit communautaire : voir respectivement 13 juill. 1961, *Meroni c/ Haute autorité de la CECA*, Rec. p. 319 ; et 3 mai 1978, *Töpfler c/ Commission*, Rec. p. 1019.

[731] O. Jouanjan, *Le principe d'égalité devant la loi en droit allemand*, Thèse, Economica, 1992.

[732] Voir notamment J. Boulouis, « Quelques observations à propos de la sécurité juridique », *Liber amicorum P. Pescatore*, 1987, p. 53 ; F. Hubeau, « Le principe de la protection de la confiance légitime dans la jurisprudence de la Cour de justice des communautés européennes », Cahiers de droit européen 1983, p. 143 ; J. Mertens de Wilmars et J. Steenbergen, « La notion de sécurité juridique dans la jurisprudence de la Cour de justice des communautés européennes, *Mélanges Legros*, 1985, p. 449 ; M-H. Planchon, « Le principe de confiance légitime devant la Cour de justice des communautés », RRJ 1994-2, p. 459.

[733] Cour de justice des communautés européennes, 12 juill. 1957, *Dineke Algera*, Rec. p. 81 : « (...) la Cour admet le principe de la révocabilité des actes illégaux, au moins pendant un délai raisonnable ... ».

*Madame de Laubier* de 1997[734]. Cet arrêt, aujourd'hui consacré et précisé par la jurisprudence *Ternon*, montre la volonté affichée du juge administratif de rétablir l'équilibre rompu entre les principes de légalité et de sécurité juridique dans le domaine du retrait des actes administratifs créateurs de droits acquis.
C'est cet équilibre, initialement établi par l'arrêt *Dame Cachet* de 1922, que le Conseil d'Etat s'est attaché à retrouver et qui explique la solution de l'arrêt *Ternon*, dont les conclusions de F. Séners s'inspirent également de la jurisprudence européenne par de nombreux aspects[735].
Le principal apport de l'arrêt *Ternon* est d'être parvenu à rétablir l'équilibre entre les principes de légalité et de sécurité juridique, rompu notamment par les décisions *Ville de Bagneux* en 1966 et *Eve* en 1969. Alors que la première favorisait la légalité au détriment de la sécurité juridique, la seconde, au contraire, a oublié la légalité pour ne satisfaire que les exigences de sécurité.
La volonté du juge administratif d'y remédier est manifeste ces dernières années comme le montrent un certain nombre de solutions tels que les arrêts *Madame de Laubier*, rendu en 1997 par le Conseil d'Etat et *Centre communal et social de Saint-Clar*, datant de 1999 et émanant de la Cour administrative d'appel de Bordeaux. Le revirement de la jurisprudence *Ville de Bagneux* était donc annoncé et attendu : l'arrêt *Ternon* en est l'expression. La véritable nouveauté vient de la généralisation de la dissociation des délais de retrait et de recours contentieux, dissociation existante mais uniquement de manière exceptionnelle[736]. Cette dissociation a pour conséquence l'apparition d'un nouveau délai de retrait, fixé désormais à quatre mois et dont le fondement semble être précisément dans la recherche par le Conseil d'Etat d'un délai raisonnable.

Dans ses conclusions, F. Séners rappelle que le principe, inappliqué en droit français, de confiance légitime est favorable à la stabilisation des situations acquises, la Cour de justice des communautés européennes n'admettant le retrait que dans un délai raisonnable. L'appréciation du caractère raisonnable ou non du délai est cependant fonction de circonstances et n'a pas abouti à une détermination précise, ce qui ne peut être acceptable pour le Conseil d'Etat. « Dès lors que le délai de retrait ne présente plus de liens juridiques ou logiques avec celui du recours contentieux, rien n'impose de le fixer à deux mois. (…)

---

[734] V. Pécresse, Concl. sur Conseil d'Etat, Ass., 24 oct. 1997, *Madame de Laubier*, RFDA 1998, p. 527.

[735] F. Séners, Concl. sur Conseil d'Etat, Ass., 26 oct. 2001, *Ternon*, RFDA 2002, p. 77.

[736] Deux décisions illustrent l'absence de couplage entre le délai de recours et le délai de retrait : Conseil d'Etat, Sect., 14 nov. 1969, *Eve* (Leb. p. 498) quant aux décisions implicites ; et Conseil d'Etat, Ass., 24 oct. 1997, *Mme de Laubier* (Leb. p. 371) quant aux décisions ne portant pas mention des voies et délais de recours.

Aussi pourriez-vous fixer le délai de retrait à une période spécifique plus longue, de trois ou quatre mois », propose F. Séners dans ses conclusions[737]. La volonté du juge administratif français de rechercher un délai plus approprié, qui correspond mieux aux exigences nouvelles, s'apparente largement à celle du juge communautaire de déterminer un délai raisonnable. Les deux juges travaillent dans la même perspective : garantir la légalité sans affecter la sécurité des administrés. Mais alors que le juge communautaire effectue cette recherche, cette mise en balance au cas par cas, déterminant le caractère raisonnable du délai en fonction de chaque espèce, le juge administratif français quant à lui cherche à fixer *a priori* un délai raisonnable, constant et applicable à chaque espèce.
Le commentaire de P. Delvolvé semble aller dans ce sens : « La vérité est que la solution résulte tout entière de la volonté de Conseil d'Etat, faisant œuvre de jurislateur, voire de législateur. Il a cherché non pas seulement un délai raisonnable, selon la formule de la jurisprudence communautaire citée par M. Séners dans ses conclusions, qui laisse place à trop d'approximations, mais un délai fixe adopté selon une solution raisonnable »[738].

Dans certaines affaires, le raisonnement de la Cour est poussé à l'extrême, privant les institutions communautaires de la possibilité de retirer un acte illégal[739]. Le principe de sécurité juridique est alors largement favorisé, au détriment de la légalité administrative. Or, ce n'est pas semble-t-il l'intérêt du droit que d'ignorer le principe de légalité sans lequel, il faut en convenir, il n'y aurait pas de sécurité juridique. Cela montre l'intérêt reconnu au principe de subsidiarité de conserver toute sa portée ; le droit européen doit respecter l'autonomie du droit national. « C'est à cette condition que la coexistence des ordres juridiques pourra rester harmonieuse, et la France demeurer, comme elle s'efforce de l'être, devant les juridictions européennes, un justiciable exemplaire »[740].

Par ailleurs, la notion de délai raisonnable est également utilisée par la Cour en matière de durée de procédure. Le caractère raisonnable de la durée d'une procédure s'apprécie suivant les circonstances de la cause et eu égard aux critères consacrés par la jurisprudence de la Cour, notamment la complexité de l'affaire, le comportement du requérant et celui des autorités compétentes[741].

---

[737] F. Séners, *op. cit.*, p. 83.
[738] P. Delvolvé, note sous Conseil d'Etat, Ass., 26 oct. 2001, *Ternon*, RFDA 2002, p. 90.
[739] Cour de justice des communautés européennes, 27 av. 1997, *De Compte c/ Parlement européen*, C/90/95P, p. 1-1999.
[740] R. Abraham, « La France devant les juridictions européennes », *Les cours européennes Luxembourg et Strasbourg*, Pouvoirs 2001, n° 96, p. 143.
[741] Cour de justice des communautés européennes, 31 mars 1992, *X c/ France*, n° 234-C.

La jurisprudence de la Cour européenne des droits de l'homme va également dans ce sens. Dès 1979, elle use du « principe de sécurité juridique, nécessairement inhérent aux droits de la Convention comme au droit communautaire »[742]. Plus récemment, l'affaire *Selmouni c/ France* illustre cette tendance : lors de cette affaire, la Cour a jugé que ni la complexité de l'affaire, ni le comportement du requérant ne sauraient justifier la durée de la procédure ; il y a eu dépassement du délai raisonnable et donc violation de l'article 6 § 1[743]. En effet, la garantie procédurale du délai raisonnable figure dans la Convention européenne des droits de l'homme dont l'article 6 § 1 reconnaît le droit à un procès équitable[744].

Les principes ainsi dégagés par la Cour de justice de Luxembourg ont d'autant plus d'influence pour le juge français que la jurisprudence *Nicolo*[745] lui impose d'en tenir compte : « le traité prévoit certes l'existence de directives et de règlements mais il prévoit aussi celui de la Cour de justice et de son intervention »[746]. Affirmé par la Cour de justice des communautés européennes et par la Cour européenne des droits de l'homme, le principe de sécurité juridique s'impose donc incontestablement aux juridictions françaises[747].
L'étude de la jurisprudence administrative, notamment en matière de fin, montre cependant que le Conseil d'Etat reste plus prudent que certains juges inférieurs face à la règle de la sécurité juridique, et ce malgré l'influence de la Cour de justice des communautés européennes et de la Cour européenne des droits de l'homme.

**2°/ La prudence du Conseil d'Etat.**

La réserve du Conseil d'Etat apparaît nettement dans sa réticence à utiliser la notion de sécurité juridique et ses diverses applications telle que la confiance légitime, notamment dans le domaine de la fin de l'acte administratif unilatéral. Pourtant, l'évolution jurisprudentielle française va nettement dans le sens de la

[742] Cour européenne des droits de l'homme, 13 juin 1979, *Marckx c/ Belgique*, JDI 1982, p. 183 : la Cour étend la protection de l'article 8 de la CEDH aux relations nouées hors mariage.
[743] Cour européenne des droits de l'homme, 28 juill. 1999, *Selmouni c/ France*, Jurisprudence de la Cour européenne des droits de l'homme, n° 7.
[744] J-P. Costa affirme : « Le principe du droit à un procès équitable posé par l'article 6 § 1 de la Convention européenne de sauvegarde des droits de l'homme et des libertés fondamentales a pour conséquence que toute personne a droit à ce que sa cause soit entendue par un tribunal indépendant et impartial » *in* « Le droit au juge indépendant et impartial en matière administrative. Le principe vu par la Cour européenne des droits de l'homme », AJDA 2001, p. 514.
[745] Conseil d'Etat, Ass., 20 oct. 1989, *Nicolo*, Leb. p. 190 : le Conseil d'Etat fait prévaloir une disposition du traité de Rome sur une loi postérieure.
[746] H. Toutée, Concl. sur Conseil d'Etat, Ass., 17 févr. 1995, *Meyer et autres*, AJDA 1995, p. 223.
[747] Sur l'application des ces principes, voir L. Dubouis, note sous Conseil d'Etat, Ass., 11 juill. 2001, *Fédération nationale des syndicats d'exploitants agricoles et autres*, RFDA 2002, p. 43.

jurisprudence communautaire autrement dit, elle vise à valoriser, à améliorer la protection juridique des administrés.

Le Tribunal administratif de Strasbourg s'est montré audacieux en admettant, pour la première fois, l'application du principe de confiance légitime en droit interne ; c'est la seule application positive de ce principe. Il a en effet admis une condamnation de l'Etat à réparer le préjudice subi par une modification brutale de la réglementation. Or, le principe de confiance légitime impose au législateur et au pouvoir réglementaire de ne pas tromper la confiance que les administrés ont pu placer dans la stabilité d'une situation juridique en modifiant trop brutalement les règles. Il prévoit que l'action publique doit être prévisible lorsqu'elle remet en cause un dispositif créateur de droits. Ce principe est concilié par la Cour avec les exigences de l'adaptation des réglementations[748]. Tant la Cour administrative d'appel de Nancy dans un premier temps, que le Conseil d'Etat, juge de cassation, se sont montrés beaucoup plus réservés quant à l'application de ce principe, qui annihile ainsi la décision des premiers juges.
Par ailleurs, la Cour administrative d'appel de Paris s'est également référée à l'objectif de sécurité juridique poursuivi par l'article L. 600-3 du Code de l'urbanisme dans un arrêt de 1996[749].

Ces décisions restent cependant largement isolées : dans l'arrêt de section *Entreprise Chagnaud SA* de 1998, le Conseil d'Etat se réfère à la sécurité juridique et à la confiance légitime mais uniquement en affirmant que c'est dans le cadre de la mise en œuvre nationale des actes communautaires[750]. Le principe de sécurité juridique ne s'applique que lorsque la situation juridique soumise au juge administratif est régie par le droit communautaire : par exemple quand il s'agit d'apprécier la conformité d'un règlement communautaire au Traité de Rome[751]. Plus récemment, cette condition étant remplie, le Conseil d'Etat fait application du principe dans l'arrêt *Fédération nationale des syndicats d'exploitants agricoles* de 2001[752].

[748] Voir les conclusions de F. Séners sur Conseil d'Etat, Ass., 11 juill. 2001, *Fédération nationale des syndicats d'exploitants agricoles et autres*, précité, RFDA 2002, p. 33.

[749] Cour administrative d'appel de Paris, 3 oct. 1996, *Commune de vieille-église*, n° 95PA02664 : « le législateur n'a entendu viser, conformément à l'objectif de sécurité juridique visé par la loi … ».

[750] Conseil d'Etat, Sect., 30 déc. 1998, *Ent. Chagnaud SA*, AJDA 1999, p. 96 : « Considérant que la société requérante ne saurait, en tout état de cause, se prévaloir utilement d'un moyen tiré de la méconnaissance des principes de confiance légitime et de sécurité juridique dès lors que l'arrêté attaqué n'est pas au nombre des actes pris par le gouvernement français pour la mise en œuvre du droit communautaire ».

[751] Conseil d'Etat, 19 juin 1992, *FDSEA des Côtes-du-Nord, CNJA et autres*, Leb. Tables, p. 783.

[752] Conseil d'Etat, Ass., 11 juill. 2001, *Fédération nationale des syndicats d'exploitants agricoles et autres*, précité, RFDA 2002, p. 33.

En revanche, selon une jurisprudence constante, le juge administratif refuse de l'appliquer dans les situations qui ne sont régies que par le droit interne[753]. Cela explique que la Cour administrative d'appel de Nancy (en appel) et le Conseil d'Etat, en tant que juge de cassation, ont annulé la décision audacieuse du Tribunal administratif de Strasbourg précitée dans l'arrêt *Entreprise personnelle Transports Freymuth* de 2001[754]. Le Conseil d'Etat a en effet jugé que « ce principe qui fait partie des principes généraux du droit communautaire, ne trouve à s'appliquer dans l'ordre juridique national que dans le cas où la situation juridique dont a à connaître le juge administratif français est régie par le droit communautaire ; que tel n'est pas le cas en l'espèce ... ». Il censure également le jugement de la Cour administrative d'appel de Nancy pour erreur de droit : elle a en effet jugé que les conditions d'application du principe de confiance légitime n'étaient pas réunies, alors que ce principe est en fait inapplicable.

La prudence du Conseil d'Etat se manifeste également dans l'évolution des règles du retrait des actes administratifs, notamment quand ces derniers créent des droits acquis. L'influence de la Cour de justice des communautés européennes est certaine, elle est néanmoins modérée. La Cour fait en effet reposer l'équilibre entre les droits acquis et les droits lésés sur des notions floues telles que le délai raisonnable ou l'équité. C'est ainsi qu'elle examine si le retrait intervient dans un délai raisonnable et si l'autorité communautaire a suffisamment tenu compte de la mesure dans laquelle la requérante a éventuellement pu se fier quant à la légalité de l'acte. La Cour ne fixe donc pas de délai, celui-ci dépend d'éléments subjectifs que le Conseil d'Etat refuse de prendre en considération autrement qu'à travers des règles strictes d'édiction et de publicité. La Cour se base sur l'évidence de l'illégalité, la connaissance qu'en avait le bénéficiaire de l'acte afin de déterminer le degré de confiance que celui-ci pouvait avoir dans la stabilité de la situation. Le pouvoir d'appréciation ainsi reconnu au juge communautaire est fondamentalement différent du pouvoir du juge administratif français.

La réserve du Conseil d'Etat est particulièrement manifeste dans la formulation des arrêts. Ainsi dans l'arrêt précité *Madame de Laubier*, la Haute Assemblée ne cite à aucun moment expressément le principe de sécurité juridique. Pourtant, elle a suivi en tout point son commissaire du gouvernement qui s'y réfère à de nombreuses reprises dans ses conclusions. Le Conseil d'Etat n'utilise pas l'expression « sécurité juridique » dans le domaine du retrait, mais il reconnaît l'existence de règles juridiques qui s'intègrent à ce concept (le principe de l'intangibilité des

[753] Conseil d'Etat, Sect., 5 mars 1999, *M. Rouquette*, n° 194658 et n° 196116, non publié.

[754] Cour administrative d'appel de Nancy, 17 juin 1999, *Entreprise Transports Freymuth*, n° 95NC00226 ; Conseil d'Etat, Sect., 9 mai 2001, *Entreprise personnelle Transports Freymuth*, n° 210944, à paraître au Recueil Lebon.

effets des actes administratifs, le principe de légalité, le principe de non-rétroactivité ou celui du respect des droits acquis).

La prudence du Conseil d'Etat n'est-elle pas plutôt de la méfiance, même si « le rôle du Conseil d'Etat est de définir les notions qu'il utilise et le régime juridique qui les concerne »[755] ? D'autant plus que ces notions sont nécessairement vouées à être intégrées dans le droit français au titre de principes généraux du droit communautaire. C'est dans l'intérêt du droit administratif français que le Conseil d'Etat devrait admettre, utiliser et encadrer l'usage de ces principes afin de leur octroyer leur juste place.

**Section 2 : La construction juridique de la notion.**

Le caractère fonctionnel de la notion de fin de l'acte administratif unilatéral explique, pour une part, la capacité d'évolution des règles qui la composent.
L'étude de sa construction juridique suppose de s'attacher précisément à l'élaboration et à l'évolution de ces règles juridiques. Celles-ci sont sous-tendues par la volonté des auteurs de la fin de concilier la légalité administrative et la sécurité des administrés. Le souci permanent d'une meilleure garantie et d'une meilleure application des principes qui sous-tendent les règles de la fin se traduit notamment par l'importance notoire de textes et d'arrêts. Ceux-ci sont l'expression patente d'une entente, qui s'est révélée parfois délicate, entre les diverses autorités compétentes. Les règles qui régissent la fin trouvent en effet leur source tant dans les textes réglementaires ou législatifs que dans la jurisprudence administrative.
Leur amélioration suppose alors nécessairement une cohésion entre ces auteurs car il est indispensable d'établir une cohérence entre des normes d'origine différente. Or, il apparaît que cela n'a pas toujours été le cas, des divergences sont flagrantes dans certains domaines précis.
La dispersion des sources sera présentée dans un premier paragraphe (§1).

L'étude de la construction juridique de la notion traduit et révèle aussi l'existence d'un objectif commun, tendant à concilier les intérêts divergents qui gouvernent la fin. Il conviendra également de s'attacher aux perspectives d'évolution de la fin, qui dépendent de chaque modalité. Si, dans certains domaines, les règles établies ont été jugées acceptables au regard de l'objectif visé, dans d'autres, au contraire, elles faisaient défaut rendant nécessaire l'édiction de principes nouveaux.

[755] H. Arbousset, « Retrait, abrogation et sécurité juridique (analyse, depuis 1981, d'une relation souvent difficile), RRJ 2000-2, p. 553.

La recherche permanente d'un équilibre, et ses limites seront étudiées dans un second paragraphe (§2).

**§1 : La dispersion des sources.**

Des divergences entre les auteurs des règles gouvernant la fin sont notoires. Ainsi, le juge administratif est généralement intervenu dans un premier temps afin d'encadrer la fin mais l'autorité réglementaire et le législateur n'ont pas hésité par la suite à édicter des textes, afin d'améliorer ou d'aménager la situation juridique en question. C'est ainsi que nombre de dispositions se sont révélées contraires ou tout au moins non conformes à la jurisprudence en vigueur.
Récemment, l'intervention du juge administratif dans le domaine du retrait des décisions administratives créatrices de droits acquis a été critiquée[756]. Lors de l'arrêt *Ternon* du 26 octobre 2001, le Conseil d'Etat a en effet modifié les conditions du retrait d'un tel acte, alors que le législateur s'était saisi de la question peu avant, dans la loi du 12 avril 2000. Pourtant, il ne s'agit pas vraiment de divergences car si le juge a statué sur les décisions expresses, la loi ne concernait que les décisions implicites.

Deux exemples illustrent cette situation et méritent, de fait, de retenir l'attention : d'abord celui de l'abrogation de l'acte et précisément les principes posés par le décret du 28 novembre 1983 (A), et ensuite celui du retrait des décisions implicites dont les règles ont été modifiées par la loi du 12 avril 2000 (B).

**A/ Le décret du 28 novembre 1983.**

S'agissant de l'abrogation, et plus précisément de l'obligation d'abrogation d'un acte administratif unilatéral, le Conseil d'Etat a semblé longtemps hésitant quant aux règles et à l'attitude à adopter, comme l'illustre sa jurisprudence. La Haute Assemblée a élaboré un régime juridique fondé sur une distinction entre les règlements selon qu'ils sont devenus illégaux postérieurement à leur édiction et ceux initialement illégaux.
Lorsqu'un règlement est devenu illégal à la suite d'un changement de circonstances de fait ou de droit, le principe de l'obligation d'abrogation a été posé par le classique arrêt *Despujol* de 1930[757], et il a ensuite été précisé par les arrêts *Simonnet* et *Syndicat national des cadres des bibliothèques* de 1964[758]. Loin de

[756] Y. Gaudemet, « Faut-il retirer l'arrêt *Ternon* ? », AJDA 23 sept. 2002, p. 738 ; Voir *supra.*, Première partie, Titre 1.
[757] Conseil d'Etat, 10 janv. 1930, *Despujol*, Leb. p. 30.
[758] Conseil d'Etat, Ass., 10 janv. 1964, *Simonnet*, Leb. p. 19 ; 10 janv. 1964, *Syndicat national des cadres des bibliothèques*, Leb. p. 17.

simplifier l'état du droit, les deux arrêts de 1964 établissent une distinction selon que le changement porte sur les circonstances de fait ou bien sur les circonstances de droit. Ainsi, en cas de changement dans les faits, la demande d'abrogation peut être présentée à toute époque alors qu'en cas de changement dû à un texte, un délai de deux mois doit être respecté.

Concernant les règlements originairement illégaux, le premier arrêt par lequel le Conseil d'Etat s'est clairement prononcé a consacré l'obligation pour l'administration d'abroger, sur demande, les règlements illégalement édictés. Il s'agit de la solution rendue dans l'arrêt *Leboucher et Tarandon* de 1976[759]. Contre toute attente, cinq ans plus tard, le Conseil d'Etat opte tout aussi clairement pour une absence d'obligation, tout en admettant que l'administration saisie dans le délai de deux mois est tenue de retirer l'acte illégal[760]. Cette solution, contraire aux conclusions de Madame Hagelsteen, est particulièrement étonnante et ne paraît pas avoir été motivée par des considérations d'ordre juridique.
Recherchant une explication, certains auteurs en ont conclu que la Haute Assemblée avait craint un encombrement des juridictions[761]. Cette situation juridique, faite de revirements jurisprudentiels, manque singulièrement de clarté, et la logique du Conseil d'Etat semble confuse ; cette situation était inacceptable pour les administrés, et le droit n'y gagnait, semble-t-il, pas non plus.

C'est dans ce contexte particulier que l'autorité réglementaire décide d'intervenir en édictant le décret du 28 novembre 1983, portant sur les relations entre l'administration et les usagers. L'article 3 de ce texte tend ainsi à renverser une solution jurisprudentielle indépendante de toute réglementation textuelle. Cette démarche gouvernementale visant à remplacer une jurisprudence par un règlement est sans précédent. La solution réglementaire nouvelle est sans aucun doute plus satisfaisante que la solution jurisprudentielle précédente à laquelle elle s'oppose et qui se caractérise par de multiples contradictions et une évidente incertitude. En effet, l'article 3 du décret de 1983 dispose que : « l'autorité compétente, saisie d'une demande tendant à l'abrogation d'un règlement illégal, est tenue d'y déférer, soit que ce règlement ait été illégal dès la date de sa signature, soit que l'illégalité résulte de circonstances de droit ou de fait postérieures à cette date ». Cette solution innove de manière radicale et simplifie incontestablement l'état du droit : désormais non seulement la solution est identique que le règlement ait été illégalement édicté ou qu'il soit devenu illégal postérieurement à son édiction mais, de plus, peu importe que le changement soit intervenu dans les circonstances de droit ou de fait, cette seconde distinction est clairement abolie par le nouveau texte.

[759] Conseil d'Etat, 12 mai 1976, *Leboucher et Tarandon*, Leb. p. 246.
[760] Conseil d'Etat, Sect., 30 janv. 1981, *Sté Afrique France Europe Transaction*, Leb. p. 32.
[761] Voir notamment R. Chapus, *Droit administratif général*, Tome I, Montchrestien, 2001, p. 694.

Si l'unification et la simplification de l'état du droit sont indiscutables et par ailleurs satisfaisantes, le renversement d'une jurisprudence par un décret a suscité un certain nombre de critiques doctrinales. Une atteinte évidente est portée à « l'ordre juridique et à l'idée même de l'Etat de droit », souligne R. Chapus[762]. En effet, la solution jurisprudentielle ne précisait pas qu'elle était applicable « sauf texte législatif ou réglementaire contraire ».

Dans un premier temps le Conseil d'Etat a accepté de mettre en œuvre la nouvelle disposition, tirant ainsi les conséquences, dans sa propre jurisprudence, de l'intervention du décret[763]. Dans un second temps, il a finalement pris conscience de la situation et il s'est décidé à intervenir. Il a alors dénié toute autorité et toute portée au texte gouvernemental en créant un principe général du droit lors du célèbre arrêt *Compagnie Alitalia* de 1989[764]. Le Conseil d'Etat reprend dans cet arrêt la teneur de l'article 3 du décret de 1983, et il statue d'office sur le fondement du principe selon lequel l'autorité compétente est tenue de déférer aux demandes d'abrogation de règlements illégaux. Il présente la disposition invoquée comme étant simplement inspirée de ce principe.

Cette solution illustre clairement la situation dans laquelle deux autorités compétentes posent des solutions radicalement opposées. Ces divergences s'expliquent par leur volonté commune d'améliorer une situation donnée. Or, cela suppose l'abandon de règles jugées moins efficaces, et donc l'apparition de règles nouvelles et différentes.
Un autre exemple de ces divergences est donné par l'intervention législative dans le domaine du retrait des décisions implicites d'acceptation, lors de l'édiction de la loi du 12 avril 2000.

**B/ La loi du 12 avril 2000.**

Avant l'intervention du législateur, le régime du retrait de ces décisions était régi par la jurisprudence *Eve* du Conseil d'Etat de 1969[765], précisée par l'arrêt du Conseil d'Etat *Epoux Roulin* en 1973[766]. Par l'arrêt *Eve*, la Haute Assemblée a radicalement exclu toute possibilité de retrait des décisions implicites d'acceptation non portées à la connaissance des tiers, consacrant ainsi une rupture avec la jurisprudence générale sur le retrait procédant de l'arrêt *Dame Cachet*.

---

[762] R. Chapus, *op. cit.*, p. 119.
[763] Voir par exemple, Conseil d'Etat, 15 avril 1988, *Sté civile Le Tahiti*, Leb. p. 140 ; 20 avril 1988, *Conseil national de l'ordre des médecins*, Leb. p. 146.
[764] Conseil d'Etat, Ass., 3 févr. 1989, *Cie Alitalia*, Leb. p. 44.
[765] Conseil d'Etat, Sect., 14 nov. 1969, *Eve*, précité.
[766] Conseil d'Etat, Ass, 1er juin 1973, *Epx Roulin*, Leb. p. 390.

Cette rupture évidente était cependant nécessaire, elle est justifiée par des considérations de sécurité juridique et ont amené le Conseil d'Etat à rompre pour la première fois le parallèle établi entre les délais de retrait et de recours contentieux, en interdisant toute possibilité de retrait[767]. Il prévient ainsi les inconvénients de la non-publication des décisions implicites : l'expiration du délai imparti à l'administration provoque le dessaisissement de celle-ci. Elle ne peut plus se saisir de l'affaire pour y décider explicitement.

Ce régime, extrêmement sévère, favorisant indiscutablement la sécurité des administrés au détriment de la légalité administrative, a connu un assouplissement par l'intervention du même juge administratif lors de l'arrêt *Epoux Roulin*. La Haute Assemblée admet en effet que l'administration retrouve une possibilité de retrait dans le cas où la décision implicite aurait reçu une mesure de publicité. Cette mesure concerne, par exemple, les permis de construire tacites, depuis le décret du 28 mai 1970[768].

L'état du droit jurisprudentiel était donc clair : une décision implicite d'acceptation ne peut en principe pas faire l'objet d'un retrait, sauf dans le cas où elle aurait été publiée, hypothèse exceptionnelle. Cette situation est, malgré la tendance européenne visant clairement à favoriser la sécurité juridique des administrés, critiquable du fait de son caractère intransigeant et quelque peu défavorable à l'administration. Mais cela n'a pas incité le Conseil d'Etat à intervenir afin de faire évoluer sa jurisprudence, pourtant qualifiée de « brutale »[769].
Le législateur n'a, en revanche, pas adopté la même attitude et il consacre l'article 23 de la loi du 12 avril 2000, dite DCRA, à cette question afin de dégager une solution plus satisfaisante. Le législateur admet le retrait des décisions implicites d'acceptation dans trois hypothèses : d'abord pendant la durée de l'instance lorsqu'un recours contentieux a été formé. Ensuite pendant le délai de recours contentieux si des mesures d'information des tiers ont été mises en œuvre. Enfin, et là est toute l'innovation du texte, pendant un délai de deux mois à compter de la date à laquelle est intervenue la décision lorsque aucune mesure d'information des tiers n'a été mise en œuvre.
Cette dernière hypothèse consacre une solution originale qui modifie radicalement l'état du droit jurisprudentiel en mettant un terme au principe posé par l'arrêt *Eve*. Désormais, l'autorité administrative n'est plus automatiquement dessaisie, elle dispose d'un délai de retrait de deux mois à compter de l'édiction de la décision (le

[767] La solution inverse aurait en effet conduit à admettre la possibilité pour l'administration de retirer une telle décision à toute époque, en cas d'illégalité de celle-ci ; en effet l'absence de publicité, inhérente à la plupart des décisions implicites, empêche le déclenchement du délai de retrait.
[768] Article R. 421-42 du Code de l'urbanisme.
[769] R. Chapus, *op. cit.*, p. 1160.

point de départ du délai s'explique par l'absence de toute publicité des décisions implicites, de par leur essence même). Cette solution nouvelle a le mérite de rétablir l'équilibre entre la sécurité juridique des administrés et la légalité administrative, cette dernière étant véritablement négligée dans la solution jurisprudentielle initiale.
Encore une fois, le législateur va à l'encontre du juge administratif, en proposant une solution relativement différente, même s'il a, dans certaines dispositions de la loi, repris la jurisprudence en vigueur. Ces deux solutions ne s'accordent pas, elles s'opposent même sur certains points majeurs (notamment l'abandon de la jurisprudence *Eve*). Certes, les deux autorités travaillent dans une même perspective générale, leur dessein est identique, mais il faut reconnaître que l'état du droit jurisprudentiel relativement à cette question n'était pas satisfaisant. C'est le législateur qui a mis en œuvre les moyens de le parfaire ou tout au moins de l'améliorer.

Ces deux exemples traduisent clairement la volonté des autorités réglementaire, législative et juridictionnelle d'encadrer le pouvoir de l'administration de mettre fin à un acte, tout en le reconnaissant et en le garantissant expressément, et sans que soit portée atteinte à la sécurité des administrés. La mise en balance de ces principes, qui sous-tend l'ensemble des règles gouvernant la fin des décisions administratives, constitue un souci véritablement constant pour ces autorités.

**§2 : La recherche permanente d'un équilibre.**

L'étude de la construction juridique de la notion révèle que la recherche permanente d'un équilibre, voulue par les auteurs de la fin, entraîne une harmonie des solutions. C'est ainsi la réalité du consensus qui apparaît et qui permet une réelle avancée du régime juridique de la fin. L'harmonie des solutions sera d'abord analysée (A).

L'étude des principes juridiques gouvernant la fin révèle leur importante capacité d'évolution qui se traduit par l'édiction régulière de nouvelles règles. Elles concernent notamment et principalement la caducité, modalité de fin en constante évolution. Ces règles semblent annoncer l'apparition d'un régime juridique autonome, dont l'automaticité et l'instantanéité auraient pu faire, *a priori*, douter. Les prémisses d'un régime juridique propre à la caducité, illustration de la création, seront ensuite présentées (B).

L'apparition de nouvelles règles ne peut cependant être constante et incessante. Elle trouve nécessairement une limite lorsque l'objectif recherché est atteint. La fin est, de toute façon, vouée à atteindre une stabilité qui sera l'expression de sa pertinence et de son autonomie. Celle-ci pourrait se traduire par sa codification, à la condition cependant que cette dernière assimile désormais la jurisprudence administrative en plus des textes législatifs et réglementaires. Les limites à la création et donc à l'évolution, et la stabilité de la notion seront donc étudiées (C).

**A/ L'harmonie des solutions.**

La logique spécifique qui gouverne l'ensemble des règles portant sur la fin explique la constante évolution de celles-ci. Une solution satisfaisante dans un domaine tellement sensible suppose une évolution et des aménagements préalables. Autrement dit, il impose que soient pris en considération les inconvénients propres à chaque solution.

Par ailleurs, la question de l'évolution de la fin ne peut pas être envisagée de manière globale parce qu'elle n'est pas uniforme. C'est ainsi que les règles gouvernant l'annulation sont fixées : ce sont celles du recours pour excès de pouvoir dont il apparaît que ce dernier ne présente pas d'inconvénient majeur qui justifierait une évolution. La situation semble être également stabilisée s'agissant de l'abrogation ou de la modification de l'acte, la jurisprudence *Compagnie Alitalia* ayant mis en place un régime satisfaisant.

En revanche, les règles du retrait ont connu une évolution récente majeure qui a abouti à une solution intéressante, susceptible de mettre un terme à la longue et lente progression qu'a connue cette modalité de fin. Cette modalité de fin retiendra l'attention car elle illustre en effet parfaitement l'évolution récente de la fin, permise par une entente réelle entre les différentes autorités compétentes.

Cette récente évolution a permis de mettre en place une solution satisfaisante : elle est d'une part le fait de la loi DCRA du 12 avril 2000 et d'autre part de l'arrêt *Ternon* du 26 octobre 2001, montrant ainsi la réalité du consensus existant entre les deux autorités, législative et juridictionnelle.

L'intervention du législateur a modifié les règles du retrait des décisions implicites d'acceptation, rétablissant ainsi le pouvoir de retrait de telles décisions tout en garantissant la sécurité juridique des administrés. Un équilibre paraît être atteint entre les deux principes qui n'avait, jusque là, jamais existé. Le Conseil d'Etat a, quant à lui, posé de nouvelles règles s'agissant du retrait des décisions expresses créatrices de droits acquis.

Il a ainsi rétabli l'équilibre initialement créé par l'arrêt *Dame Cachet,* et par la suite rompu.

Ces deux évolutions, législative et jurisprudentielle, sont significatives d'abord parce qu'elles sont l'illustration d'une volonté commune de ces autorités d'améliorer le régime juridique existant, mais aussi parce qu'elles apportent une solution nouvelle qui paraît très satisfaisante et qui pourrait expliquer la cessation de son évolution, au moins pour un temps. Ces nouvelles règles rejoignent l'esprit initial de l'arrêt *Dame Cachet* qui visait à admettre et reconnaître expressément le retrait d'une décision administrative à condition qu'il soit encadré par le droit. L'objectif dès cette époque était de mettre en balance les deux principes contradictoires de sécurité juridique et de légalité.

Dès lors la question se pose de savoir si l'évolution du retrait ne va pas s'arrêter là, grâce à cette solution opportune. Il apparaît en effet que les règles de l'abrogation et de la modification ont cessé d'évoluer lorsque les auteurs de celles-ci sont parvenus à une solution satisfaisante. La situation pourrait alors être identique s'agissant du retrait. Seul le temps et les éventuels inconvénients de cette solution, qu'il mettra en lumière, apporteront une réponse à cette question. Il faut en effet reconnaître que lorsque le commissaire du gouvernement Braibant a conclu sur l'arrêt *Ville de Bagneux*, il n'imaginait pas les graves inconvénients qu'allait susciter la solution qu'il préconisait et que le Conseil d'Etat a retenu[770].

### B/ Les prémisses d'un régime juridique propre à la caducité.

La particularité de la caducité est son automaticité, qui a pour conséquence que les seules règles qui la gouvernent sont celles portant sur le délai à l'issue duquel l'acte devient caduc, ainsi que sur les conditions à respecter pour éviter que l'acte ne devienne caduc. Le régime juridique de la caducité n'est de ce point de vue pas uniforme et général, puisqu'il dépend précisément de chaque texte.

Pourtant une sensible évolution se dessine, commencée dans les années quatre-vingts, avec l'apparition et le développement d'une jurisprudence administrative sur cette question (1°). Le nombre croissant de recours juridictionnels portant sur la caducité, permis par l'arrêt *Lafon* de 1984[771], a de plus incité le juge administratif à élaborer les règles destinées à régir cette modalité de fin. La construction du régime juridique de la caducité est effective, il se traduit par l'émergence et le développement d'une compétence liée de son auteur (2°), et par l'apparition d'une responsabilité pour cause de caducité (3°).

#### 1°/ L'apparition d'une jurisprudence administrative portant sur la caducité.

En matière de caducité, la situation est particulière dans la mesure où la reconnaissance de celle-ci et ses conditions d'application sont très récentes,

---

[770] G. Braibant, Concl. sur Conseil d'Etat, Ass., 6 mai 1966, *Ville de Bagneux*, RDP 1967, p. 339.

[771] Conseil d'Etat, Sect., 12 oct. 1984, *Lafon*, précité.

contrairement aux autres modalités de fin[772]. Cela explique que le régime juridique de la caducité n'est encore pas fixé ; il est encore en pleine maturation.
Par ailleurs, si l'évolution des règles gouvernant la fin s'explique notamment par la pression européenne, notamment par la prise en considération nécessaire du principe de sécurité juridique, son influence est nécessairement moindre s'agissant de la caducité. L'influence européenne et communautaire est en effet incontestable et elle frappe l'ensemble du droit administratif, dont précisément le retrait de l'acte. Elle est flagrante dans les conclusions de plusieurs commissaires du gouvernement, qui s'appuient largement sur le principe de sécurité juridique, à défaut de l'être dans les arrêts mêmes du Conseil d'Etat[773].
Or, le principe de sécurité juridique inclut celui de confiance légitime et ce dernier est par nature incompatible avec la caducité. Ainsi, la confiance légitime en la réglementation exige que toute modification du droit soit perceptible et prévisible par « des observateurs prudents » et elle interdit par conséquent « la modification avec effet immédiat et sans avertissement préalable des réglementations existantes »[774].
Il apparaît que la disparition automatique et instantanée d'un acte, c'est-à-dire sa caducité, sera incompatible avec les exigences communautaires précisées dans le principe de confiance légitime. Néanmoins, si l'influence est moindre s'agissant de la caducité que du retrait, elle existe et l'évolution actuelle de la caducité en est l'expression. De moins en moins cette modalité de fin ne va surprendre les administrés « prudents », car de plus en plus le droit tend à encadrer sa survenance, au détriment certain de son instantanéité.

Malgré cela, un régime juridique propre à la caducité se développe de manière régulière dans la jurisprudence du Conseil d'Etat. C'est l'arrêt du Conseil d'Etat *Lafon* de 1984 qui est à l'origine de cet essor : la Haute Assemblée accorde dans cette solution le caractère de décision faisant grief à une lettre de l'administration constatant la caducité d'un acte[775]. Cette consécration permet l'exercice de nombreux recours juridictionnels au motif que la règle de la décision préalable n'apparaît plus comme un obstacle à un tel recours. Elle explique que la jurisprudence relative à la caducité est, dès lors, croissante. Cet arrêt est donc à l'origine de la création d'un régime juridique propre à la caducité, dont l'automaticité qui la caractérise en est la principale influence.

---

[772] Par exemple, s'agissant du retrait : Conseil d'Etat, 3 nov. 1922, *Dame Cachet*, précité ; en matière d'abrogation : Conseil d'Etat, 10 janv. 1930, *Despujol*, précité.
[773] Voir notamment les conclusions de V. Pécresse sur Conseil d'Etat, Ass, 24 oct. 1997, *Madame de Laubier*, RFDA 1998, p. 527 ; également celles de F. Séners sur Conseil d'Etat, Ass., 26 oct. 2001, *Ternon*, RFDA 2002, p. 77.
[774] Cour de justice des communautés européennes, 15 mai 1975, *CNTA*, Rec. p. 533.
[775] Conseil d'Etat, Sect., 12 oct. 1984, *Lafon*, AJDA 1985, p. 52.

Cet essor est d'autant plus intéressant qu'il est le facteur permettant l'évolution de la caducité. La jurisprudence donne au juge administratif la possibilité d'élaborer les règles qui vont gouverner cette modalité de fin. Cela, sans oublier que le législateur et l'autorité réglementaire peuvent également agir dans ce sens.

**2°/ De la faculté à l'obligation de constater la caducité d'un acte.**

Une évolution est notoire concernant la caducité : il s'agit du caractère obligatoire de sa constatation par l'autorité compétente. Les solutions prévoyant l'obligation de caducité apparaissent dans des textes variés : il peut s'agir de lois, de décrets ou d'arrêts du Conseil d'Etat[776].
Cette situation illustre clairement le consensus existant dans ce domaine entre les autorités législative, réglementaire et juridictionnelle.

La naissance du régime juridique de la caducité est ainsi notamment le fait d'une mutation de sa constatation qui, jusqu'alors facultative, s'avère de plus en plus souvent obligatoire. La reconnaissance d'une compétence liée de l'administration quant à la constatation de l'état caduc d'un acte a deux conséquences paradoxales : d'une part, elle constitue une meilleure garantie pour le destinataire et aussi pour les tiers, et d'autre part, elle atténue la souplesse inhérente à cette modalité de fin. Ainsi, quelques textes, malheureusement isolés, affirment l'obligation pour l'autorité compétente de constater la caducité d'un acte[777]. Cette lente évolution est en cours, elle est exprimée dans des textes réglementant un domaine bien précis. Bien que ces textes soient de plus en plus nombreux, aucune solution générale n'est encore intervenue.
Il faut reconnaître, par ailleurs, que les considérations de sécurité juridique supposent également que l'évolution se fasse dans le sens d'une telle obligation de constatation.
Cette lente mutation a nécessairement pour conséquence la disparition des spécificités de la caducité, dont le caractère fondamentalement automatique est altéré par l'obligation de sa constatation. Pourtant cette évolution semble inéluctable et elle devrait d'ailleurs se généraliser : les juges se laisseront convaincre qu'un minimum de protection pré-contentieuse doit entourer la constatation de caducité et dès lors la caducité perdra non seulement son automatisme mais aussi son instantanéité.

---

[776] Par exemple l'article L. 712-17 du Code de la santé publique issu de la loi du 31 juillet 1991 portant réforme hospitalière ; voir aussi l'article 35 du décret du 20 déc. 1979 relatif à la mise en exploitation des carrières. Egalement l'arrêt du Conseil d'Etat, Sect., 12 oct. 1984, *Lafon*, précité.
[777] Sur cette question, voir *supra.*, Première partie, Titre 1.

C'est ce qui fait dire à G. Chavrier que l'avenir de la caducité est l'abrogation parce que, sauf à trouver une solution permettant d'en limiter les incertitudes ou à renoncer à l'Etat de droit, il y aura toujours décision de constater la chute d'une norme et obligation de constater la caducité[778].
Pourtant il subsistera toujours une différence qui permettra de distinguer la caducité de l'abrogation d'un acte, elle se situe dans le maintien de l'acte dans l'ordonnancement juridique. En effet, alors que l'acte caduc reste en vigueur, l'acte abrogé sort par définition de l'ordonnancement juridique.
En d'autres termes, alors que la caducité illustre la fin des effets de l'acte, l'abrogation illustre, quant à elle, sa sortie de vigueur. Cette différence fondamentale postule que l'évolution de la caducité ne lui permettra pas de se fondre dans l'abrogation. Dès lors, l'établissement d'un régime juridique autonome retrouve une utilité concrète et justifie son développement progressif.

**3°/ La question de la responsabilité pour cause de caducité.**

La maturité des règles se traduit précisément par la possibilité de mettre en jeu la responsabilité administrative en raison des dommages causés par la caducité. Celle-ci ne peut néanmoins être engagée que pour faute. Ainsi, l'administration peut voir sa responsabilité engagée pour faute si elle applique un acte caduc et que celui-ci cause un dommage à son destinataire. En effet, l'administration ne peut en principe appliquer un acte caduc, par ailleurs et pour les mêmes raisons, un acte caduc n'est pas susceptible de recours[779].
Il en est de même lorsque l'autorité administrative constate une caducité inexistante. Ainsi, dans le cas où le maire d'une commune a constaté la caducité d'une déclaration, le Conseil d'Etat en jugeant cette décision illégale affirme, dans le même temps, qu'elle est constitutive d'une faute de nature à engager la responsabilité de la commune[780].

En l'absence de toute faute, l'engagement de la responsabilité de l'administration pour cause de caducité est subordonné à un préjudice anormal et spécial. Il faut également que la réalité du préjudice dont il est demandé réparation à l'Etat soit établie[781].
Un exemple est donné par la jurisprudence portant sur les autorisations précaires et révocables. Or, il apparaît, à la lecture de celle-ci, qu'une autorisation précaire et révocable devenue caduque ne peut engager la responsabilité de l'administration à

[778] G. Chavrier, *La caducité des actes juridiques en droit public français*, Thèse, Paris II, 1997, p. 474.
[779] Tribunal administratif d'Orléans, 29 avril 1999, *Mme Marie Poisson*, n° 98312, n° 971701.
[780] Cour administrative d'appel de Paris, 26 nov. 1991, *Melle Dufour*, n° 89PA00699.
[781] Conseil d'Etat, 4 mars 1987, *SCI du Château du Chilly Mazarin*, Leb. p. 86.

raison même de la nature de cet acte, d'autant plus que « la société avait d'ailleurs été informée à plusieurs reprises et notamment dans une lettre (...) que les nouvelles installations seraient nécessairement considérées comme la seule aire de dédouanement autorisée », ainsi que le précise le Conseil d'Etat[782]. Le caractère précaire et révocable de la décision à l'origine du litige ne justifie pas à lui seul la solution du juge qui tient aussi au fait que la société a été prévenue.
Dès lors, il faut se demander si en l'absence d'avertissement préalable, la solution aurait été la même ou si, au contraire, la responsabilité du fait de la caducité aurait été engagée. Si le critère est dans la connaissance qu'a le destinataire de la situation, on peut légitimement penser que la responsabilité sans faute de l'administration ne peut pas être engagée du fait de la caducité d'une décision, car celle-ci est nécessairement prévue par le texte qui la pose ; le destinataire a donc connaissance de la situation à venir de la décision. Il semble alors qu'il y a une incompatibilité entre les deux idées de responsabilité sans faute et de caducité.

La jurisprudence administrative confirme cette idée. Elle révèle, en effet, que la responsabilité sans faute de l'administration ne peut pas non plus être engagée du fait d'une condition suspensive ou extinctive. La responsabilité de l'administration est exclue dans la mesure où le requérant avait connaissance du caractère conditionnel du droit, et s'engageait à l'assumer. L'arrêt *Société Barlocher-France production SARL* est révélateur de cette situation : « Considérant enfin que la responsabilité de la puissance publique peut se trouver engagée, même sans faute, sur le fondement du principe de l'égalité des citoyens devant les charges publiques, au cas où une mesure légalement prise a pour effet d'entraîner au détriment d'une personne physique ou morale un préjudice spécial et d'une certaine gravité, il n'en est pas ainsi en l'espèce alors qu'en raison des termes formels du contrat conclu entre la société et le port autonome, qui avait été passé sous la condition de son approbation par le ministère de l'équipement, la société ne pouvait ignorer l'aléa que comportait nécessairement la passation d'un tel contrat (...) »[783].

Or, la caducité suppose par essence cette idée d'aléa, qui s'exprime notamment dans la condition résolutoire, et qui s'oppose à l'engagement de la responsabilité sans faute du fait d'un acte caduc. Encore une fois, la Haute Assemblée souligne cette idée selon laquelle le destinataire avait connaissance de la situation, ce qui suppose que la responsabilité sans faute de l'administration ne puisse pas être engagée. La caducité ne peut définitivement pas être à l'origine de l'engagement de la responsabilité sans faute de l'administration.

[782] Conseil d'Etat, Sect., 9 déc. 1983, *Ville d'Hendaye*, Leb. p. 506.
[783] Conseil d'Etat, 13 mars 1985, *Sté Barlocher-France production SARL*, n° 16 173.

**C/ Les limites à l'évolution : vers la stabilité de la notion.**

La fin de l'acte administratif unilatéral est à un niveau d'évolution et donc de maturité qui diffère en fonction de chaque modalité. Les règles de l'annulation, celles de l'abrogation ou de la modification et depuis peu celles du retrait ont ainsi atteint un degré de maturité qui se traduit par une évidente stabilité. La situation est quelque peu différente s'agissant de la caducité qui est en pleine maturation. Le caractère paradoxal de son évolution se situe dans la progressive et inéluctable disparition de certaines de ses spécificités, notamment l'automaticité et l'instantanéité.
Dès lors, on pourrait supposer que l'évolution jurisprudentielle dans le domaine de la fin cesse peu à peu. La perspective recherchée étant réellement atteinte, elle suppose alors la stabilité des règles régissant la fin.

Le caractère jurisprudentiel du droit administratif, qui lui confère une grande souplesse, suppose néanmoins l'évolution des principes et règles qui le composent. La reconnaissance nécessaire de certains principes du droit européen et du droit communautaire pourrait annoncer une prochaine évolution. Pourtant, l'idée d'une stabilité qui serait plus définitive mérite d'être considérée à la suite de la relance de la codification administrative. Cette dernière résulte d'une constatation : le caractère jurisprudentiel du droit administratif permet une importante faculté d'adaptation, cet avantage suppose cependant un inconvénient qui réside dans son caractère secret. La multiplicité des textes, leur dispersion dans le temps et la difficulté de distinguer ceux qui sont en vigueur et ceux qui ne le sont plus, sont apparues comme des obstacles majeurs à la connaissance du droit. Ceci explique la volonté de codification de ce droit, aujourd'hui relancée.

Ce sont des impératifs de sécurité juridique qui ont conduit à la codification du droit écrit, codification que le Conseil constitutionnel qualifie « d'objectif de valeur constitutionnelle d'accessibilité et d'intelligibilité de la loi »[784]. C'est d'abord le décret du 10 mai 1948 qui institue une commission supérieure chargée de préparer la codification. Ensuite le décret du 12 septembre 1989 (modifié par celui du 2 octobre 1997) a confié cette entreprise à la « Commission supérieure de codification ».
Il ne s'agit pas d'une codification créatrice, d'autant plus que le droit administratif reste principalement jurisprudentiel et de fait hors codification, mais plus précisément d'un rassemblement et d'une mise en ordre des textes, dont la teneur n'est en principe pas modifiée[785]. La codification se concrétise par l'existence

[784] Conseil constitutionnel, 16 déc. 1999, *Codification*, Rec. p. 136.

[785] L'intervention de la loi du 12 avril 2000 (article 3) apporte un correctif à cette affirmation puisqu'elle précise que cela n'exclut pas les modifications nécessaires pour « améliorer la cohérence

d'une cinquantaine de codes, tels que le Code de la sécurité sociale refondu en 1995, le Code général des collectivités territoriales de 1996, et le Code de justice administrative entré en vigueur le 1er janvier 2001 par exemple.

La limite inhérente à cette entreprise de codification se situe dans le refus initial de codifier la jurisprudence administrative, et la décision de la réduire aux textes législatifs et réglementaires. Pourtant certaines jurisprudences ont atteint un degré d'élaboration suffisant qui permettrait leur codification. Cette situation trouve quelques illustrations dans le domaine de la fin de l'acte, notamment s'agissant de l'annulation, de l'abrogation ou de la modification, mais également depuis peu de temps s'agissant du retrait de l'acte administratif unilatéral. La généralisation de la codification faciliterait l'accès des administrés à la jurisprudence administrative et permettrait de mettre ainsi un terme aux inconvénients engendrés par la souplesse d'un droit jurisprudentiel, source d'insécurité autant pour le justiciable que pour l'administré en général. D'autant plus que si la codification ne suppose pas l'immobilité, elle remet en revanche en cause la précarité de ce droit. Ces arguments permettent au doyen Vedel d'affirmer que le droit administratif ne peut pas rester indéfiniment jurisprudentiel[786].

La codification des textes, en adaptant le droit à son temps, suppose de faire un tri entre les textes qui sont en vigueur et ceux qui ne le sont plus. Elle tendrait ainsi à multiplier la constatation d'actes devenus caducs ainsi que l'abrogation de normes considérées comme non pertinentes. Pourtant, la Commission de codification ne peut elle-même prendre aucune décision, elle doit dans tous les cas en référer au Gouvernement ou au Parlement.

La fin d'un acte, lorsqu'elle est engendrée par la codification, doit nécessairement être constatée par une autorité compétente supposant ainsi toujours qu'il s'agit d'une abrogation si l'acte est en vigueur, et d'une constatation de caducité si l'acte ne produit seulement plus d'effet. Cela suppose que la codification ne peut être, elle-même, la source d'une fin de l'acte. Autrement dit, elle ne peut pas être une cause de fin. Cette allégation est confirmée par le juge administratif selon lequel l'oubli d'un texte par l'opération de codification n'entraîne pas sa caducité : « considérant (...) que la circonstance que le décret n° 73-1048, qui n'a pas abrogé l'article 12 de la loi du 28 juillet 1942, n'a pas codifié cet article, n'entache pas ce décret d'illégalité »[787]. L'article 12 de la loi de 1942 a été vraisemblablement

rédactionnelle des textes rassemblés, assurer le respect de la hiérarchie des normes » et « harmoniser l'état du droit ».

[786] G. Vedel, « Le droit administratif peut-il être indéfiniment jurisprudentiel ? », EDCE 1979-1980, p. 31.

[787] Conseil d'Etat, 28 mai 1975, *Confédération générale du travail*, RDP 1976, p. 911.

oublié par le décret de codification, mais cela n'est pas de nature à entacher ce décret d'illégalité et, par la suite, ce n'est pas une cause de fin. La Commission n'a elle-même pas le pouvoir de constater directement la caducité d'un acte ou de décider de l'abrogation d'une décision. Elle doit en référer à une autre autorité.
La codification du droit administratif n'est donc pas une atteinte à la caducité qui continue d'exister et qui garde une place importante au sein de la fin, mais elle ne la généralise pas pour autant, autrement dit la codification n'est pas un moyen de reconnaissance de la caducité naturelle. L'opération de codification ne vise pas à modifier l'état du droit, tel qu'il est établi.

Il apparaît donc que la fin de l'acte administratif unilatéral a, dans son ensemble, atteint un degré de maturité qui en révèle l'autonomie et la pertinence. Ces caractéristiques sont confirmées par la stabilité qui la caractérise désormais dans de nombreux domaines et qui fait suite à des aménagements jurisprudentiels, législatifs et réglementaires. La prochaine évolution pourrait alors être celle de sa codification : encore faudrait-il que la jurisprudence soit prise en compte.

# Chapitre second :

# La cohérence des implications de la notion.

La fin d'un acte administratif unilatéral a un impact nécessairement négatif sur l'ordonnancement juridique. Elle entraîne, par définition, soit la cessation de certains effets d'un acte, soit la disparition pure et simple de cet acte. Dès lors, la fin est toujours à l'origine d'un vide juridique, autrement dit d'une situation qui n'est plus régie par la règle de droit. Dans certaines hypothèses, la survenance d'un vide juridique peut se révéler sans conséquence majeure : notamment parce que l'acte était déjà sans effet ou qu'il n'a produit aucun effet irréversible[788]. Dans d'autres cas, en revanche, le vide juridique résultant de la fin est inconcevable parce qu'il engendre une situation dans laquelle les administrés ne connaissent plus, subitement, le sens de la règle à un moment donné.

Lorsque la fin d'un acte a ainsi pour conséquence une lacune dans l'ordonnancement juridique, l'administration peut être tenue d'agir afin d'en tirer les conséquences[789] : elle peut alors être obligée d'édicter un acte remplaçant celui qui a été supprimé[790]. Parfois également, elle peut être amenée à reconstituer le passé, notamment quand la fin a eu un effet rétroactif.
L'obligation ainsi faite à l'autorité administrative de tirer les conséquences de la fin trouve son fondement dans le principe en vertu duquel l'acte retiré ou annulé est réputé n'être jamais intervenu[791]. L'obligation d'action de l'administration est alors imposée par la chose jugée.

---

[788] Par exemple, lorsque l'annulation de la décision attaquée a suffi à rétablir l'ordonnancement juridique dans l'état qui doit être le sien ; c'est le cas de l'annulation de l'interdiction d'une réunion ou de la dissolution d'une association. Voir Conseil d'Etat, Sect., 21 févr. 1958, *Sté nouvelle des établissements Gaumont*, Leb. p. 124.

[789] Sur cette question, voir G. Braibant, « Remarques sur l'efficacité des annulations pour excès de pouvoir », EDCE 1961, p. 53 ; J. Massot, « Portée et conséquences de l'annulation par le juge d'un acte administratif », EDCE 1979-80, p. 111 ; P. Weil, *Les conséquences de l'annulation d'un acte administratif pour excès de pouvoir*, Thèse, LGDJ, 1952.

[790] Tribunal administratif de Lyon, 29 mars 1995, *SCI Pégaz*, Leb. p. 989 : à propos d'une demande de permis de construire, rappelle l'obligation de redécider.

[791] Voir notamment, Conseil d'Etat, 26 déc. 1925, *Rodière*, Leb. p. 1065 ; Sirey 1925, 3, 49, note M. Hauriou. Egalement Conseil d'Etat, Ass., 10 déc. 1954, *Cru et autres*, Leb. p. 659.

Les conséquences de la fin ne s'adressent cependant pas uniquement à l'administration, les destinataires de l'acte peuvent être tenus de tirer les conséquences du retrait ou de l'abrogation. Ils peuvent alors se voir dans l'obligation de remettre les choses en l'état où elles étaient avant l'édiction de l'acte retiré. Parfois également, la fin de leurs droits peut conduire à leur expulsion du domaine public.
Les obligations de l'administration et des administrés seront analysés dans une première section (Section 1).

La majeure partie des conséquences de la fin est due à la rétroactivité de celle-ci. En d'autres termes, c'est lorsque la fin a eu un effet rétroactif que ses conséquences à l'égard de l'administration ou des administrés sont véritablement importantes. Par conséquent, quand la fin n'a qu'un effet à venir, les effets produits sur l'ordonnancement juridique sont moindres et ne justifient pas toujours que l'administration ou les administrés interviennent. Or, le caractère rétroactif de la fin ne se justifie qu'en cas d'illégalité de l'acte : tant l'annulation que le retrait ne peuvent affecter un acte que s'il est entaché d'illégalité.
Ainsi, du fait des rapports existant entre l'illégalité et la faute, surgit le problème de la mise en jeu de la responsabilité administrative dans ces situations. Si la fin peut avoir pour conséquence l'obligation d'agir de l'administration, elle pourrait donc également provoquer l'engagement de sa propre responsabilité. Dans tous les cas, l'engagement de la responsabilité administrative trouve son fondement dans la faute commise.
La faute et l'engagement de la responsabilité administrative seront présentés dans une seconde section (Section 2).

## Section 1 : Les obligations de l'administration et des administrés.

Les conséquences de la fin sont plus substantielles lorsque celle-ci provoque un vide juridique. Par ailleurs, si toute fin est par définition une cause de vide juridique, ce dernier est d'autant plus important lorsque la fin de l'acte a eu un effet rétroactif. L'autorité administrative, seule compétente pour édicter un acte administratif unilatéral, est alors également la seule à pouvoir le combler afin de rétablir les situations affectées par la fin. En effet, l'illégalité qui entachait l'acte a justifié son annulation par le juge ou son retrait par l'administration, elle permet également à l'autorité administrative d'édicter une décision rétroactive afin de combler le vide juridique qui s'en est suivi. Parfois, une nouvelle décision suffit à remplacer celle qui a été annulée. Il se peut néanmoins que l'administration doive reconstituer le passé si les circonstances l'exigent et que la suppression de l'acte ne suffise pas, à elle seule, à rétablir la situation affectée.

Les conséquences de la fin à l'égard de l'administration feront l'objet d'un premier paragraphe (§1).

De la même façon que la fin d'un acte administratif unilatéral peut entraîner des conséquences pour l'autorité administrative, elle peut aussi obliger ou contraindre l'administré, plus précisément son destinataire. Il s'agit alors de déterminer dans quelle mesure le bénéficiaire d'une décision administrative peut être amené à tirer les conséquences de sa fin. Une seule certitude apparaît : ce n'est que si celui-ci a profité concrètement de la décision supprimée qu'il devra agir. Le destinataire de la décision devra alors, le plus souvent, remettre les choses en l'état dans lequel elles se trouvaient avant l'intervention de l'acte de fin. Parfois, il subira les conséquences de la fin, notamment en cas d'expulsion du domaine public.
Les conséquences de la fin à l'égard du destinataire de l'acte seront ensuite analysées dans un second paragraphe (§2).

**§1 : Les conséquences de la fin à l'égard de l'administration.**

L'administration a l'obligation de combler le vide juridique qui résulte d'une annulation ou d'un retrait dans deux situations : lorsqu'il s'agit de remplacer la décision supprimée d'une part, et quand elle doit reconstituer le passé, par exemple la carrière des fonctionnaires, d'autre part. Si la première n'est pas nécessairement rétroactive, la seconde l'est par essence. En effet, lorsque l'administration assure le remplacement d'une décision annulée par une décision nouvelle, cette dernière doit être prise en fonction des circonstances nouvelles de droit et de fait. Autrement dit, n'ayant pas à reconstituer le passé, la décision prise n'aura pas un caractère rétroactif[792]. Au contraire, la reconstitution de carrière des fonctionnaires est consécutive à l'annulation de nominations ou de révocations illégales, voire à leur retrait. Elle suppose donc que les choses soient remises en l'état où elles seraient si la décision illégale n'était jamais intervenue. La reconstitution du passé suppose que les mesures prises le soient sur la base de la réglementation ancienne. Dès lors, les mesures prononcées pour effectuer une reconstitution de carrière ont un caractère nécessairement rétroactif[793].

L'effet rétroactif de la fin, ainsi que l'action administrative qui vise à en tirer les conséquences, présentent par essence un caractère fictif, qui fera l'objet

[792] En cas d'annulation de la délibération d'un jury, l'autorité administrative ouvre un nouveau concours en appliquant la réglementation en vigueur à la date de sa décision : Conseil d'Etat, Sect., 8 juin 1990, *Rougerie*, Leb. p. 147 ; Conseil d'Etat, Ass., 10 oct. 1997, *Lugan*, Leb. p. 346 ; RFDA 1998, p. 21, Concl. V. Pécresse.
[793] Conseil d'Etat, 11 juill. 1958, *Fontaine*, Leb. p. 433 ; Conseil d'Etat, Sect., 14 févr. 1997, *Colonna*, Leb. p. 38.

d'un premier développement (A). Nous étudierons ensuite, et successivement, les deux obligations susceptibles d'incomber à l'autorité administrative : d'abord le remplacement de la décision supprimée (B) et ensuite la reconstitution du passé (C).

**A/ Le caractère fictif de l'action administrative.**

La rétroactivité de la fin explique la survenance de lacunes importantes dans l'ordonnancement juridique et justifie le pouvoir reconnu à l'administration d'édicter un acte lui-même rétroactif, cela afin de reconstituer fictivement le passé. Comme l'a fait observer G. Braibant, la jurisprudence, et à sa suite l'administration, sont condamnées à « osciller constamment entre la logique de la fiction et les exigences de la réalité »[794]. A cet égard, J. Massot précise : « l'acte annulé a beau être entièrement effacé, le juge ne peut empêcher qu'il ait produit certains effets, parfois même tous ses effets, et seule la science-fiction admet que l'on remonte le cours du temps »[795]. La fiction de la rétroactivité affecte largement toute l'action administrative qui y fait suite.

Ainsi, après une annulation ou un retrait, l'administration peut se trouver en face de situations très diverses selon la nature de la décision supprimée. Dans certaines hypothèses, l'annulation ou le retrait prononcés suffisent à remettre les choses en l'état et ne créent aucun vide juridique que l'administration devrait combler. Dès lors, les conséquences que l'administration est tenue de tirer d'un jugement d'annulation, comme d'ailleurs d'une décision de retrait, sont extrêmement aisées à mettre en place. Lorsque l'acte administratif annulé ou retiré n'a produit aucun effet irréversible ou a produit l'ensemble de ses effets juridiques, l'administration se contente de cesser d'exécuter un tel acte, dans le premier cas, de réparer les préjudices éventuellement entraînés par son exécution, dans le second cas. Comme le souligne D. Costa, « les effets de la fiction de la rétroactivité sont neutres au regard des circonstances de fait »[796].
Au contraire, l'édiction d'un nouvel acte à la charge de l'administration est nécessaire lorsque la suppression de l'acte crée un vide juridique à combler, autrement dit quand les décisions d'annulation ou de retrait modifient un état du droit antérieur à l'acte administratif disparu ; et d'autant plus lorsqu'elles touchent à des droits acquis[797].

---

[794] G. Braibant, *op. cit.*, p. 53.
[795] J. Massot, *op. cit.*, p. 116.
[796] D. Costa, *Les fictions juridiques en droit administratif*, Thèse, LGDJ, 2000, p. 358.
[797] Conseil d'Etat, Sect., 21 févr. 1958, *Sté nouvelle des établissements Gaumont*, Leb. p. 124.

**B/ Le remplacement de la décision supprimée.**

Le remplacement par l'administration d'une décision annulée ou retirée n'est pas systématique, soit parce qu'il n'y a pas lieu à remplacement, soit parce que celui-ci se fait de manière automatique. Il n'y a ainsi, d'une part, pas lieu à remplacement quand est retiré l'acte de dissolution d'une association ou d'interdiction d'une réunion, par exemple. Le remplacement peut d'autre part se faire de manière automatique, faisant ainsi revivre des mesures individuelles : c'est ainsi que l'annulation de la révocation d'un fonctionnaire, qui avait été substituée à la décision prononçant son admission à la retraite, remet cette décision en vigueur[798]. De même, l'annulation d'un arrêté d'expulsion fait revivre le titre de séjour de l'étranger, que l'arrêté d'expulsion avait abrogé[799]. Le remplacement automatique d'une décision annulée peut également concerner des dispositions réglementaires, tel un décret, qui peuvent redevenir applicables à compter de la date à laquelle elles avaient été édictées[800]. L'automaticité du remplacement de l'acte est également illustrée par la loi sur l'urbanisme du 9 février 1994 en vertu de laquelle l'annulation d'un plan d'urbanisme « a pour effet de remettre en vigueur » le plan « immédiatement antérieur »[801].

L'automaticité du remplacement trouve une autre illustration extrêmement claire s'agissant de l'annulation d'un concours d'entrée dans la fonction publique. Le Conseil d'Etat, dans l'arrêt *Rougerie* de 1990, précise qu'en l'absence de droits acquis, l'administration n'est pas tenue de tirer les conséquences d'une telle annulation, par exemple en organisant un nouveau concours. Cette solution suppose dès lors de distinguer les candidats à l'entrée dans la fonction publique et les fonctionnaires de carrière : le candidat à un concours ne possède aucun droit acquis à sa nomination. En revanche, la situation du fonctionnaire déjà nommé est radicalement différente parce qu'une fois qu'il est entré dans la fonction publique, il a acquis un droit à un déroulement normal de carrière.

Il ressort de cette analyse que l'administration n'a l'obligation de combler le vide juridique créé par l'annulation d'une décision que si les requérants avaient un droit acquis à ce que la décision intervienne à une date déterminée, droit qui est reconnu au fonctionnaire mais pas au candidat à l'entrée dans la fonction publique. L'administration demeure seule à même de juger de l'opportunité de pourvoir aux vacances de postes de la fonction publique et donc de procéder à l'ouverture des concours de recrutement, y compris à la suite de l'annulation d'un précédent concours.

---

[798] Conseil d'Etat, 18 janv. 1967, *Ville de Châteaudun*, Leb. p. 691.

[799] Conseil d'Etat, Sect., 4 nov. 1994, *Al Joujo*, Leb. p. 492 ; AJDA 1995, p. 231, Concl. R. Abraham.

[800] Conseil d'Etat, 24 mars 1965, *Bonnetblanc*, Leb. p. 1034.

[801] Article L. 125-5 du Code de l'urbanisme devenu l'article L. 121-8.

Dans ces hypothèses, l'annulation n'emporte pas de conséquence concrète à l'égard de l'administration, en d'autres termes elle n'a pas à agir à la suite de l'annulation de la décision pour excès de pouvoir ou à la suite de son retrait, parce que le remplacement est automatique ou n'a pas lieu d'être. La fin de l'acte administratif unilatéral n'a pas affecté l'ordonnancement juridique de telle manière que l'administration doive agir pour y remédier. Mais ce n'est pas toujours le cas et parfois la fin d'un acte crée à l'égard de l'administration une obligation de redécider. Elle est alors le plus souvent assortie d'une injonction prescrivant à l'administration de prendre, après nouvelle instruction et dans un délai déterminé, une nouvelle décision. Pourtant, l'obligation de remplacer la décision annulée peut être indépendante de toute demande, lorsque l'annulation a été celle d'un règlement nécessaire à l'application d'une loi et qu'il est indispensable que le vide qu'elle a créé soit comblé.

L'obligation de redécider est également instituée dans l'hypothèse où la décision annulée avait été prise en conséquence d'une demande adressée à l'autorité administrative[802]. En effet, l'autorité administrative, dont la décision prise sur demande est annulée, « se trouve à nouveau saisie de plein droit » ou « demeure saisie » de cette demande[803]. Cela suppose que l'administré n'est pas tenu d'effectuer une nouvelle demande auprès de l'administration.

C'est ainsi qu'après l'annulation d'un refus d'extradition, le gouvernement demeure saisi de la demande de l'Etat étranger et la décision sera prise sans nécessité de renouvellement de la demande, ni de nouvelle instruction (à moins que des circonstances nouvelles ne soient intervenues)[804].

Conformément au principe qui gouverne normalement l'exercice du pouvoir de décision, la nouvelle décision doit être prise « sur la base de la situation de droit et de fait existant à la date » de cette nouvelle décision[805]. Des exceptions à cette règle ont été établies par la jurisprudence administrative, notamment s'agissant des demandes de dispense du service national au titre de soutien de famille, qui doivent être réexaminées à la date de la décision annulée[806]. Les arrêts *SCA des Nigritelles* et *Entreprise Fayolle* de 1973 précisent l'état du droit à trois points de vue : d'abord l'obligation de réexamen de la demande s'impose, que la

---

[802] Les demandes en question sont très diverses : il peut s'agir par exemple de création d'établissements sanitaires (Conseil d'Etat, 19 juin 1981, *Fraval de Coatparquet*, Leb. p. 283), d'ouverture de pharmacies (Conseil d'Etat, 26 juin 1990, *Mme André*, Leb. p. 550) ou d'attribution par le CSA de fréquences en matière de radio-télévision (Conseil d'Etat, Sect., 10 oct. 1997, *Sté Strasbourg FM*, Leb. p. 355).

[803] Conseil d'Etat, Sect., 7 déc. 1973, *SCA des Nigritelles* et *Entreprise Fayolle*, Leb. p. 699, à propos d'une demande d'autorisation de défrichement.

[804] Conseil d'Etat, 29 juill. 1994, *Saniman*, Leb. p. 367.

[805] Conseil d'Etat, Sect., 10 oct. 1997, *Sté Strasbourg FM*, précité.

[806] Conseil d'Etat, Sect., 7 déc. 1979, *Amar*, Leb. p. 455.

décision initiale soit une décision d'acceptation ou de rejet. Ensuite, l'annulation de la décision n'a pas pour effet, dans les cas où le silence vaut acceptation de la demande, de rendre le demandeur titulaire d'une décision favorable. Enfin, le silence de l'autorité administrative, restant saisie en conséquence de l'annulation, ne peut se traduire par une décision implicite d'acceptation que si l'intéressé a pris soin de confirmer sa demande.
Ce régime juridique s'applique, et à l'identique, en cas de retrait d'un acte administratif[807]. En effet, les conséquences de ces deux modalités de fin sont généralement les mêmes.

A l'égard de l'administration, l'annulation ou le retrait d'un acte administratif peut avoir pour conséquence l'exigence de la prise d'une nouvelle décision, qui n'a pas nécessairement de caractère rétroactif. Mais elle peut aussi imposer à l'administration de reconstituer le passé, en raison de la rétroactivité de ces deux modalités de fin, et celle-ci suppose, en revanche, l'édiction d'actes nécessairement rétroactifs.

**C/ La reconstitution du passé : l'exemple de la carrière des fonctionnaires.**

La situation trouve une illustration importante dans le contentieux de la fonction publique dans lequel apparaît notamment l'obligation de reconstituer la carrière d'un fonctionnaire. Elle s'explique par le fait que la fin n'a pas suffit à rétablir les agents dans la position où ils se trouveraient si la décision censurée par le juge ou par l'autorité administrative n'avait jamais été prise. Mais c'est également le cas chaque fois que la décision supprimée réglait la situation particulière de personnes qui avaient un droit acquis du fait de cette décision.
L'action administrative est alors fondée sur l'obligation de tirer toutes les conséquences de la fiction du caractère rétroactif de l'annulation prononcée. Celles-ci se situent particulièrement à deux points de vue : d'abord quant aux mesures prises par voie de conséquence de la décision annulée, qui doivent elles-mêmes tomber dans une certaine mesure. Ensuite quant au droit applicable à la nouvelle décision administrative, qui doit intervenir rétroactivement.

**1°/ La reconstitution de carrière.**

En matière de fonction publique, la reconstitution du passé suppose de distinguer la reconstitution de carrière, qui s'impose en tout état de cause, autrement dit même si la décision d'éviction est justifiée au fond, et la réintégration

[807] Conseil d'Etat, 25 juin 1982, *Assoc. de sauvegarde de l'église de Castels*, DA 1982, n° 293.

effective de l'agent dans l'emploi correspondant à son grade, qui n'est en revanche pas systématique.

Lorsque l'acte administratif unilatéral annulé ou retiré avait arrêté ou modifié le déroulement d'une situation administrative, la situation affectée par la nouvelle décision doit être reconstituée telle qu'elle serait si cette décision n'était pas intervenue. Afin que la chose jugée reçoive toute l'exécution qu'elle comporte, l'administration est tenue d'opérer une fiction, en aménageant le passé.
L'état du droit est illustré par le célèbre arrêt *Rodière* de 1925[808]. Lors de cette affaire, le Conseil d'Etat a dû se prononcer sur le recours en annulation d'un tableau d'avancement, supposant une reconstitution du passé et l'établissement d'un nouveau tableau d'avancement, nécessairement rétroactif. Le Conseil d'Etat a jugé qu'il appartenait à l'administration de déterminer l'avancement des fonctionnaires promus tel qu'il aurait eu lieu si l'illégalité qui a provoqué l'annulation du tableau n'avait pas été commise. Il s'agit donc pour l'autorité administrative de mettre en place la situation telle qu'elle aurait été en l'absence d'illégalité. La Haute Assemblée a également affirmé qu'il appartenait à l'administration de prononcer « tous reclassements utiles pour reconstituer la carrière du fonctionnaire dans les conditions où elle peut être réputée avoir dû normalement se poursuivre si aucune irrégularité n'avait été commise »[809].

Une limite à ce principe est cependant posée par l'arrêt *Puisoye* de 1970 qui introduit à l'état du droit l'idée d'inconciliabilité : « les ministres étaient tenus d'établir un nouveau tableau d'avancement substitué à celui dont l'annulation avait été prononcée, et de réviser rétroactivement toutes les nominations et promotions intervenues depuis 1964 et dont le maintien était inconciliable avec cette annulation »[810]. Ce n'est que dans la mesure où le maintien des décisions antérieures n'est pas conciliable avec la nouvelle situation qu'elles doivent être remises en cause. Cette décision est inspirée par le principe de stabilité juridique, souvent affecté par les décisions administratives reconstituant le passé. En effet, la reconnaissance d'une illégalité et le rétablissement d'un agent ont nécessairement des conséquences négatives sur la situation d'autres agents.

Une autre limite doit être mentionnée, elle est tirée de considérations de bon sens : la rétroactivité des nouvelles mesures ne doit pas se retourner contre l'agent qui a obtenu l'annulation[811]. Mais cela n'exclut pas que, dans certaines hypothèses, la

---

[808] Conseil d'Etat, 26 déc. 1925, *Rodière*, précité ; RDP 1926, p. 32, Concl. Cahen-Salvador.
[809] Conseil d'Etat, 26 déc. 1925, *Rodière*, précité.
[810] Conseil d'Etat, Ass., 5 juin 1970, *Puisoye*, Leb. p. 385.
[811] Conseil d'Etat, Sect., 27 mai 1977, *Loscos*, Leb. p. 248 : à propos de la mise à la retrait d'office d'un fonctionnaire : « Considérant que les décisions administratives ne peuvent légalement disposer

reconstitution de carrière peut se révéler défavorable à son destinataire : l'annulation de la nomination de *Mme Velluet* comme stagiaire imposait à l'autorité administrative de retirer l'arrêté ayant prononcé sa titularisation[812].

La nécessité pour l'autorité administrative de reconstituer le passé est parfaitement illustrée par le cas où est annulée une décision ayant prononcé l'éviction du service d'un fonctionnaire ou agent public, par révocation, licenciement ou admission à la retraite par exemple. Ayant effet rétroactif, l'annulation provoque par elle-même la réintégration de l'agent dans la fonction publique à compter de la date de son éviction et impose de considérer qu'il n'a jamais cessé de poursuivre sa carrière. La carrière du fonctionnaire doit alors être reconstituée telle qu'elle se serait déroulée si l'intéressé était resté effectivement en fonction. L'administration doit prendre d'office la décision réintégrant l'agent, avec les grades et les échelons auxquels il serait parvenu s'il était effectivement resté en fonction, c'est-à-dire sans qu'une demande de l'intéressé ne soit nécessaire[813]. Ce faisant, l'administration ne fait que « constater les effets » de l'annulation, selon l'expression jurisprudentielle consacrée[814].
Depuis l'arrêt *Barbier* de 1956, la reconstitution rétroactive de la carrière d'un fonctionnaire peut aller jusqu'à la prise en compte de sa réussite probable à certains concours internes, entraînant un changement de corps[815].

Les conséquences de l'annulation d'un acte administratif unilatéral sont également manifestes dans le domaine de l'organisation et du déroulement des concours d'accès aux emplois publics. Cette situation est illustrée par une importante jurisprudence du Conseil d'Etat dont l'arrêt *Pelbois* de 1962 en vertu duquel l'annulation d'un concours a pour effet de rendre « caduques les nominations et affectations prononcées à la suite dudit concours, même si lesdites nominations et affectations n'ont fait l'objet d'aucun recours contentieux »[816]. Cette décision a suscité de nombreuses critiques car la personne nommée dans un emploi public a bénéficié d'une décision favorable de l'administration, qui a donc créé des droits à son profit. Or, la remise en cause de ces droits, une fois le délai de retrait expiré, est une atteinte évidente au principe de sécurité juridique. Devant

---

que pour l'avenir ; que si l'annulation d'une décision ayant illégalement évincé un agent public oblige l'autorité compétente à réintégrer l'intéressé à la date de son éviction et à prendre rétroactivement les mesures nécessaires pour reconstituer sa carrière et le placer dans une position régulière, ladite autorité lorsqu'elle reprend sur une nouvelle procédure une mesure d'éviction ne peut légalement donner à sa décision un effet rétroactif ».

[812] Conseil d'Etat, Sect., 3 nov. 1995, *Mme Velluet*, AJDA 1996, p. 215.

[813] Conseil d'Etat, 16 oct. 1985, *Commune de la Garenne-Colombes*, Leb. p. 679.

[814] Conseil d'Etat, Sect., 13 mars 1959, *Nègre*, Leb. p. 179.

[815] Conseil d'Etat, 13 juill. 1956, *Barbier*, Leb. p. 338.

[816] Conseil d'Etat, 21 nov. 1962, *Pelbois*, Leb. p. 624.

l'amélioration de la protection du principe de sécurité juridique, qui se traduit par son développement et la multiplication de ses applications, tant en droit européen qu'en droit français d'ailleurs, les critiques doctrinales se sont, elles aussi, multipliées.
La jurisprudence administrative française a, par ailleurs, été largement influencée par la jurisprudence européenne qui prône ouvertement l'importance du principe de sécurité juridique et de son corollaire, le principe de confiance légitime. La jurisprudence de la Cour de justice des Communautés européennes se situe en effet largement dans la tendance juridique qui fait prévaloir le principe de stabilité des situations, autrement dit la préservation des droits acquis par les agents nommés. Elle refuse ainsi de remettre en cause l'ensemble du résultat du concours ou d'annuler les nominations intervenues à la suite de celui-ci[817].

Ces considérations expliquent le revirement de jurisprudence intervenu en 1997 dans l'arrêt *Lugan* par lequel le Conseil d'Etat fait prévaloir la sécurité juridique d'agents publics qui avaient toutes les raisons de croire leur nomination définitivement acquise. Désormais, l'administration n'est pas tenue de reprendre les opérations des concours annulés ni de déclarer vacants les emplois dont la nomination n'a pas été attaquée dans le délai de recours contentieux.
Le Conseil d'Etat considère expressément dans l'arrêt *Lugan* que « le caractère définitif de ces nominations qui étaient créatrices de droits pour leurs bénéficiaires fait obstacle à ce que le ministre de l'Education nationale puisse légalement les rapporter ou les déclarer caduques ». L'arrêt *Lugan* limite donc les effets des annulations contentieuses des décisions prises par les jurys de concours. Le Conseil d'Etat circonscrit strictement les cas d'annulation par voie de conséquence aux hypothèses dans lesquelles des droits ont été méconnus.

Les mesures prises en vue de la reconstitution de carrière d'un fonctionnaire ne peuvent être que rétroactives, cela suppose que l'administration se fonde sur la législation et la réglementation anciennes, même s'il y a eu un changement dans l'état du droit. Le résultat doit en effet être complètement identique à celui obtenu si la décision annulée n'avait pas été prise[818]. Dès lors, la reconstitution de carrière se déroule sur un double plan : il s'agit d'abord de restituer rétroactivement à l'intéressé les avantages et obligations de carrière qui auraient été les siens s'il n'avait pas été l'objet de la mesure annulée. Il convient ensuite de faire passer fictivement l'agent par les divers postes qu'il aurait vraisemblablement occupés et de lui accorder les droits et obligations correspondants.

---

[817] Cour de justice des Communautés européennes, 14 juill. 1983, *Armelle Detti*, Rec. p. 2421 ; 6 juill. 1993, *Alessanddro Albani*, Rec. p. I-3839.
[818] Conseil d'Etat, Sect., 11 juill. 1958, *Fontaine*, précité.

La principale difficulté, identifiée par M. Waline dans la note qu'il a consacré à l'arrêt *Fontaine* est venue de ce que, parmi les règles de procédure, figure l'obligation de prendre l'avis d'organismes consultatifs avant de statuer sur les mesures d'avancement[819]. Or, il est exceptionnel que l'organisme compétent ait conservé la même composition pendant toute la durée de l'instance. Pourtant, la jurisprudence posait quand même cette obligation dans la perspective d'une reconstitution parfaite du passé. Les exigences de la réalité ont cependant conduit le Conseil d'Etat à admettre un nombre important d'exceptions à cette règle. L'arrêt *Merkling* du 13 juillet 1965, tout en réaffirmant le principe, a admis que des cas de force majeure pouvaient justifier la consultation de l'organisme compétent à la date de la reconstitution de carrière[820]. Notamment, et c'est le cas de l'espèce, lorsqu'un des corps représentés au sein de l'organisme avait disparu.
Cette solution a semblé nécessaire, il aurait sinon fallu reconstituer le corps pour le temps d'une élection. Or, comme le souligne G. Braibant dans ses conclusions, « Poussée jusqu'à ce point, la logique tournerait à l'absurde ; et l'adoption d'un tel système ne laisserait à l'administration, en pareille hypothèse, que le choix entre deux solutions : commettre de nouvelles illégalités ou recourir à la procédure toujours fâcheuse, surtout en matière individuelle, de la validation législative »[821].
La multiplication de telles exceptions, dues à la difficulté d'appliquer les règles visant à rendre parfaites les reconstitutions de carrière, a incité le Conseil d'Etat à renverser le principe dans l'arrêt *Colonna* de 1997[822]. Suivant en tout point son commissaire du gouvernement V. Pécresse, la Haute Assemblée admet désormais que les mesures de reconstitution de carrière doivent être soumises aux organismes consultatifs tels qu'ils sont composés à la date à laquelle ces mesures interviennent. Rompant avec la logique de la rétroactivité, l'arrêt *Colonna* consacre désormais une solution plus réaliste et plus simple, réserve faite du cas où l'organisme ne présenterait plus, pour les intéressés, des garanties équivalentes.

**2°/ La réintégration effective de l'agent public.**

La réintégration effective se distingue de la reconstitution de carrière dont on pourrait dire qu'elle est la réintégration juridique. La réintégration effective suppose la réinstallation de l'agent dans l'emploi correspondant à son grade. Le principal critère de distinction entre ces deux types de réintégration vient de ce que la réintégration effective n'existe pas toujours. Ainsi, si la mesure d'éviction du fonctionnaire était justifiée, autrement dit si cette mesure n'avait pris fin que pour

---

819 M. Waline, note sous Conseil d'Etat, 11 juill. 1958, *Fontaine*, RDP 1958, p. 1081.
820 Conseil d'Etat, 13 juill. 1965, *Merkling*, Leb. p. 424.
821 G. Braibant, Concl. sur Conseil d'Etat, 13 juill. 1965, *Merkling*, précité, RA 1966, p. 146.
822 Conseil d'Etat, Sect., 14 févr. 1997, *Colonna*, AJDA 1997, p. 479.

un motif d'illégalité externe, l'administration peut reprendre la même mesure[823]. Elle peut également et tout aussi légalement prendre une mesure d'éviction fondée sur un autre motif[824].
Dans tous les cas, la nouvelle mesure d'éviction sera précédée d'une reconstitution de carrière, importante pour la détermination des droits à pension de retraite de l'agent, mais elle ne sera pas nécessairement suivie de la réintégration effective de l'agent public.

Un autre critère est pertinent pour distinguer la réintégration juridique et la réintégration effective, il consiste dans son effet rétroactif. Ainsi, la décision qui vise à réintégrer effectivement l'agent dans l'emploi qu'il occupait, voire dans un emploi équivalent, n'a pas d'effet rétroactif : elle ne prendra effet qu'à la date de sa notification. Le Conseil d'Etat, dans l'arrêt *Loscos* de 1977, énonce clairement ce principe, opérant ainsi un revirement de jurisprudence : « Considérant que les décisions administratives ne peuvent légalement disposer que pour l'avenir ; que si l'annulation d'une décision ayant illégalement évincé un agent public oblige l'autorité compétente à réintégrer l'intéressé à la date de son éviction et à prendre rétroactivement les mesures nécessaires pour reconstituer sa carrière et le placer dans une position régulière, ladite autorité lorsqu'elle reprend sur une nouvelle procédure une mesure d'éviction ne peut légalement donner à sa décision un effet rétroactif »[825]. En d'autres termes, dès lors que les mesures nécessaires à la réintégration juridique ont été accomplies avec effet rétroactif, les autres décisions, qui ne revêtent pas ce caractère nécessaire, n'ont pas l'effet rétroactif des précédentes.
Les deux critères de distinction sont liés dans la mesure où le caractère obligatoire de la reconstitution de carrière justifie que celle-ci soit rétroactive, alors que le fait que la réintégration effective est facultative explique qu'elle n'a pas cet effet. L'annulation d'une nomination ou d'une promotion suppose toujours la réintégration juridique, parce qu'elle est nécessairement fondée sur une illégalité (comme toute annulation, par définition) ; en revanche, si la décision initiale était justifiée, la réintégration effective n'aura pas lieu.

La réintégration effective n'a ainsi pas lieu si les fonctions de l'agent, dont l'éviction a été annulée ou retirée, auraient normalement pris fin au cours de la période d'éviction : par exemple du fait de la survenance de la limite d'âge ou d'une incapacité physique, ou d'une condamnation pénale faisant obstacle à

---

[823] Conseil d'Etat, 21 avril 1967, *Département de la Mayenne*, Leb. p. 173.
[824] Conseil d'Etat, 20 mai 1955, *Sagols*, Leb. p. 274.
[825] Conseil d'Etat, Sect., 27 mai 1977, *Loscos*, précité ; dans le même sens, Conseil d'Etat, 16 juin 1995, *Mifsud*, Leb. p. 987.

l'exercice d'une fonction publique[826]. Il peut également s'agir d'un agent contractuel dont l'engagement est venu à son terme[827]. Pourtant, ces hypothèses supposent que l'agent soit juridiquement réintégré.

Dans l'hypothèse où il y a véritablement réintégration effective, celle-ci n'est cependant pas nécessairement prononcée dans l'emploi même que l'agent occupait. Le principe est que l'intéressé n'a pas de droit à retrouver l'emploi auquel il était affecté[828]. D'abord, il peut arriver que cet emploi ne corresponde plus au grade auquel la reconstitution de carrière a porté l'agent ; ensuite il peut arriver que l'emploi ne soit pas vacant. La jurisprudence *Sieur Guille* affirme ainsi qu'un « fonctionnaire ayant fait l'objet d'une mesure d'éviction annulée par la juridiction administrative ne peut, en principe, prétendre en exécution de la décision d'annulation, qu'à un emploi de son grade dans son cadre ou corps, mais non à sa réintégration dans l'emploi même qu'il occupait »[829]. Le juge administratif exige cependant que l'agent soit réintégré dans un emploi « identique »[830] à celui qu'il occupait, ou du moins, à défaut d'emploi identique, dans un emploi « équivalent »[831]. Cette exigence trouve son fondement dans le principe de la protection des droits acquis, c'est-à-dire dans le principe de sécurité juridique.
La réintégration dans l'emploi même qui était occupé s'impose cependant dans certaines hypothèses. Il en est ainsi lorsque le fonctionnaire évincé appartenait à une catégorie de fonctionnaires inamovibles, telle que celle des magistrats judiciaires du siège[832]. Egalement dans le cas où il s'agit d'un emploi unique, comme celui d'administrateur de la Comédie-Française, par exemple[833]. Un autre exemple concerne le cas où la décision annulée prononçait un déplacement d'office[834].
Dans ces hypothèses, si l'emploi n'est pas vacant, l'administration est tenue de provoquer sa vacance en retirant la décision qui y a placé le successeur du bénéficiaire de l'annulation. Par ailleurs, l'annulation de la nomination du successeur peut être obtenue parce qu'elle a été prononcée pour un emploi qui est réputé n'avoir jamais été vacant[835].

---

[826] Par exemple, Conseil d'Etat, Sect., 13 févr. 1959, *Eilers*, Leb. p. 109.
[827] Conseil d'Etat, 15 mars 2000, *Allais*, DA 2000, n° 111.
[828] Conseil d'Etat, 11 janv. 1985, *Lebras*, DA 1985, n° 93.
[829] Conseil d'Etat, Sect., 16 oct. 1959, *Sieur Guille*, Leb. p. 516.
[830] Conseil d'Etat, 10 nov. 1967, *Rabdeau*, Leb. p. 424.
[831] Conseil d'Etat, 10 janv. 1969, *Jarry*, Leb. p. 872 ; plus récemment, Conseil d'Etat, 31 mai 1995, *Mme Rodriguez*, Leb. p. 223.
[832] Conseil d'Etat, 27 mai 1949, *Véron-Réville*, Leb. p. 246.
[833] Conseil d'Etat, 1er déc. 1961, *Bréart de Boisanger*, Leb. p. 676.
[834] Conseil d'Etat, Sect., 20 janv. 1939, *Hollender*, Leb. p. 20.
[835] Cette affirmation doit être nuancée dans la mesure où les répercussions de l'annulation sur d'autres décisions ne supposent leur révision que si elles ne sont pas des décisions définitives ayant conféré

La réintégration effective doit avoir lieu aussitôt que possible, compte tenu des « nécessités de la gestion normale des personnels ». Sinon l'administration commet une faute, qui ouvre droit à indemnité au fonctionnaire laissé inactif[836].

**§2 : Les conséquences de la fin à l'égard du destinataire de l'acte.**

A l'égard de l'administré, destinataire de la décision disparue, la fin peut avoir des conséquences non négligeables qui se traduisent le plus souvent en obligations. Il peut d'abord être tenu de remettre les choses en l'état où elles étaient avant l'édiction de la décision supprimée. Cette obligation intervient lorsque la décision initiale a été, soit annulée, soit retirée, dans tous les cas avec effet rétroactif. En effet, elle est censée n'être jamais intervenue. Or, l'administré ayant dans un premier temps exécuté la décision administrative, dès lors qu'elle a été supprimée avec effet rétroactif, il est tenu de remettre les choses en l'état où elles étaient avant son édiction. C'est notamment le cas lorsque la décision qui était accordée à l'administré lui a procuré un avantage ou un bénéfice qui disparaît avec elle.
Par ailleurs, il peut suite à la fin d'un acte, être contraint de quitter les lieux occupés. Il peut par exemple être expulsé du domaine public, dont l'occupation est une autorisation précaire et révocable par essence.

L'étude des conséquences de la fin à l'égard du destinataire de l'acte comprendra d'abord celle de l'obligation de remise en état, en prenant l'exemple du permis de construire, dont le retrait peut précisément entraîner une obligation de démolition (A). Nous analyserons ensuite la cessation des droits, illustrée par l'autorisation d'occupation du domaine public dont l'abrogation peut avoir pour effet l'expulsion immédiate de son bénéficiaire (B).

**A/ L'obligation de remise en état : l'exemple de la fin du permis de construire.**

L'exemple du permis de construire pour illustrer la remise en état est intéressant parce que son octroi entraîne en principe une action concrète et immédiate de son destinataire en vue de l'exploiter. Ce qui explique que l'annulation et le retrait d'un permis de construire peuvent avoir des conséquences importantes.

---

des droits acquis à leurs destinataires. Cette solution résulte d'un revirement jurisprudentiel opéré en 1997 dans l'arrêt de section du Conseil d'Etat, *Lugan*, précité. Sur cette question, voir *supra*.
[836] Conseil d'Etat, 9 avril 1999, *Rochaix*, n° 155304, non publié : indemnisation du préjudice moral subi par l'intéressé.

La fin d'un permis de construire impose d'abord à l'administration de reconsidérer la demande, comme c'est d'ailleurs le cas pour toute autorisation.
A l'égard de l'administré ensuite, les conséquences de la fin du permis de construire varient selon que les constructions ont été, ou au contraire n'ont pas été, entreprises. Le retrait du permis avant toute construction suppose simplement que le bénéficiaire attende que sa demande soit réexaminée. Alors que si les constructions ont été entreprises, les conséquences seront parfois plus importantes. En effet, l'obligation de remettre les choses en l'état peut le contraindre à démolir les constructions érigées en vertu du permis de construire annulé ou retiré. La rétroactivité a pour effet de faire disparaître le permis de construire comme s'il n'avait jamais été délivré. De fait, les constructions n'ont pas non plus été autorisées.
L'annulation ou le retrait d'un permis de construire peuvent donc entraîner une obligation de démolition à l'égard de son bénéficiaire dont le régime juridique trouve sa particularité dans le fait que les constructions ont été érigées sur une propriété privée. Les questions de compétence quant à l'autorité apte à en exiger la démolition en dépendent largement. Nous analyserons le principe de la compétence judiciaire (1°) avant d'étudier les règles de procédure (2°).

**1°/ Le principe de la compétence judiciaire.**

La jurisprudence administrative a affirmé et toujours admis le principe selon lequel le juge judiciaire est le gardien de la propriété privée et des libertés fondamentales[837]. La Constitution de 1958 affirme, quant à elle, dans son article 66 que l'autorité judiciaire est gardienne de la liberté individuelle. De ces considérations, il résulte que, bien que la compétence pour délivrer ou pour refuser un permis de construire appartienne à l'autorité administrative, celle-ci ne peut pas ordonner la démolition d'une construction même si elle est illégale, car elle n'en a pas la compétence de principe[838]. La formulation adoptée par le Conseil d'Etat dans l'arrêt *Madame Laverlochère* de 1993 est, à cet égard, très claire : « Considérant qu'aucune disposition législative ou réglementaire ne confère au maire le pouvoir d'ordonner la démolition d'une construction édifiée, même illégalement, sur une propriété privée ».

Ce pouvoir n'appartient pas non plus au juge administratif, malgré les tentatives de certains tribunaux administratifs de faire évoluer la jurisprudence en ce sens. C'est ainsi que le Tribunal administratif de Rennes a, dans l'arrêt *Betuing* de 1977, ordonné la démolition de constructions en exécution de la chose jugée, alors que le

[837] Tribunal des Conflits, 4 juin 1940, *Sté Schneider et Cie*, Leb. p. 248 : « La protection de la propriété privée rentre essentiellement dans les attributions de l'autorité judiciaire ».
[838] Conseil d'Etat, 6 sept. 1993, *Mme Laverlochère*, LPA 5 janv. 1994, p. 22.

juge judiciaire avait auparavant refusé de le faire[839]. Néanmoins le Conseil d'Etat, refusant catégoriquement cette évolution, est revenu sur ce jugement et a confirmé le principe selon lequel le juge administratif ne se reconnaît pas compétent pour ordonner la démolition de constructions irrégulières.
Il faut dès lors admettre que toute demande tendant à la démolition d'une construction irrégulièrement édifiée sur une propriété privée ne relève pas de la compétence administrative[840]. Cette jurisprudence est constante, elle a été réaffirmée à plusieurs reprises, notamment dans l'arrêt *Maignan* dans lequel le Conseil d'Etat affirme expressément que le juge pénal est seul compétent pour sanctionner les infractions aux règles d'urbanisme et à la législation relative aux permis de construire et pour ordonner, le cas échéant, la démolition des installations litigieuses »[841]. L'arrêt *Hurdebourg* de 1979 est une autre illustration de ce principe : le Conseil d'Etat affirme, dans cette décision, qu'il n'est pas compétent pour connaître des conclusions tendant à ce que soit ordonnée la démolition d'une maison d'habitation dont le permis de construire à été annulé pour excès de pouvoir[842].
De manière générale donc, il n'appartient qu'à la juridiction judiciaire de statuer sur les actions tendant à la démolition d'une construction irrégulièrement édifiée sur une propriété privée[843]. De la même façon, la juridiction administrative est incompétente pour enjoindre, sous astreinte, au bénéficiaire d'un permis de construire la démolition des bâtiments autorisés[844].

Appartient donc au juge judiciaire la compétence pour ordonner la démolition d'une construction illégale, mais seulement à compter du moment où le juge administratif a annulé le permis de construire ou en a constaté l'illégalité. Les pouvoirs du juge judiciaire sont énoncés à l'article L. 480-5 du Code de l'urbanisme qui dispose : « En cas de condamnation pour une infraction prévue aux articles L. 160-1 et L. 480-4, le tribunal, au vu des observations écrites ou après audition du maire ou du fonctionnaire compétent, statue, même en l'absence d'avis en ce sens de ces derniers, soit de la mise en conformité des lieux ou celle des ouvrages avec les règlements, soit sur la démolition des ouvrages ou la réaffectation du sol en vue du rétablissement des lieux dans leur état antérieur ».

---

[839] Tribunal administratif de Rennes, 12 oct. 1977, *Betuing*, Droit et Ville 1978, n° 5, p. 264.
[840] Conseil d'Etat, 5 janv. 1979, *Dames Robinet et Flandre*, DA 1979, n° 52.
[841] Conseil d'Etat, 29 juin 1983, *Maignan*, DA 1983, n° 324.
[842] Conseil d'Etat, 19 janv. 1979, *Hurdebourg*, Leb. p. 928.
[843] Tribunal des Conflits, 16 mai 1994, *Muller*, DA 1994, n° 492.
[844] Cour administrative d'appel de Lyon, 23 févr. 1999, *Association de défense contre l'implantation d'une grande surface commerciale*, n° 95LY00730.

**2°/ Les règles de procédure.**

La sanction de l'irrégularité d'une construction peut se manifester par des peines d'amende et d'emprisonnement, le tribunal répressif peut également ordonner soit la mise en conformité des lieux, soit la démolition des ouvrages indûment édifiés. Ces deux dernières sanctions ne peuvent intervenir qu'au vu des observations écrites ou après l'audition du représentant de l'administration, le maire ou le fonctionnaire compétent[845], du fait des atteintes qu'elles sont susceptibles de porter aux droits des administrés et au respect de la propriété privée. Mais cet avis administratif ne lie pas le juge qui conserve un pouvoir souverain d'appréciation pour ordonner la démolition totale ou partielle et la remise en état des lieux[846]. D'ailleurs le Code de l'urbanisme dispose, dans son article L. 480-5, que le tribunal statue même en l'absence d'avis de l'autorité compétente. En d'autres termes, la démolition d'une construction peut être ordonnée même si l'administration ne la demande pas expressément.
L'article L. 480-13 du même code ajoute que lorsqu'une construction a été édifiée conformément à un permis de construire, mais en méconnaissance des règles d'urbanisme ou des servitudes d'utilité publique, la démolition est également subordonnée à l'annulation du permis ou à sa déclaration d'illégalité. Ce même article prévoit que l'action en démolition se prescrit cinq ans après l'achèvement des travaux. Dans tous les cas, le délai dans lequel doit intervenir la démolition peut être assorti d'une astreinte, visant à accélérer sa mise en œuvre.

A partir du moment où le juge administratif a reconnu l'illégalité de la construction litigieuse, il n'est plus compétent, pas plus que l'administration ne l'est, pour en tirer les conséquences. L'autorité administrative retrouve néanmoins une compétence lorsque l'obligation de démolition n'est pas suivie d'effet. En effet, l'article L. 480-9 du Code de l'urbanisme prévoit que le maire ou le fonctionnaire compétent a la possibilité, en cas de non-exécution de la démolition dans le délai imparti par le tribunal, d'y faire procéder d'office aux frais du contrevenant. Cette procédure ne peut être engagée qu'après échec de la mise en œuvre des astreintes dont est assorti le jugement et après qu'il ait été apprécié si une démolition d'office n'aurait pas pour effet de causer des troubles graves à l'ordre public. Les règles de l'exécution d'office sont très strictes, elles visent à surmonter la mauvaise volonté de l'administré en le contraignant à exécuter ses obligations.

---

[845] Article L. 480-5 du Code de l'urbanisme.

[846] Cour de cassation, crim., 3 févr. 1976, *Gisselback de Muralt*.

L'arrêt rendu par le Tribunal des conflits en 1902, *Société immobilière de Saint-Just* est à l'origine du régime juridique de l'exécution d'office[847]. Ce « moyen exceptionnel » d'action, selon l'expression du commissaire du gouvernement Romieu, ne peut être utilisé que s'il y a nécessité d'y recourir en raison d'un refus établi d'obéissance et sous réserve que les mesures prises soient strictement nécessaires pour assurer le respect de la loi. L'exécution d'office est légalement possible dans trois cas : le premier est celui où elle est autorisée par la loi[848]. Le deuxième est celui où aucune voie de droit ne peut sanctionner le comportement de l'administré récalcitrant[849]. Enfin, le recours à l'exécution forcée est ouvert en cas d'urgence, même si d'autres voies de droit existent. En dehors de ces hypothèses, l'exécution d'office est constitutive d'une voie de fait s'il y a eu une atteinte à la propriété privée ou à une liberté fondamentale. Or, s'agissant de l'obligation de démolition faisant suite à l'annulation ou au retrait d'un permis de construire, et de surcroît de son exécution d'office, elles constituent nécessairement une atteinte à la propriété privée.

**B/ La cessation des droits : l'exemple de la fin de l'autorisation d'occupation du domaine public.**

La cessation des droits, conséquence de la fin d'un acte, est parfaitement illustrée par le régime juridique gouvernant l'occupation du domaine public. Trois principes dominent le régime des occupations du domaine public : elles sont d'abord soumises à autorisation, elles donnent ensuite lieu à perception de redevances, enfin elles sont précaires[850].

Le Code du domaine de l'Etat prévoit ainsi que « Nul ne peut, sans autorisation délivrée par l'autorité compétente, occuper une dépendance du domaine public national »[851]. Ce principe ne comporte que de rares d'exceptions, qui sont alors toujours ponctuelles, comme celle résultant du droit d'occupation du domaine public routier reconnu à EDF-GDF[852].

Dans tous les cas, l'autorisation est nécessaire, et ce quel que soit le type d'occupation, autrement dit avec ou sans emprise.

Dès lors qu'une dépendance du domaine public est occupée sans autorisation, que cette dernière n'ait jamais été demandée ou obtenue, qu'elle soit venue à expiration

[847] Tribunal des conflits, 2 déc. 1902, *Sté immobilière de Saint-Just*, Leb. p. 713 ; Concl. Romieu, Dalloz 1903, 3, 41.

[848] Article L. 325-1 du Code de la route, portant sur la mise en fourrière des véhicules.

[849] Tribunal des conflits, 12 mai 1949, *Dumont*, Leb. p. 596.

[850] Conseil d'Etat, 12 oct. 1994, *Visconti*, Leb. p. 442.

[851] Article L. 28 du Code du domaine de l'Etat.

[852] Les articles L. 113-3 et s. du Code de la voirie routière reconnaissent notamment un droit d'occupation à l'EDF et au GDF.

ou encore qu'elle ait été abrogée[853], il y a occupation sans titre et l'administration est en droit de poursuivre l'expulsion des occupants qui se maintiendraient dans les lieux, ainsi que l'enlèvement de leurs installations. En effet, l'occupation sans titre du domaine public constitue une contravention de grande voirie, donnant dès lors lieu à sanctions[854].

Après avoir étudié le fondement et les conditions du pouvoir reconnu à l'administration d'expulser les occupants sans titre (1°), nous étudierons les droits de ce dernier (2°).

**1°/ Le pouvoir d'expulser l'occupant sans titre.**

Depuis 1961, la jurisprudence administrative consacre le pouvoir du juge administratif de satisfaire aux demandes d'expulsion des occupants sans titre du domaine public, sans rattachement nécessaire à un texte[855]. Les demandes doivent lui être présentées par l'autorité représentant la collectivité publique affectataire, chargée de la gestion de la dépendance occupée. Le juge administratif a ainsi, dans tous les cas, la possibilité d'assurer la protection du domaine public à l'encontre de ceux qui l'utilisent privativement, et de surcroît sans titre.

Le fondement du pouvoir reconnu à l'administration mérite d'être rappelé (a) avant que ne soient abordées précisément ses conséquences (b).

**a) Le fondement : le principe de précarité.**

Afin d'assurer la meilleure protection possible du domaine public, et pour faire en sorte que l'administration soit toujours en mesure d'en avoir la disposition, l'autorisation ainsi accordée est soumise au principe de précarité. Selon la jurisprudence administrative, il résulte des « principes généraux de la domanialité publique » que les titulaires d'autorisations n'ont « pas de droit acquis » à leur renouvellement[856]. Le juge administratif affirme également « le caractère précaire et révocable (...) commun à toutes les occupations du domaine public »[857]. Dès

[853] Usuellement, tant le juge que la doctrine évoquent le « retrait » d'autorisation, malgré l'absence reconnue de rétroactivité. Les incertitudes terminologiques très nombreuses supposent une certaine rigueur, nous emploierons pour cette raison le terme « abrogation ».
[854] Voir C. Lavialle, « L'occupation sans titre du domaine public », AJDA 1981, p. 563.
[855] Conseil d'Etat, Sect., 13 juill. 1961, *Cie fermière du Casino municipal de Constantine*, Leb. p. 487.
[856] Conseil d'Etat, 14 oct. 1991, *Helie*, Leb. p. 927.
[857] Conseil d'Etat, 4 févr. 1983, *Ville de Charleville-Mézières*, Leb. p. 45. Le juge administratif unit fréquemment occupation du domaine public et caractère « précaire et révocable » de l'autorisation : Conseil d'Etat, 23 juin 1976, *Commune de Plubennec*, Leb. p. 917.

lors, l'autorisation d'occupation du domaine public ne peut conférer aucun droit acquis à son titulaire.
Une exception au principe de précarité doit néanmoins être mentionnée, elle porte sur l'octroi des concessions funéraires, dont la jurisprudence reconnaît qu'elles n'ont pas « le caractère précaire et révocable qui s'attache, en général, aux occupations du domaine public »[858].

En conséquence du principe de précarité, l'administration a le pouvoir, tant de refuser le renouvellement d'une autorisation venue à son terme, que d'abroger une autorisation en cours. En d'autres termes, non seulement les autorisations d'occupation peuvent ne pas être renouvelées quand elles viennent à terme, mais encore elles peuvent être abrogées avant terme, soit à titre de sanction, soit aussi pour un motif d'intérêt général. Dans ces cas, aucun principe général du droit n'impose qu'une procédure contradictoire soit respectée[859]. C'est ainsi que le fait qu'une autorisation ait été accordée pour une durée déterminée ne limite pas la liberté de l'administration. C'est la durée maximale de l'autorisation qui est prévue et non sa durée minimale. Le titulaire de l'autorisation n'ayant de droit ni à son maintien, ni à son renouvellement, il ne peut pas utilement contester la décision administrative qui y met fin.

**b) La conséquence directe : l'expulsion.**

Le pouvoir reconnu à l'autorité administrative d'expulser les occupants sans titre du domaine public lui permet de leur adresser une injonction d'évacuer les lieux. Le recours qu'ils exerceraient contre cette décision ne pourra être que rejeté, s'il est exact que l'occupation n'est plus autorisée[860]. En cas d'échec de sa tentative, elle peut décider d'exécuter d'office la décision. A défaut, elle est en droit de saisir la juridiction administrative pour faire ordonner l'expulsion et l'autoriser, en cas de nécessité, à y procéder par la force[861]. Elle pourra également enlever ou démolir les installations de l'occupant, aux frais de ce dernier[862].

Les pouvoirs de l'autorité administrative sont manifestement très importants face aux peu de droits reconnus à l'occupant sans titre du domaine public, parce que la

---

858 Conseil d'Etat, Ass., 21 oct. 1955, *Delle Méline*, Leb. p. 491.
859 Conseil d'Etat, 16 juin 1995, *Achache et autres*, Leb. p. 782 : décision du maire de Cannes mettant fin, « dans l'intérêt du domaine public » à des autorisations d'occupation ; Conseil d'Etat, 9 nov. 1994, *Tigrini*, Leb. p. 1139 : l'abrogation d'une concession de place dans un marché a le caractère d'une mesure de police et non d'une sanction, ce qui justifie l'inapplicabilité des droits de la défense.
860 Conseil d'Etat, Sect., 13 juill. 1961, *Dame Lauriau*, Leb. p. 486.
861 Conseil d'Etat, 15 févr. 1989, *Port autonome de Dunkerke*, RDP 1989, p. 1492.
862 Cour administrative d'appel de Lyon, 28 mai 1996, *Font*, n° 95LY00958.

protection du domaine public gouverne l'ensemble des règles juridiques sur cette question. L'affaire dite « des paillotes » en Corse illustre parfaitement cette situation[863]. Dans cette région, plusieurs établissements de restauration ont été érigés en bord de mer, sur un terrain appartenant au domaine public maritime. Le régime juridique de la gestion et de l'occupation du domaine public maritime est très strict, il est en grande partie régi par la loi dite littoral du 3 janvier 1986[864]. Ces règles prévoient qu'une autorisation d'occupation du domaine public maritime est obligatoire préalablement à l'obtention éventuelle d'un permis de construire sur ce domaine[865], devant notamment respecter la « bande des 100 mètres » (portion terrestre contiguë au rivage). L'illégalité de certaines paillotes a conduit la justice administrative à ordonner la démolition de ces constructions, elle a également dû dans certains cas y procéder d'office. En effet, devant l'inexécution du jugement, l'autorité préfectorale avait le pouvoir de contraindre les propriétaires, ou de requérir la force publique afin de faire exécuter le jugement.
En cas d'urgence, et si la prétention de l'administration ne se heurte pas à une « contestation sérieuse », l'expulsion peut être prescrite par le juge du référé administratif[866].

### 2°/ Les droits reconnus au titulaire de l'autorisation : la réparation du préjudice.

L'occupant n'a de droit ni au renouvellement, ni au maintien de l'autorisation d'occupation du domaine public. Dès lors, l'abrogation de celle-ci l'oblige directement à évacuer les lieux et à les remettre en l'état. L'occupant, titulaire d'une autorisation légale, n'est cependant pas dépourvu de toute possibilité de réaction contre de telles décisions administratives. Le titulaire de l'autorisation peut contester la légalité d'une telle décision en formant un recours en annulation. L'illégalité de la décision ainsi reconnue ouvre, au titulaire de l'autorisation, un droit à réparation des préjudices causés.

Par ailleurs, la question se pose de l'indemnité dont peut bénéficier le titulaire de l'autorisation lorsque c'est régulièrement et pour des motifs d'intérêt général que les décisions ont été prises. En d'autres termes, l'autorité

---

[863] Par exemple, Cour administrative d'appel de Lyon, 24 sept. 1996, *Raffo*, n° 96LY00878.

[864] Loi du 3 janv. 1986, relative à l'aménagement, la protection et la mise en valeur du littoral. Sur cette question, voir « Loi du 3 janvier 1986 : Etudes par divers auteurs », RFDA 1986, p. 675 ; P. Godfrin, « La loi du 3 janvier 1986 », AJDA 1986, p. 359 ; R. Hostiou, « La loi littoral et le domaine public maritime », RFDA 1986, p. 719 ; R. Rézenthel, « La loi du 3 janvier 1986 », RDP 1987, p. 735 ; L. Yousry, « La loi littoral et le juge administratif », RFDA 1992, p. 275.

[865] Cour administrative d'appel de Marseille, 10 févr. 1998, *Canioni*, n° 96MA01498.

[866] Cour administrative d'appel de Paris, 27 juin 1995, *Assoc. pour le port de plaisance de Paris Arsenal*, Quot. Jur. 2 janv. 1996, p. 2.

administrative se voit reconnaître la possibilité de mettre fin à une telle autorisation en vertu du principe de précarité. Mais alors, dans l'hypothèse où sa décision serait légale, l'occupant a-t-il droit à une indemnité pour réparer le préjudice subi ?
En l'absence de toute illégalité, il apparaît que l'état du droit est déterminé par l'arrêt du Conseil d'Etat, *Société Menneret et Cie* de 1968[867]. Dans cette décision, le juge administratif est amené à distinguer le refus de renouvellement de l'autorisation et son abrogation pure et simple.
Dans le premier cas, le principe de précarité joue pleinement, le refus de renouvellement n'ouvre jamais droit à indemnité. La solution est naturelle, le bénéficiaire de l'autorisation en connaissait la durée limitée. Le préjudice subi n'est donc pas reconnu, n'ouvrant ainsi pas droit à indemnité.
En revanche, la situation est différente en matière d'abrogation : une autorisation était en cours, elle va brusquement prendre fin avant son terme prévu. Le principe de précarité justifie la fin de l'autorisation avant terme, mais n'exclut pas la compensation, destinée à couvrir le « préjudice direct, matériel et certain » né de l'éviction anticipée. Lorsque l'autorisation d'occupation est unilatérale, l'indemnisation dépend des motifs qui ont provoqué l'abrogation de l'autorisation : si l'abrogation a été décidée dans l'intérêt de la dépendance occupée, autrement dit dans l'intérêt de sa conservation ou de son utilisation normale, il n'y a aucun droit à indemnité. Au contraire, si elle l'a été dans un autre intérêt, et notamment dans celui d'une autre dépendance alors il y aura un droit à indemnité. Ainsi, dans l'affaire *Société Menneret et Cie*, une des permissions de voirie accordée à la société sur le domaine public du port autonome de Bordeaux a été abrogée avant terme, dans l'intérêt de la voirie terrestre permettant à la Société de demander réparation[868].

---

867 Conseil d'Etat, Ass., 29 mars 1968, *Sté Menneret et Cie*, Leb. p. 217.
868 *Ibid.*

## Section 2 : La faute et l'engagement de la responsabilité administrative[869].

Dans le domaine de la fin, la responsabilité administrative pourrait être engagée sur deux fondements distincts. Selon le premier, elle serait la conséquence de l'édiction d'un acte illégal. En effet, l'illégalité qui entache un acte justifie qu'il y soit mis fin. Or, la fin est elle-même susceptible de causer un préjudice aux administrés. Les conditions d'engagement de la responsabilité administrative sont alors réunies.
Deux situations méritent d'être distinguées : la responsabilité administrative du fait d'un acte administratif de fin et la responsabilité administrative du fait d'un acte juridictionnel de fin, dont les rapports sont plus incertains. Dans tous les cas, l'illégalité démontre une faute de l'administration, auteur de l'acte. La responsabilité administrative, sanction de l'édiction d'un acte illégal sera étudiée dans un premier paragraphe (§1).

La responsabilité de l'administration pourrait, par ailleurs, être engagée en vertu d'un second fondement, spécifique à l'annulation : lorsque l'autorité administrative n'exécute pas la décision juridictionnelle. Ainsi, l'administration étant tenue de combler le vide juridique qui résulte de la fin d'un acte, si elle s'y refuse sa responsabilité peut être engagée. C'est alors l'abstention qui constitue la faute à l'origine de l'engagement de la responsabilité, car l'administration refuse d'exécuter la chose jugée. L'inexécution de la chose jugée, conséquence spécifique à l'annulation sera présentée dans un second paragraphe (§2).

### §1 : La responsabilité administrative, sanction de l'édiction d'un acte illégal.

La mise en jeu de la responsabilité administrative sur le fondement de l'édiction d'un acte illégal représente deux situations. Il peut s'agir d'abord de l'édiction d'un acte administratif de fin illégal. Dans cette situation, la violation du principe du respect des droits acquis constitue une faute susceptible d'entraîner la responsabilité administrative.

---

[869] Une précision s'impose parce que les rapports existants entre responsabilité, faute et illégalité font surgir des questions fort délicates. Si toute illégalité est constitutive d'une faute, elle n'entraîne pas automatiquement et nécessairement mise en jeu la responsabilité de la puissance publique. La dissociation des notions d'illégalité et de responsabilité est admise dans quatre hypothèses principales : d'abord quand l'illégalité n'a pas occasionné de préjudice indemnisable, ensuite quand la victime a elle-même commis une faute qui atténue ou écarte la responsabilité de l'administration, également quand la décision illégale est fondée ou bien n'est pas dépourvue de base légale, et enfin quand seule une faute lourde permettrait d'engager la responsabilité administrative.

La responsabilité administrative peut également être engagée parce qu'elle a édicté un acte, qui sera par la suite annulé par le juge, pour excès de pouvoir. En d'autres termes, l'autorité administrative a édicté un acte dont l'illégalité a justifié l'annulation. Or, cette illégalité peut être constitutive d'une faute permettant la mise en jeu de la responsabilité de l'administration. Les relations établies entre la responsabilité administrative et l'acte juridictionnel de fin sont finalement plus indirectes que celles existant avec l'acte administratif de fin.
Ces deux situations, bien que distinctes, ne sont pas radicalement différentes. En effet, la mise en jeu de la responsabilité fait toujours suite à un acte juridictionnel constatant l'illégalité de l'acte à l'origine du litige.

Les relations entre la responsabilité administrative et l'acte administratif de fin seront d'abord étudiées (A), la responsabilité administrative et ses rapports avec l'acte juridictionnel de fin sera ensuite présentée (B).

**A/ Responsabilité et acte administratif de fin.**

La spécificité des modalités de fin suppose que l'étude s'attache précisément à chacune d'elles. L'étude de l'engagement de la responsabilité de l'administration du fait d'un acte administratif de fin comprendra pour cette raison trois développements distincts : d'abord l'étude de la responsabilité due au retrait d'un acte (1°), ensuite celle du fait de l'abrogation d'un acte (2°), et enfin celle résultant de la modification d'un acte (3°).

**1°/ La responsabilité administrative du fait du retrait d'un acte.**

Le Conseil d'Etat a très tôt admis la responsabilité pour faute en raison d'un retrait illégal préjudiciable aux droits acquis des administrés[870]. Le Conseil d'Etat censure ainsi le retrait quand l'administration n'en a pas respecté les règles, c'est-à-dire les deux conditions d'illégalité et de délai. Il s'agit, selon la Haute Assemblée, d'une faute de service qui engage la responsabilité de l'Etat et l'oblige à réparer le préjudice qui en a découlé. Ce dernier s'exprime notamment dans la violation des droits acquis par le bénéficiaire de la décision.

La notion de faute de service apparaît dans le célèbre arrêt *Pelletier* du 30 juillet 1873[871], qui la distingue de la faute personnelle. L'intérêt de cette distinction tient au fait que l'agent public, auteur d'une faute de service, est personnellement irresponsable. La faute de service engage la seule responsabilité de la personne

[870] Conseil d'Etat, Sect., 31 janv. 1936, *Sieur Bouzy*, Leb. p. 142 : « Que dès lors, en rapportant cette délibération par le seul motif que des négligences auraient été découvertes dans la gestion du Sieur Bouzy, la commission administrative a commis une faute dont il est dû réparation ».
[871] Tribunal des conflits, 30 juill. 1873, *Pelletier*, Leb. p. 117.

publique[872]. Le Conseil d'Etat admet donc que l'illégalité d'un retrait peut constituer une faute de service engageant la responsabilité de la personne publique et justifiant l'indemnisation du préjudice subi par l'administré[873]. Celui-ci doit pour cela démontrer que le dommage qu'il a subi est direct et certain, le caractère éventuel du dommage empêche en effet toute indemnisation[874].

**2°/ La responsabilité administrative engagée à la suite de l'abrogation d'un acte.**

S'agissant de l'abrogation, les incertitudes terminologiques dont a longtemps fait l'objet la fin de l'acte administratif unilatéral expliquent l'existence de nombreuses confusions, notamment quant à la distinction existant entre le retrait d'un acte et son abrogation. C'est ainsi que, bien qu'il soit largement admis que le retrait se distingue de l'abrogation par son caractère rétroactif, le juge et la doctrine administrative ont pu utiliser une terminologie erronée.

Plusieurs cas illustrent cette situation dans laquelle le Conseil d'Etat a admis la responsabilité pour faute du fait d'un retrait illégal et qui concernent, en réalité, des actes illégaux d'abrogation. L'arrêt *Demoiselle Nicolas* de 1939 illustre parfaitement cette situation confuse[875]. La Demoiselle Nicolas conteste l'abrogation de la délégation qui lui a été consentie et qui fait suite à la nomination d'une nouvelle suppléante. Le Conseil d'Etat reconnaît que le ministre a excédé ses pouvoirs et que sa décision a causé à la requérante un préjudice matériel et moral devant être justement apprécié. Or, il s'agit évidemment d'une abrogation et non d'un retrait, du fait de l'absence de rétroactivité, montrant que l'édiction d'un acte d'abrogation est susceptible d'engager la responsabilité de l'administration.

La confusion terminologique entre le retrait et l'abrogation est par ailleurs souvent commise par le juge et par la doctrine concernant les « retraits » d'autorisation qui ne sont en fait que des abrogations. Par exemple, s'agissant d'autorisations d'exploitation de carrière de sables et graviers[876]. Egalement quant aux

---

[872] La faute de service est celle qui n'est pas détachable de l'exercice des fonctions, comme l'exprime très clairement E. Laferrière : « Si l'acte dommageable est impersonnel, s'il révèle un administrateur ... plus ou moins sujet à l'erreur, et non l'homme avec ses faiblesses, ses passions, ses imprudences, l'acte reste administratif et ne peut être déféré aux tribunaux ». Il y a faute de service, « imputable à la fonction ». Sinon il y a faute personnelle, « imputable au fonctionnaire », *Traité de la juridiction administrative et des recours contentieux*, Berger-Levrault, 2ème éd., 1896, Tome I, p. 648.

[873] Cour administrative d'appel de Paris, 17 mai 2001, *SCI Voltaire*, n° 98PA03788 : « ... le retrait illégal d'un permis de construire constitue, contrairement à ce que soutien la commune de La Courneuve, une faute de nature à engager sa responsabilité ».

[874] Conseil d'Etat, Sect., 4 oct. 1999, *SARL Euro-Epis*, n° 177799.

[875] Conseil d'Etat, 26 avril 1939, *Delle Nicolas*, Leb. p. 266.

[876] Conseil d'Etat, 3 déc. 1982, *Sté continentale de promotion immobilière*, Leb. p. 409.

autorisations d'occupation temporaire du domaine public[877]. La fin de l'octroi de l'autorisation n'a lieu que pour l'avenir, elle ne vise pas à effacer les effets passés. Il ne peut donc s'agir que d'une abrogation et non d'un retrait. Lorsque l'abrogation d'une autorisation est illégale, l'illégalité constitue une faute pouvant engager la responsabilité de l'administration. Par exemple, dans l'arrêt *Saurel* de 1952, le Conseil d'Etat juge qu'il y a eu un détournement de pouvoir et que, dès lors, l'autorité administrative a commis une faute de nature à engager la responsabilité de l'Etat[878].

La jurisprudence du Conseil d'Etat est constante sur cette question. Il juge d'ailleurs que le maintien illégal d'un acte, à la suite d'un refus d'abrogation, est susceptible de réparation pour le préjudice causé[879].

**3°/ La responsabilité administrative du fait de la modification d'un acte.**

Le Conseil d'Etat a également eu à résoudre le problème de l'engagement de la responsabilité administrative du fait de la modification et plus précisément de l'absence de modification d'un acte administratif unilatéral, notamment lorsque la compétence de l'autorité administrative est liée par le droit. Un commencement de réponse est intervenu dans l'arrêt du Conseil d'Etat *Fontanilles-Laurelli* de 1986[880]. Il s'est agi, pour le commissaire du gouvernement D. Latournerie, de savoir si la « jurisprudence *Despujol*, du 10 janvier 1930, peut être étendue du terrain du contentieux de l'annulation à celui du contentieux de la responsabilité. (...) L'Etat, en ne modifiant pas une réglementation que des changements de circonstance de fait ont rendue obsolète, commet-il une illégalité ne nature à ouvrir droit à réparation au profit de la personne qui a subi un préjudice du fait de cette inaction réglementaire[881] ? »

Le Conseil d'Etat a finalement jugé que l'autorité administrative est tenue de modifier un règlement à la suite d'un changement de circonstances si elle a été saisie d'une demande en ce sens. En d'autres termes, elle n'a pas à en prendre l'initiative. Or, dans l'affaire *Fontanilles-Laurelli*, le requérant demandait la condamnation de l'Etat à lui verser une indemnité alors qu'il n'avait pas auparavant saisi l'administration d'une demande de modification du règlement obsolète. Dès lors, l'inaction de l'administration ne peut pas, dans cette hypothèse précise, constituer une faute qui permettrait d'engager sa responsabilité.

Les conclusions de D. Latournerie présentent l'intérêt réel de démontrer la possibilité que soit mise en jeu la responsabilité administrative en cas de refus

---

[877] Conseil d'Etat, 19 déc. 1952, *Saurel*, RDP 1953, p. 719.

[878] *Ibid.*

[879] Conseil d'Etat, Sect., 31 mai 2000, *Sté Pantochim SA*, n° 192006 et 196303.

[880] Conseil d'Etat, Sect., 5 mai 1986, *Fontanilles-Laurelli*, AJDA 1990, p. 510.

[881] D. Latournerie, Concl. sur Conseil d'Etat, Sect., 5 mai 1986, *Fontanilles-Laurelli*, précité.

d'abroger ou de modifier un règlement obsolète alors qu'une demande lui a été faite.

Une autre espèce mérite d'être mentionnée, bien qu'elle ne concerne pas un acte administratif unilatéral, mais un contrat. Le Conseil d'Etat a accepté de mettre en jeu la responsabilité de la personne publique pour défaut de modification d'un acte contractuel. L'arrêt *Syndicat intercommunal de la région d'Yvelines pour l'adduction d'eau* du 21 avril 2000 en est un exemple tout à fait clair[882]. Dans cette affaire, le syndicat intercommunal en question a été condamné par le Conseil d'Etat au motif qu'il refusait de modifier le contrat le liant à la société fermière, alors que sa compétence était liée. Le Conseil d'Etat a, pour ces raisons, annulé la décision de refus du syndicat intercommunal. L'illégalité de ce refus a incité le syndic de copropriété « Les nouveaux horizons » à engager une action en indemnité tendant à la réparation du préjudice subi. La Cour administrative d'appel de Paris a clairement admis que l'illégalité du refus de révision du contrat d'affermage était constitutive d'une faute de nature à engager la responsabilité du syndicat intercommunal, et que le syndic de copropriété devait donc être indemnisé du préjudice direct et certain subi. Elle a néanmoins jugé que le préjudice perdait son caractère certain au 1er octobre 1986, date de renouvellement supposé du contrat. Le syndicat intercommunal a alors intenté un pourvoi devant le Conseil d'Etat qui a jugé que la décision de la Cour administrative d'appel n'était pas entachée d'erreur de droit et que son appréciation n'est pas susceptible d'être discutée devant le juge de cassation.
Cette solution démontre clairement que le Conseil d'Etat admet que l'abstention de l'autorité administrative, dont la compétence était liée, est constitutive d'une faute de nature à engager sa responsabilité ainsi que la réparation du préjudice subi, à condition qu'il soit direct et certain. En l'espèce, le préjudice allégué n'étant pas certain, le syndic de copropriété ne peut obtenir la réparation souhaitée. Il n'y a, à notre connaissance, aucune application positive du principe ainsi admis par le Conseil d'Etat, pas plus que d'espèce appliquant le principe à un acte administratif unilatéral.

La jurisprudence administrative sur cette question est constante, elle admet que l'abstention n'est pas fautive dès lors qu'il n'existe aucune obligation à la charge de la personne publique concernée[883]. Dans le domaine de la transfusion sanguine par exemple, le Conseil d'Etat a admis que la « carence fautive de

---

[882] Conseil d'Etat, Sect., 21 avril 2000, *Syndicat intercommunal de la région d'Yvelines pour l'adduction d'eau*, n° 193007, à paraître au recueil Lebon.
[883] Sur cette question, voir les développements de M. Deguergue : « Faute et carence », *in* thèse précitée, p. 195 et s.

l'administration » était susceptible d'engager sa responsabilité[884]. Finalement, le Conseil d'Etat censure l'attitude de l'administration lorsqu'elle manifeste sans équivoque son inertie ou son mauvais vouloir à assumer ses obligations. Dans tous les cas où la compétence de l'administration est liée par le droit, son inaction constitue une faute dont il peut être demandé réparation[885].

Ces considérations appellent une interrogation : la responsabilité due à la fin d'un acte administratif unilatéral est-elle toujours une responsabilité pour faute ? Il s'agit de se demander si des hypothèses de responsabilité sans faute peuvent être envisagées dans le domaine de la fin. Le droit administratif français n'admet l'engagement de la responsabilité sans faute que si la décision prise est régulière, autrement dit lorsqu'il n'y a pas d'illégalité. Or, dans la majorité des cas, l'administration et le juge mettent fin à un acte au motif de son illégalité : le retrait et l'annulation visent à mettre fin à un acte administratif illégal. Pourtant, il faut remarquer que lorsque l'autorité administrative abroge spontanément un règlement, il n'est pas nécessairement illégal. De même, lorsqu'elle constate la caducité d'un acte, aucune illégalité ne l'entache nécessairement[886]. Dès lors, si cette action causait un préjudice à un administré, la responsabilité de l'administration pourrait éventuellement être engagée sans faute. Cette dernière connaît deux fondements : le risque et la rupture de l'égalité devant les charges publiques.

Dans le domaine de la fin, il n'est possible d'envisager la responsabilité sans faute que fondée sur la rupture de l'égalité devant les charges publiques[887]. L'administré doit alors démontrer qu'il a subi un préjudice anormal et spécial du fait de la décision prise. Mais, le caractère général et impersonnel qui s'attache par essence aux règlements est un obstacle à la mise en jeu de la responsabilité sans faute, par définition. De fait, elle n'a, à notre connaissance, jamais été engagée en matière d'abrogation ou de modification. Et la situation est identique s'agissant de la caducité.

En vertu du principe énoncé, rien n'exclut qu'elle puisse être engagée lorsque la décision de fin est une décision individuelle[888], mais cela ne s'est, semble-t-il, jamais produit.

---

[884] Conseil d'Etat, Ass., 9 avril 1993, *M. G., M. D., M. B.*, AJDA 1993, p. 381.

[885] Cette affirmation trouve une illustration dans le domaine de la constatation de caducité : l'arrêt du Conseil d'Etat, Sect., 23 nov. 1998, *SCI du Puech d'argent*, n° 157685 montre qu'un refus de constatation de péremption peut entraîner l'engagement de la responsabilité de l'administration et de fait ouvrir droit à indemnité.

[886] La responsabilité sans faute ne peut être engagée pour cause de caducité ainsi que nous l'avons préalablement démontré, voir *supra.*, Chapitre 1, Section 2.

[887] Conseil d'Etat, Sect., 22 févr. 1963, *Commune de Gavarnie*, Leb. p. 113.

[888] Conseil d'Etat, 30 nov. 1923, *Couitéas*, Leb. p. 789.

**B/ Responsabilité administrative et acte juridictionnel de fin.**

Les liens susceptibles d'être établis entre la responsabilité de l'administration et l'acte juridictionnel de fin sont, de par leur essence même, nécessairement plus indirects que ceux qui existent entre la responsabilité administrative et l'acte administratif de fin. Pourtant, il existe une relation indéniable entre la responsabilité de l'administration et l'annulation d'un acte, leurs rapports méritent, pour cette raison, d'être envisagés.

Deux aspects de cette relation nous ont semblé intéressants : d'abord les liens existants entre l'illégalité et la responsabilité dans le cas précis de l'annulation (1°). Ensuite, il est apparu que l'exécution de l'annulation pouvait, elle-même, causer de nouveaux préjudices (2°).

**1°/ Les rapports entre illégalité et responsabilité.**

En prenant un acte illégal l'administration a pu commettre une faute et, en l'exécutant, elle a pu causer un préjudice à des particuliers. Si les notions de faute et d'illégalité sont d'une certaine façon indépendantes l'une de l'autre, lorsque c'est d'une décision que procède le dommage les deux notions sont au contraire toujours liées. En d'autres termes, si la décision est illégale, elle est, par là même, fautive. La commission d'une illégalité est toujours une faute, quelle que soit cette illégalité, autrement dit qu'elle soit externe ou interne[889]. En sens inverse, si la décision dommageable est légale, elle ne saurait être considérée comme fautive.

Toutefois, l'équation exprimée ainsi par R. Chapus « illégalité égale faute »[890], ne signifie pas que la faute que constitue l'illégalité est invariablement de nature à engager la responsabilité. C'est ainsi que les vices de procédure ou de forme entachant les décisions d'éviction d'agents publics sont des fautes qui peuvent, quand l'éviction est justifiée au fond, ne pas être source de responsabilité[891]. Les notions d'illégalité et de responsabilité sont ainsi « hétérogènes » selon l'expression de P. Weil[892], et la censure d'une illégalité au moyen de l'annulation pour excès de pouvoir n'emporte pas automatiquement la mise en jeu de la responsabilité de l'administration ou de l'agent auteur de l'acte illégal. Pourtant, dès le début du siècle, le Conseil d'Etat admet que l'excès de pouvoir est fautif et

---

889 Conseil d'Etat, Sect., 26 janv. 1973, *Driancourt*, Leb. p. 77.
890 R. Chapus, *Droit administratif général*, Tome 1, Montchrestien, 2001, p. 1269.
891 Conseil d'Etat, 13 mai 1966, *Resseguier*, RDP 1967, p. 216 ; dans le même sens, s'agissant d'un permis de construire : Conseil d'Etat, 20 mars 1985, *Epx Ruby*, RA 1986, p. 43.
892 P. Weil, *Les conséquences de l'annulation d'un acte administratif pour excès de pouvoir*, Thèse précitée, p. 253.

la responsabilité de l'administration sera acquise dès lors que le requérant apportera la preuve d'un préjudice[893].

Dans ses conclusions sur l'arrêt *Abbé Perpère,* le commissaire du gouvernement Pichat affirmait clairement : « c'est une faute d'accomplir un acte illégal » et il ajoutait que « par son acte illégal et dommageable, le maire a engagé la responsabilité de la commune »[894]. Il apparaît dès cette époque que toutes les illégalités sont fautives. C'est dans les années cinquante que le juge administratif précise que si toute illégalité est fautive, elle n'ouvre pas nécessairement droit à réparation pour le requérant en raison de l'absence de préjudice ou de lien de causalité. La logique du Conseil d'Etat est la suivante : en premier lieu et sur le plan du droit, l'irrégularité ou l'illégalité commise, souvent désignée par le terme générique d'excès de pouvoir, constitue une faute de service public. En deuxième lieu et sur le plan des faits, l'instruction détermine si l'illégalité commise a directement causé un préjudice au requérant[895]. La nature et la gravité de l'illégalité relevée interviennent en dernier lieu pour déterminer le montant de la réparation, compte tenu éventuellement de l'importance respective de l'illégalité et des fautes commises par le requérant[896].

Une sensible évolution jurisprudentielle se dessine à partir du milieu des années cinquante selon laquelle le juge apprécie plus sévèrement le lien de causalité. Le principe en vertu duquel toute illégalité constitue une faute de nature à engager la responsabilité de l'administration n'est cependant jamais remis en cause. C'est ainsi que dans une décision du 25 avril 2000, la Cour administrative d'appel de Paris a jugé que « le tribunal administratif de Paris a annulé pour excès de pouvoir les décisions susvisées ; que les illégalités entachant ces décisions sont constitutives d'une faute de service de nature à engager la responsabilité de la ville de Paris »[897].

Ces affirmations valent pour l'ensemble des cas d'ouverture du recours pour excès de pouvoir, qu'il s'agisse de l'erreur de droit[898], de l'erreur dans la qualification des faits[899] et même de l'erreur manifeste d'appréciation[900].

---

[893] Conseil d'Etat, 31 mars 1911, *Blanc, Argaing et Bézie,* Sirey 1912, 3, 129, note M. Hauriou.

[894] Pichat, Concl. sur Conseil d'Etat, 12 juill. 1912, *Abbé Perpère,* Sirey 1913, 3, 169.

[895] Par exemple, Conseil d'Etat, 13 févr. 1952, *Costa,* Leb. p. 104 : « l'état de l'instruction ne permet pas d'apprécier si le requérant a subi un préjudice » du fait de l'irrégularité de la procédure.

[896] Par exemple, Conseil d'Etat, 17 oct. 1973, *Mouzin-Lizys,* Leb. p. 573 ; plus récemment, Cour administrative d'appel de Paris, 17 mai 2001, *SCI Voltaire,* précité.

[897] Cour administrative d'appel de Paris, 25 avril 2000, *Mme Lévy-Bencheton,* n° 97PA02443 ; dans le même sens, Conseil d'Etat, Sect., 8 nov. 2000, *Thévenet,* n° 200835, à paraître au recueil Lebon : « l'illégalité fautive entachant ladite délibération est de nature à engager la responsabilité du syndicat mixte de l'orchestre philharmonique des Pays-de-Loire ... » ; voir aussi Conseil d'Etat, Sect., 6 nov. 2000, *Grégory,* n° 189398, à paraître au recueil Lebon.

[898] Notamment Conseil d'Etat, 5 mars 1954, *Cie La Foncière-Transport,* Leb. p. 146.

[899] Par exemple, Conseil d'Etat, Sect., 30 nov. 1962, *Tedeschi,* Leb. p. 651.

Dès lors, toute décision reconnue illégale peut avoir pour conséquence l'engagement de la responsabilité administrative. Autrement dit, tout excès de pouvoir peut entraîner la mise en jeu de la responsabilité administrative. Or, le juge administratif n'annule un acte qu'en cas d'illégalité de celui-ci. Il faut déduire de ces affirmations que toute annulation juridictionnelle est susceptible de mettre en jeu la responsabilité de l'autorité administrative, en tant qu'autorité éditrice de l'acte reconnu illégal.

**2°/ L'exécution de l'annulation à l'origine de nouveaux préjudices.**

Le jugement d'annulation donne le point de départ à tout un processus d'actes administratifs destinés à mettre en œuvre la rétroactivité imposée par le Conseil d'Etat. Les opérations d'exécution de l'annulation peuvent alors être la source de nouvelles responsabilités du fait de préjudices causés soit au requérant, soit aux tiers.

Un préjudice peut être causé au requérant par une exécution incomplète ou inexacte de l'arrêt d'annulation. Il peut arriver que l'exécution en nature, la remise en état effective, soit matériellement impossible. Elle sera alors compensée par une indemnité. Par exemple, lorsque la reconstitution de carrière d'un fonctionnaire consécutive à un arrêt d'annulation ne peut être faite sans porter atteinte aux droits des tiers, l'administration doit accorder une compensation pécuniaire à ceux dont la carrière ne peut finalement pas être intégralement reconstituée.

Un préjudice peut également être causé aux tiers par l'exécution de l'arrêt d'annulation. Lorsque l'exécution a été fautive et qu'il en résulte un préjudice pour les tiers, ceux-ci auront un droit à indemnité, notamment s'il est porté atteinte à leurs droits acquis. Alors que si l'exécution n'est pas fautive, aucune indemnité ne sera due aux tiers. Le juge administratif admet en effet que le droit du fonctionnaire à un déroulement de carrière normal justifie, lorsqu'il a obtenu l'annulation contentieuse d'une mesure collective d'avancement dont il avait été illégalement exclu, qu'une atteinte puisse être portée aux droits acquis que les agents tiennent des décisions postérieures devenues définitives. Ainsi l'annulation d'une liste d'aptitude ou d'un tableau d'avancement oblige l'administration à réviser rétroactivement les nominations et promotions intervenues sur la base de ces listes et de ces tableaux, notamment lorsque le maintien de telles situations est « inconciliable » avec leur annulation juridictionnelle[901]. Cela suppose que la reconstitution de carrière peut avoir des conséquences négatives sur la situation de certains agents. Pourtant, l'arrêt *Lugan,* de 1997, limite les effets négatifs de

[900] Par exemple, Conseil d'Etat, 26 juill. 1978, *Vinolay,* Leb. p. 315.

[901] Conseil d'Etat, Ass., 5 juin 1970, *Sieur Puisoye,* précité ; Conseil d'Etat, 25 mai 1979, *Mme Tolédano-Abitbol,* Leb. p. 228.

l'annulation en admettant que l'écoulement du délai de recours donne à ces décisions un caractère définitif[902].
Ainsi les nominations ne peuvent plus être remises en cause dès lors que le délai de recours à leur encontre est expiré.

**§2 : Une conséquence spécifique à l'annulation : l'inexécution de la chose jugée.**

Il apparaît que l'obligation d'exécuter la chose jugée est un principe absolu. Ni la difficulté sérieuse à déterminer ce qui doit être fait en conséquence de l'annulation d'un tableau d'avancement ou d'évictions de service, ni aucune considération d'opportunité ne peuvent l'emporter sur le principe de l'obligation d'exécuter la chose jugée.
Seul le législateur peut libérer l'administration de cette obligation en prononçant une validation à effet rétroactif propre à supprimer cette obligation. Selon les énoncés habituels du Conseil constitutionnel, le législateur est habilité à exercer son pouvoir de validation « afin de régler, comme lui seul peut le faire, les situations nées de l'annulation d'un acte administratif ». Il peut aussi l'exercer « afin de prévenir les difficultés qui peuvent naître de l'annulation » d'un tel acte.

Nous étudierons d'abord la méconnaissance par l'administration de la chose jugée (A), ensuite la sanction qui s'y attache et qui peut émaner du juge administratif ou du législateur (B) et enfin l'abolition de l'obligation d'exécuter la chose jugée par le procédé des validations législatives (C).

**A/ La méconnaissance par l'administration de la chose jugée.**

La méconnaissance par l'autorité administrative d'une décision juridictionnelle, notamment une décision d'annulation, peut conduire à l'engagement de sa propre responsabilité. La responsabilité de la personne publique sera ainsi véritablement engagée si l'exécution de l'arrêt est défectueuse, voire inexistante. Il peut s'agir d'une inexécution pure et simple, d'une exécution incomplète ou d'une exécution tardive. Dans tous les cas, la responsabilité de la personne publique sera engagée.
La méconnaissance de la chose jugée par l'administration n'est pas un phénomène nouveau. « Il suffit malheureusement de parcourir les recueils d'arrêts pour constater que les cas d'inexécution des annulations pour excès de pouvoir demeurent fréquents », souligne G. Braibant[903]. Cela explique que le législateur a

---

[902] Conseil d'Etat, Sect., 10 oct. 1997, *Lugan*, précité.
[903] G. Braibant, *op. cit.*, p. 60.

édicté des lois afin d'inciter dans un premier temps, et de contraindre dans un deuxième temps l'administration à exécuter la chose jugée.

L'administration peut faire échec à l'annulation et à ses conséquences en prenant une décision identique ou ayant des effets analogues à la décision annulée. Par exemple, un maire s'obstine à suspendre systématiquement le garde champêtre de la commune au début de chaque mois, malgré l'annulation des dix premiers arrêtés de suspension[904]. Le célèbre arrêt *Dame Lamotte* rendu par le Conseil d'Etat en 1950 illustre également cette situation : à la suite de l'annulation de concessions de terres, l'administration a pris soit de nouvelles décisions de concession, soit un ordre de réquisition concernant les mêmes terres et au profit des même bénéficiaires[905]. De la même façon, alors que le Tribunal administratif avait ordonné le sursis à exécution d'un permis de construire, le maire en délivre un nouveau, identique au précédent. Le maire ayant « eu pour mobile de faire échec » à la chose jugée et ayant ainsi commis un détournement de pouvoir, le permis de construire sera annulé[906].

Le plus souvent l'inexécution de la chose jugée s'exprime par l'inertie de l'administration qui n'édicte pas les mesures nécessaires pour tirer les conséquences d'une annulation. Il s'agit notamment d'hypothèses dans lesquelles l'administration ne réintègre pas les fonctionnaires illégalement révoqués pour reconstituer leur carrière[907].
Il arrive aussi que les mesures d'exécution soient tardives et insuffisantes, comme l'illustre l'arrêt *Sieur Guille* rendu en 1959[908]. Le Sieur Guille avait été relevé de ses fonctions par décret du 26 février 1951, annulé par le Conseil d'Etat le 1<sup>er</sup> octobre 1954. Par suite, il a demandé au ministre de l'Education nationale de le réintégrer et il s'est pourvu contre la décision implicite de rejet résultant du silence gardé par l'administration. C'est par un décret du 20 juillet 1956 que le Sieur Guille est réintégré à compter du 1er octobre 1956 et affecté à la Réunion ; devant le refus du Sieur Guille d'accepter son affectation à la Réunion, ce décret est retiré. La Haute Assemblée a finalement jugé que « la décision relevant le Sieur Guille de ses fonctions, qui a été annulée par le Conseil d'Etat le 1er octobre 1954, ainsi que les illégalités dont est entaché le décret du 30 août 1956 et le retard mis par

---

[904] Conseil d'Etat, 23 juill. 1909 et 22 juill. 1910, *Fabrègues*, Sirey 1911, 3, 121, note M. Hauriou.
[905] Conseil d'Etat, Ass., 17 févr. 1950, *Dame Lamotte*, Leb. p. 110 ; également Conseil d'Etat, Ass., 31 mai 1957, *Rosan-Girard*, Leb. p. 335.
[906] Conseil d'Etat, 11 déc. 1991, *Assoc. Fouras Environnement Ecologie*, Leb. p. 686.
[907] Par exemple, Conseil d'Etat, Sect., 5 déc. 1958, *Commune de Dourgne*, Leb. p. 60 ; Conseil d'Etat, 29 juill. 1953 et 22 déc. 1955, *Soubirou-Pouey*, EDCE 1958, p. 84 ; Cour administrative d'appel de Marseille, 2 mars 1999, *Centre hospitalier général d'Arles*, n° 97MA00563.
[908] Conseil d'Etat, Sect., 16 nov. 1959, *Sieur Guille*, Leb. p. 516.

l'administration à assurer l'exécution de la décision contentieuse sus indiquée, sont constitutifs de fautes de nature à engager la responsabilité de l'Etat ».

**B/ La sanction : les pouvoirs du juge administratif et du législateur.**

L'inexécution par l'autorité administrative d'une annulation, mais aussi de toute décision de justice, a incité le juge et le législateur à chercher les moyens d'y remédier. Le pouvoir du juge est un pouvoir de censure, fondé sur la faute commise par l'autorité administrative qui s'abstient de tirer les conséquences d'une annulation (1°). Le législateur, quant à lui, a édicté des textes qui prévoient des mesures d'incitation d'une part et des mesures de contrainte d'autre part (2°).

**1°/ Le pouvoir de censure du juge administratif fondé sur la faute.**

Le juge administratif dispose de deux moyens pour censurer l'inexécution de ses décisions : il peut d'abord annuler les décisions qui méconnaissent la chose jugée notamment les refus implicites, s'il est saisi d'un recours pour excès de pouvoir. Une décision non-conforme à la chose jugée, si elle est déférée au juge, est vouée à être annulée pour violation de la chose jugée. Ensuite, l'illégalité se double toujours d'une faute qui peut alors engager la responsabilité de la collectivité publique intéressée et en conséquence de laquelle elle devra réparer le préjudice que son comportement a causé au bénéficiaire de la chose jugée. En cas de refus de la collectivité publique de reconnaître sa responsabilité ou d'assurer l'entière réparation du préjudice, la juridiction, sur demande de la victime, prononcera la condamnation aux dommages-intérêts qui s'impose. C'est ainsi que le refus de réintégration d'un fonctionnaire évincé peut donner lieu à compensation pécuniaire[909].

La faute grave que constitue l'inexécution de la chose jugée engage la responsabilité de la collectivité publique, il s'agit donc d'une faute de service. La question s'est posée de savoir si elle ne devrait pas engager la responsabilité du fonctionnaire auquel elle est concrètement imputable, notamment quand il y a eu inobservation délibérée. Selon R. Chapus, « il serait normal de considérer, en principe au moins, comme une faute personnelle le fait de ne pas se conformer à la chose jugée »[910]. La gravité de la faute, son caractère inexcusable, justifierait qu'elle soit qualifiée de personnelle[911]. Pourtant le Conseil d'Etat n'a jamais considéré ce problème de telle façon que la faute soit une faute personnelle et non une faute de service.

---

[909] Conseil d'Etat, 29 juill. 1953, *Soubirou-Pouey*, Leb. p. 717 ; également 22 déc. 1955, Leb. p. 607.
[910] R. Chapus, *Droit du contentieux administratif*, Montchrestien, 2001, p. 1028.
[911] Sur la notion de faute personnelle, voir R. Chapus, *op. cit.*, p. 1387 et s.

Il convient de mentionner que lorsque le refus est le fait des autorités décentralisées, il peut y avoir matière à mettre en œuvre le pouvoir de l'autorité supérieure : inscription d'office au budget d'une commune, par exemple, des crédits nécessaires à l'acquittement des sommes dues ; ainsi que le mandatement d'office de ces sommes[912]. Toutefois, dans l'état du droit, les pouvoirs de l'autorité supérieure restent limités par l'interdiction de la substitution d'action. Elle ne peut donc pas se substituer au maire pour prononcer la réintégration d'un agent communal[913]. L'autorité supérieure ne peut utiliser ses pouvoirs de substitution pour procéder d'office aux mesures d'exécution d'une annulation, ce qui montre que la protection des libertés locales prévaut sur le respect de la chose jugée. Mais dans la mesure où cette autorité dispose des pouvoirs nécessaires, elle commet une faute, engageant la responsabilité de l'Etat, si elle s'abstient d'intervenir alors que la demande lui a été faite[914].

Pour tenter de prévenir et de limiter l'inobservation administrative de la chose jugée, le législateur est intervenu afin de mettre en œuvre des mesures d'abord d'incitation et ensuite de contrainte.

**2°/ Les mesures législatives d'incitation et de contrainte.**

De telles mesures visent à adresser des injonctions à l'autorité administrative en vue de l'inciter et, s'il y a lieu, de la contraindre à exécuter la chose jugée. En vertu de la loi du 3 janvier 1973 sur le médiateur de la République, l'inexécution d'une décision de justice passée en force de chose jugée peut provoquer son intervention[915]. Il a le pouvoir d'enjoindre à la personne publique, tenue de respecter la chose jugée, de s'y conformer dans le délai qu'il fixe. Si cette injonction n'est pas suivie d'effet, l'inexécution du jugement fera l'objet de sa part d'un rapport spécial, publié au Journal Officiel. Le même pouvoir d'injonction appartient également, pour les affaires relevant de ses attributions, au Défenseur des enfants institué par la loi du 6 mars 2000[916].

L'échec de ces mesures incitatives peut entraîner la mise en œuvre de mesures de contrainte.

---

[912] Articles 11 et 12 de la loi du 2 mars 1982. S'agissant de condamnations des collectivités locales et établissements publics, l'autorité de tutelle, saisie par le créancier, procèdera au mandatement d'office dans le délai d'un mois.

[913] Conseil d'Etat, Sect., 16 nov. 1960, *Ducousso*, Leb. p. 623.

[914] Conseil d'Etat, 10 nov. 1999, *Sté de gestion du port de Campoloro*, Leb. p. 348 : la faute simple suffit pour engager la responsabilité de l'Etat en cas de manquement du préfet à ses obligations.

[915] Article 11, alinéa 2 de la loi du 3 janvier 1973 résultant de la loi du 24 novembre 1976.

[916] Article 10 de la loi du 6 mars 2000.

Des lois spécifiques ont été nécessaires pour prononcer des mesures de contrainte parce que les voies d'exécution de droit commun ne peuvent pas être mises en œuvre à l'encontre des personnes publiques[917].
Le premier texte édicté est la loi du 16 juillet 1980 relative aux astreintes prononcées en matière administrative et à l'exécution des jugements par les personnes morales de droit public. L'article 2 de la loi vise à surmonter et sanctionner, par le moyen d'astreintes, les refus délibérés ou persistants d'exécuter la chose jugée.
Pour accroître son efficacité, la loi du 8 février 1995 a déconcentré, au profit des tribunaux et des cours administratives d'appel, le pouvoir de contrainte jusque là réservé au Conseil d'Etat.

Ces textes ont mis en place trois régimes juridiques actuellement inclus dans le Code de justice administrative. Le premier régime prévoit que lorsque les résistances à exécuter n'ont pas été prévenues par les injonctions et astreintes prononcées par le jugement lui-même, la contrainte à exécution peut être recherchée *a posteriori* par un retour devant le juge[918].
Le pouvoir reconnu au juge administratif, précisément au Conseil d'Etat, de prononcer des astreintes à l'encontre des personnes publiques elles-mêmes est une innovation de la loi de 1980[919]. Il a néanmoins été étendu par la loi de 1995 aux tribunaux administratifs et cours administratives d'appel. Le juge administratif, quel qu'il soit, est dès lors tenu de prescrire les mesures d'exécution à prendre dans un délai déterminé et s'il y a lieu d'assortir son injonction d'une astreinte[920].
Cette obligation appelle un certain nombre de précisions : d'abord, la demande d'exécution sera rejetée dans le cas où le jugement n'appelle pas de mesure d'exécution, par exemple parce qu'il a prononcé une annulation qui se suffit[921], ou encore lorsque l'exécution est impossible[922]. Ensuite, seules les mesures qui sont une conséquence « nécessaire » ou « directe » du jugement peuvent être enjointes et justifier le prononcé d'une astreinte[923]. Dans le cas contraire, la demande sera rejetée partiellement[924].

---

[917] Tribunal des Conflits, 9 déc. 1899, *Assoc. syndicale du canal de Gignac*, Leb. p. 731.
[918] L'article 2 de la loi de 1980 et l'article 62 de la loi de 1995 organisent ce recours.
[919] Articles L. 911-5 et R. 931-3 du Code de justice administrative.
[920] Articles L. 911-4 et R. 921-6 du Code de justice administrative. Illustrant cette règle : Conseil d'Etat, 29 déc. 1995, *Kavvadias*, Leb. p. 477.
[921] Conseil d'Etat, 12 avril 1995, *Bartolo*, Leb. p. 990.
[922] Conseil d'Etat, 6 mai 1988, *Bellot*, Leb. p. 967 : la réintégration effective d'agents dont l'éviction a été annulée est rendue impossible du fait de leur accession à la limite d'âge.
[923] Conseil d'Etat, 7 janv. 1994, *Epoux Ledoux*, Leb. p. 11 ; Conseil d'Etat, 20 avril 1984, *Ribot*, Leb. p. 156.
[924] Conseil d'Etat, Sect., 13 mars 1998, *Mme Vindevogel*, Leb. p. 78 : la contestation du non-retrait des mesures individuelles prises sur le fondement d'un règlement annulé est un litige distinct de celui qui a été tranché par l'annulation du jugement.

Une illustration de ce régime juridique est fournie par l'arrêt *Ternon* du 26 octobre 2001 s'agissant d'une reconstitution de carrière[925].
Dans cette affaire, le Conseil d'Etat enjoint la région Languedoc-Roussillon de procéder à la réintégration juridique de M. Ternon en qualité de fonctionnaire territorial, après avoir reconstitué sa carrière par comparaison avec la progression moyenne des autres agents, et de l'affecter dans un emploi correspondant à son grade. Le jugement prévoit en outre que « compte tenu des circonstances de l'affaire, il y a lieu de prononcer contre la région, à défaut pour elle de justifier de cette exécution dans un délai de trois mois à compter de la notification de la présente décision, une astreinte de 1000 F. par jour jusqu'à la date à laquelle elle aura reçu exécution »[926].

Le deuxième régime juridique concerne la contrainte au paiement : la loi prescrit que la somme, dont le bénéficiaire du jugement est créancier, doit être mandatée dans le délai de principe de deux mois, à compter de la notification du jugement[927]. Il faut pour cela que le jugement soit passé en exécution de la chose jugée et qu'il détermine lui-même le montant de la somme à payer.

Enfin, le troisième régime juridique porte sur les amendes qui peuvent être infligées à ceux dont le comportement a provoqué le prononcé d'astreintes contre les personnes publiques et organismes de droit privé assurant un service public, ainsi qu'à ceux qui ont méconnu les dispositions imposant le mandatement des sommes déterminées par les jugements de condamnation pécuniaire. L'amende est infligée par la Cour de discipline budgétaire et financière, saisie par l'une des autorités désignées par son statut, et non par le Conseil d'Etat. Les membres du gouvernement sont les seuls à ne pas pouvoir être condamnés par la Cour, alors que les autorités locales élues le peuvent depuis une loi de 1993[928].

L'ensemble de ces règles vise à rappeler à l'autorité administrative l'obligation qui lui est faite d'exécuter la chose jugée, et en cas d'inexécution, elles ont pour but de l'inciter dans un premier temps et de la contraindre dans un second temps.
Si le principe de l'obligation de se conformer à la chose jugée revêt une importance primordiale, il n'est cependant pas absolu puisqu'il comporte une exception : les validations législatives permettent en effet au législateur d'abolir l'obligation faite à l'administration d'exécuter la chose jugée.

---

925 Conseil d'Etat, Ass., 26 oct. 2001, *Ternon*, AJDA 2001, p. 77.
926 *Ibid.*
927 Article 1er de la loi du 16 juillet 1980 reproduit dans le Code de justice administrative (article L. 911-9).
928 Article 78 de la loi du 29 janvier 1993.

**C/ L'abolition de l'obligation d'exécuter la chose jugée : les validations législatives[929].**

Seul le législateur peut libérer l'administration de l'obligation d'exécuter la chose jugée. En prononçant les validations, à effet rétroactif, il supprime l'obligation faite à l'administration d'exécuter le jugement d'annulation pour excès de pouvoir, parce qu'une telle exécution se révèlerait fâcheuse. Par exemple, à la suite de l'annulation d'un décret instituant un organisme consultatif, est prononcée la validation des décisions intervenues au vu de ses avis. De même, la délibération d'un jury de concours ou d'une liste d'aptitude ayant été annulée, sont validées les nominations prononcées à la suite de cette délibération ou en conséquence de cette liste. Ces exemples sont l'illustration d'une validation directe, c'est-à-dire affectant les mesures qui ont été prises sur le fondement ou en conséquence de l'acte annulé. Remarquons que la validation peut également être indirecte lorsque le législateur modifie l'état du droit de façon que l'autorité administrative peut reprendre régulièrement, et avec effet rétroactif, des mesures identiques à celles annulées ou entachées d'irrégularité[930].

Le législateur est cependant soumis au respect d'un certain nombre d'exigences, constitutionnelles et conventionnelles, qui trouvent leur fondement dans le fait que la validation législative conduit à l'intervention du législateur dans le cours normal de la justice et constitue ainsi une atteinte au principe fondamental de séparation des pouvoirs. Les jurisprudences administrative, constitutionnelle et européenne ont entrepris d'en encadrer strictement l'exercice. Pour cela, des règles ont été édictées afin que la validation législative ne devienne pas la normalité, autrement dit que cette action législative demeure une exception.

Conformément à la volonté ainsi affirmée de limiter la technique de la validation législative, un certain nombre de règles s'imposent au législateur. Il doit d'abord respecter les exigences du principe de la séparation des pouvoirs. Il doit pour cela s'abstenir de « censurer les décisions des juridictions », autrement dit, il doit

[929] « Validation législative : intervention du législateur en forme de loi destinée, à titre rétroactif ou préventif, à valider de manière expresse, indirecte ou même implicite, un acte administratif annulé ou susceptible de l'être », *Vocabulaire juridique* (dir. G. Cornu), PUF, 1997, V° Validation.
Sur cette question, voir notamment : J-P. Camby, « Validations législatives : des strates jurisprudentielles de plus en plus nombreuses », RDP 2000, p. 611 ; J-F. Flauss, « La conventionnalité des lois de validations », AJDA 1998, p. 689 ; M. Lesage, *Les interventions du législateur dans le fonctionnement de la justice*, Thèse, LGDJ, 1960 ; F. Luchaire, « Le Conseil constitutionnel et les lois de validations », RDP 1998, p. 23 ; X. Prétot, « La validation législative. De la Constitution à la Convention européenne des droits de l'homme », RDP 1998, p. 11 ; O. Schrameck, « Les validations législatives », AJDA 1996, p. 369.

[930] Conseil d'Etat, 28 avril 1989, *Chambre syndicale des industries métallurgiques de la Charente-Maritime*, Leb. p. 858.

s'abstenir de valider les actes qui ont été annulés et de faire obstacle à l'exécution des actes annulés par des décisions juridictionnelles « passées en force de chose jugée »[931]. Les validations législatives sont par essence une atteinte au principe de la séparation des pouvoirs, cette atteinte justifie l'importance de les encadrer. Le législateur doit également respecter le principe constitutionnel de la non-rétroactivité des peines et sanctions plus sévères. Ensuite, l'acte validé ne doit méconnaître aucun principe de valeur constitutionnelle, à l'exception du cas où « le but d'intérêt général visé par la loi serait lui-même de valeur constitutionnelle ». Toute validation doit de plus être justifiée par un « but d'intérêt général suffisant »[932], tel que la préoccupation de sauvegarder « le déroulement normal des carrières du personnel » par exemple. C'est au juge qu'il revient de déterminer et de juger de la suffisance du but d'intérêt général. Le juge constitutionnel impose enfin au législateur de « définir strictement la portée » de la validation, en précisant ce qu'est le motif d'illégalité dont il entend purger le motif en cause. Il doit donc limiter de manière précise la portée de son action. En effet, une validation de portée générale serait prohibée car elle méconnaîtrait le principe de la séparation des pouvoirs[933].

La Convention européenne des droits de l'homme pose une autre exigence en vertu de laquelle la loi de validation ne doit pas porter atteinte aux règles du procès équitable. En effet, depuis 1997, le contrôle de conventionalité des lois de validation par la juridiction administrative, exercé à l'occasion du jugement de recours relatifs aux actes qu'elles valident ou de décisions prises sur le fondement de ces actes, juge opérant le moyen tiré de leur incompatibilité avec les stipulations de la Convention européenne. Le contrôle du juge administratif se rapporte à la question de savoir si la validation est justifiée par un but d'intérêt général, ne méconnaissant pas le principe de l'article 6 § 1 de la Convention européenne des droits de l'homme[934]. Le principe ainsi posé reçoit pour la première fois une application positive dans l'arrêt *Tête et association du collectif pour la gratuité contre le racket* rendu par le Conseil d'Etat en 2000[935]. Dans cette décision, le Conseil d'Etat a écarté l'application d'une loi de validation au motif que ses dispositions étaient incompatibles avec les stipulations de l'article 6 § 1 de la Convention européenne.

---

931 Conseil constitutionnel, 29 déc. 1988, *Loi de finance rectificative pour 1988,* Rec. p. 267 ; également Conseil constitutionnel, 25 janv. 1995, *Dispositions d'ordre social,* Rec. p. 179.

932 Conseil constitutionnel, 19 nov. 1997, *Fiscalité en Polynésie française,* Rec. p. 254.

933 Conseil constitutionnel, 21 déc. 1999, *Loi de finance de la sécurité sociale pour 2000,* Rec. p. 143.

934 Conseil d'Etat, Ass., 5 déc. 1997, *Mme Lambert,* Leb. p. 460 ; Conseil d'Etat, Ass., 5 déc. 1997, *Organisme de gestion des écoles catholiques de Saint-Sauveur-le-Vicomte,* Leb. p. 464 ; Cour administrative d'appel de Paris, 30 mars 1999, *SA Synetics*, Droit fiscal 1999, n° 28.

935 Conseil d'Etat, 28 juill. 2000, *Tête et Association du collectif pour la gratuité contre le racket,* AJDA 2000, p. 796.

La jurisprudence du Conseil d'Etat montre que le juge administratif se refuse clairement à généraliser les validations afin que ces dernières ne deviennent jamais la normalité. Il refuse ainsi de reconnaître au gouvernement le pouvoir de prononcer des validations lorsque la loi ne le lui a pas conféré[936]. Il admet, de plus, que la validation est sans effet sur les annulations qui étaient passées en force de chose jugée à la date de l'entrée en vigueur de la loi[937]. Enfin, « en l'absence de dispositions expresses de la loi de validation ou d'indication précise des travaux préparatoires », les personnes auxquelles la validation est préjudiciable peuvent obtenir réparation « sur le fondement du principe de l'égalité des citoyens devant les charges publiques ». Celles-ci doivent faire la preuve d'un préjudice certain, spécial et grave[938].

La validation, qu'elle soit directe ou indirecte, conserve aux actes qui en sont l'objet leur nature d'actes administratifs. Elle ne prive donc pas l'autorité administrative du pouvoir de les modifier ou de les abroger[939]. Cela la distingue de la ratification, qui donne rétroactivement valeur législative aux actes administratifs qui en sont l'objet et leur confère l'incontestabilité propre à la loi.

Si le pouvoir reconnu au législateur de procéder à des validations peut donner lieu à des abus, permettant au gouvernement de satisfaire facilement à ses convenances, la technique des lois de validation ne doit pas être trop rapidement condamnée. L'exécution de certains jugements d'annulation est, en effet, susceptible de créer de nombreuses et importantes difficultés à l'autorité administrative. Elle peut également préjudicier gravement à des agents ou à des administrés qui ne sont pas responsables des illégalités censurées. A titre d'illustration, le concours de l'Ecole centrale de 1947 avait été annulé par une décision du Conseil d'Etat du 18 mars 1949, alors que les candidats reçus au concours avaient quasiment terminé leurs études[940]. Or l'annulation contentieuse du concours avait pour conséquence de regarder, grâce à la fiction de la rétroactivité, les élèves de l'Ecole centrale comme n'ayant jamais eu cette qualité puisqu'ils étaient considérés comme n'ayant jamais été reçus audit concours. Une loi a validé les épreuves du concours, tout en réservant aux candidats illégalement évincés la possibilité de se présenter à un concours spécial[941].

---

[936] Conseil d'Etat, Ass., 24 sept. 1961, *Fédération des syndicats de police*, Leb. p. 658.

[937] Conseil d'Etat, Sect., 21 mai 1965, *Joulia*, Leb. p. 294.

[938] Conseil d'Etat, Ass., 1er déc. 1961, *Lacombe*, Leb. p. 674.

[939] Conseil d'Etat, Sect., 18 avril 1958, *Syndicat des chirurgiens-dentistes de la Seine*, Leb. p. 219.

[940] Conseil d'Etat, Ass., 28 mars 1949, *Chalvon-Demersay*, Leb. p. 134.

[941] Loi n° 49-1057 du 2 août 1949, régularisant la situation des élèves recrutés au concours de 1947 de l'école centrale des arts et manufactures, *Journal Officiel*, 4 août 1949, p. 7617.

La reconnaissance par le Conseil constitutionnel, en 1980, de la conformité de principe des lois de validations à la Constitution est, pour l'ensemble de ces raisons, satisfaisante[942].

[942] Conseil d'Etat, 22 juill. 1980, *Validation d'actes administratifs*, Leb. p. 46.

# Conclusion du titre second.

L'étude structurale de la notion de fin de l'acte administratif unilatéral confirme sa cohérence, mais également son autonomie. D'abord, la construction juridique de la notion en affirme la singularité, notamment s'agissant de l'élaboration et de l'évolution intrinsèque des règles qui la régissent. Ensuite, l'analyse des conséquences de la fin, tant du point de vue des obligations qui s'y attachent, que de la responsabilité susceptible d'en découler, démontre la logique de ce régime juridique.

Le principe de sécurité juridique, et ceux qui lui sont associés, notamment celui du respect des droits acquis ou également celui de la non-rétroactivité des actes administratifs notamment, sont révélateurs des orientations et contraintes de la notion. Ce sont ces principes qui guident son évolution et qui en expliquent aussi la progressive stabilité, voire les éventuelles limites. Les auteurs des règles gouvernant la fin visent en effet à garantir la légalité administrative tout en protégeant les droits des administrés. Des intérêts divergents sont mis en concurrence qui devront alors être conciliés. Dès lors, l'évolution du régime juridique est guidée par cet objectif qui, lorsqu'il est atteint, justifie effectivement la stabilité des règles établies.
L'étude des conséquences révèle que celles-ci sont plus importantes lorsque la fin a un effet rétroactif, car des situations juridiques doivent être rétablies. Elle met en lumière les conséquences de la fin sur l'ordonnancement juridique et donc les obligations qui peuvent en résulter, tant pour l'autorité administrative que pour les bénéficiaires de l'acte.
Parfois, la fin d'un acte administratif unilatéral peut également causer un préjudice et engager la responsabilité de l'autorité administrative. Deux fondements permettent alors de la justifier : le motif de l'édiction d'un acte illégal et celui de l'inexécution de la chose jugée.

# Conclusion de la seconde partie.

La mise en lumière de la notion révèle l'unité de la fin de l'acte administratif unilatéral. L'acte de fin, de par sa nature et sa fonction, est apparu comme l'élément rationnel qui a mis en lumière la cohérence de la procédure. Il est incontestablement un facteur d'unité.

La notion trouve, par ailleurs, son unité dans la perspective d'ensemble qui la guide, elle-même déterminée par les grands principes qui la gouvernent. Le principe de légalité, un des plus importants du droit administratif, ainsi que celui de sécurité juridique, dont la protection tend à s'accroître, sous-tendent l'ensemble de la fin de l'acte administratif unilatéral. Et de ce point de vue, l'influence des juridictions européennes et communautaires revêt une importance primordiale, rappelant celle connue lors de l'intervention de l'arrêt *Nicolo* en 1989[943].

Si, dès 1922, l'arrêt *Dame Cachet* montre la volonté du Conseil d'Etat de concilier les principes de légalité et de sécurité juridique[944], il apparaît que l'importance croissante prise par le principe de sécurité juridique au niveau européen a largement influencé la jurisprudence administrative française. Les arrêts les plus récents portant sur le retrait des actes administratifs unilatéraux créateurs de droits acquis en sont une illustration parfaite[945].

Il semble cependant évident que le Conseil d'Etat ne se risque pas à reconnaître trop rapidement de tels principes, à tel point que sa prudence se transformerait parfois en une réticence peu compréhensible, de toute façon inexplicable. Ainsi, il est évident que le Conseil d'Etat se refuse à consacrer le principe de sécurité juridique en tant que tel, et encore plus son corollaire le principe de confiance légitime.

Il ne reste pourtant au Conseil d'Etat qu'un pas à franchir pour que ces principes, de grande importance, soient désormais reconnus par le droit administratif français. Une telle reconnaissance bénéficierait tant au Conseil d'Etat, qu'au droit administratif dans son ensemble. Elle montrerait que, comme le droit européen, le droit français a pleinement conscience que « l'ordonnancement juridique d'une société donnée doit concilier le besoin de stabilité et le besoin de changement. Un

943 Conseil d'Etat, Ass., 20 oct. 1989, *Nicolo*, Leb. p. 190, GAJA n° 106.
944 Conseil d'Etat, 3 nov. 1922, *Dame Cachet*, Leb. p. 790 ; GAJA n° 41.
945 Conseil d'Etat, Ass., 26 oct. 2001, *Ternon*, RFDA 2002, p. 77.

ordonnancement juridique parfaitement stable condamnerait à l'immobilité sociale et on n'en sortirait probablement que par des procédés révolutionnaires. Au contraire, si les règles de droit et les situations juridiques pouvaient à tout moment et sans difficultés être modifiées, il n'existerait aucune sécurité et le droit serait d'ailleurs inutile puisque à aucun moment les règles de conduite et les droits des particuliers ne seraient garantis contre un changement »[946].

[946] G. Vedel, *La soumission de l'administration à la loi*, Université du Caire, 1952, p. 89.

# Conclusion générale

La question de l'existence d'une notion de fin de l'acte administratif unilatéral a constamment guidé nos réflexions. Une évidence s'est rapidement imposée selon laquelle il convenait de s'interroger sur la fin elle-même avant d'en étudier la portée juridique. En effet, celle-ci étant encore largement inexplorée, de nombreuses incertitudes qui tiennent à sa nature et à ses effets subsistent. Dès lors, ce n'est qu'après avoir analysé les modes d'expression de la fin de l'acte administratif unilatéral que nous avons pu considérer la question de la notion de fin.
Cette analyse supposait que nous définissions d'abord la fin elle-même. Pour cela, il convenait de s'attacher à deux aspects de celle-ci : d'abord ses manifestations et ensuite ses effets. Le premier aspect concerne précisément les manifestations de la fin. Ce sont les procédés provoquant l'anéantissement d'un acte administratif unilatéral. Si le retrait, l'annulation et l'abrogation sont certainement des modalités reconnues, la modification et la caducité ont suscité davantage de doutes. L'exclusion de l'exécution et de la désuétude, dite aussi caducité naturelle, de notre étude, s'est imposée car leur analyse a montré qu'elles ne sont pas des causes de fin. Par conséquent, elles ne peuvent pas être qualifiées de modalités de fin.
Le droit positif reconnaît, en effet, un certain nombre de procédés ayant ce dessein que nous avons admis *a priori*. L'étude des modes d'expression de la fin visait à corroborer ces procédés *a posteriori* et, ainsi, à limiter précisément le champ d'application de notre recherche.

Le second aspect porte sur les effets de la fin, il vise précisément à déterminer à partir de quel moment l'acte a pris fin. Si la fin est uniquement la sortie de l'acte de l'ordonnancement juridique, alors il est impossible d'affirmer que la modification et la caducité sont reconnues comme telles. Force est alors de constater que la fin peut consister dans la cessation des effets de l'acte administratif unilatéral, sans que sa vigueur même ne soit atteinte. Une seconde forme de fin est ainsi déduite, celle-ci pouvant être différente de la sortie de vigueur. Lorsqu'un acte ne produit plus d'effet, c'est une partie de celui-ci qui est anéantie. Il y a véritablement une fin, précisément celle des effets de l'acte. Cette dualité a été un élément déterminant dans l'élaboration d'une définition de la fin de l'acte.
L'étude a ainsi permis de démontrer que la fin est précisément l'acte par lequel une autorité, administrative ou juridictionnelle, décide de la sortie de vigueur d'un acte administratif unilatéral ou seulement de la cessation de ses effets, avec un effet rétroactif ou seulement dans l'avenir.
Concrètement, il peut s'agir du retrait, de l'abrogation, de la modification, de l'annulation ou de la constatation de caducité, lorsque celle-ci est planifiée. Chacune de ces modalités présente des spécificités tenant à son auteur, à son régime juridique et à ses effets, cela en explique d'ailleurs la pluralité.

La définition de la fin de l'acte administratif unilatéral étant ainsi posée, une seconde question a retenu notre attention : la fin de l'acte administratif unilatéral est-elle une notion ? L'affirmation de l'existence d'une notion tenait à la démonstration de la présence d'une cohérence et d'une logique, en d'autres termes, d'une part de rationnel au sein même de la fin. Parmi les éléments divers de la fin de l'acte administratif unilatéral, il fallait dégager celui qui allait permettre d'établir un lien entre les autres. Dans cette entreprise, l'acte de fin s'est révélé déterminant : en effet, tout en mettant en lumière les particularités de la fin et la singularité de la procédure, il affirme l'existence de la notion en dévoilant sa cohérence et son caractère rationnel.

L'importance de l'acte de fin dans l'ensemble de notre recherche se manifeste principalement à deux égards. L'acte de fin est d'abord l'élément unificateur de la fin : il est le fil conducteur, il rassemble les différentes modalités de fin en étant l'élément commun à chacune. La diversité intrinsèque à la fin tend alors à s'effacer derrière cet élément, sans pour autant disparaître dans la mesure où les spécificités propres à chaque modalité subsistent par ailleurs.

L'acte de fin est ensuite l'élément déterminant dans la mise en lumière de la notion : il révèle ainsi le caractère rationnel de la fin, un caractère inhérent à toute notion. C'est cette part de rationnel qui permet de passer de la simple définition à la notion proprement dite. Cela ne signifie pas pour autant qu'il traduise seul la cohérence de la fin, il ne faut en effet pas occulter la logique qui guide l'ensemble de la procédure. Une logique interne composée d'idées directrices et qui révèle l'importance de certains facteurs tels que le temps ou les principes du droit communautaire par exemple. Mais également une logique externe, exprimée dans la cohérence des implications de la notion, et qui confirme largement le caractère rationnel de la fin de l'acte administratif unilatéral.

La fin est véritablement une notion, l'acte de fin en est l'élément explicatif.

Au terme de notre recherche, nous pensons avoir démontré non seulement l'existence mais aussi la pertinence de la notion, affirmée par son étude structurale.

Ces considérations suggèrent une remarque, qui porte sur l'évolutivité de la notion. Si une définition de la fin de l'acte administratif unilatéral a pu être élaborée, si, de plus, l'existence d'une notion a été mise en évidence, cela ne vaut peut-être que pour un instant déterminé. En effet, la notion de fin de l'acte administratif unilatéral n'est pas figée et il faut admettre que les évolutions prochaines du droit positif peuvent tout à fait rendre obsolètes certains éléments de notre réflexion. Deux facteurs principaux pourraient entraîner une évolution de la fin telle que nous l'avons appréhendée.

Il s'agit d'abord de l'intégration progressive des droits communautaire et européen au droit français : la reconnaissance d'un principe de sécurité juridique pourrait entraîner un bouleversement des règles juridiques gouvernant certains domaines précis de la fin. Ainsi, les règles du retrait, mais aussi celles de la caducité pourraient se voir modifiées du fait de l'impulsion donnée par le principe de sécurité juridique. Ce sont en effet les deux modalités qui peuvent avoir un effet négatif sur les droits acquis des administrés : le retrait du fait de sa rétroactivité, la caducité du fait de son automaticité, et ce d'autant plus si la caducité naturelle venait à être reconnue.

L'influence exercée par la jurisprudence des droits européen et communautaire sur le droit français s'est révélée déterminante à plusieurs égards, notamment dans le domaine du retrait qui a connu une évolution récente relativement importante. Depuis la fin des années 1990, la jurisprudence sur le retrait des actes administratifs unilatéraux créateurs de droits acquis s'appuie directement sur le principe de sécurité juridique et son corollaire, celui de confiance légitime. Or, ceci est d'autant plus surprenant que ces principes n'ont pas, en tant que tels, fait l'objet d'une reconnaissance par le juge français. Pourtant, des principes reconnus par le droit français et largement admis, tels que celui de la non-rétroactivité des actes administratifs ou de la protection des droits acquis, émanent directement du principe de sécurité juridique.

L'évolution de la notion de fin pourrait par ailleurs être le fait de ses auteurs, animés par un souci constant de perfectionnement de la règle juridique. Les évolutions jurisprudentielles successives, mais aussi les interventions régulières des autorités législatives et réglementaires montrent la réalité de cette affirmation.

Les évolutions susceptibles d'intervenir trouvent une explication dans la nature même de la notion, qui est une notion fonctionnelle. Le caractère fonctionnel est en effet incontestablement à l'origine de sa capacité et de sa propension à évoluer. Si la notion fonctionnelle est distincte de la notion à contenu variable, il n'empêche qu'elle suppose la possible et probable évolution de son contenu. Or, s'agissant de la fin, l'hypothèse de la caducité parait être très favorable à une telle progression. Ainsi, la caducité planifiée est en cours d'identification d'une part, et la caducité naturelle pourrait bénéficier de nouvelles tendances juridiques permettant sa reconnaissance d'autre part.

# Bibliographie

# Ouvrages

**ATIAS Ch.,** *Epistémologie juridique,* PUF, 1985.
**AUBY J-M. et DRAGO R.**, *Traité de contentieux administratif,* 3ème éd., LGDJ, 1984.
**AUBY J-M. et DRAGO R.**, *Traité des recours en matière administrative,* Litec, 1992.
**BECHILLON (de) D.**, *Qu'est-ce qu'une règle de droit ?*, O. Jacob, 1997.
**BENOIT F-P.,** *Le droit administratif français,* Dalloz, 1968.
**BENOIT F-P.,** *Les doctrines politiques modernes. Le temps de Hegel,* PUF, 1980.
**BONNARD R.,** *Précis élémentaire de droit administratif,* Sirey, 1926.
**BONNARD R.**, *Précis de droit administratif,* LGDJ, 1940.
**BRAIBANT G. et STIRN B.**, *Le droit administratif français,* 6ème éd., Dalloz, Presses de la Fondation nationale des Sciences Politiques, 2002.
**CARRE DE MALBERG R.**, *Contribution à la théorie générale de l'Etat,* Paris, 1920.
**CHAPUS R.,** *Droit administratif général,* 15ème éd., Montchrestien, coll. Domat, Droit public, Volume 1, 2001.
**CHAPUS R.,** *Droit administratif général,* 15ème éd., Montchrestien, coll. Domat, Droit public, Volume 2, 2001.
**CHAPUS R.**, *Droit du contentieux administratif,* 10ème éd., Montchrestien, coll. Domat, Droit public, 2002.
**COLLECTIF**, *La doctrine juridique,* CURAPP, PUF, 1993.
**COLLECTIF**, *Le droit international et le temps,* Société française pour le droit international, Pedone, 2001.
**CONSEIL D'ETAT**, *Rapport public 1991*, *De la sécurité juridique*, EDCE n° 43, La documentation française, 1992.
**CONTE P. et MAISTRE DU CHAMBON P.**, *Droit pénal général,* 6ème éd., A. Colin, 2002.
**CORNU G.**, *Vocabulaire juridique,* Association H. Capitant, 3ème éd., PUF, 2002.
**DABIN J.,** *Le droit subjectif,* Dalloz, 1952.
**DARCY G. et PAILLET M.**, *Contentieux administratif,* Dalloz, A. Colin, 2000
**DELVOLVE P.**, *L'acte administratif,* Sirey, 1983.
**DESANTI J-T.,** *Réflexions sur le temps : conversations avec Dominique-Antoine Grisoni,* Paris, Librairie générale française, 1997.
**DRAGO G.,** *Contentieux constitutionnel français,* PUF, 1998.
**DROITS (Revue), n° 28,** *La volonté,* PUF, 1999.
**DUGUIT L.**, *Etudes de droit public. L'Etat, le droit objectif, la loi positive,* Ancienne Librairie Fontemoing et compagnie éditeurs, Paris, 1901.

**DUGUIT L.**, *Traité de droit constitutionnel,* 3ème éd., Ancienne Librairie Fontemoing et compagnie éditeurs, Paris, 1927.
**G., GUEDON M-J. et CHRETIEN P.**, *Droit administratif,* 8ème éd., A. Colin, 2002.
**EISENMANN Ch.**, *Cours de droit administratif 1949-1950,* Tome 2, LGDJ, 1983.
**EISENMANN Ch.**, *Cours de droit administratif 1956-1957,* Tome 2, LGDJ, 1983.
**EISENMANN Ch.**, *Cours de droit administratif 1959-1960,* Tome 2, LGDJ, 1983.
**FAVOREU L. et RENOUX T.**, *Le contentieux constitutionnel des actes administratifs*, Sirey, 1992.
**FORSTHOFF E.,** *Traité de droit allemand,* Bruylant, Bruxelles, 1969.
**GAUDEMET Y.,** *Traité de droit administratif,* Vol. 1, LGDJ, 2001.
**GAUDEMET Y.,** *Traité de droit administratif,* Vol. 2, LGDJ, 2002.
**GENEVOIS B.**, *La jurisprudence du Conseil Constitutionnel, Principes directeurs*, Ed. STH, 1988.
**GRZEGORCZYK Ch., MICHAUT F., TROPER Michel (dir.)** : *Le positivisme juridique*, LGDJ, coll. La pensée juridique moderne, 1992.
**HAURIOU M.**, *Précis de droit administratif et de droit public général,* 5ème éd., Librairie de la société du recueil général des lois et arrêts, 1903.
**HAURIOU M.**, *Principes de droit public,* Paris, Larose et Tenin, 1ère éd. 1910, 2ème éd. 1916.
**HAURIOU M.,** *Précis de droit administratif et de droit public*, 11ème éd., Sirey, 1927.
**HAURIOU M.,** *Précis de droit constitutionnel,* 2ème éd., Paris, 1929.
**HEBRAUD P.,** *Cours de droit civil,* Université de Toulouse, Soubiron, 1953-1954.
**HECQUARD-THERON M.**, *Cours de droit administratif,* licence, Toulouse 1995-1996.
**HEGEL,** *Les leçons de la philosophie du droit,* Gallimard, Collection Idées, Trad. Kaan, 1821.
**JEANNEAU B.**, *Les principes généraux du droit dans la jurisprudence administrative,* Sirey, 1954.
**JEGOUZO Y.**, *Droit de l'urbanisme,* Précis Dalloz, 2000.
**JEZE G.**, *Les principes généraux du droit administratif,* LGDJ, 1926.
**KELSEN H.**, *Théorie pure du droit*, LGDJ, 1999.
**KELSEN H.**, *Théorie générale des normes*, PUF, 1996.
**KELSEN H.**, *Théorie générale du droit et de l'Etat* suivi de *La doctrine du droit naturel et le positivisme juridique*, Bruylant, LGDJ, 1997.
**LACHAUME J-F.,** *Les grandes décisions de la jurisprudence. Droit administratif,* PUF, 13ème éd., 2002.

**LAFERRIERE E.**, *Traité de la juridiction administrative et des recours contentieux,* 2ème éd., Berger-Levrault, Tome 2, 1896. Réimpression, LGDJ, 1989.

**LALANDE,** *Vocabulaire technique et critique de la philosophie,* 2 vol., 19ème éd., PUF, 1999.

**LAUBADERE (de) A., VENEZIA J-C. et GAUDEMET Y.**, *Traité de droit administratif,* 12ème éd., Vol. 1, LGDJ, 2000.

**LAUBADERE (de) A., MODERNE F. et DELVOLVE P.,** *Traité des contrats administratifs,* LGDJ, 1984.

**LEBRETON G.**, *L'acte administratif unilatéral,* Documents d'études n° 2-04, Droit administratif, sous la direction de J-L. de Corail, La documentation française, 1998.

**LETEMENDIA M.,** *Retrait et abrogation des actes administratifs individuels en droit communautaire et en droit anglais,* Etudes européennes, Université de Bruxelles, 1987.

**LEVEQUE F.**, *Les actes d'administration discrétionnaires,* Sirey, 1916.

**LONG M., WEIL P., BRAIBANT G., DELVOLVE P., GENEVOIS B.,** *Les grands arrêts de la jurisprudence administrative,* 12ème éd., Sirey, 1999.

**LOURAU R.,** *L'analyse institutionnelle,* Les éditions de minuit, 1998.

**MAURER H.,** *Droit administratif allemand,* LGDJ, 1995.

**MAZERES J-A.,** *Cours de science administrative,* Maîtrise, Toulouse, 1995-1996.

**MAZERES J-A.,** *L'acte juridique : l'oscillation entre l'acte unilatéral et la décision exécutoire, Cours de droit administratif,* DEA, Toulouse, 1997-1998.

**MERLE R. et VITU A.,** *Traité de droit criminel,* 7ème éd., Cujas, 1997.

**MORAND-DEVILLER J.**, *Cours de droit administratif,* Montchrestien, 2001.

**MOREAU J.**, *Droit administratif,* PUF, coll. Droit fondamental, 1989.

**ODENT R.**, *Contentieux administratif,* Les cours de droit, Paris, 1957-1958.

**OST F.,** *Le temps du droit,* O. Jacob, 1999.

**OST F. et VAN HOECKE M. (sous la direction de),** *Temps et droit. Le droit a-t-il vocation pour durer ?,* Bruylant, 1998.

**PERELMAN Ch.,** *La règle de droit,* Travaux du centre national de recherches et de logique, Bruxelles, Bruylant, 1971.

**PERELMAN Ch. et VANDER ELS R.,** *Les notions à contenu variable en droit,* Travaux du centre national de recherches et de logique, Bruxelles, 1984.

**PORTALIS,** *Discours préliminaire,* Fenet, Tome 1.

**PUECH M.**, *Les grands arrêts de la jurisprudence criminelle,* Cujas, 1983.

**RILKE R-M.,** *Lettres à un jeune poète,* Grasset, Les cahiers rouges, Paris, 1993.

**RIVERO J.,** *Précis de droit administratif,* 1970.

**RIVERO J. et WALINE M.**, *Droit administratif,* 19ème éd., Dalloz, 2002.

**ROLLAND L.**, *Précis de droit administratif,* Dalloz, 1953.

**ROUSSEAU D.,** *Droit du contentieux constitutionnel,* Montchrestien, 1999.

**ROUSSILLON H.**, *Le Conseil constitutionnel,* Dalloz, Connaissance du droit, 2000.
**SAINT-AUGUSTIN,** *Les confessions, Dialogues philosophiques,* 11ème livre, Gallimard, 1993.
**SCHWARZE J.,** *Droit administratif européen,* Bruxelles, Bruylant, 1994.
**SPILIOTOPOULOS E.,** *Droit administratif hellénique,* LGDJ, 1991.
**STASSINOPOULOS M.**, *Traité des actes administratifs*, Collection de l'Institut français d'Athènes, 1954.
**STAUB M.,** *L'indivisibilité en droit administratif,* LGDJ, 1999.
**TROTABAS M.,** *Le droit public dans l'annexion,* Paris, 1921.
**VAN LANG A., GONDOUIN G., INSERGUET-BRISSET V.**, *Dictionnaire de droit administratif,* A. Colin, 3ème éd., 2002.
**VEDEL G.,** *La soumission de l'administration à la loi,* Université du Caire, 1952.
**VEDEL G.,** *Manuel de droit administratif,* 1968.
**VEDEL G. et DELVOLVE P.**, *Droit administratif,* PUF, coll. Thémis, 1992, 2 tomes.
**WALINE M.**, *Manuel élémentaire de droit administratif,* Sirey, 1963.
**WALINE M.**, *L'individualisme et le droit,* Montchrestien, 1949.

## Thèses et mémoires

**ALCINDOR L.**, *Des différentes espèces de nullité des actes administratifs*, Thèse, Paris, 1912.
**ALIBERT R.**, *Le contrôle juridictionnel de l'Administration au moyen du REP*, Thèse, Payot, 1926.
**BAILLEUL D.,** *L'efficacité comparée des recours pour excès de pouvoir et de plein contentieux objectif en droit public français,* Thèse, LGDJ, 2002.
**BASSET M.,** *Le principe dit de « l'acte contraire » en droit administratif français,* Thèse, Paris, 1967.
**BAYLE G.**, *L'enrichissement sans cause en droit administratif,* Thèse, LGDJ, 1973.
**BELLOUBET-FRIER N.**, *Pouvoirs et relation hiérarchiques dans l'administration française,* Thèse, Paris, 1990.
**BIENVENU J-J.,** *L'interprétation juridictionnelle des actes et des lois : sa nature et sa fonction dans l'élaboration du droit administratif,* Thèse, Paris II, 1979.
**BRISSON J-F.**, *Les recours administratifs en droit public français,* Thèse, LGDJ, 1996.

**CARBAJO J.**, *L'application dans le temps des décisions administratives exécutoires*, Thèse, LGDJ, 1980.
**CHAVRIER G.**, *La caducité des actes juridiques en droit public français*, Thèse, Paris, 1997.
**COSTA D.**, *Les fictions juridiques en droit administratif*, Thèse, LGDJ, 2000.
**CRUCIS H-M.**, *Les combinaisons de normes dans la jurisprudence administrative française*, Thèse, LGDJ, 1991.
**DEGUERGUE M.**, *Jurisprudence et doctrine dans l'élaboration du droit de la responsabilité administrative*, Thèse, LGDJ, 1993.
**DELAUNAY B.**, *L'amélioration des rapports entre l'administration et les administrés. Contribution à l'étude des réformes administratives depuis 1945*, Thèse, LGDJ, 1993.
**DELLIS G.**, *Droit pénal et droit administratif : l'influence des principes du droit pénal sur le droit administratif répressif*, Thèse, LGDJ, 1997.
**DEMICHEL A.**, *Le droit administratif : essai de réflexion théorique*, Thèse, LGDJ, 1978.
**DI MALTA P.**, *Essai sur la notion de pouvoir hiérarchique*, Thèse, LGDJ, 1961.
**DI QUAL L.**, *La compétence liée*, Thèse, LGDJ, 1964.
**DUBISSON M.**, *La distinction entre la légalité et l'opportunité dans la théorie du recours pour excès de pouvoir*, Thèse, LGDJ, 1958.
**DUPEYROUX O.**, *La règle de la non-rétroactivité des actes administratifs*, Thèse, LGDJ, 1953.
**DOUENCE J-C.**, *Recherches sur le pouvoir réglementaire de l'Administration*, Thèse, LGDJ, 1968.
**FORTSAKIS T.**, *Conceptualisme et empirisme en droit administratif français*, Thèse, LGDJ, 1987.
**GALLET A.**, *Etude sur la fiction de la rétroactivité*, Thèse, Poitiers, 1903.
**GAUDEMET Y.**, *Les méthodes du juge administratif*, Thèse, LGDJ, 1972.
**GERVAIS A.**, *Le retrait des autorisations d'utilisation privative du domaine public*, Thèse, Montpellier, 1942.
**GINESTE H.**, *La notion d'exécution des actes administratifs unilatéraux*, Thèse, Toulouse, 1987.
**HAMSON C-J.**, *Pouvoir discrétionnaire et contrôle juridictionnel de l'administration*, Thèse, LGDJ, 1958.
**HAUSER J.**, *Objectivisme et subjectivisme dans l'acte juridique*, Thèse, LGDJ, 1971.
**HECQUARD-THERON M.**, *Essai sur la notion de réglementation*, Thèse, LGDJ, 1977.
**HOSTIOU R.**, *Procédures et formes de l'acte administratif unilatéral en droit français*, Thèse, LGDJ, 1975.
**ISAAC G.**, *La procédure administrative non contentieuse*, Thèse, LGDJ, 1968.

**ISRAËL J-J.**, *La régularisation en droit administratif français. Etude sur le régime de l'acte administratif unilatéral,* Thèse, LGDJ, 1981.

**JAPIOT R.**, *Des nullités en matière d'actes juridiques*, Thèse, Librairie Rousseau, 1909.

**JOUANJAN O.,** *Le principe d'égalité devant la loi en droit allemand*, Thèse, Economica, 1992.

**KLOEPFER W.,** *Contribution à l'étude des rapports inter-juridictionnels dans le domaine des droits fondamentaux. Le Conseil d'Etat dans ses rapports au Conseil constitutionnel et aux Cours européennes,* Thèse, Toulouse, 2002.

**KORNPROBST B.,** *La notion de partie et le recours pour excès de pouvoir,* Thèse, LGDJ, 1959.

**LACHAUME J-F.**, *La hiérarchie des actes administratifs exécutoires en droit public français*, Thèse, Paris, 1966.

**LAMBERT-RIBOT A.**, *Des moyens dont dispose l'Administration pour mettre fin aux situations qu'elle a irrégulièrement créées. Contribution à l'étude de la validité des actes administratifs,* Thèse, LGDJ, 1913.

**LAVIALLE Ch.**, *L'évolution de la notion de décision exécutoire,* Thèse, LGDJ, 1974.

**LE BERRE H.,** *Les revirements de jurisprudence en droit administratif de l'an VIII à 1998 (Conseil d'Etat et Tribunal des conflits),* LGDJ, 1999.

**LEFEBURE M.**, *Le pouvoir d'action unilatérale de l'Administration en droit anglais et français*, Thèse, Paris, 1957.

**LESAGE M.,** *Les interventions du législateur dans le fonctionnement de la justice,* Thèse, LGDJ, 1960.

**LEVEL P.**, *Essai de systématisation du conflit de lois dans le temps,* Thèse, LGDJ, 1959.

**LEWALLE P.**, *Contribution à l'étude de l'application des actes administratifs dans le temps*, Thèse, Liège, 1975.

**LINDITCH F.,** *Recherche sur la personnalité morale en droit administratif,* Thèse, LGDJ, 1997.

**MADIOT Y.,** *Aux frontières du contrat et de l'acte unilatéral : recherches sur la notion d'acte mixte en droit public français,* Thèse, LGDJ, 1971.

**MARTIN de la MOUTTE J.**, *L'acte juridique unilatéral. Essai sur sa notion et sa technique en droit civil*, Thèse, Toulouse, 1949.

**MAYER O.**, *Le droit administratif allemand*, Thèse, Paris, 1903.

**MAZEN M-J.**, *L'insécurité inhérente au système juridique*, Thèse, Dijon, 1979.

**MELLERAY F.,** *Essai sur la structure du contentieux administratif français (pour un renouvellement de la classification des principales voies de droit ouvertes devant les juridictions à compétence générale),* Thèse, LGDJ, 2001.

**MERLE R.**, *Essai de contribution à la théorie générale de l'acte déclaratif,* Thèse, Toulouse, 1948.

**MOLLIET P.**, *Le pouvoir hiérarchique*, Thèse, Giard et Brière, 1909.
**MOURGEON J.**, *La répression administrative,* Thèse, LGDJ, 1967.
**MUZELLEC R.**, *Le principe d'intangibilité des actes administratifs individuels en droit français*, Thèse, Rennes, 1971.
**PACTEAU B.**, *Le juge de l'excès de pouvoir et les motifs de l'acte administratif,* Thèse, Travaux et recherches de la faculté de droit et de sciences politiques de l'Université de Clermont I, 1977.
**PAVLOPOULOS P.**, *La directive en droit administratif,* Thèse, LGDJ, 1978.
**PETIT J.**, *Contribution à l'étude des conflits de lois dans le temps en droit public français*, Thèse, LGDJ, 2002.
**PY P.**, *Le rôle de la volonté dans les actes administratifs unilatéraux,* Thèse, LGDJ, 1976.
**RAIMBAULT Ph.**, *Recherche sur la sécurité juridique en droit administratif français,* Thèse, Toulouse, 2002.
**RAINAUD J.M.**, *La distinction de l'acte réglementaire et de l'acte individuel,* Thèse, LGDJ, 1966.
**RIALS S.**, *Le juge administratif français et la technique du standard (Essai sur le traitement juridictionnel de l'idée de normalité),* Thèse, LGDJ, 1980.
**ROQUES P.**, *La notion d'enrichissement sans cause en droit administratif,* Thèse, Montpellier, 1930.
**ROUBIER P.**, *Le droit transitoire (conflits des lois dans le temps),* Thèse, Dalloz et Sirey, 1960.
**SAWADOGO P.**, *La fin de l'acte administratif créateur de droits*, Mémoire DEA, Toulouse, 1990.
**SCHWARTZENBERG R-G.**, *L'autorité de chose décidée,* Thèse, LGDJ, 1969.
**SEILER B.**, *L'exception d'illégalité des actes administratifs*, Thèse, Paris, 1995.
**SIMLER P.**, *La nullité partielle des actes juridiques,* Thèse, LGDJ, 1969.
**SOTO (de) J.**, *Contribution à la théorie des nullités des actes administratifs unilatéraux*, Thèse, Paris, 1941.
**TALLINEAU L.**, *Les actes particuliers non créateurs de droit (Essai critique de la théorie des droits acquis),* Thèse, Poitiers, 1972.
**TAVERNIER P.**, *Recherches sur l'application dans le temps des actes et des règles en droit international public,* Thèse, LGDJ, 1970.
**TEBOUL G.**, *Usages et coutume dans la jurisprudence administrative,* Thèse, LGDJ, 1989.
**THERON S.**, *La nature du principe de légalité. Esquisse d'une analyse à partir des catégories établies par Charles Eisenmann*, Mémoire de DEA, Toulouse, 1996.
**THERON S.**, *La notion de condition. Contribution à l'étude de l'acte administratif,* Thèse, L'Harmattan, 2002.
**VENEZIA J-C.**, *Le pouvoir discrétionnaire,* Thèse, LGDJ, 1959.

**VINCENT F.**, *Le pouvoir de décision unilatérale des autorités administratives*, Thèse, LGDJ, 1966.
**VITU A.**, *Des conflits de lois dans le temps en droit pénal,* Thèse, Nancy, 1945.
**WEIL P.**, *Les conséquences de l'annulation d'un acte administratif pour excès de pouvoir*, Thèse, LGDJ, 1952.
**WICKER G.**, *Les fictions juridiques. Contribution à l'analyse de l'acte juridique*, Thèse, LGDJ, 1996.
**WOODLAND P.**, *Le procédé de la fiction dans la pensée juridique*, Thèse, Paris, 1981.
**YANNAKOPOULOS C.**, *La notion de droits acquis en droit administratif français,* Thèse, LGDJ, 1997.
**ZAGHLOUL M.**, *La participation des administrés à l'acte administratif unilatéral*, Mémoire de DEA, Toulouse 1986.

## Articles et chroniques

**ABRAHAM R.**, « La France devant les juridictions européennes », *Les cours européennes de Luxembourg et de Strasbourg,* Pouvoirs 2001, n° 96, p. 143.
**ALBERTON G.**, « L'applicabilité des normes communautaires en droit interne. Les autorités françaises : obligation de faire et de ne pas faire (L'obligation d'abroger les actes contraires au droit communautaire) », RFDA 2002, p. 10.
**ALLARD A.**, « La théorie du retrait comme succédané de l'annulation contentieuse est-elle transposable en droit fiscal ? », Administration publique, 1988, p. 61.
**AMSELEK P.**, « L'acte juridique à travers la pensée de Charles Eisenmann », APD 1987-2, p. 305.
**ANDRIANTSIMBAZOVINA J.**, « Le Conseil d'Etat et le principe de précaution », DA 1999, n°11.
**ANONYME**, Chronique générale de jurisprudence administrative française sur l'avis du Conseil d'Etat, Sect., 13 mars 1998, *Mme Vindevogel,* AJDA 1998, n°5, p. 408.
**ANONYME**, Chronique générale de jurisprudence administrative française sur Conseil d'Etat, Ass., 7 oct.1977, *Synd. Régional des maisons de santé privées d'Aquitaine,* AJDA 1977, p. 626.
**ANONYME**, Chronique générale de jurisprudence administrative française sur Conseil d'Etat, Sect., 3 févr. 1999, *Montaignac,* AJDA 1999, p. 567.
**ARBOUSSET H.**, « Retrait, abrogation et sécurité juridique. (Analyse, depuis 1981, d'une relation souvent difficile) », RRJ 2000-2, p. 541.

**ARRIGHI DE CASANOVA J. et FORMERY S.**, « Une nouvelle étape de l'amélioration des relations entre l'Administration et les citoyens : la loi DCRA du 12 avril 2000 », RFDA 2000, p. 725.

**AUBY J-B.**, « La loi du 9 février 1994 et le contentieux de l'urbanisme », RFDA 1995, p. 25.

**AUBY J-B.**, « Feu la jurisprudence *Ville de Bagneux* », DA 1999, p. 3.

**AUBY J-B.**, « Révolution dans le retrait », DA déc. 2001, Repères, p. 14.

**AUBY J-M.**, « L'abrogation des actes administratifs », AJDA 1967, p. 131.

**AUBY J-M.**, « L'influence du changement de circonstances sur la validité des actes administratifs unilatéraux », RDP 1951, p. 431.

**AUBY J-M.**, « Recherche sur l'application des actes administratifs unilatéraux dans le temps », RDP 1953, p. 5.

**AUBY J-M.**, « Le décret du 28 novembre 1983 », AJDA 1984, p. 124.

**AUVRET P.**, « La notion de droits acquis en droit administratif français », RDP 1985 p. 54.

**BACH E-L.**, « Contribution à l'étude du problème de l'application des lois dans le temps », Revue trimestrielle de droit civil 1969, p. 405.

**BAILLY M.**, « L'acte réglementaire illégal et le décret du 28 novembre 1983 », RDP 1985, p. 1513.

**BATAILLER F.**, « Les *beati possidentes* en droit administratif », RDP 1965, p. 1051.

**BECHILLON (de) D.**, « Le contrat comme norme dans le droit public positif », RFDA 1992, p. 15.

**BENOIT F-P.**, « Notions et concepts, instruments de connaissance juridique. Les leçons de la philosophie du droit de Hegel », *Mélanges Peiser*, 1995, p. 27.

**BERGERES M-C.**, « Les actes non réglementaires », AJDA 1980, p. 3.

**BIENVENU J-J.**, « Remarques sur quelques tendances de la doctrine contemporaine en droit administratif », Droits 1985, n°1, p. 153.

**BIENVENU J-J.**, « Actes juridiques et classification », Droits 1988, n°7, p. 21.

**BIZEAU J.P.**, « Le juge administratif n'est-il plus que le juge de la puissance publique ? », AJDA 1992, p. 179.

**BOCKEL A.**, « Sur le retrait des actes administratifs unilatéraux », RDP 1973-1, p. 135.

**BONNARD R.**, « Les droits subjectifs des administrés », RDP 1932, p. 707.

**BONNEAU T.**, « Brèves remarques sur la prétendue rétroactivité des arrêts de principe et des arrêts de revirement », Dalloz 1995, Chron., p. 24.

**BOSSON B.**, « Les premiers enseignements de l'application de la loi du 9 février 1994 et les perspectives », RFDA 1995, p. 4.

**BOUDET F.**, « La théorie de l'enrichissement sans cause en droit administratif », AJDA 1959, p. 77.

**BOUFFARD P. et THERY J-F.**, « Etude sur les autorisations tacites », EDCE 1979-1980, p. 289.
**BOULUIS J.**, « Quelques observations à propos de la sécurité juridique », *Liber amicorum P. Pescatore,* 1987, p. 53.
**BRAIBANT G.**, « Remarques sur l'efficacité des annulations pour excès de pouvoir », EDCE 1961, p. 53.
**BRAIBANT G. et WIENER C.**, « Processus et procédure de décision », *Mélanges Stassinopoulos,* LGDJ, 1974, p. 463.
**BRIERE DE L'ISLE G.**, « Sécurité juridique et loi », JCP, suppl.1990, n°6, p. 3.
**BRINGUIER P.**, « Le pouvoir de retrait des actes administratifs », AJDA 1978, p. 300.
**CADENAT P.**, Chronique de jurisprudence des Cours administratives d'appel sur Cour administrative d'appel de Paris, 30 janv. 1997, *Fung,* AJDA 1997, p. 275.
**CAMBY J-P.**, « Validations législatives : des strates jurisprudentielles de plus en plus nombreuses », RDP 2000, p. 611.
**CARBASSE J-M.**, « Le droit pénal dans la déclaration des droits », Droits 1988, n°8, p. 123.
**CAYLA O.**, « Le Conseil constitutionnel et la constitution de la science du droit », *Le Conseil constitutionnel a quarante ans,* LGDJ, 1999, p. 106.
**CHABANOL D.**, « Commentaire de la loi », Revue française de décentralisation 1995, n° 2.
**CHABANOL D.**, « Un printemps procédural pour la juridiction administrative ? », AJDA 1995, p. 388.
**CHALTIEL F.**, « Une nouvelle étape dans le régime du retrait de l'acte administratif unilatéral créateur de droits (A propos de l'arrêt *Ternon* du Conseil d'Etat du 26 octobre 2001) », LPA 12 févr. 2002, p. 7.
**CHARLIER R-E.**, « La technique de notre droit public est-elle adaptée à sa fin », EDCE 1951, p. 32.
**CHARLIER R-E.**, « Les cas de nullité de la décision de l'administration », *Revue Thémis de la faculté de droit de Montréal* 1962, n°42, p. 101.
**CHARLIER R-E.**, « Le juge et le service », *Mélanges offerts à M. Waline,* LGDJ, 1974, p. 325.
**CHAUVAUX D. et GIRARDOT T-X.**, Chronique générale de jurisprudence administrative française sur Conseil d'Etat, sect., 14 févr. 1997, *Colonna,* AJDA 1997, p. 426.
**CHEVALLIER J.**, « L'interdiction pour le juge administratif de faire œuvre d'administrateur », AJDA 1972, p. 67.
**CHEVALLIER J.**, « Fonction contentieuse et fonction juridictionnelle », *Problèmes de droit contemporain, Mélanges Stassinopoulos*, LGDJ, 1974.
**CHEVALLIER J.**, « Droit, ordre, institution », Droits 1989, n°10, p. 19.
**CHEVALLIER J.**, « L'obligation en droit public », APD 2000, p. 179.

**CHEVALLIER J.**, « La transformation de la relation administrative : mythe ou réalité ? », Dalloz 2000, p. 575.

**COLLECTIF,** « Loi du 3 janvier 1986 : Etudes par divers auteurs », RFDA 1986, p. 675.

**COMBACAU J.,** « L'écoulement du temps », *in Le droit international et le temps,* Société française pour le droit international, Pedone, 2001, p. 77.

**COMBEAU P.,** « Un oubli dans la réforme : l'invocabilité des circulaires et instructions administratives », AJDA 2000, p. 495.

**CONSEIL D'ETAT (Les études du),** « Les pouvoirs de l'administration dans le domaine des sanctions », La documentation française, 1995.

**CORBEL M-P.**, « L'annulation partielle des actes administratifs », AJDA 1972, p. 138.

**COSTA J-P.,** « Le droit au juge indépendant et impartial en matière administrative. Le principe vu par la Cour européenne des droits de l'homme », AJDA 2001, p. 514.

**DARCY G.**, « La décision exécutoire, esquisse méthodologique », AJDA 1994, p. 663.

**DELAHAUT P-J.**, « Réflexions sur la théorie du retrait des décisions administratives », Administration publique 1978-79, p. 40.

**DELATTE J-R.**, « Le retrait des actes administratifs individuels », *Annales de la faculté de droit de Liège* 1965, n°1, p. 93.

**DELAUNAY B.,** « La loi du 12 avril 2000 relative aux droits des citoyens dans leurs relations avec les administrations », RDP 2000, p. 1191.

**DELBEZ L.**, « La révocation des actes administratifs », RDP 1928, p. 464.

**DELVOLVE P.**, « De nouvelles modalités pour les actes administratifs unilatéraux », RFDA 1984, p. 21.

**DENOIX DE SAINT MARC R. et LABETOULLE D.**, Chronique générale de jurisprudence administrative française sur Conseil d'Etat, Sect., 14 nov. 1969, *Sieur Eve,* AJDA 1969, p. 694.

**DESWARTE M-P.**, « Enrichissement sans cause », Responsabilité de la puissance publique, *Encyclopédie Dalloz.*

**DEWOST et DENOIX DE SAINT MARC R.**, « L'acte », Chronique générale de jurisprudence administrative française, AJDA 1969, p. 428.

**DOCKES E.**, « L'avantage individuel acquis », Droit social 1993, p. 826.

**DRAGO R.,** « Un nouveau juge administratif », *Mélanges J. Foyer*, PUF, 1997, p. 451.

**DREYFUS F.**, « Les limitations du pouvoir discrétionnaire par l'application du principe de proportionnalité », RDP 1974-1, p. 691.

**DUGUIT L.**, « L'acte administratif et l'acte juridictionnel », RDP 1906, p. 413.

**DUGUIT L.**, «Théorie générale de l'acte juridique », RDP 1919, p. 313.

**DUPUIS G.**, « Les visas apposés sur les actes administratifs », *Mélanges offerts à M. Waline,* LGDJ, 1974, p. 407.
**DUPUIS G.**, « Définition de l'acte unilatéral », *Mélanges Eisenmann,* Cujas, 1975, p. 205.
**DUPUIS G.**, « La présentation de l'acte administratif », *Sur la forme et la procédure de l'acte administratif,* Etudes coordonnées par G. Dupuis, Economica, 1979, p. 9.
**DUPUIS G.**, « L'acte administratif », JCA, fasc. 107, n° 132.
**EISENMANN Ch.**, « Le droit administratif et le principe de légalité », EDCE 1957, p. 25.
**EISENMANN Ch.**, « Sur l'entrée en vigueur des normes administratives unilatérales », *Mélanges Stassinopoulos*, LGDJ, 1974, p. 201.
**EXCOFFIER M.**, « La caducité de la décision administrative sanction du retard à juger », AJDA 1986, p. 678.
**FALL A-B.**, « Retrait des actes administratifs et manœuvres frauduleuses », LPA 25 août 1995, p. 12.
**FAVOREU L.**, « Ordonnances ou règlements d'administration publique ? (la destinée singulière des ordonnances de l'article 38 de la Constitution) », RFDA 1987, p. 686.
**FAVRESSE J-M.**, « La théorie du retrait des actes administratifs n'est-elle pas sujette à critique ? », *Recueil de jurisprudence du droit administratif et du Conseil d'Etat* 1971, p. 161.
**FEFFER M-A. et PINAULT M.**, Chronique générale de jurisprudence administrative française sur Conseil d'Etat, Sect., 30 janv. 1981, *S.A.R.L. France Europe Transaction*, AJDA 1981, p. 245.
**FERRARI P.**, « Essai sur la notion de coauteurs d'un acte unilatéral en droit administratif français », *Mélanges Eisenmann,* 1975, p. 215.
**FERRARI P.**, « Les droits des citoyens dans leurs relations avec les administrations », AJDA 2000, p. 471.
**FLAUSS J-F.**, « La conventionnalité des lois de validations », AJDA 1998, p. 689.
**FLOGAÏTIS S.**, « Contrat et acte administratif unilatéral », *Mélanges Braibant,* 1996, p. 229.
**FRAISSEIX P.**, « La réforme de la justice administrative par la loi du 8 février 1995 », RDP 1995, p. 1053.
**FRAISSEIX P.**, « Vers la fin de la théorie de la connaissance acquise ? », RDP 1999, p. 759.
**FRIER P-L.**, « L'abrogation des plans d'occupation des sols illégaux », LPA 9 déc. 1988, p. 8.
**FROGAÏTIS S.**, « Contrat et acte administratif unilatéral », *Mélanges Braibant,* 1996, p. 229.

**FROMONT M.**, « Le principe de sécurité juridique », AJDA 1996, n° spécial, p. 178.

**FOUSSARD D.**, « Sécurité du droit et jurisprudence », Rapport de synthèse, JCP, suppl.1990, n°6, p. 17.

**GALABERT et GENTOT**, « L'indemnisation sur le fondement du principe de l'enrichissement sans cause », Chronique générale de jurisprudence administrative française, AJDA 1961, p. 326.

**GAUDEMET Y.**, « Sécurité du droit et jurisprudence », JCP, suppl. 1990, n°6, p. 13.

**GAUDEMET Y.**, « Le juge administratif, futur administrateur ? », *Le juge administratif à l'aube du XXIème siècle,* Presses universitaires de Grenoble, 1995, p. 179.

**GAUDEMET Y.**, « Faut-il retirer l'arrêt *Ternon* ? », AJDA 16 sept.2002, p. 738.

**GIRARDOT et RAYNAUD**, Chronique générale de jurisprudence administrative française sur Conseil d'Etat, Ass., 24 oct. 1997, *Mme de Laubier,* AJDA 1997, p. 936.

**GIRAUD E.**, « Etude sur la notion du pouvoir discrétionnaire », Revue générale d'administration 1924, p. 193.

**GLELE M.**, « Le recours contre une décision administrative négative », AJDA 1970, p. 18.

**GODFRIN P.**, « La loi du 3 janvier 1986 », AJDA 1986, p. 359.

**GONZALES G.**, « La caducité des actes administratifs unilatéraux », RDP 1991, p. 1675.

**GOUNIN Y. et LALUQUE L.**, « La réforme du droit d'accès aux documents administratifs », AJDA 2000, p. 486.

**GOYARD C.**, « Les idées de Charles Eisenmann sur la théorie du contrôle des motifs », *Mélanges Eisenmann*, 1975, p. 339.

**GROSHENS J-C.**, « A propos du pouvoir hiérarchique dans l'administration », AJDA 1966, p. 140.

**GUEDON M-J.**, « La classification des moyens d'annulation des actes administratifs », AJDA 1978, p. 82.

**HART H.L.A.**, « L'importance des définitions en droit », *Le positivisme juridique*, LGDJ, 1992, p. 90.

**HAURIOU A.**, « Le pouvoir discrétionnaire et sa justification », *Mélanges Carré de Malberg*, 1933, p. 231.

**HAURIOU M.**, « De la répétition des précédents judiciaires à la règle de droit coutumière », *Aux sources du droit,* Cahiers de la nouvelle journée, p. 195.

**HAUSER J.**, « Temps et liberté dans la théorie générale de l'acte juridique », *Religion, société et politique, Mélanges en hommage à J. Ellul*, 1983, p. 503.

**HEBRAUD P.**, « La notion de temps dans l'œuvre du Doyen Maurice Hauriou », *Annales de la faculté de droit de Toulouse* 1968, p. 179.

**HEBRAUD P.**, « Le juge et la jurisprudence », *Mélanges offerts à P. Couzinet*, Université des sciences sociales de Toulouse, 1974, p. 366.
**HEERS M.**, Chronique de jurisprudence des Cours administratives d'appel sur Cour administrative d'appel de Paris, 15 déc. 1998, *SA Centre chirurgical Franklin,* AJDA 1999, p. 281.
**HERON J.**, « Etude structurale de l'application de la loi dans le temps », RTDC 1985, p. 277.
**HERVIEU A.**, « Observations sur l'insécurité de la règle jurisprudentielle », RRJ 1982, p. 257.
**HOSTIOU R.**, « La loi littoral et le domaine public maritime », RFDA 1986, p. 719.
**HOUIN R.**, « Rapport », *Le problème des fictions en droit civil,* Travaux de l'association H. Capitant, 1947, p. 242.
**HUBEAU F.**, « Le principe de la protection de la confiance légitime dans la jurisprudence de la Cour de justice des communautés européennes », Cahiers de droit européen 1983, p. 143.
**JAN P.**, « La modernisation de la procédure administrative contentieuse », AJDA 1995, p. 77.
**JEZE G.**, « De l'exercice dans le temps du pouvoir législatif », RDP 1923, p. 177.
**JEZE G.**, « L'acte juridictionnel et la classification des recours contentieux », RDP 1909, p. 667.
**JEZE G.**, « Du retrait des actes juridiques », RDP 1913, p. 225.
**JEZE G.**, « Du retrait des actes juridiques réguliers », RDP 1914, p. 321.
**JEZE G.**, « Le contrôle juridictionnel des décisions de nomination et promotion d'avancement des fonctionnaires publics », RDP 1928, p. 123.
**JORDA J.**, « Le délai raisonnable et le droit disciplinaire de la fonction publique », AJDA 2002, p. 13.
**JOUSSELIN M.**, « Les mots *effet rétroactif* et *droits acquis,* en ce qui concerne l'exercice du pouvoir réglementaire », Revue critique de législation et de jurisprudence 1852-2, p. 180.
**KDHIR M.**, « Vers la fin de la sécurité juridique en droit français », RA 1993, p. 538.
**KELSEN H.**, « Aperçu d'une théorie générale de l'Etat », RDP 1926, p. 561.
**KORNPROBST B.**, « La compétence liée », RDP 1961, p. 935.
**L.B.**, Chronique générale de jurisprudence administrative française sur Cour administrative d'appel de Marseille, 1er juill. 1999, *Morisson,* AJDA 1999, p. 942 et 870.
**LABBEE X.**, « Les critères de la norme juridique », Presses universitaires de Lille 1994, p. 51.
**LABETOULLE D.**, « Principe de légalité et principe de sécurité », *Mélanges Braibant,* 1996, p. 403.

**LALA J-L. et DOUBLET Y-M.**, « La loi n° 94-112 du 9 février 1994 portant diverses dispositions en matière d'urbanisme et de construction », LPA 29 avril 1994, p. 6.

**LAMORLETTE B.**, « La loi Bosson du 9 février 1994. Le code de l'urbanisme en chantier : les prémisses ! », LPA 6 mai 1994, p. 16.

**LAMPUE P.**, « La notion d'acte juridictionnel », RDP 1946, p. 5.

**LANGROD G.**, « Remarques sur l'autorité des décisions administratives », RDP 1948, p. 19.

**LAQUIEZE A.**, « Remarques sur une notion multiforme et fonctionnelle : l'indépendance des législations et des procédures dans la jurisprudence administrative », RA spéc., p. 262.

**LAUBADERE (de) A.**, « Le contrôle juridictionnel du pouvoir discrétionnaire dans la jurisprudence récente du Conseil d'Etat français », *Mélanges Waline,* LGDJ, 1974, Tome 2, p. 531.

**LAUHLE H.**, « La vénalité des actes administratifs », AJDA 1961, p. 424.

**LEFAS A.**, « Note sur les réformes que suggère la jurisprudence du Conseil d'Etat statuant au contentieux », EDCE 1949, p. 64.

**LEGROS R.**, « Les notions à contenu variable en droit pénal », *in Les notions à contenu variable en droit,* Bruxelles, 1984, p. 21.

**LE MIRE P.**, « La stabilité des situations juridiques (et l'évolution de la jurisprudence relative au retrait et à l'abrogation) », AJDA 1980, p. 203.

**LE MIRE P.**, « La limitation dans le temps des effets des arrêts de la Cour de Justice des Communautés européennes », *Mélanges Chapus*, Montchrestien, 1992, p. 367.

**LETEMENDIA M.**, « La rétroactivité en droit communautaire », Cahiers de droit européen 1977, p. 518.

**LETOURNEUR M.**, « Le principe de non-rétroactivité des actes administratifs », EDCE 1955, p. 37.

**LETOURNEUR M.** : « L'étendue du contrôle du juge de l'excès de pouvoir », EDCE 1962, p. 51.

**LEVY L.**, « Sécurité juridique et loi », Rapport de synthèse, JCP, suppl.1990, n°6, p. 9.

**LEWALLE P.**, « L'abrogation des actes administratifs unilatéraux », *Annales de la faculté de droit de Liège* 1970, p. 63.

**LIET-VEAUX G.**, « Réflexion sur les droits acquis d'une décision tacite », RA 1979, p. 146.

**LIET-VEAUX G.**, « La guerre des juges aura-t-elle lieu », RA 1975, p. 27.

**LOUIS-LUCAS P.**, « Le retrait des actes administratifs individuels », Dalloz 1952, II, p. 107.

**LUCHAIRE F.**, « Le Conseil constitutionnel et les lois de validations », RDP 1998, p. 23.

**MAISL H., WIENER C., WOEHRLING J-M.**, « Un décret ne fait pas le printemps », AJDA 1984, p. 137.
**MARKUS J-P.**, « Le principe d'adaptabilité : de la mutabilité au devoir d'adaptation des services publics aux besoins des usagers », RFDA 2001, p. 589.
**MASSOT J.**, « Portée et conséquences de l'annulation par le juge d'un acte administratif », EDCE 1979-1980, p. 111.
**MASSOT J. et DEWOST**, « Le retrait », Chronique générale de jurisprudence administrative française, AJDA 1968, p. 341.
**MATHIEU B.**, « La sécurité juridique : un principe constitutionnel clandestin mais efficient », Mélanges P. Gelard, Montchrestien, 1999, p. 301.
**MAUGÜE C. et TOUVET**, Chronique générale de jurisprudence administrative française sur Conseil d'Etat, Ass., 29 avril 1994, *Ass. Unimate 65 et autres*, AJDA 1994, p. 367.
**MAZEAUD L.**, « La distinction des jugements déclaratifs et des jugements constitutifs », RTDC 1929, p. 20.
**MAZERES J-A.**, « Réflexions sur la génération du droit administratif », *Mélanges Cluseau*, p. 439.
**MERTENS DE WILMARS J. et STEENBERGEN J.**, « La notion de sécurité juridique dans la jurisprudence de la Cour de justice des Communautés européennes », *Mélanges offerts à R. Legros*, 1985, p. 449.
**MESNARD A-H.**, « Ordonnances, lois d'orientation ou lois-cadres », RDP 1982, p. 1073.
**MICHALLET I.**, « Le retrait des décisions illégales créatrices de droits. Retour à l'esprit de l'arrêt *Dame Cachet* », DA 2001, p. 8.
**MICHELET K.**, « La Charte des droits fondamentaux de l'Union européenne et la procédure administrative non contentieuse », AJDA 14 oct. 2002, p. 949.
**MICHOUD J.**, « Etude sur le pouvoir discrétionnaire de l'administration », Revue générale d'administration 1914, p. 5, et même revue 1915 p. 5.
**MODERNE F.**, « Actualité des principes généraux du droit », RFDA 1998, p. 495.
**MONTANE DE LAROQUE P.**, « L'article 38 de la Constitution du 4 octobre 1958 et la loi de pouvoirs spéciaux du 4 février 1960, *Mélanges Maury*, Dalloz, 1960, Tome 2, p. 199.
**MOULY C.**, « Comment limiter la rétroactivité des arrêts de principe et de revirement ? », LPA n° 53, 4 mai 1994, p. 9.
**NASRI A.**, « De quelques problèmes posés par le retrait des actes administratifs », LPA n° 82, 25 avril 2000, p. 4.
**NICOLAS M.**, « Observations au sujet du pouvoir discrétionnaire de l'administration », *Mélanges Lambert* 1938, tome 2, p. 361.
**OST F.**, « Les multiples temps du droit », *in Le droit et le futur*, Travaux et recherches de l'Université de droit, d'économie et de sciences sociales de Paris, PUF, 1985, p. 115.

**OST F. et VAN de KERCHOVE M.**, « Pluralisme temporel et changement. Les jeux du droit. », *Hommage à F. Rigaux*, Bruylant, 1993, p. 387.

**PACTEAU B.**, « La sécurité juridique, un principe qui nous manque ? », AJDA 1995, n° spécial, p. 151.

**PAPPAS S.**, « Procédure du retrait des actes administratifs en droit hellénique », *Sur la forme et la procédure de l'acte administratif, Etudes coordonnées par G. Dupuis*, Economica 1979, p. 71.

**PARIENTE A.**, « Vers une clarification du régime de retrait des décisions implicites d'acceptation ? », RFDA 2001, p. 653.

**PAUTI M.**, « Les décisions implicites d'acceptation et la jurisprudence administrative », RDP 1975, p. 15.

**PELLAS J-R.**, « Le principe de sécurité juridique en droit fiscal », *Etudes en l'honneur de G. Dupuis*, LGDJ, 1997, p. 261.

**PELLISSIER G.**, « Pour une revalorisation de la spécificité des recours administratifs », RFDA 1998, p. 318.

**PELLISSIER G.**, « Développements récents de l'impératif de sécurité juridique. A propos de trois arrêts du Conseil d'Etat des 10 et 24 octobre 1997 », LPA 20 févr. 1998, p. 6.

**PEPY G.**, « La réforme du régime juridique de la presse », AJDA 1986, p. 527.

**PETIT J.**, « L'application du principe de la rétroactivité *in mitius* aux sanctions fiscales. Commentaire de l'avis du CE, Section, 5 avril 1996, *G. Houdmond.* », RFDA 1997, p. 843.

**PETIT Y.**, « Les circonstances nouvelles dans le contentieux de la légalité des actes administratifs unilatéraux », RDP 1993, p. 1291.

**PICARD E.**, « La loi du 8 février 1995 », JCP 1995-1, n° 3840.

**PLANCHON M-H.**, « Le principe de la confiance légitime devant la cour de justice des communautés », RRJ 1994-2, p 447.

**POIROT-MAZERES I.**, « Les décisions d'espèce », RDP 1992, p. 443.

**POIROT-MAZERES I.**, « La notion de préjudice en droit administratif français », RDP 1997, p. 519.

**PRETOT X.**, « La validation législative. De la Constitution à la Convention européenne des droits de l'homme », RDP 1998, p. 11.

**PUISOYE J.**, « L'application du principe de non-rétroactivité des actes administratifs », Sirey 1961, p. 45.

**PUISOYE J.**, « Le retrait des actes administratifs », AJDA 1960, p. 117.

**PUISSOCHET et LECAT**, « Le retrait des actes administratifs non publiés », Chronique générale de jurisprudence administrative française, AJDA 1966, p. 485.

**PUISSOCHET et LECAT**, « L'illégalité d'une décision implicite devenue définitive », Chronique générale de jurisprudence administrative française, AJDA 1966, p. 39.

**REBOUL N.**, « Remarques sur une notion conceptuelle et fonctionnelle : l'*affectio societatis* », Revue des sociétés 2000, p. 425.
**REZENTHEL R.**, « La loi du 3 janvier 1986 », RDP 1987, p. 735.
**RIVERO J.**, « Sur la rétroactivité de la règle jurisprudentielle », AJDA 1968, p. 15.
**RIVERO J.**, « Le juge administratif : gardien de la légalité administrative ou gardien administratif de la légalité », *Mélanges Waline*, LGDJ, 1974, p. 701.
**ROBERT J.**, « La bonne administration de la justice », AJDA 1995, n° spécial, p. 117.
**ROUAULT M-C.**, « Le décret du 28 novembre concernant les relations entre l'administration et les usagers », RA 1984, p. 466.
**SACHS O.**, « La réforme du contentieux administratif issu de la loi du 8 février 1995 », CJEG 1995, p. 175.
**SANTULLI C.**, « Les droits acquis », RFDA 2001, p. 87.
**SCHRAMECK O.**, « Les validations législatives », AJDA 1996, p. 369.
**SEBAG L.**, « L'évolution d'une sanction hybride : le retrait du permis de conduire », Dalloz, 1975, p. 229.
**SEGUR Ph.**, « Le contrat, le temps et l'institution. Essai sur la mutabilité des contrats de concession de service public », *Annales de faculté de droit de Toulouse*, 1994, p. 72.
**SERMET L.**, « Rétroactivité et Convention européenne des droits de l'homme », RFDA 1998, p. 990.
**SILANCE L.**, « La règle de droit dans le temps », *in La règle de droit*, Etudes publiées par Ch. Perelman, Bruxelles, *Bruylant* 1971, p. 50.
**SISTACH D.**, « Le juge pénal et les actes administratifs d'urbanisme », AJDA 1995, p. 674.
**TIXIER G.**, « Les effets de l'expiration du délai du recours pour excès de pouvoir », Dalloz 1957, p. 25.
**TOUVET et STAHL**, Chronique générale de jurisprudence administrative française sur Conseil d'Etat, Sect., 7 oct. 1994, *Joly*, AJDA 1994, p. 863.
**TRAORE S.**, « Conséquences de l'annulation d'un refus de titre de séjour sur le fondement de l'article 8 CEDH », DA 1999, n° 75.
**TRAORE S.**, « L'extension du champ de la décision implicite », JCA 2000, p. 8.
**TREPPOZ A.**, « La loi du 12 avril 2000 sur les relations entre les citoyens et les administrations », DA 2000, p. 4.
**TROTABAS L.**, «Les conflits de loi dans le temps », RDP 1929, p. 654.
**TULKENS F.**, « La sécurité juridique : un idéal à reconsidérer », Revue interdisciplinaire d'études juridiques 1990, p. 25.
**VANDER ELST R.**, « Justice et sécurité juridique » in *Justice et argumentation, Essais à la mémoire de Chaïm Perelman*, 1986, p. 19.

**VAREILLES-SOMMIERES**, « Une théorie nouvelle sur la rétroactivité des lois », Revue critique de législation et de jurisprudence 1893, p 444.
**VEDEL G.**, « De l'arrêt *Septfonds* à l'arrêt *Barinstein* (la légalité des actes administratifs devant les tribunaux judiciaires) », JCP 1948, I, 682.
**VEDEL G.**, « La juridiction compétente pour prévenir, faire cesser ou réparer la voie de fait administrative », JCP 1950, I, 851.
**VEDEL G.**, « Le droit administratif peut-il être indéfiniment jurisprudentiel ? », EDCE 1979-80, p. 31.
**VEDEL G., BRAIBANT G., GAUDEMET Y., DRAGO R., MOREAU J.**, « L'hétérogénéité du droit administratif », Débat *in* AJDA 1995, n° spécial.
**VENEZIA J-C.**, « Puissance publique, puissance privée », *Mélanges Eisenmann*, Cujas, 1975, p. 363.
**VENEZIA J-C.**, « Réflexions sur le rôle de la volonté en droit administratif », *Mélanges Kayser*, PUAM, 1979, Tome 2, p. 383.
**VENEZIA J-C.**, « Le principe d'adaptation », *Clés pour le siècle*, Université Paris II, Dalloz 2000, p. 1661.
**VIGNE C-H.**, « Le pouvoir de substitution », RDP 1960, p. 753.
**VINCENT J-Y.**, « Le retrait des actes administratifs unilatéraux », TTDE 1974-1, p. 31.
**VINCENT J-Y.**, « Acte administratif. Application dans le temps. », JCA 1995, fasc.108.
**VLACHOS G.**, « Le retrait des actes administratifs », RA 1970, p. 412.
**WALINE M.**, « Le retrait des actes administratifs », *Mélanges Mestre*, Sirey, 1956, p. 563.
**WALINE M.**, « Le pouvoir discrétionnaire de l'administration et sa limitation par le contrôle juridictionnel », RDP 1930, p. 197.
**WALINE M.**, « Etendue et limites du contrôle du juge administratif sur les actes de l'administration », EDCE 1956, p. 25.
**WERNER A.**, « Contribution à l'étude de l'application de la loi dans le temps en droit public », RDP 1982-1, p. 737.
**YOUSRY L.**, « La loi littoral et le juge administratif », RFDA 1992, p. 275.
**ZALMA G.**, « *Patere regulam quam fecisti* ou l'autorité administrative liée par ses propres actes unilatéraux », RDP 1980, p. 1099.

## Conclusions

**ABRAHAM R.**, Conclusions sur Conseil d'Etat, 31 janv. 1992, *S.A. Réseau téléphonique du midi*, CJEG 1992, p. 322.

**ABRAHAM R.**, Conclusions sur Conseil d'Etat, 1er avril 1992, *Clinique des Maussins,* AJDA 1992, p. 676.

**ABRAHAM R.**, Conclusions sur Conseil d'Etat, 16 févr. 1994, *Polyclinique Saint-Pierre,* RDP 1994, p. 1551.

**ABRAHAM R.**, Conclusions sur Conseil d'Etat, Sect., 4 nov.1994, *Al Joujo* et *El Abed El Alaoui,* AJDA 1995, p. 231.

**ABRAHAM R.**, Conclusions sur Conseil d'Etat, 27 jan.1997, *Comité départemental du Vaucluse de la Fédération française de pétanque et jeu provençal,* AJDA 1997, p. 387.

**AGID B.**, Conclusions sur Conseil d'Etat, Sect., 17 nov. 1950, *EDF,* CJEG 1951, p. 80.

**ARRIGHI DE CASANOVA J.**, Conclusions sur Conseil d'Etat, Ass., 27 octobre 1995, *Mattio,* AJDA 1996, p. 57.

**BACQUET A.**, Conclusions sur Conseil d'Etat, Sect., 1er févr. 1980, *J. Rigal,* AJDA 1981, p. 43.

**BACQUET A.**, Conclusions sur Conseil d'Etat, Ass. , 22 janv.1982, *Ah Won et Butin,* RDP 1982, p. 822.

**BERNARD M.**, Conclusions sur Conseil d'Etat, 2 déc. 1960, *Dame veuve Franc,* AJDA 1961, p. 144.

**BERNARD M.**, Conclusions sur Conseil d'Etat, 23 oct. 1964, *d'Oriano,* RDP 1965, p. 282.

**BERTRAND M.**, Conclusions sur Conseil d'Etat, Sect., 11 nov. 1969, *Sieur Eve,* Leb. p. 498.

**BIANCARELLI,** Conclusions sur Conseil d'Etat, 2 juill. 1982, *Huglo,* AJDA 1982, p. 657.

**BRAIBANT G.**, Conclusions sur Conseil d'Etat, 15 févr. 1961, *Sieur Werquin,* RDP 1961, p. 321.

**BRAIBANT G.**, Conclusions sur Conseil d'Etat, 6 mai 1966, *Ville de Bagneux,* RDP 1967-1, p. 339.

**BRAIBANT G.**, Conclusions sur Conseil d'Etat, 30 nov. 1966, *Sieur Laborde,* RA 1967, p. 140.

**BRAIBANT G.**, Conclusions sur Conseil d'Etat, 10 janv. 1964, *Sieur Simonnet,* RDP 1964, p. 183.

**CAHEN-SALVADOR M.**, Conclusions sur Conseil d'Etat, 26 déc. 1925, *Rodière,* RDP 1926, p. 32.

**CELERIER T.**, Conclusions sur Tribunal administratif de Lille, 8 juill. 1997, *Préfet du Pas-de-Calais c/ Commune de Lens et autres,* RFDA 1998, p. 546.

**CHAHID-NOURAÏ N.**, Conclusions sur Conseil d'Etat, Ass. , 3 févr. 1989, *Compagnie Alitalia,* RFDA 1989, p. 391.

**CHENOT B.**, Conclusions sur Conseil d'Etat, 5 mai 1944, *Compagnie maritime de l'Afrique orientale,* RDP 1944, p. 236.

**COMBARNOUS M.**, Conclusions sur Conseil d'Etat, 12 janv. 1962, *Sieur Canton,* AJDA 1962, p. 234.

**COMBREXELLE J-D.**, Conclusions sur Conseil d'Etat, Sect., 13 mars 1998, *Mme Mauline,* AJDA 1998, p. 613.

**DONNEDIEU DE VABRES J.**, Conclusions sur Conseil d'Etat, 25 juin 1954, *Syndicat national de la meunerie à seigle,* Dalloz 1955, p. 49.

**DUTHEILLET DE LAMOTHE A.**, Conclusions sur Conseil d'Etat, Ass., 10 mai 1968, *Commune de Brovès,* Lebon p. 297.

**FOMBEUR P.,** Conclusions sur Conseil d'Etat, Sect., 29 mars 2000, *Confédération nationale des syndicats dentaires,* RFDA 2000, p. 1021.

**FOUQUET O.** : Conclusions sur Conseil d'Etat, 25 juill. 1986, *S.A. grandes distilleries «les fils d'Auguste Peureux »,* RFDA 1987, p. 454.

**FOURNIER J.**, Conclusions sur Conseil d'Etat, Ass., 3 mars 1967, *Société Behr Manning & Société des abrasifs Norton* : De l'application à l'agrément des installations industrielles des principes relatifs au retrait des décisions administratives, AJDA 1967, p. 528.

**FOURNIER J.**, Conclusions sur Conseil d'Etat, Sect., 26 juin 1959, *Syndicat général des ingénieurs-conseils,* RDP 1959, p. 1004.

**FRATACCI M.,** Conclusions sur Conseil d'Etat, 22 mars 1996, *Sté NRJ SA,* RDP 1996, p. 1773.

**FRYDMAN P.**, Conclusions sur Conseil d'Etat, Ass., 29 avril 1994, *EDF c/ Assoc. Uminate 65 et autres,* CJEG 1994, p. 443.

**FRYDMAN P.**, Conclusions sur Conseil d'Etat, Ass., 17 févr. 1995, *Marie et Hardouin,* RFDA 1995, p. 353.

**GALABERT J-M.**, Conclusions sur Conseil d'Etat, Sect., 28 avril 1967, *Fédération nationale des syndicats pharmaceutiques & autres,* AJDA 1967, p. 401.

**GALABERT J-M.**, Conclusions sur Conseil d'Etat, Sect., 18 nov. 1966, *Sieur Silvani,* AJDA 1967, p. 222.

**GENEVOIS B.**, Conclusions sur Conseil d'Etat, Sect., 11 juin 1982, *Alex Mestdahg,* AJDA 1983, p. 42.

**GENEVOIS B.**, Conclusions sur Conseil d'Etat, Sect., 12 oct. 1984, *Lafon,* AJDA 1985, p. 52.

**GUILLAUME E.**, Conclusions sur Conseil d'Etat, 2 oct. 1987, *Castel et autres,* RFDA 1988, p. 869.

**GUILLAUME G.**, Conclusions sur Conseil d'Etat, Sect., 25 févr. 1977, *Dame Paule Loyer,* AJDA 1977, p. 444.

**HENRY J-F.**, Conclusions sur Conseil d'Etat, Sect., 1er avril 1960, *Sieur Quériaud,* Lebon p. 245.

**HEUMANN C.**, Conclusions sur Conseil d'Etat, 21 déc. 1956, *Pin*, Dalloz 1957, p. 75.

**HEUMANN C.**, Conclusions sur Conseil d'Etat, Sect., 10 avril 1959, *Fourré-Cormeray*, Dalloz 1959, p. 210.

**HEUMANN C.**, Conclusions sur Conseil d'Etat, Ass. , 10 févr. 1961, *Sieur Chabran*, Lebon p. 102.

**JACOMET A.**, Conclusions sur Conseil d'Etat, Ass. , 10 déc.1954, *Cru*, Dalloz 1955, p. 198.

**KAHN M.**, Conclusions sur Conseil d'Etat, Sect., 23 déc. 1970, *EDF c/ Farsat*, AJDA 1971, p. 96.

**LABETOULLE D.**, Conclusions sur Conseil d'Etat, 10 mars 1978, *Commune de Roquefort-les-pins*, RDP 1980-2, p. 252.

**LABETOULLE D.**, Conclusions sur Conseil d'Etat, Sect., 4 mars 1977, *Construction Simottel & Consorts Guillerot*, AJDA 1977, p. 313.

**LABETOULLE D.**, Conclusions sur Conseil d'Etat, Sect., 15 oct. 1976, *Buissière*, Lebon p. 419.

**LABETOULLE D.**, Conclusions sur Conseil d'Etat, Sect., 4 mai 1984, *Epoux Poissonnier* AJDA 1984, p. 512.

**LAMY F.**, « La cour des comptes, juge des comptes des comptables publics et le principe du contradictoire ». Conclusions sur Conseil d'Etat, Sect., 3 avril 1998, *Mme Barthélémy*, RFDA 1998, p. 1039.

**LAROQUE M.**, Conclusions sur Conseil d'Etat, 10 févr. 1992, *H. Roques*, RFDA 1992, p. 841.

**LAROQUE M.**, Conclusions sur Conseil d'Etat, Sect., 8 juin 1990, *Rougerie*, RFDA 1991, p. 331.

**LAROQUE M.**, Conclusions sur Conseil d'Etat, 11 déc. 1987, *Danielou*, RFDA 1988, p. 452.

**LATOURNERIE**, Conclusions sur Conseil d'Etat, Sect., 5 mai 1986, *Fontanilles-Laurelli*, AJDA 1986, p. 510.

**LE CHATELIER G.**, Conclusions sur Conseil d'Etat, Sect., 25 févr. 1994, *Ministre délégué à la santé*, AJDA 1994, p. 394.

**LONG M.**, Conclusions sur Conseil d'Etat, 4 juill. 1958, *Sieur Graff*, RDP 1959, p. 315.

**MAYRAS H.**, Conclusions sur Conseil d'Etat, Sect., 12 juin 1959, *CFTC & FO - CGT*, AJDA 1960, p. 62.

**PARODI M.**, Conclusions sur Conseil d'Etat, 7 avril 1933, *Deberles*, RDP 1933, p. 624.

**PECRESSE V.**, Conclusions sur Conseil d'Etat, Sect., 10 oct. 1997, *Lugan & Société Strasbourg FM*, RFDA 1998, p. 21.

**PECRESSE V.**, Principe de légalité et principe de sécurité juridique : à propos du retrait des actes administratifs. Conclusions sur Conseil d'Etat, Ass., 24 oct. 1997, *Mme de Laubier*, RFDA 1998, p. 527.

**POCHARD M.**, Conclusions sur Conseil d'Etat, Sect., 30 nov. 1990, *Les Verts,* RFDA 1991, p. 571.
**POMMIER J.**, Conclusions sur Tribunal administratif de Strasbourg, 8 déc. 1994, *Entreprise Freymuth c/ Ministre de l'Environnement,* AJDA 1995, p. 555.
**QUESTIAUX**, Conclusions sur Conseil d'Etat, 10 janv. 1964, *Syndicat national des cadres des bibliothèques,* RDP 1964, p. 459.
**RIGAUD J.**, Conclusions sur Conseil d'Etat, Sect., 19 nov. 1965, *Epoux Delattre-Floury,* JCP 1966, 14697.
**RIGAUD J.**, Conclusions sur Conseil d'Etat, Sect., 24 févr. 1967, *de Maistre,* JCP 1967, 15068.
**RIVET**, Conclusions sur Conseil d'Etat, 3 nov. 1922, *Dame Cachet,* RDP 1922, p. 553.
**ROBINEAU Y.**, Conclusions sur Conseil d'Etat, Sect., 3 mai 1982, *Louchart,* AJDA 1982, p. 538.
**SENERS F.**, Conclusions sur Conseil d'Etat, Ass., 26 oct. 2001, *Ternon*, RFDA 2002, p. 77.
**SENERS F.**, Conclusions sur Conseil d'Etat, Ass., 11 juillet 2001, *Fédération nationale des syndicats d'exploitants agricoles et autres,* RFDA 2002, p. 33.
**THERY J.**, Conclusions sur Conseil d'Etat, Ass., 29 mars 1968, *Ville de Bordeaux,* AJDA 1968, p. 348.
**TOUTEE H.,** Conclusions sur Conseil d'Etat, Ass., 17 févr. 1995, *Meyer et autres,* AJDA 1995, p. 223.
**VUGHT G.**, Conclusions sur Conseil d'Etat, Ass., 29 mars 1968, *Société du lotissement de la plage de Pampelonne* et *Manufacture française des pneumatiques Michelin,* RDP 1969, p. 320.
**VUGHT G.**, Conclusions sur Conseil d'Etat, Ass. , 8 janv. 1971, *URSSAF des Alpes-Maritimes,* Lebon p. 11.
**WALINE M.**, Conclusions sur Conseil d'Etat, Sect., 14 nov. 1969, *Sieur Eve,* RDP 1970, p. 784.
**WALINE M.**, Conclusions sur Conseil d'Etat, 4 déc. 1959, *Geoffroy,* RDP 1960, p. 132.
**WALINE M.**, Conclusions sur Conseil d'Etat, 3 févr. 1956, *de Fontbonne,* RDP 1956, p. 859.

## Notes et observations

**ALIBERT J.**, Note sous Conseil d'Etat, Sect., 29 janv. 1958, *Chambre syndicale du commerce, de la réparation, du garage, de l'entretien et du ravitaillement de l'automobile,* JCP 1958, 10512.

**ANONYME**, Note sous Conseil d'Etat, 17 juin 1959, *Min. des anciens combattants et victimes de la guerre c/ Demoiselle Laroche*, AJDA 1960, p. 139.

**ANONYME**, Observation sous Conseil d'Etat, 7 févr. 1983, *Sieur Nguyen Van Nang,* AJDA 1975, p. 248.

**ANONYME**, Observation sous Conseil d'Etat, 8 nov. 1974, *Association des élèves de l'ENA,* AJDA 1975, p. 24.

**ANONYME**, Note sous Conseil d'Etat., Sect., 4 juill. 1980, *Zemma,* AJDA 1980, p. 654.

**ANONYME**, Note sous Conseil d'Etat, Sect., 15 oct. 1976, *Sieur Buissière,* AJDA 1976, p. 568.

**ANONYME**, Note sous Conseil d'Etat, 19 janv. 1990, *Mme Bodin,* AJDA 1990, p. 93.

**ANONYME,** Note sous Conseil d'Etat, 26 nov. 1954, *Demoiselle Balthazard,* Dalloz 1955, p. 524.

**ANONYME**, Note sous Conseil d'Etat, Sect., 27 janv. 1961, *Vannier,* AJDA 1961, p. 74.

**ANONYME**, Note sous Conseil d'Etat, Sect., 3 mars 1989, *Clinique Blomet & Min. des affaires sociales et de l'emploi c/ Fédération hospitalière de France,* AJDA 1989, p. 319.

**ANONYME**, Note sous Conseil d'Etat, Ass. , 23 juill. 1974, *Sieur Gay,* AJDA 1974, p. 534.

**ANONYME**, Note sous Conseil d'Etat, Sect., 23 nov. 1962, *Association des anciens élèves de l'Institut commercial de Nancy,* AJDA 1962, p. 664 et 677.

**ANONYME**, Note sous Conseil d'Etat, Ass., 1er févr. 1952, *Epoux Gromb,* Gaz. Pal. 1952, p. 90.

**ANONYME**, Note sous Conseil d'Etat, 1er févr. 1980, *Dupré,* AJDA 1980, p. 429.

**ANONYME**, Note sous Conseil d'Etat, 29 déc. 1997, *Féd. Synd. Généraux éducation nationale et recherche publique,* DA 1998, p. 12.

**ANONYME**, Note sous Conseil d'Etat, Sect., 4 mars 1998, *Courtois,* DA 1998, p. 13.

**ANONYME**, Note sous Conseil d'Etat, Sect., 13 mars 1998, *Mauline,* DA 1998, p. 21.

**ANONYME**, Note sous Conseil d'Etat, Sect., 25 avril 1958, *Laboratoire Geigy,* JCP 1958, 10747.

**AUBY J-M.**, Note sous Conseil d'Etat, 1er févr. 1980, *Sté peintures Corona*, RDP 1979-1, p. 1717.

**AUBY J-M.**, Note sous Conseil d'Etat, 2 déc. 1960, *Dame Franc*, Dalloz 1962-1, p. 7.

**AUBY J-M.**, Note sous Conseil d'Etat, 30 janv. 1981, *Société France Europe transaction*, Dalloz 1982, p. 37.

**AUBY J-M.**, Note sous CE, 10 janv.1964, *Syndicat national des cadres des bibliothèques et Ministre de l'agriculture c/ Simonnet,* Sirey 1964, p. 234.
**AUBY J-M.**, Note sous Conseil d'Etat, 14 janv. 1981, *Manrot Le Goarnic,* RDP 1981, p. 1468.
**AUBY J-M.**, Note sous Conseil d'Etat, 13 oct. 1976, *Boucher,* RDP 1977, p. 1049.
**BEAUD O.**, Note sous Conseil d'Etat, Ass., 3 févr. 1989, *Compagnie Alitalia,* RFDA 1989, p. 422.
**BELLOUBET-FRIER N.**, Note sous Conseil d'Etat, 6 juill. 1990, *Mattéi*, AJDA 1991, p. 230.
**BERTHOUD J.**, Note sous Cour administrative d'appel de Paris, 11 janv. 1999, *Deculty c/ Société Sofratol,* AJDA 1999, p. 361.
**BERTHOUD J.**, Note sous Cour administrative d'appel de Lyon, 22 mars 2001, *Lenfle*, AJDA 2001, p.951.
**BRETON J-M.**, Note sous Conseil d'Etat, Sect., 8 juin 1990, *Rougerie*, AJDA 1990, p.892.
**CANEDO M.**, « Le Conseil d'Etat gardien de la moralité publique ? », note sous Conseil d'Etat, Ass., 30 juin 2000, *Association « Choisir la vie » et autres* et Conseil d'Etat, Sect., 30 juin 2000, *Association « Promouvoir », M. et Mme Mazaudier et autres,* RFDA 2000, p. 1282.
**CEOARA M.**, Note sous Conseil d'Etat, 12 mai 1976, *Sieurs Leboucher et Tarandon*, AJDA 1977, p. 261.
**COËNT-BOCHARD E.**, Note sous Cour administrative d'appel de Nantes, 29 juin 2001, *Zoubairi,* AJDA 2001, p. 950.
**DELVOLVE P.**, Note sous Conseil d'Etat, Ass., 26 oct. 2001, *Ternon,* RFDA 2002, p. 88.
**DENOIX DE SAINT MARC R. et LABETOULLE D.**, Note sous Conseil d'Etat, Ass., 5 juin 1970, *Puisoye,* AJDA 1970, p. 489.
**DRAGO R.**, Note sous Conseil d'Etat, 17 févr. 1978, *Synd. National des établissements de rééducation fonctionnelle*, RDP 1978, p. 1461.
**DRAGO R.**, Note sous Conseil d'Etat, Ass., 22 janv. 1982, *Ah Won et Butin,* RDP 1982, p. 816.
**DUBOUIS L.**, Note sous Conseil d'Etat, Ass., 3 févr. 1989, *Compagnie Alitalia,* RFDA 1989, p. 417.
**DUBOUIS L.**, Note sous Conseil d'Etat, Ass., 30 juin 2000, *Association « Choisir la vie » et autres,* RFDA 2000, p. 1305.
**DUBOUIS L.**, Note sous Conseil d'Etat, Ass , 11 juill. 2001, *Fédération nationale des syndicats d'exploitants agricoles et autres,* RFDA 2002, p. 43.
**FERRARRI P.**, Note sous Conseil d'Etat, 8 janv. 1971, *URSAFF des Alpes-Maritimes,* AJDA 1971, p. 161.
**FERRARRI P.**, Note sous Conseil d'Etat, Sect., 18 mai 1973, *Ville de Cayenne,* AJDA 1973, p. 538.

**FLAUSS J-F.**, Note sous Tribunal administratif de Strasbourg, 14 oct. 1997, *Aurélio Maronèse c/ Min. du budget*, RDP 1998, p. 521.

**GERVAIS A.**, Revue sommaire de jurisprudence, RDP 1948, p. 484.

**GILLI J-P.**, Note sous Conseil d'Etat, 1er juin 1973, *Epoux Roulin*, AJDA 1973, p. 492.

**GILLI J-P.**, Observations sous Conseil d'Etat, 31 mars 1999, *Vicqueneau et autre*, AJDA 1999, p. 744.

**GUYOMAR M. et COLLIN P.**, Note sous Conseil d'Etat, Ass., 26 oct. 2001, *Ternon*, AJDA 2001, p. 1034.

**HAURIOU M.**, Note sous Conseil d'Etat, 31 janv. 1902, *Grazzietti*, Sirey 1903, p. 113.

**HAURIOU M.**, Note sous Conseil d'Etat, 22 juill. 1910, *Fabrègues*, Sirey 1911, III, p. 121.

**HAURIOU M.**, Note sous Conseil d'Etat, 27 mars 1914, *Laroche*, Sirey 1914, III, p. 97.

**HAURIOU M.**, Note sous Conseil d'Etat, 3 nov. 1922, *Dame Cachet, Vallois & Inglis*, Sirey 1925, III, p. 9.

**HAURIOU M.**, Note sous Conseil d'Etat, 26 déc. 1925, *Rodière*, Sirey 1925, III, p. 49.

**HOSTIOU R.**, Note sous Cour administrative d'appel de Lyon, 20 octobre 1998, *Commune de Meylan*, AJDA 1999, p. 455.

**JEZE G.**, Note sous Conseil d'Etat, 28 févr. 1908, *Franco, Paul, Nicaud*, RDP 1908, p. 249.

**JEZE G.**, Note sous Conseil d'Etat, 18 nov. 1910, *Hospices de Cosne, Picquet, Bonfante*, RDP 1911, p. 61.

**JEZE G.**, Note sous Conseil d'Etat, 12 mars 1909, *Sauquet, Morelle*, RDP 1910, p. 52.

**JEZE G.**, Note sous Conseil d'Etat, 5 mai 1944, *Compagnie maritime de l'Afrique orientale*, RDP 1944, p. 236.

**JEZE G.**, Note sous Conseil d'Etat, 5 janv. 1944, *Dame Tétaud, Docteur Garcin, Société pour la fabrication d'aliments*, RDP 1945, p. 262.

**LAPORTE P.**, Observations sous Conseil d'Etat, Sect., 14 juin 1963, *Ville de Carpentras*, AJDA 1964, p. 46.

**LE BERRE H.**, Observations sous Cour administrative d'appel de Marseille, 1ère chambre, 4 décembre 1997, *Fabbrucci*, RFDA 1998, p. 1108.

**MATHIEU B.**, « Rétroactivité des lois fiscales et sécurité juridique : l'application concrète d'un principe implicite. Observations à propos de la décision 98-404 DC du 18 décembre 1998 du Conseil Constitutionnel. », RFDA 1999, p. 89.

**MICHALLET I.**, « Les conditions du retrait des actes revues par le Conseil d'Etat », Note sous Conseil d'Etat, Ass., 26 oct. 2001, *Ternon*, DA 2001, p. 15.

**MORAND-DEVILLER J. et MORENO D.**, Note sous Conseil d'Etat, 6 sept. 1993, *Mme Laverlochère,* LPA 1994, n°2, p. 22.

**MORANGE J.**, « Censure, liberté, protection de la jeunesse », Observations à propos de l'arrêt de Section du 30 juin 2000, *Association « Promouvoir », M. et Mme Mazaudier et autres,* RFDA 2000, p. 1311.

**PEISER**, Note sous Conseil d'Etat, Sect., 27 févr. 1967, *Sieur de Maistre*, AJDA 1967, p. 342.

**SEILLER B.**, « Les limites de la théorie de la connaissance acquise », Note sous Conseil d'Etat, Sect., 13 mars 1998, *Assistance publique-Hôpitaux de Paris,* RFDA 1998, p. 1184.

**SCHOETTL J-E.**, Commentaire de la décision n° 98-404 DC du 18 décembre 1998 : Loi de financement de la sécurité sociale pour 1999, AJDA 1999, p. 22.

**SOTO (de) J.**, Note sous Conseil d'Etat, 27 janv. 1975, *Dame Petit,* RDP 1975, p. 543.

**VINCENT J-Y.**, Note sous Conseil d'Etat, 4 juill. 1975, *Sieur Delfini*, JCP 1977, II, 18666.

**WALINE M.**, Note sous Conseil d'Etat, 6 oct. 1961, *Groupement national d'achat des produits oléagineux*, RDP 1962, p. 721.

**WALINE M.**, Note sous Conseil d'Etat, 3 nov. 1961, *Ecole technique Saint-Joseph,* RDP 1962, p. 721.

**WALINE M.**, Note sous Conseil d'Etat, 10 nov. 1961, *Missa,* RDP 1962, p. 721.

**WALINE M.**, Note sous Conseil d'Etat, 25 oct. 1963, *Demoiselle Corbière*, RDP 1964, p. 677.

**WALINE M.**, Note sous Conseil d'Etat, 10 mai 1968, *Commune de Brovès,* RDP 1968, p. 1079.

**WALINE M.**, Note sous Conseil d'Etat, 7 févr. 1979, *Association des professeurs agrégés des disciplines artistiques,* RDP 1980, p. 523.

**WEIL P.**, Note sous Conseil d'Etat, Ass. , 10 déc. 1954, *Cru*, Dalloz 1955, p. 201.

**WEIL P.**, Note sous Conseil d'Etat, 3 déc. 1954, *Caussidéry*, Dalloz 1955, p. 201.

# Index alphabétique

## A



## C



## D



## E



## F



## L

## M



## N



## O



## P



## R



## S

## T



## V

# Table des matières